本书为武汉大学"70"后学者学术团队建设项目（人文社会科学）——"当代文化心理学研究"成果，得到"中央高校基本科研业务费专项资金"资助

译丛总序一

黄光国

在武汉大学哲学学院副院长钟年教授领导下,张春妹副教授组织了该校心理学系一批年轻的有志学者,投入极大的心力,将当前国际文化心理学界五本重要的著作翻译成中文,希望我为这一套书写一篇"序言"。我在 2017 年年初正好要出版一本书,题为《儒家文化系统的主体辩证》,从科学哲学的观点,回顾台湾在"华人心理学本土化运动"中出现过的五种文化主体策略。过去三十余年间,台湾在发展"本土心理学"的过程中,许多参与此一运动的主要人士,曾经从不同视角,反复辩证发展华人文化主体的各种策略,正如 Wyer、赵志裕和康萤仪(2009)在他们所编的《认识文化:理论、研究与应用》一书中,邀请 24 位国际知名学者,来讨论跨文化研究的理论和方法一样。从我们发展"本土心理学"的"台湾经验"来看钟教授主译的这一套著作,更可以了解每本书对我们未来发展华人"文化心理学"的意义与贡献。首先我要提出一项实征研究的发现,来说明什么叫做"文化主体"。

Inglehart 和 Baker(2000)曾经在 65 个国家作了三波的"世界价值观调查"(World Values Survey, WVS),结果显示:在控制经济发展的效果之后,在历史上属于基督教、伊斯兰教和儒教的三大文化区,显现出截然不同的价值系统。这些社会在"传统/世俗—理性"(traditional versus secular-rational)和"生存/自我表现"(survival versus self-expression)的价值向度上有所不同。虽然大多数社会(包括西方)都朝向"世俗—理性"及"自我表现"的价值(即现代与后现代)的方向变动,但其速度并不相同,而且各文化区之间仍然保有其差异性。

他们的研究显示:如果将经济发展的因素排除掉,则世界各国可以区分成基督教(包括新教、天主教、东正教)、儒教和伊斯兰教三大文化区。因此他们怀疑:"在可预见的未来,所谓现代化的力量是否会产生一种同质的世界文化(homogenized world culture)"(Inglehart & Baker,2000:49)。

这项研究虽然没有涵盖全界所有的文化,可是,从这项研究的发现来看:儒家文化是世界三大文化区之一,应当还是可以为人所接受的。然而,今天西方主流心理学教科书中绝大多数的理论和研究方法,都是从基督教个人主义文化区中的国家(尤其是美国)发展出来的。众所周之,儒家文化根本不是个人主义,而是关系主义的。以"个人主义"文化作为预设而发展出来的理论和研究方法,硬要套用在儒家文化之中,当然会发生格格不入的问题。举例言之,在这套书中,Michael Bond(2010)所编的《牛津中国心理学手册》包含41章,动员了83位中、外学者,涵盖领域包罗万象,几乎把过去数十年内有关中国人所做的心理学研究都网罗在内。

一位任教于西班牙巴塞罗那的华裔学者Lee(2011)深入回顾这本书之后,一针见血地指出:"这本书没有清楚的结构,除非仔细阅读整本书的目录,否则读者很难看出这本书包含有哪些内容,并辨认出针对某一特定议题的章节"(p.271)。不仅如此,"整本书大多缺少理论,这些以议题取向的章节,对关于华人所做的经验研究发现,做了相当详尽的回顾与报告,然而,只有极少数的几章提出华人心理学的本土理论","尽管他们公开宣称要推动本土研究,他们的水平大都停留在支持/不支持西方的发现,并且用诸如集体主义、权力差距之类的文化向度来解释他们的发现"。尤有甚者,这本书中所引的研究大多以"中国和西方"二元对立的方式,来处理他们的研究发现,无法掌握现实世界中更为精致的复杂性(pp.271-272)。

以二元对立的"泛文化向度"(pan-cultural dimension)来研究中国文化,当然会造成这种奇怪的结果。以心理学者常用的一种研究策略来说,以往从事"个人主义/集体主义"之研究的心理学者,大多是以欧裔美国人的心理特征作为中心,在建构他们对于其他文化族群的图像。欧裔美国人居于"个人主义/集体主义"之向度上的一端,他们的文化及心理特征是全世界其他族群的参考坐标,后者在向度上分别占据不同位置,他们的文化面貌模糊,必须藉由和美国人的对比,才能够看清楚自己的心理特征。Fiske(2002)因此批评"个人主义/集体主义"的研究取向,并指出:个人主义是美国人界定其文化之特征的总和,集体主义则是美国人从对照他人(antithetical other)之意识型态的表征中抽象并形构出来的,是美国人依照"我们不是那样的人"想象出来的其他世界的文化(p.84)。

Oyserman等人(2002:28)对跨文化研究中最常用的27种"个人主义/集体主义"量表做内容分析,结果显示:个人主义可以区分为七个成份:独立(independence)、争取个人目标(individual goal striving)、竞争(competition)、独特性(uniqueness)、自我的隐私(self-privacy)、自我的知识(self-knowledge)、直接沟通(direct communication);集体主义则包含八个成分:关联性(relatedness)、群体归属(group belonging)、义务(duty)、和谐(harmony)、寻求他人的建议(seeking advice from others)、脉络化(contextualization)、阶层性(hierarchy)、偏好群体工作(preference for group work),各种不同的量表都是从这些歧异的成分范畴中分别取样,其内容变化相当大,个人主义的成分和集体主义的成分并没有平行性,两者之间也不可能直接比较。

Oyserman等人(2002)的分析,提供了具体的数据,说明早期心理学者所理解的"个人主义"和"集体主义",根本代表性质不同的两种行为范畴。集体主义的构念定义和量表内容有相当大的异质性(heterogeneity),这方面的文化差异可能反映出文化在人们和他人发生联结和关联方式上的多面相性(multifaceted nature)。他们在对以往的相关研究作过透彻回顾之后,指出:

美国及西方心理学试图以个人主义作为基础,来了解人性。这种做法令人质疑:我们是否有能力区分现行以个人主义作为了解人性之基础的方法,以及另一种有待发展的以集体主义作为基础的研究取向(pp.44-45)。

Schimmach、Oishi 和 Diener(2005)回顾并重新分析相关文献中的资料后,指出:个人主义的构念定义清晰,测量工具深具意义,是衡量文化差异一种有效而且重要的向度。然而,集体主义的意义却模糊多变,其测量工具的效度也难以决定。因此,他们认为:跨文化心理学者可能有重新评估集体主义的必要性。

更清楚地说,这种"泛文化向度"的研究策略,可以彰显出"个人主义"文化的主体性;对于被归类为"集体主义"的其他,则毫无文化主体性可言。因此,我认为要彰显任何一个文化(包括西方文化)的主体性,我们一定要改弦易辙,先建构普世性的"自我"及"关系"理论,以之作为架构,先在"文化系统"(cultural system)的层次上作分析(Hwang,2015a),如此则可以建构一系列"含摄文化的理论"(cultural-inclusive theories)(Hwang,2015b)。我们可以用我所建构的"自我的曼陀罗模型"为例,重新说明迈克·科尔在《文化心理学:历史与未来》一书中之主张(Cole,1998),借以说明"文化系统"研究策略的必要性。

"自我的曼陀罗模型"中的"自我"(self)处于两个双向箭头之中心:横向双箭头的一端指向"行动"(action)或"实践"(praxis),另一端则指向"知识"(knowledge)或"智慧"(wisdom);纵向双箭头向上的一端指向"人"(person),向下的一端指向"个体"(individual)。从文化心理学的角度来看,这五个概念都有特殊的涵义,都必须做进一步的分疏:

一、人/自我/性

在西方的学术传统里,个体、自我和人这三个概念有截然不同的意义,"个体"(individual)是一种生物学层次(biologistic)的概念,是把人(human being)当作是人类中的一个个体,其和宇宙中许多有生命的个体并没有两样。

"人"(person)是一种社会学层次(sociologistic)或文化层次的概念,这是把人看作是"社会中的施为者"(agent-in-society),他在社会秩序中会采取一定的立场,并策划一系列的行动,以达成某种特定的目标。每一个文化,对于个体该怎么做,才算扮演好各种不同的角色,都会作出不同的界定,并赋予一定的意义和价值,藉由各种社会化管道,传递给个人。

"自我"（self）是一种心理学层次（psychologistic）的概念。在图1的概念架构中，"自我"是经验汇聚的中枢（locus of experience），他在各种不同的情境脉络中，能够作出不同的行动，并可能对自己的行动进行反思。

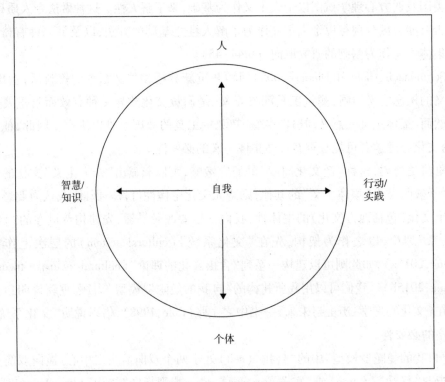

图1　自我的曼陀罗模型

二、超我/自我/本我

"人"、"自我"和"个体"的区分，是 Grace Harris（1989）所提出来的。她在深入回顾人类学的文献之后，指出：不论是在哪一个文化里，人格都包含有"人/自我/个体"三重结构。不同的文化可能使用不同的名字称呼这个结构体的不同组成，但其结构体却是一致的。即使是心理分析学派的创始人弗洛伊德也认为：人格是由"超我（super ego）/自我（ego）/本我（id）"所组成（Freud, 1899），它跟"人/自我/个体"是同构的（isomorphic）。

对弗洛伊德而言，潜意识是意识的残余，是被压抑之废弃物的储藏库。可是，荣格却认为，潜意识才是母体，它是意识的基础。他将潜意识区分为两个层次：表层的个人潜意识（personal unconscious），具有个人的特性，其内容主要是"情结"，包含被压抑的欲望、被遗忘的经验以及阈下的知觉等。深层的集体潜意识（collective unconscious），则不是来自个人意识到的学习经验,它是得自遗传而先天地存在的。

"集体无意识"是指从原始时代以来,人类世世代代普遍性心理经验的长期积累,沉淀在每一个人的无意识深处;其内容不是个人的,而是集体的,是历史在"种族记忆"中的投影,普遍存在于每一个人身上。它影响着个体意识和个体无意识的形成,使个体的思维方式与行为方式中都隐含着民族文化的集体因素。个人潜意识曾经一度是意识,而集体潜意识却从来不曾在意识中出现过,它是客观的,跟宇宙一样的宽广,向整个世界开放(Jung,2014)。

集体无意识的存在,使现代人可以从个人意识的孤独中逃脱,回归到集体心理的汪洋大海。在荣格看来,比起集体心理的汪洋大海,个人心理只像是一层表面的浪花而已。

三、文化的默会学习

许多文化心理学的研究显示:我们固然可以说,集体潜意识是文化的储藏所;然而,文化是由默会的学习(implicit learning)而获致的。更清楚地说,语言是文化最重要的载体,个人在其生活世界中学习语言及其在各种情境中的使用方式时,他同时也不知不觉地学习到语言所承载的文化。苏联心理学家 Vygotsky(1896-1934)所提倡的自约起源法(genetic method)认为,研究人类心理的发展,不只应当包括个体起源的研究,而且应当兼顾物种起源(phylogenetic)的社会历史分析。

Vygotsky(1927/1978)认为,个体的发展是根植于社会、历史与文化的,在研究人类的心理历程时,必须同时关注整个社会与文化的历史条件和历史过程。个体发生史(ontogeny)关心的是,个人从出生到老死之间整个心智发展历程所涉及的改变。而文化则是整个社群在其历史过程中所创造之人为饰物(artifacts)的总和,它是一个社群所累积的人为饰物,也是人类(心智)发展的媒介(medium),是人所特有的(species-specific)。人类使用的各种工具,创造的各种艺术,运用的各式语言,都是人为饰物的不同类别。就这层意义而言,文化是"现在的历史"(history in the present)。作为心智之媒介的语言(medium),其发展以及它在世世代代的繁衍、生产与再生产,是人类独特的显著特征。

四、文化的过去

在物种起源史(phylogenesis)方面,Vygotsky 认为,人类与动物的分野在于高等心理功能的出现与发展。要了解人类与其他高等灵长类在物种发展史上的差异,就必须研究语言或文字的出现与使用,各种工具的创造、发明与使用,以及劳动形式的改变。此一部分的研究工作涉及整个人类历史与文化的发生发展。

在 Vygotsky 的影响之下,文化心理学者 Cole(1998)在他所著的《文化心理学》一书中认为,成人过去的文化经历与限制,将透过社会化的历程而转移到新生儿身上,成为新生儿在发展上的另一种文化条件。换言之,成人会根据其自身的文化经验所建构的世界,来创造与婴儿互动的环境。唯有拥有文化的人类能够回到"文化的过去"(culture past),并将它投射到未来;然后,再把这个概念上的未来带回现在,而构成新成员的社会文化条件。反过来说,文化的中介(cultural medium)使人类将自身的过去,投射到下一代的未来。这个观点使我们能够藉由文化来找到世代之间心理历程的连续性。

五、中华文化发展的历史

从这个角度来看,"文化的过去",就是透过语言的媒介而传递给个人的。华人本土心理学者要想建构"含摄文化的理论",必须要先了解中华文化发展的历史。在传说中,孔子曾经问礼于老子,其学说以"仁"为核心;孔子的弟子孟子全力阐扬"义"的概念,荀子则主张"礼",构成"仁、义、礼"的伦理体系。法家思想以"法、术、势"为主要内容;稍后又有兵家思想。这一脉相承的文化传统代表了中华文化的辩证性发展,后起的思想对先行的学说有批判地继承,也有创造地发展。用老子的话来说,这就是:"师道而后德,失德而后仁,失仁而后义,失义而后礼"(《道德经》),我们也可以进一步说,"先礼而后法,失法而后术,失术而后势",连"势"都派不上用场,最后只好以兵戎相见。

春秋战国时期"道、儒、法、兵"这一脉相承的思想发展,代表中华文化由圣入凡、由出世到入世的世俗化历程。依这个顺序发展下来,就是华人所谓的"顺则凡"。而在道家思想中,则教导个人"复归于朴","复归于无极",希望能够回到"与道同体"的境界,可以称之为"逆则仙"。

六、民族发展历程的重演

在"道、儒、法、兵"的文化传统影响之下,个人发展的历程,几乎是具体而微地重演了其民族发展的历程。甚至在一日之中的不同阶段,个人都可能重新经历"道、儒、法、兵"的不同境界。王阳明(1472—1528)讲过一段颇具启发性的话:

> 人一日间,古今世界都经过一番,只是人不见耳。夜气清明时,无视无听,无思无作,淡然平怀,就是羲皇世界。平旦时,神清气朗,雍雍穆穆,就是尧、舜世界;日中以前,礼仪交会,气象秩然,就是三代世界;日中以后,神气渐昏,往来杂扰,就是春秋战国世界;渐渐昏夜,万物寝息,景象寂寥,就是人消物尽世界。学者信得良知

过，不为气所乱，便常做个羲皇已上人。(《传习录下》)

王阳明所说的"羲皇世界"、"尧舜世界"、"三代世界"、"春秋战国世界"、"人消物尽世界"，和"道、儒、法、兵、佛"五家思想所要处理的人生境界，大体是互相对应的。即使今日世界各地的华人社会纷纷转变成为工商业社会，仔细思考王阳明所讲的这段话，反倒令人觉得更为贴切。

用《知识与行动》一书的概念架构来看(黄光国,1995)，文中那位"人"，清晨起床后，"神清气爽"，和家人相处，可能用源自于儒家的若干理念，经营出一幕"雍雍穆穆"的"尧舜世界"。在现代的工商业社会里，各式各样的组织不断地生生灭灭，大多数人也都必须置身于各种不同的组织之中。上班之后，在工作场合，有些华人组织的领导者可能用法家的理念来管理组织，企图缔造出他们的"三代世界"。而其组织成员不论在组织内、外，都可能使用兵家的计策行为，和他人勾心斗角，营造出一幕幕的"春秋战国世界"。下了班后，回到家，在"万物寝息，景象寂寥"的"人消物尽世界"里，他可能又"复归于朴"，回归道家或佛家境界，"做个羲皇已上人"。

从迈克·科尔的《文化心理学》来看(Cole,1998)，我所采取的文化主体策略，就是以西方科学哲学的知识论作为基础，将储藏于华人"集体潜意识"中的文化传统转化成客观的知识系统(system of objective knowledge)。举例言之，在《尽己与天良:破解韦伯的迷阵》一书中(黄光国,2015)，两个普世性的理论模型作为架构，用诠释学的方法，分析先秦儒家诸子经典的文本，借以展现出儒家的"文化形态学"(morphostasis)，用同样的方法，我们也可以分析儒家思想在不同历史阶段及不同地区的"文化衍生学"(morphogenesis)。

儒家的伦理与道德是支撑住华人生活世界的先验性形式架构(transcendental formal structure)，不论个人在意识层面对它抱持何种态度，它永远透过人们的潜意识影响着华人生活中的言行举止。基于这样的见解，在一书中，我一面说明我如何建构"人情与面子"的理论模型，并以之作为架构分析儒家思想的内在结构，再对以往有关华人道德思维的研究后设理论分析，然后从伦理学的观点，判定儒家伦理的属性，接着以"关系主义"的预设为前提，建构出一系列微型理论，说明儒家社会中的社会交换、脸面概念、成就动机、组织行为、冲突策略，并用以整合相关的实证研究。从科学哲学的角度来看，这样建构出来的一系列理论，构成了"儒家关系主义"的"科学研究纲领"(scientific research programme)(Lakatos,1978/1990)或研究传统(Laudan,1977/1992)。

用中国传统的概念来说，"科学哲学"所探讨的问题是"道"，"研究方法"则仅涉及"术"的问题。

任何一个学术运动，一旦找到了自己的哲学基础，便是找到了自己的"道"，这个学术运动便已迈向成熟阶段，而逐渐脱离其"运动"的性格，除非有人能找出更强而有力的哲学来取代它。

一个心理学者如果对中华文化传统有相应的理解,懂得如何建构"含摄文化的理论",则像 Matsumoto 和 Van de Vijver(2010)在其著作中所谈的各种《跨文化心理学研究方法》,或 Wyer,Chiu & Hong(2009)在其所编书中所提到的"双文化研究方法",都可以用来作为理论检验之用,借以彰显华人文化的主体性。反过来说,假如我们的心理学研究者对自己的文化缺乏相应的理解,只会套用西方的理论和研究方法,其结果必然是像 Lee(2011)所批评的《牛津中国心理学手册》那样(Bond,1998),是许多琐碎实证研究发现的累积;或者是像伯恩斯坦所著的《文化发展心理学》那样(Bornstein,2011),是西方学者建构其文化发展心理学理论时的一个比较对照点。

未来一个世代,中国社会科学界必然会以"儒、释、道"三教合一的文化作为基底,吸纳西方文明精华的科学哲学,"中学为体,西学为用",建构出自主的哲学社会科学传统。我相信:在这个过程里,钟年副院长领导武汉大学心理学系的教授们翻译的这五本著作,必然会起到十分积极的作用。且让我们拭目以待。

2016 年 12 月 12 日于台北

译丛总序二

赵志裕

创新源自联系,当孤立的旧概念连接到其他概念时,它往往能脱胎换骨,较从前更有活力和魅力。

文化心理学拥有强大的生命力,正因为它能连接传统与未来、东方与西方、世道与人心、科学与人文。能究天人之际,通古今之变,成一家之言,文化心理学应不逊于史学!

《文化心理学精品译丛》是武汉大学人文社会科学70后学者群,为了在中国推动文化心理学作出的重要贡献。这群青年学者,除了孜孜不倦地为文化心理学开疆辟土,致力从事在理论和实践上饶有创新意义的科研工作,还翻译了大量有价值的当代文献。收录在《文化心理学精品译丛》的名著包括《文化心理学:历史与未来》(Michael Cole著,洪建中、张春妹译)、《理解文化——理论、研究与应用》(Robert S.Wyer、赵志裕、康萤仪合编,王志云、谢天译)、《跨文化心理学研究方法》(David Matsumoto,Fons J.R.van de Vijver合著,姜兆萍、胡军生译)、《文化发展心理学》(Marc H.Bornstein著,张春妹、张文娟译)和《牛津中国心理学手册》(Michael Bond编,钟年、赵俊华、张春妹、李杰、刘毅、严瑜译)。

孔子述而不作,《春秋》却被尊为儒学五经之一,与《诗》、《书》、《易》、《礼》齐名。编述和选译其实也是表达学术灼见的途径。从《文化心理学精品译丛》选译的作品,可以清楚看到编者开阔的眼界和非凡的品位。《文化心理学:历史与未来》阐述文化与社会心态互相建构的历程,理清文化心理学的源起、成长和蜕变,并尝试为文化心理学建立它独特的学术身份。

《理解文化——理论、研究与应用》展示出文化心理学的丰富内容:在理论上百花齐放,诸子争鸣,在方法上多元创新,严谨细致,就像一席盛宴,珍馐百味、杂然前陈、琳琅满目。

《跨文化心理学研究方法》强调文化心理研究的科学性,系统地介绍跨文化调查中的方法。从测量工具的编制到取样采证、数据分析、效应评估,都有精确和详细的解说。

《文化发展心理学》细致地分析文化过程在多个心理学研究领域发生的作用,再检阅不同区域文化的心理特点,为文化心理学,绘制了一张纵横交错、美哉轮焉的文化阡陌图。

　　《牛津中国心理学手册》一书共三卷,介绍不同领域的心理学在华人社区的发展和成果,让华人学者体会到前贤在建构华人本土心理学的辛劳,并感受到建设本土心理学的道路漫长修远,吾人必须不断上下求索,自强不息。

　　要之,文化心理学是一门方兴未艾的科学。它的活力,来自它扎根本土,放眼世界,负笈中外,博通古今。它融会了人文与科学,能通达世道与人心。职是之故,登堂者需要仰赖学科中的精品典籍,咀嚼精英,吐出菁华,才能找到入室之路。《文化心理学精品译丛》能捕捉到文化心理学的神髓,勾划出这个领域的地貌,为学者提供指路明灯。

　　余光中教授曾用"含英吐华"一词形容梁实秋先生的译作。"含英吐华"也适用于描述《文化心理学精品译丛》。《文化心理学精品译丛》的译者细嚼的是英文,吐出的是华文;细嚼的是典籍中的精英,吐出的是典籍中的菁华;细嚼的是英美学术传统,吐出的是对华人本土文化心理学的启发。

　　含英吐华,壮哉美焉!

2016 年 7 月 1 日于香港

目　　录

第一章　跨文化研究方法论问题介绍[①]

Fons J. R. van de Vijver, David Matsumoto

　　虽然文化研究曾经被认为是处在心理科学的边缘研究,但如今它已经发展成为心理科学最重要的研究领域。涉及各种文化变量的研究比以往任何时候都更频繁地出现在发展心理学、临床心理学、人格心理学、社会心理学的主流杂志中,以及《跨文化心理学杂志》(*Journal of Cross-Cultural Psychology*)、《文化和心理学》(*Culture and Psychology*)、《国际跨文化关系杂志》(*International Journal of Intercultural Relations*)和《跨文化管理杂志》(*Journal of Cross Cultural Management*)这些专业杂志中(van de Vijver,2006)。理论研究者也日益把文化作为一个重要变量吸收到他们提出的心理过程的理论和模型中。

　　促进心理学中的文化科学繁荣发展的方法论基础是跨文化研究,跨文化研究就是对感兴趣的心理学变量在两个或多个文化群体中进行比较。不管人们在理解文化对心智(mind)和行为的影响时采用何种理论方法或视角,这都是正确的。例如,在自称是跨文化心理学家和自称为文化心理学家之间通常存在方法上的差异。前者的大部分研究是进行跨文化比较,而后者则坚决主张这样的比较是没有根据的、不公正的,并且是不必要的(Greenfield,1997;Shweder,1999)。可是现在,即使那些自称是文化心理学家的人进行研究时也明确地选择跨文化的研究方法(e.g.,Heine et al.,2001;Kitayama,Mesquita,& Karasawa,2006;Markus,Uchida,Omoregie,Townsend,& Kitayama,2006)。

　　跨文化比较的确具有许多潜力和优势。它们检验了知识的边界,并且扩展了心理学中创造和审查这些知识所依据的方法参数。它们强调跨文化间的相似性和差异性。它们为了一个共同的原因把属于不同文化的和有分歧的文化研究者召集在一起。它们的研究结果促进了国际间、不同文化间的交流、理解和合作。它们增强了人们对人类行为和心理的更充分、深刻的理解。最后,跨文化理论提供的框架,既能够适用于个体来源的变异也适用于文化来源的变异(Berry,Poortinga,Segall,& Dasen,2002)。

　　然而,对于跨文化研究来说,伴随着各种潜能和优越性而来的还有一些风险和责任。最大的风险是,由于方法程序上有缺陷而导致产生的文化知识不正确。跨文化研

---

①　我们非常感谢 Rinus Verkooijen 在编辑过程中给予的帮助。

究带来了一大堆来自翻译、测量等值取样、数据分析技术和数据报告等方法上的问题，远远超出了单一文化研究所要面对的方法问题。诚然，好的文化科学首先要是好的科学，许多确保任何高质量科学研究的严谨的方法论概念同样适用于跨文化研究。因此，对于任何一位跨文化研究者来说，具备优秀的、基本的方法技能是非常重要的。

跨文化研究也带来了其特有的大量问题和难题，了解并处理这些问题和难题也是非常重要的。如果这些方法上的缺陷没有被充分地理解和解决，那么产生不正确的或不可复制的文化知识的风险就会非常大。鉴于跨文化研究在产生一种真正有潜力，能够帮助人们创造一个更美好世界的全球心理学方面的重要性，文化科学家们充分地认识到这些问题，并提出相应的解决办法就是义不容辞的事情了。进行跨文化研究时，如果不能完全认识到和敏锐地感知到跨文化研究特有的、各种各样的问题的话，那么许多与跨文化研究有关的风险就会增大。

这本书的目的是向研究者介绍那些风险，并描述能够减小那些风险的最新方法，以便跨文化研究能够实现它的潜能。

文化距离和竞争假说

跨文化研究经常包括准实验设计。在准实验设计中，样本不是随机地从总体中选取的，或者不是被随机地分配到各实验条件中的（研究者不能随机地把某个个体分配给某个文化）。这会导致样本的不完全匹配，在跨文化研究中这样会产生各种各样的后果，但一个就够危险的了。在跨文化研究中解释研究结果的相似性和差异性要比基于随机分配被试的实验研究困难得多。跨文化差异性的解释通常会受到偏差（bias）和缺乏等值的威胁（相关内容将在后面独立章节中讨论，van de Vijver 和 Leung 撰写的第二章中也有所涉及），这就导致对观察到的跨文化差异性产生了许多对立的解释。例如，阅读测验成绩中的跨文化差异是反映了研究所包括的不同国家间阅读技能"真的"有差异，还是反映了各国课程的不同？研究所涉及的来自不同文化的儿童他们在相关背景特征方面（如社会经济地位）是不是完全没有可比性，或者这项测验是否适用于所有参与测试的国家？

人们提出了各种程序来解决跨文化研究结果的对立解释问题，例如为了肯定或驳斥某些特定的解释，在研究设计中包含多个额外变量。跨文化差异性的"解密（unpackaging）"就是这样的一个例子（请见 Bond 和 van de Vijver 撰写的第四章）。选择变量来处理对立的解释主要是基于理论上的考虑；但是，方法上的考虑也发挥着作用。对立解释的数目取决于参与研究的各群体的文化距离（cultural distance）。各群体越不相似，在目标变量方面表现出来的差异性越多，但是，各群体在背景变量上的差异也更可能。假如在美国、加拿大和日本等国家中测量外向性。解释美国和加拿大样本之间的文化差异,要比解释集体主义的北美与日本样本之间的不同更容易。例如,回答方式上的差异,像默认和极端回答模式,更可能影响日本和两个北美国家之间的比较。文化距离的存在使得在跨文化测量中产生了一个悖论,即群体间跨文化距离越大,越可能观察到跨文化差异,但是这些差异越有可能受不可控变量的影响。换句话说,跨文化差异越容易被发现,就越难解释它们。

通过问某个国家的被试他们觉得和其他国家的差异有多大,可以把文化距离当作一个心理学变量进行测量;类似地,也可以问来自不同种族的移民他们觉得与主流文化有多大不同来测量文化距离。关于文化距离的第二个主流观点侧重于国家层面的变量,诸如社会指数、价值观和宗教。在 Hofstede（2001）、Schwartz（1992）、Inglehart（1987）、Georgas 和 Berry（1995）、华夏文化协会（the Chinese Culture Connection,1987）,以及 House、Hanges、Javidan、Dorfman 和 Gupta（2004）等提出的模型实例中都有提到。在这些模型中,最常被引用的是 Hofstede 提出的模型,他认为工作价值观中的跨文化差异有四个维度（权力距离、男性主义、不确定性规避和个人主义）;后来又增加了长期取向这个维度。研究发现"主观"和"客观"测量的文化距离都可以预测心理变量中的跨文化差异（e.g.,Galchenko & van de Vijver,2007;Hofstede,2001）。无论采用何种测量方法,研究者可能会注意到的一个基本问题,就是文化距离、产生诸多差异的概率以及解释这些差异的对立假说之间的关系。

跨文化研究分类

在跨文化研究中,需要解释的对立解释的数量也取决于*研究问题*的类型。在此对跨文化研究中提到的研究问题按照三个维度进行了分类（van de Vijver,2009）。第一个维度是指在一个研究设计中是否存在情境因素（*contextual factors*）。情境因素包括被试特征（如社会经济地位、教育和年龄）或他们的文化（如经济发展和宗教制度）。从方法论的角度来看,情境因素包括能够对观察到的跨文化差异作出部分或完全解释的任何变量（Poortinga & van de Vijver,1987）。研究中包括这样的情境因素会提高研究的效度,并且有助于排除偏差和不等值的影响,这是因为对情境因素的影响进行评估有助于确定它们是否对解释所观察到的文化差异起到作用。例如,对回答方式进行测量会有助于评估这些回答方式对外向性跨文化差异的影响程度。

第二个维度包括*探索性*研究（*exploratory* studies）和*假设检验*研究（*hypothesis-testing* studies）之间的区别。探索性研究试图通过用文献证明存在跨文化的相似性和差异性来提高我们对跨文化差异的理解。在探索性研究中,研究者倾向于"接近数据"（"close to the data"）,而假设检验研究则是通过检验跨文化相似性和差异性的理论来做出跳跃式的、更大的推论。令人遗憾的是,这些跳跃式推论的效度经常受到跨文化偏差和不等值的威胁。探索性研究和假设—检验研究在方法论上的优点和缺点两者不分伯仲。探索性研究的主要优点在于它们广泛地用于识别跨文化的相似性和差异性,这个优点在跨文化心理学亟待研究的领域中特别重要。探索性研究的主要缺点是对观察到的差异产生原因的解释能力有限。假设—检验研究重点搜寻跨文化的相似性和差异性,这对理论发展以及明确地尝试处理对立解释做出了更多实质性的贡献,但是却不太可能在被检验的理论范围之外发现更有趣的差异。

第三个维度解决的是跨文化比较什么的问题。结构定向的研究和水平定向的研究(*structure-and level-oriented studies*)之间存在着区别。前者包括构念(constructs)的比较(例如,在不同的文化中,抑郁的概念是一样的吗?)、构念的结构(在不同的文化中,抑郁能够用相同的构成要素评估吗?)、或者它们与其他构念的关系(在所有的国家中,抑郁和焦虑的关系都一样吗?)。后者包括分数的比较(来自不同文化的个体表现的抑郁水平是相同的吗?)。结构定向的研究关注变量之间的关系,并试图识别跨文化间这些关系的相似性和差异性。

有研究者对《跨文化心理学杂志》中发表的文章进行内容分析后发现,水平定向研究的数量大概是结构定向研究的两倍(Brouwers,van Hemert,Breugelmans,& van de Vijver,2004)。从方法论的角度来看,结构定向的研究要比水平定向的研究简单得多,它们通常更容易接受其他的解释。例如,假如在两个国家中进行一项神经质的问卷调查,而两个国家在极端得分上不同。如果所有题项都是按照相同的方向来表达的(在人格测量中经常是这样的),那么极端得分的跨文化差异就会和有效的神经质差异混淆在一起。这就导致很难解释平均分的跨文化差异。但是,如果极端得分仅仅影响题项的平均分,并且让题项的相关性和协方差保持不变,那么,在结构定向研究中通常要检验的因素结构就不会受到影响。

总之,对彼此间有巨大文化距离的文化群体进行研究,可能会受到更多偏差和不等值的威胁。不包括情境因素的研究、为了评估假设并提出一个理论而设计的研究,以及把水平定向的文化差异性作为研究目标来研究,这样的研究受到的偏差和不等值威胁也就更多。

跨文化研究设计

到目前为止,任何跨文化研究最重要的部分,并且我们认为一般对于任何研究来说最重要的是首先要知道要问哪些研究问题。做研究的目的是为被称为研究文献的组织化的知识体系做出贡献。的确,研究文献是任何领域多年收集的累积知识的组织记忆(institutional memory),并且任何研究都应该为这一记忆和知识体系作出贡献。因此,任何研究设计开始时都要首先考虑研究文献所提供的综合性的、功能性的知识——即组织记忆,以便理解知识中存在哪些缺口,由此应该提出哪些研究问题,以及怎样才能促进该研究领域的发展。对知识缺口的评价应该与能够胜任的方法论知识结合在一起。只有把理论和方法结合在一起,利用两者的优点才能做出真正贡献。研究中经常发生的情况是:研究者们只关注实质性的研究问题,从而忽视了偏差问题或优秀的设计和分析所具有的附加力量。同样地,经常发生的情况还有:不得不用复杂的统计技术和优雅的研究设计来"抢救"既不新颖也毫无深刻见解的研究。

　　了解为什么做研究,首先会产生怎么做研究的问题,这属于研究方法论领域要讨论的问题。前面提到的与跨文化研究分类有关的问题也适合在此讨论。研究本质上是探索性的还是假设检验的? 研究包括或应该包括情境变量吗? 它是结构定向的还是水平定向的? 当然,没有任何一个研究可以既是探索性的又是假设检验的,不可能总是包括情境变量,也不可能既是结构定向的又是水平定向的。我们认为,与其一个研究涉及的问题太多而做不好,不如在有限的范围内把问题解决好。

　　对于如今的研究者来说,牢记一些事仍然是非常重要的。跨文化研究这一领域的需求远远超出了仅仅用文献证明每个心理变量在两个或多个文化之间存在差异。的确,因为存在文化距离,只要要比较的文化间的差异足够大,那么要用文献证明某些差异是相当简单的。当今跨文化研究者所面临的重要挑战之一反而是如何分离这些差异的来源,并确定产生这些差异的活跃的文化的(vs.非文化的)要素。实际上,那些活跃的文化要素的实证文献正是跨文化研究设计必须要密切关注的。

　　要做到这一点,研究者必须考虑许多理论问题(在 Matsumoto & Yoo 2006 的研究中有更充分的讨论)。例如,对差异的来源进行了文化的解释吗? 对这个问题的讨论迫使研究者去定义什么是文化,什么不是文化,并找到客观测量文化的方法。例如,一些研究者可能认为价值观是文化的一部分,但是国家层面的特征,诸如气候、人口密度或社会结构则不属于文化。因为文化的(和非文化的)定义(和操作化)会随着创建或采用这些定义的个别研究者的不同而变化。我们的建议是不要过于雄心勃勃地试图创造出每个人都会认同的定义(尤其是因为经验表明对于任何特定研究中相关的文化各个方面来说,这样的定义都太宽泛、不实用并且缺乏信息),而是要更谦虚、实际些,给出一个自己的定义并清楚地操作,以便其他人能知道它们是什么。

　　在确定产生差异的活跃的文化要素时,研究者要面对的另一个问题是关于分析层面的问题。文化变量存在于群体和个人层面上。此外,研究本身可以完全在个人或文化层面上进行,也可以在这两个层面不同程度混合的多层面上进行(请见 Nezlek 撰写的第 11 章)。不同分析层面上的不同变量带来了不同的理论和方法含义,需要回到研究文献进行不同的解读。

　　在个体层面的文化研究领域,还有其他问题产生,就是那些个体层面的文化变量是什么,怎么测量它们,以及在个体层面上怎么把它们和非文化变量区分开。例如,个体层面上测量的"文化态度"和人格之间有什么不同？当然，一个变量并不只是因为研究者说它是文化的它就是文化的；一个建立在理论和数据基础之上的、考虑周详的基本原理应该能够帮助识别和区分这样的变量。

在设计研究时，研究者必须面对的另一个理论问题是他们的理论模型是怎么起作用的。一种普遍的观点是：在许多人持有的一种自上而下的理论偏见中，文化"产生"差异。我们怎么知道这是真的呢？可是，更重要的是，我们怎么在经验上证明它呢？很可能是个体层面的心理过程和行为以自下而上的方式产生了文化，或者是自上而下和自下而上两个过程同时发生。不管人们认为事物是怎么组合在一起的，对研究者来说都非常有必要采用与他们的信念和模型相称的研究设计策略。

要分离出产生差异的、活跃的文化因素可以采用解密性研究（unpackaging studies）（请见 Bond 和 van de Vijver 撰写的第四章）、实验法或其他方法。当然，每种方法都有各自的缺点和优点。然而，研究者采用了一种基本的研究范式后，就必须处理科学研究的具体细节，包括取样、翻译；测量偏差和等值、数据分析等诸如此类的问题。这些正是本书以下内容重点讨论的文化科学的基本要点。

章节预览

这章后，本书将分为两个部分。第一部分介绍研究者在研究设计阶段应该知道的概念和方法论问题。第二部分介绍收集数据后数据分析的计算方法和程序。尽管所涉及的主题不以任何方式彼此正交，但是我们的确有自己的偏好，在此我们明确地声明：任何高级的或复杂的数据分析都无法修复糟糕的研究设计或收集的数据。因此，尽管文化科学家经常热衷于学习最新的统计方法，可是他们也理应密切注意第一部分描述的概念性问题，这些概念性问题首先在设计高质量的研究时会对他们有帮助。

第一部分

人们进行文化研究时一些偏差的产生是非常容易发生的，最大的偏差主要围绕在等值（equivalence）和偏差（bias）等概念上。正如读者在 Vijver 和 Leung 撰写的第二章中会看到的，偏差是指由于测量工具在各文化内和跨文化间的含义不完全相同而导致的差异（Poortinga，1989），相反地，等值则是指各测量结果的可比性程度。这些概念对于好的跨文化研究是至关重要的，并且几乎是本书余下章节中要讨论的所有主题的基础，这正是为什么要在第一章讨论这个主题的原因。在这一章里，van de Vijver 和 Leung 描述了几种类型的偏差，如构念偏差（construct bias）、方法偏差（method bias）和题项偏差（item bias）。还有等值的类型，包括构念等值（construct inequivalence）、结构或功能等值（structural or functional equivalence）、度量或测量单位等值（metric or measurement unit equivalence)和截距或满分等值(scalar or fullscore equivalence)。他们还为在数据收集之前和数据收集之后处理等值和偏差问题提供了指导和建议。他们还讨论了可以使研究者完善测验和调查工具适应性(adaptation)的程序。因此,这重要的一章是所有后续章节的基础。

跨文化研究者面临的主要问题之一是如何处理语言,尤其是在研究工具和程序方面。在文化科学家所要面对的所有方法论问题中,最独特的一个事实或问题是,跨文化研究往往需要在两个或两个以上的语言群体中收集数据。如此,研究中所用语言之间的等值性问题就成为最至关重要的问题了。即使文字被翻译成不同的语言,这并不意味着译文和原文就是等值的。在第三章中,Hambleton 和 Zenisky 描述了用来评估跨文化研究中翻译适当性的 25 个标准。这些标准涉及一般翻译问题、题项形式和表现、语法和措辞、段落和其他与题项有关的刺激材料,以及文化相关性和/或特异性等主要的问题。他们在此章节最后提供给读者的评估表对研究者来说是特别有用的工具。

跨文化研究主要是基于准实验设计进行的,正因如此,当人们发现差异时,就不可能对那些差异的来源得出结论。尽管如此,跨文化科学家经常在几乎没有或根本没有任何实证依据的情况下做出那些解释,从而犯下生态谬误(Campbell,1961)。在文化科学领域,当研究者把从准实验设计中观察到的差异来源归因于文化时,这种错误的推理被称为文化归因谬误(cultural attribution fallacy)(Matsumoto & Yoo,2006)。在准实验设计中,一种处理这一局限性的方法是在数据收集中包括可操作化的、有意义的文化维度的变量,然后实证检验那些变量解释差异的程度。这样的变量被称为情境变量(context variables),并且包括情境变量的准实验设计被称为解密性研究(unpackaging studies),Bond 和 van de Vijver 在第四章中对这一主题进行了介绍。

在进行跨文化研究时,不可能只从当地心理学导论课程的被试池(local introductory psychology participant pool)中获得被试。因此,等值性和偏差影响跨文化研究的另一方面在于取样。的确,对于各跨文化样本来说,非常容易在许多人口学特征上有差异,并且这些人口统计特征经常会混淆所有观察到的差异。因此,有时可能很难根据文化和人口统计特征得出结论。在第五章中,Boehnke、Lietz、Schreier 和 Wilhelm 在个体和文化两个层面上讨论了有关抽样的问题,并且为研究者提供了指导方针,使他们能够在对来自不同文化的样本的特定需求和问题敏感的同时,得出经验上证明合理的结论。

不同文化的人们可能存在变异的另一个方面是反应量表(response scales)的使用情况。然而,早期跨文化研究把量表使用中不同的文化偏差看作是需要控制的干扰变量,现在的理论和实证观点都把这种偏差看作是文化和人格的潜在的重要方面(Smith,2004)。因此,Johnson、Shavitt 和 Holbrook 在第六章讨论了这些问题,特别关注了社会称许反应、默认和极端反应。和本书中所有的章节一样,他们不仅描述了由这些概念产生的问题,而且还为文化科学家提供了有益的指导原则和建议。

第二部分

第二部分的章节讨论了有关数据分析和解释的问题。Fischer 和 Fontaine 撰写的第七章讨论调查和建立结构等值(structural equivalence)的方法。正如在第二章中所介绍的,在跨文化研究中,结构等值是测量程序的重要方面。Fischer 和 Fontaine 讨论了四种检验结构等值的技术——多维等级法(multidimensional)、主成分分析(principal component analysis)、探索性因素分析(exploratory factor analysis)和验证性因素分析(confirmatory factor analysis)。每一种技术,他们都逐步描述了分析的方法、可供选择的程序,以及这种技术的优点和缺点。

第七章讨论的是结构定向技术(structure-oriented techniques),而 Sireci 撰写的第八章描述的是水平定向(level-oriented)的统计技术,该技术用来分析项目的功能(functioning)、效度(efficiency)和等值。他对项目偏差(item bias)、项目影响(item impact)和项目功能差异(differential item functioning,DIF)进行了区分,并且描述了五种评估项目功能差异的方法——三角图(delta plot)、标准化、Mantel-Haenszel 法(分层分析方法)、项目反应理论概率比(item response theory(IRT)likelihood ratio)和 logistic 回归(logistic regression)。正如 Sireci 所解释的,这五种方法为评估 DIF 提供了多种选择,而方法的选择将依赖几个因素,包括样本大小、测验项目的类型(二分类的或多分类的)和 DIF 的类型等。

跨文化心理学家的思维偏见之一是注重调查结果的差异和显著性检验的重要性。当然,证明差异性没有什么错,但是,只关注或者甚至优先考虑差异性,很容易让我们不能平衡地对待跨文化的差异性和相似性,而文化科学家们应该对这两者都感兴趣。除此之外,因为相对比较容易获得较大的样本量,并且统计显著性直接与样本大小成正比,因此,如今的跨文化研究很容易获得"统计显著性"的结果。但是,统计显著性并不一定反映真实世界中的实际重要性;两个或更多个文化的平均数可能彼此在统计上是显著差异的,但可能并不真的表明那些文化的个体之间存在重要的不同。为了帮助人们确定更符合经验的数据解释,跨文化研究领域研发了大量效果量的测量方法。在第九章中,松本、Kim、Grissom 和 Dinnel 等人描述了传统的虚拟假设显著性检验(null hypothesis significance testing,NHST)的局限性,并且描述了大量优于 NHST 的统计程序,来帮助对数据进行适当的解释。

在过去的十年或二十年间,我们看到包括许多文化的跨文化心理学研究激增,其中许多研究得益于交通运输技术的进步。这导致了数据性质的变化,使研究者不仅可以在个体层面上(这是传统的方法)考察心理现象之间的结构关系,而且可以在文化层面上进行考察。因此,过去几年人们越来越清楚地认识到个体层面的变量之间的关系和文化层面的变量间的关系可能是一样的,或者也可能是不一样的。在第十章中,

Fontaine 和 Fischer 介绍了检验个体层面和文化层面的结构关系的方法。和第八章一样,他们讨论了四种检验多层次结构关系的技术——多维等级法、主成分分析、探索性因素分析和验证性因素分析;每种技术,他们都逐步描述了分析的方法,提供了备选程序,并讨论了该技术的优点和缺点。

　　跨文化数据常常本身就是嵌套数据,数据来自于特定社会生态环境中的特定文化、特定情境中具有特定个性的个体。这些各种各样的多层次数据使我们可以分析不同层次数据之间的关系,使研究者可以采用实证的方法证明生态的、文化的、个体的和情境的变量之间的关联,以及变量之间个体层面的平均数或关系。在第十一章中,Nezlek 描述了多层随机系数模型(multilevel random coefficient models,MRCM)来处理这类嵌套数据。他把 MRCM 与以最小二乘法(ordinary least squares)分析为基础的传统统计技术进行了比较,并且向读者逐步描述了怎样采用 MRCM 分析跨文化数据以及为什么使用这种方法。

　　最后,第十二章讨论了日益增多的相关问题。多年来跨文化研究的数量已经非常可观。人们把对研究结果进行综合的程序称为元分析(meta-analysis)。这些程序给予了跨文化心理学极大的希望。Van Hemert 描述了跨文化元分析的主要问题。这章描述了普通的元分析与跨文化元分析之间的相似性和差异性。基于二手数据的跨文化元分析使人们能够系统研究国家之间在心理功能上的差异性和相似性,除此之外,跨文化元分析还把这些差异性与其他心理的和非心理的国家差异联系在一起。

结　论

　　本书各章节向读者们介绍了进行跨文化研究可能存在的方法学困难和陷阱,并且结合许多具体的实例为解决这些困难提供了实用的、现实的建议。本书的最终目标是帮助数量持续增长的、有兴趣从事跨文化研究的科学家创造出更好的文化科学,促进这一领域产生有效可靠的研究结果,并鼓励结合文化建构更好的理论和模型,使其适合于实际的、现实的应用。科学的最终目的是为了一个更美好的世界而建构知识,而我们希望这本书可以帮助研究者为了一个更美好的、不同文化的世界创造出更好的文化科学。

参考文献

Berry,J.W.,Poortinga,Y.H.,Segall,M.H.,& Dasen,P.R.(2002).*Cross-cultural psychology:Research and applications.*Cambridge,England:Cambridge University Press.

Brouwers,S.A.,Van Hemert,D.A.,Breugelmans,S.M.,& Van de Vijver,F.J.R.(2004).A historical a-nalysis of empirical studies published in the *Journal of Cross-Cultural Psychology.Journal of Cross-Cultural*

Psychology,*35*,251-262.

Campbell,D.T.(1961).The mutual methodological relevance of anthropology and psychology.In F.L.Hsu (Ed.),*Psychological anthropology* (pp.333-352).Homewood,IL:Dorsey.

Chinese Culture Connection.(1987).Chinese values and the search for culture-free dimensions of culture.*Journal of Cross-Cultural Psychology*,*18*,143-164.

Galchenko,I.,& Van de Vijver, F. J. R. (2007). The role of perceived cultural distance in the acculturation of exchange students in Russia.*International Journal of Intercultural Relations*,*31*,181-197.

Georgas,J.,& Berry,J.W.(1995).An ecocultural taxonomy for cross-cultural psychology.*Cross-Cultural Research*,*29*,121-157.

Greenfield,P.M.(1997).Culture as process:Empirical methods for cultural psychology.In J.W.Berry,Y. H.Poortinga, & J.Pandey (Eds.),*Handbook of cross-cultural psychology*:Vol.1. *Theory andmethod* (pp. 301-346).New York:Allyn and Bacon.

Heine,S.J.,Kitayama,S.,Lehman,D.R.,Takata,T.,Ide,E.,Leung,C.,et al.(2001).Divergent consequences of success and failure in Japan and North America:An investigation of self-improving motivations and malleable selves.*Journal of Personality and Social Psychology*,*81*,599-615.

Hofstede, G. (2001).*Culture's consequences*:*Comparing values*,*behaviors*,*institutions*,*and organizations across nations* (2nd ed.).Thousand Oaks,CA:Sage.

House,R.J.,Hanges,P.J.,Javidan,M.,Dorfman,P.,& Gupta,V.(Eds.)(2004).*GLOBE*,*cultures*,*leadership*,*and organizations*:*GLOBE study of 62 societies*.Newbury Park,CA:Sage.

Inglehart,R.(1997).*Modernization and postmodernization*:*Cultural*,*economic*,*and political change in 43 societies*.Princeton,NJ:Princeton University Press.

Kitayama,S.,& Cohen,D.(Eds.).(2007).*Handbook of cultural psychology*.New York:Guilford Press.

Kitayama,S.,Mesquita,B.,& Karasawa,M.(2006).Cultural affordances and emotional experience:Socially engaging and disengaging emotions in Japan and the United States.*Journal of Personality and Social Psychology*,*91*,890-903.

Markus,H.R.,Uchida,Y.,Omoregie,H.,Townsend,S.S.M.,& Kitayama,S.(2006).Going for the gold: Models of agency in Japanese and American contexts.*Psychological Science*,*17*,103-112.

Matsumoto,D.,& Yoo,S.H.(2006).Toward a new generation of cross-cultural research.*Perspectives on Psychological Science*,*1*,234-250.

Poortinga,Y.H.(1989).Equivalence of cross cultural data:An overview of basic issues.*International Journal of Psychology*,*24*,737-756.

Poortinga,Y.H.,& Van de Vijver,F.J.R.(1987).Explaining cross-cultural differences:Bias analysis and beyond.*Journal of Cross-Cultural Psychology*,*18*,259-282.

Shweder,R.A.(1999).Why cultural psychology? *Ethos*,*27*,62-73.

Schwartz,S.H.(1992).Universals in the content and structure of values:Theoretical advances and empirical tests in 20 countries.In M.Zanna(Ed.),*Advances in experimental social psychology* (Vol.25,pp.1-65). Orlando,FL:Academic Press.

Smith,P.B.(2004).Acquiescent response bias as an aspect of cultural communication style.*Journal of Cross-Cultural Psychology*,*35*,50-61.

Van de Vijver,F.J.R.(2006).Culture and psychology:A SWOT analysis of crosscultural psychology.InQ. Jing,H.Zhang,& K.Zhang(Eds.),*Psychological science around the world* (Vol.2,pp.279-298).London:Psychology Press.

Van de Vijver,F.J.R.(2009).Types of cross-cultural studies in cross-cultural psychology.In *Online readings in psychology and culture* (Unit 3,Chapter 7).International Association for Cross-Cultural Psychology.Retrieved from http://orpc.iaccp.org/index.php? option = com content&view = article&id = 11%3Avandevijver&catid=3%3Achapter&Itemid=4 on April 1,2010.

第一部分

概念问题和设计

第二章 等值和偏差：概念、模型和 数据分析程序

Fons J. R. van de Vijver, Kwok Leung

引 言

这一章介绍与跨文化研究中的等值和偏差有关的方法论问题。这些问题是由于跨文化研究是非实验研究设计所导致的。真实验是建立在把被试随机分配给不同的实验条件的基础之上的，这样能大概确保不同实验条件间的干扰变量是相等的。但是，被试不可能被随机地分配到各文化中，并且在跨文化研究中进行比较的各组在所有与感兴趣的构念相关的背景变量上很难被视为都是匹配的。跨文化心理学并不是唯一不可能匹配各组的学科；许多临床心理学和教育心理学研究中包含自然组(intact groups)，而假设各组间的背景特征相似是不现实的。在跨文化心理学中，没有能力实施真实验来解决基本问题，这就意味着我们做研究时不得不小心谨慎，要了解相关的方法论知识和工具。这也意味着对各文化组进行比较时，跨文化研究总是会受到偏差和不等值的威胁。

本章回顾了这些方法论问题的现存知识。我们提供的主要信息是最大限度地提高推论的效度应该是跨文化研究主要关心的问题，而在不同文化间建立跨文化的等值和抑制偏差方面，方法论的严谨在其中具有至关重要的作用。我们首先描述等值和偏差的分类，怎样评估它们，以及能够提高跨文化推论效度的测量方法。第二部分概述了改编跨文化测验和调查问卷的程序，结论在最后部分呈现。

等值和偏差的分类

偏差和等值的定义

偏差和等值是跨文化研究方法论中的关键术语(van de Vijver, 2003)。偏差是指由于测量工具在文化内和跨文化间没有完全一样的含义而导致的测量工具中的差异，

(Poortinga,1989)。在一项跨文化研究中,如果测量结果(分类或得分)的差异与据称由工具测得的构念的跨文化差异不相符,那么这项研究就出现了偏差。如果得分有偏差,那么一个文化内的个体差异(文化内差异)和文化差异(文化间差异)就有不同的含义。例如,如果在单一文化群体内比较应对调查问卷得分的话,应对调查问卷的得分出现偏差可能是对应对进行了有效的测量,然而,基于这一调查问卷的跨文化差异可能受其他因素的影响,如翻译问题、项目不恰当或不同的反应风格(response style)。由偏差产生的差异不是随机误差,而是系统误差。在相似的样本中采用有偏差的工具重复一个研究,将出现相同的有偏差的结果。

Johnson(1998)在回顾了等值的研究文献后,收集到 50 多个让人困惑的对等值概念的定义,他把这些定义简化成两类:解释性的等值定义关注"等值的含义"(p.6),而程序性的等值定义关注的是"用于进行跨文化比较的测量和程序"(p.7)。虽然 Johnson 做了些许的重新解释,但是他的这种区分却与等值研究文献中所提倡的程序上的一个重要划分相对应。一方面,有关注提高(enhancing)等值的方法或程序。例如改编刺激材料以确保测验的生态效度(智力测验中如何做到这一点的实例将在下一节中描述),以及调查研究中的认知预实验(cognitive pretesting)(就是以非标准化的方式让被试完成调查工具)(Harkness,van de Vijver,& Johnson,2003)。从而获得关于问题、反应类型和其他评估方面如何被解释的信息,以便可以在预期的和实际的解释之间进行比较。另一方面,还有关注检验等值的程序。众所周知的程序包括大量的用于识别调查工具中不恰当项目的统计技术(e.g.,Holland &Wainer,1993)。粗略阅读一下文献就会发现,等值的提高和检验程序往往是相互排斥的,因为大多数应用程序都只关注这两个方面中的一个方面,即使它们处理的是类似的主题。例如,有关翻译等值的文献关注的是,作为一个研究程序,翻译怎样才能确保源出语言(source language)和目标语言(target language)中呈现的刺激材料的相似性,然而,翻译—回译(translation‒back‒translation)程序关注的却是如何对指定的特别刺激材料实现这种相似性。一个综合的等值框架应该即描述如何确保等值,又描述如何评估等值。

在本章中,等值是指测量结果的可比性水平。例如,诊断分类在跨文化间是否有相同的意义?(在跨文化研究中,强迫性障碍在不同的文化中都是一样的吗?)具有相同诊断的来自不同文化背景的人,他们是否患有相同的临床综合征?人格量表上的得分在文化内和文化间是否有相同的意义?偏差威胁着跨文化间测量结果的等值,并且只有当测量工具没有偏差时,测量结果才是等值的,才能在文化内和跨文化间具有相同的意义。

偏差和等值是一个问题的两个方面。跨文化等值要求没有偏差,而跨文化偏差的出现往往导致某种形式的非等值。尽管如此,对跨文化偏差和等值的研究往往强调不同的问题,而共同考虑偏差和等值为如何进行有效的跨文化比较提供了更全面的视角。

等　值

心理测验的等值分类通常采用等值的分层级别(或层次等级,hierarchical level)进行分类(e.g.,Poortinga,1989)。在此仍然沿袭这一传统;在这节中将描述四种层次嵌套的等值类型:构念、结构或功能、度量(metric)或测量单位和截距(scalar)或满分等值。

构念不等值(Construct Inequivalence)

不等值的构念缺乏共同的意义,这会妨碍任何跨文化比较。在文献中,关于构念不等值的主张(claim)可以分为三大类,它们在不等值的程度上不同(部分的或全部的)。第一个也是最强烈的关于不等值的主张是在那些选择强有力的主位相对论观点的研究中发现的,该主张认为心理构念与它们的自然情境是难解难分的,不能在这一情境之外来研究这些构念。那么,任何跨文化比较都是错误的,因为心理构念在不同文化间是不等值的。

第二类构念不等值主张可以用与特定文化群体相关的心理构念为例。最佳例子是文化依从综合征(culture-bound syndrome)。Amok(杀人狂)就是一个很好的例子,这个词出现在亚洲国家中,如印尼和马来西亚。它的特征是男性中短暂的暴力攻击行为。通常在该行为之前发生了侮辱,患者表现出被害的想法和无意识的行为。在该行为之后,患者经常会精疲力竭并且回忆不起来发生的事(Azhar & Varma,2000)。男性中的暴力攻击行为是很普遍的,但是触发事件、症状和回忆缺失的组合则是文化特异的。这种普遍性和文化特异性方面的结合是所有文化依从综合征的特征。日本人的对人恐惧症(Taijin Kyofusho)是另一个例子(Suzuki、Takei、Kawai、Minabe & Mori,2003;Tanaka-Matsumi & Draguns,1997)。对人恐惧症的特征是强烈地害怕由于自己身体的外貌、气味或动作而令他人感到难受或无礼。这些症状的描述暗示了一种强烈的社交恐惧症(通用的概念),在这些症状的描述中可以发现既符合广泛共用的标准,但是又有一个国家文化独特的表达。Suzuki 等人(2003)认为对人恐惧症的大多数症状都可以很容易地归为社交恐惧症,这再一次说明文化依从综合征既包括普遍性方面又包括在其他文化中不会同时出现的文化特异性方面。

不等值的第三类主张是基于经验的,并且是在数据没有显示任何证据证明构念可比性的比较研究中发现的;不等值是缺乏跨文化可比性的结果。Van Leest(1997)对主流的荷兰人和荷兰移民进行了一个标准人格调查问卷的测试。这个调查问卷显示出各种各样的问题,例如频繁地使用口语。结果显示在荷兰主流群体中发现的人格结构不能复制到移民群体中。因此可以得出结论,在两个群体中测量的构念是不等值的。

结构或功能等值(Structural or Functional Equivalence)

一个在不同文化群体中实施的工具如果在所有群体中都测到了相同的构念,那么就表明了结构等值。在操作术语中,这种情况要求在所有群体中潜在的维度(因子)是一致的,也就是说,工具在所有群体中是否表现了相同的因子结构。各种认知测验(Jensen,1980)、艾森克人格问卷(Barrett、Petrides、Eysenck & Eysenck,1998)和人格的大五模型(McCrae & Costa,1997)都进行了结构等值检验。功能等值作为结构等值的一种特殊类型,是指关系网(nomological networks)的一致性。一份对新文化开放程度进行测量的调查问卷,如果它在每个文化中都测量到相同的心理构念,那么就表明它是功能等值的,表现为收敛效度(或聚合效度)(convergent validity)和区分效度(divergent validity)的模式相似(例如,与假定相关的测量值是非零相关的,而与假定不相关的测量值是零相关的)。结构等值检验要比功能等值检验更经常使用。之所以这样并不是由于统计技术上的原因。随着统计建模的进步(特别是路径分析作为结构方程建模的一部分),关系网的跨文化相似性的检验是很简单的。但是,关系网经常是建立在心理学量表和背景变量相结合的基础之上的,譬如社会经济地位、教育和性别。在缺乏指导性理论框架的时候,使用心理学量表来验证其他心理学量表的效度会很容易导致一个没完没了的回归,用于验证效度的每个量表本身也是要被验证效度的。

度量或测量单位的等值(Metric or Measurement Unit Equivalence)

如果测量量表有相同的测量单位但是原点(origin)不同(例如温度测量中的摄氏和开氏温标),就表明工具是度量(或测量单位)等值的。这类等值采用间隔分数或比率水平分数(interval-or ratio-level scores)(在每个文化中有相同的测量单位)。当一个偏差来源使不同文化群体的得分产生了差异,但是并不影响每个文化群体内个体的相对得分时,测量单位等值就适用了。例如,社会称许性和刺激熟悉度对调查问卷得分的影响在一些文化中要比其他文化中大,但是,它们可能以相似的方式影响着一个特定的文化群体内的个体。当这两个偏差来源的相对贡献不能被估计时,对平均分的群体比较进行的解释仍然是模棱两可的。

截距或满分等值(Scalar or Full Score Equivalence)

只有在截距(或满分)等值的情况下才可以进行直接的跨文化比较;这是唯一一种允许得出两个文化的平均分不同或相同结论的等值类型。截距等值假设跨文化群体间具有相同的区间或比率尺度(interval or ratio scale)和相同的尺度原点(scale origin)。

偏　差

偏差是指出现了干扰因素(Poortinga,1989)。如果得分有偏差,那么它们的心理学意义就是文化因变量或群体因变量,并且,评价结果的群体差异至少在某种程度上需要通过辅助的心理学构念或测量工具来解释(见表2.1的概述)。偏差不是一个测量工具的固有特征,但是偏差却是在至少两个文化群体使用工具的过程中产生的。因此,一个工具的偏差并不是固有的,但是当对来自多个特定文化群体的分数进行比较时,工具可能就有偏差了。

构念偏差(Construct Bias)

这种偏差导致了构念不等值。构念偏差可能由与构念相关的行为的不完全重叠引起。在 Ho(1996)关于孝道(孝道被定义为与"好儿子或好女儿"有关的心理学特征)的研究中可以找到一个实证例子。孝道这个中国的概念,它包括期望孩子应该承担照顾年老父母的角色,要比西方对应的概念含义更广泛。基于中国概念化的孝道调查表涵盖了与西方观念无关的方面,而基于西方的调查表将遗漏了重要的中国文化的相关内容。

构念偏差可能由不同文化中与该构念有关的不同的行为适当性引起。在许多非西方国家的研究表明对一个聪明人的描述不仅局限在学校教育(school-oriented)领域,还包括社会方面,例如服从(obedience);但是,西方智力测验所包括的领域通常限于学业智力(scholastic intelligence)上。

方法偏差(method bias)

在这里,方法偏差被用作所有偏差来源的标签,因为在实证论文的方法部分往往会描述这些因素。因此,这里根据偏差是否来自样本、实施过程或工具,区分了三种类型的方法偏差。首先,当被调查的各种文化在许多方面不同时,样本偏差(sample bias)更可能危害跨文化比较。巨大的文化距离常常增加了其他需要考虑的解释的数量。Fernández 和 Marcopulos(2008)描述了标准样本的不可比性如何使连线测验(Trail Making Test)(一种评估注意和认知灵活性的测量工具)的国际比较不可能进行。在人格和社会领域,经常发生的对立解释包括社会称许性和刺激熟悉度(或熟练测验技巧 testwiseness)的跨文化差异。社会称许性和熟练测验技巧两者的主要问题是它们和国家富裕的关系:越富裕的国家在社会称许性方面的得分往往较低(van Hemert, van de Vijver, Poortinga, & Georgas, 2002)。在认知测验中,被试招募的程序是样本偏差的另一个来源。例如,表现一个人态度或能力的动机可能取决于先前接受心理测验的数量、是否自由参加,以及其他可能显示出跨文化差异的来源。

第二,实施方法的偏差可以由实施一个工具时采用的程序或方式的差异所引起。例如,当访谈在被试的家里进行时,物理条件(如周围的噪音、他人在场)很难进行控制。与面对面的访谈相比,被试更愿意在自我完成(self-completion)的情况下回答敏感性问题。社会环境状况的实例包括个人(vs.团体)施测、(团体测验中)被试间的物理空间和(教育设置中的)班级规模。可能导致方法偏差的其他研究实施的来源包括调查问卷的指导语或指导手册含糊不清,或者这些指导语的使用有差异(例如在一些文化中,指导语更多采用的是开放性问题)。实证研究一直在探讨测验实施或访谈者对测量结果的影响;然而令人遗憾的是,许多研究设计不够充分,没有系统地对测试人员和受测者的文化进行交互作用研究。我们仍然不太清楚测试人员和受测者的文化背景是如何相互作用来影响测验成绩的。在认知测验中,测试者的出现通常并不是很显眼的(Jensen,1980)。在调查研究中,有更多证据证明了访谈者效应(Groves,1989;Lyberg et al.,1997)。顺从访谈者的研究报告一直都有;与自我报告的调查问卷相比,被试更可能对访谈者表现出积极的态度(如 Aquilino,1994)。实施偏差的最终来源是由被试和测试人员或访谈者之间的交流问题构成。例如,口译者的介入可能影响测验结果。交流问题不只局限于和翻译者的合作。当访谈或测验以访谈者或被试的第二或第三语言进行时,语言问题尤其突出。

第三,在认知测验中,工具偏差是偏差的常见来源。Piswanger(1975)在运用维也纳矩阵测验(Viennese Matrices Test)时发现了一个实例(Formann & Piswanger,1979)。研究给澳大利亚、尼日利亚和多哥(受阿拉伯语的教育)高中生测试和瑞文一样的图形归纳推理测验。最引人注目的研究结果是,在与水平方向(如从左到右)的辨认和应用规则有关的项目难度上表现了跨文化差异。对此的解释是书写拉丁语时与写阿拉伯语的方向相反,由此造成了偏差。

项目偏差(item bias)

这种类型的偏差是指项目水平上的异常现象,被称为*项目偏差*或*项目功能差异*(*differential item functioning*)(Camilli & Shepard,1994;Holland & Wainer,1993)。根据一个在教育学和心理学领域被广泛运用的定义,如果被试在潜在概念上起点相同(例如他们的智力相等),但因为不同的文化渊源而导致在项目上没有取得相同的平均分,那么这个项目就是有偏差的。在所有偏差类型中,项目偏差是被最广泛研究的;各种心理测量技术被用于确定项目偏差(e.g.,Camilli & Shepard,1994;Holland &Wainer,1993;van de Vijver & Leung,1997)。

项目偏差可以以各种方式产生,如糟糕的项目翻译、源项目的含糊不清、在某些文化中项目内容的低熟悉性或低适当性,以及文化特异的干扰因素的影响,或与项目措辞相关的含义的影响等。例如,如果一个实施给波兰和日本中小学生的地理测验包括了"波兰的首都是哪里"的项目,可以预料即使两个国家学生的地理知识水平相同,波兰学生在这个项目上的得分会高于日本学生。因为这个项目在所有测验得分水平上是有利于一个文化群体的,因此它是有偏差的。Gomez、Burns 和 Walsh(2008)调查了与对立违抗性障碍有关的行为的项目功能差异。澳大利亚的父母、马来西亚籍的马来西亚的父母和马来西亚籍的中国父母都必须在诸如"易生气的"、"争辩"和"责备他人"等行为上评估他们的孩子。研究者使用项目反应理论发现关于易生气的项目在马来西亚父母中更普遍。研究者把这种差异解释为是两种文化中要求服从的跨文化差异的结果,认为"与澳大利亚父母相比,马来西亚父母对儿童行为有较高的标准(包括服从成人的指导和要求)"(p.18),因而对儿童越轨行为的容忍性较低。

处理偏差和等值风险

前面的讨论表明偏差会以各种方式损害跨文化研究的效度。因此,不足为奇的是,人们已经开发出许多程序来处理偏差和检验等值,以便评估偏差对测验成绩可比性的影响。处理偏差的程序可以根据它们是否影响研究怎么做(诸如研究设计、刺激材料的改编和实施程序)或者怎么分析数据来进行分类。第一类程序由先验程序(priori procedures)组成,因为在实际数据收集前,先验的程序对研究有影响;第二类程序是后验程序(posteriori procedures),影响数据分析。这两类程序是互补的而不是补偿性的。精巧的研究设计与糟糕的数据分析,或者反过来,不恰当的跨文化测量工具运用复杂的分析方法,都会产生糟糕的跨文化研究。跨文化研究推论的效度(即这些研究的质量)可以通过先验程序和后验程序的结合来达到最大化。

先验程序(Priori Procedure)

前面提到的先验程序根据它们处理的偏差类型(构念的、方法的或项目偏差)加以区分。处理构念偏差的第一个例子是文化去中心化(cultural decentering)(Werner & Campbell,1970)。这一方法背后的理念是把文化细节(cultural particulars)从刺激中移除,并且制定的项目能最大限度地使项目内容适合所包括的所有文化群体。在一个改进的形式中,去中心化被用于大规模的项目中,其中来自大多数或所有参与国家的研究人员共同开发刺激材料;可以在国际社会调查计划(http://www.issp.org)和欧洲社会调查(http://www.europeansocialsurvey.org)中找到这些例子。在所谓的收敛法(convergence approach)中,工具是在不同的文化中独立开发出来的,然后对这些文化的被试实施了所有的工具(Campbell,1986)。

关系网的跨文化比较使得检验构念和/或方法偏差成为一种有趣的可能。这个被很少运用的方法的一个优点是它广泛的适用性。这个方法是建立在比较不同文化中一个工具与其他各种工具的相关性的基础上的。如果在所有被研究的文化中,该工具都显示了理论预期的正相关、零相关和负相关模式,那么就支持该工具对每个国家都是适用的。例如,当不同国家用不同的项目测量人们对废物管理的看法时,可能人们对废物管理的看法与环境和空气污染有正相关,与宗教性有零相关。Tanzer 和 Sim(1991)发现在心理评估过程中,新加坡优秀的学生比差学生更担心他们的成绩,而在其他文化中,大部分考试焦虑(test-anxiety)的研究却发现了相反的情况。至于考试焦虑的其他组成部分(如紧张、低自信和认知冲突),则没有发现任何跨文化差异。研究者把这种反转的焦虑—成就关系归咎于新加坡的教育制度特点,尤其是怕输(kiasu,害怕失败)综合征根深蒂固地根植于新加坡社会中,而不是由于考试焦虑的内部结构中的构念偏差。

人们开发了主要用于处理方法偏差的各种程序。比较容易理解的方法包括研究实施者和访谈者的广泛训练(extensive training)。这样的训练和指导要求能够确保在跨文化群体间以相同的方式实施研究和访谈。如果实施者或访谈者的文化和被访谈者的文化不同,正如在包括多文化群体的研究中所常见的,那么让实施者或访谈者了解相关的文化细节,诸如禁忌话题,是非常重要的(e.g.,Goodwin & Lee,1994)。

一个相关的方法就是开发一个详细的手册和实施协议。理想的手册应该详细说明研究或访谈的程序,并描述当问题和困难出现时如何继续进行的应变计划(contingency plans)(如详细说明在开放性问题中应该在什么时候或怎样追问问题)。

前面描述的程序试图减少或消除实施条件中不必要的跨文化差异,以便最大限度地提高所获得的测量的可比性。研究者还需要用额外的程序来处理那些无法通过谨慎的选择和问题的措辞或反应选项来控制的跨文化差异。教育背景是一个很好的例子。如果研究包括了广泛不同的文化群体,就不能避免被试的教育背景存在着巨大的差异,这反过来可能会使所获得的跨文化差异出现偏差。在一些研究中,有可能通过分层抽样的方法使来自不同群体的被试在教育上相匹配。但是,这种方法会有严重的局限性:得到的样本不太可能是他们国家的代表性样本。在对平均教师水平差异较大的国家进行比较时,这个问题就尤为突出。例如,如果选择教育匹配的加拿大和南非的成人做样本,很可能至少有一个样本不能代表他们国家的总体。显然,如果控制了教育后,人们对国家的比较感兴趣,这种代表性不佳就不会造成问题了。如果通过一些随机抽样的方案获得两个样本,很可能会出现教育差异。那么教育差异是否能够解释观察到的文化差异的问题就会出现。例如,对安乐死的态度差异在多大程度上可以用教育差异来解释? 如果可以获得个人层面上的教育数据,那么就可以用各种统计技术来处理这个问题,如协方差和回归分析(在本书的第四章有所介绍)(Poortinga & van de Vijver,1987)。这些解释变量(explanatory variables)的使用为探讨所观察到的跨文化差异的本质提供了一个有价值的工具。

调查研究中长期存在的一个问题是普遍存在反应效应和风格(response effects and styles),特别是社会称许性(social desirability)、默认(acquiescence)和极端反应类型(extremity response pattern)等,这些是方法偏差的重要来源(Harzing,2006;van Hemert et al.,2002)。初步证据表明来自不太富裕的、更集体主义国家的个体表现出更多的默认和社会称许性。当预期到反应风格可能会影响不同文化群体的反应时,用调查问卷来评估这些反应风格,为解释所获得的跨文化差异和排除其他解释提供了一个有价值的工具。在其他情况下,通过改编工具可以避免反应风格带来的偏差。Hui 和 Triandis (1989)发现与美国白人相比,西班牙人倾向于在 5 点评分量表中更经常选择极端分数,但是这种差异当使用 10 点量表时就没有了。

方法偏差存在的证据也可以通过测验—重测、训练或干预研究来收集。跨文化间前测—后测的变化模式不同,这说明方法偏差的存在。Van de Vijver、Daal 和 van Zonn-eveld(1986)对荷兰、苏里南和赞比亚的小学生进行了一个短期的归纳推理训练。在实验组和没有受过训练的控制组中,赞比亚小学生的成绩都比其他国家小学生有更大的增长。赞比亚组的成绩增长得多可能是由于他们在测验程序上缺少经验。因为在控制组中也观察到了增长,因此这个增长更可能是由于测验的知识和施测的情境导致的而不是归纳推理的增长。Van de Vijver(2008)在津巴布韦和荷兰四个连续的教学日里,对35名初中生进行了一系列由五台计算机辅助的逐渐增加认知复杂性的反应时测验,以此来考察在测量基本认知操作的反应时测验中跨文化差异的存在和本质。最简单的任务是选择反应时的测量,复杂的任务包括系列图形,这些系列图形要么是完全相同的,要么是由成对的完全相同的图形和一个必须被识别的"与众不同"的图形组成。在简单的测验中没有观察到任何的跨文化差异,但是在更复杂的测验中,荷兰的学生要比津巴布韦的学生做得更快。一个看似直截了当的解释是荷兰学生对基本认知操作更熟练。然而,在重测时,津巴布韦学生表现出更大的成绩增长,这将指向相反的解释。但如果在津巴布韦学生第一次接触评估情境和手边的任务后,再参考津巴布韦学生的学习过程,这种内部不一致的模式就调和了,荷兰学生却没有表现出这些特点。大多数跨文化差异可以通过社会经济地位进行统计解释,这就很可能使与背景有关的因素在第一次测验时就产生了文化差异。重测的结果也使人们对第一次测验实施的效度产生怀疑,因为跨文化差异显然是受其他因素影响的而不是基本认知技能的影响。

有两类程序用来评估项目偏差:判断(语言学的或心理学的)程序[judgmental(linguistic or psychological)procedures]和心理测量程序(psychometric procedures)。前者的例子在 Grill 和 Bartel(1977)的研究中可以找到,Grill 和 Bartel 考察了伊利诺心理语言能力测验(the Illinois Test of Psycholinguistic Abilities)中的语法封闭分测验(Grammatic Closure subtest),该分测验对非标准形式英语的使用者存在偏差。在第一阶段,识别可能存在偏差的项目。非裔美国儿童和欧裔美国儿童的错误反应表明,这些项目上超过一半的错误是由非标准形式英语中的适当反应造成的。心理测量程序将在下节中描述。

后验程序(Posteriori Procedure)

在此将描述普遍用于检验工具的跨文化等值的三个程序。第一个程序是*结构等值*,采用*探索性因素分析*。该分析回答的问题是一个在两个或更多文化中使用的工具是否测量了每个文化中相同的潜在构念。这个程序首先对每个国家分别进行一次因素分析。如果要识别的因素在不同的国家间是相似的,那么该工具就是结构等值的。在探索性因素分析中,可以任意旋转因素负荷。因此,在对不同国家中发现的因素结构进行一致性评估之前,应该先把这些因素结构相互旋转。这些因素结构旋转的标准程序是可以找到的(e.g.,Chan,Ho,Leung,Chan & Yung,1999;van de Vijver & Leung,1997)。如果所包括的文化数量不超过3个或4个,那么在每个文化中发现的因素结构都可以进行两两比较。如果包括更多的文化,两两比较的数量就变得非常大。在这种情况下,通常对数据进行合并,并对这些合并的数据进行因素分析(e.g.,Leung & Bond,2004)。然后,在各个国家中获得的因素结果再和这个合并的因素结构进行比较。在定序数据

（ordinal-level data）的情况中，运用多维等级程序（multidimensional scaling procedures），然后是广义普鲁克分析（generalized Procrustes analysis）（Borg & Groenen，1997；Commandeur，1991）。在 Fontaine 等人（Fontaine，Poortinga，Delbeke & Schwart，2008）的一个研究中可以发现这种程序的一个例子。在这个研究中，他们把从 38 个国家的学生和教师样本中发现的价值观结构和理论预期的两个维度（保护和成长）的结构进行了比较。在所有样本中他们发现预期结构和观察到的结构之间非常一致；然而，学生数据要比教师数据拟合得稍微好些，而且，一个社会的社会发展水平越高，成长和保护价值观之间的差异就越大。

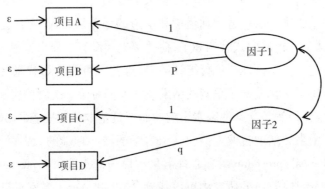

图 2.1 假设的验证性因素分析模型

　　大量使用探索性因素分析评估结构等值的经验表明，该程序通常会产生有价值的信息，并且能够非常敏感地检测到因素结构中主要的文化差异。它主要的缺点是检测因素结构中较小的文化差异的能力相对较低。人们反复研究发现，包含一些有问题的项目、相对长的测验经常显示出令人满意的结果，是因为探索性因素分析的程序挑不出有问题的项目。探索性因素分析另外的缺点是侧重于因素负荷而没有对其他参数特性进行任何检验，诸如因素相关性和独特的方差（unique variances）等。

　　第二个程序是基于*验证性因素分析*。这种技术要比探索性因素分析灵活得多，并且能够处理各种层次的等值[或者结构方程模型术语中的不变性（invariance）]。图 2.1 给出的图示假设在两种文化中施测一个工具，该工具包括四个项目测量两个因素。项目 A 和项目 C 在两个文化群体中固着在潜在因素上的因素负荷都是 1。结构不变性（*configural invariance*）检验考察的是能不能用相同模式的直线和曲线箭头来描述两个文化群体中潜在的因素结构。这个检验要比探索性因素分析中使用的结构等值检验弱一些，因为结构等值检验检测的是因素负荷的相似性，而这在结构不变性中是不需要的。度量等值（*metric equivalence*）检验解决的是在两个文化群体中项目 B 和项目 D 的因素负荷一致性的问题（在图 2.1 中标注的是 p 和 q）。这一步要确定的是所有文化群体的项目得分与其潜在因素之间的回归系数是否都相同。这个检验比探索性因素分析中的结构等值检验要严格些。因为验证性因素分析是基于包括原始量表度量信息的协方差矩阵进行的,而探索性因素分析则是基于没有量表度量信息的相关分析进行的。最后,截距不变性(scalar invariance)可以通过检查项目得分与其潜在因素之间的斜率来进行检验。

由于在验证性因素分析中估计了许多参数值,但在前面描述的检验中还没有考虑到这些参数值,因此提出其他各种跨文化不变性(tests of cross-cultural invariance)检验也就不足为奇了。的确,现在普遍使用的是一套与上一段中提到的模型稍微有些不同的分层嵌套不变性模型(hierarchically nested invariance models),(Vandenberg & Lance,2000,和 Vandenberg,2002 描述了一个广泛的等级)。在分层嵌套不变性模型检验中,第一个检验称为结构不变性(configural invariance),正如刚才所描述的。第二个检验被称为测量权重不变性(invariance of measurement weights),这和前面所描述的度量等值检验(the test of metric equivalence)相似。第三个检验被称为结构协方差(structural co-variances),是检验潜在因素之间协方差的跨文化不变性(图 2.1 中标注为 r)。如果一个模型中只有一个潜在因素,那么就要检验这个潜在因素的误差不变性(称为结构残差(structural residuals))。第四个模型被称为测量残差(measurement residuals),是检验观察变量误差成分的跨文化一致性问题(在图 2.1 中标注为 ε)。这一顺序检验的运用突出了验证性因素分析的一个重要的、引人注目的特点:在此检验的四个模型都是分层嵌套的,这意味着可以通过给跨文化间的参数施加更多相等的限制,可以从前面的模型创建后面的模型。嵌套模型具有所谓的增量拟合统计信息(incremental fit statistics),这意味着具有不同限制数量的模型,它们的卡方统计量的差异也遵循自由度等于施加的限制数量的卡方分布。在 Spini(2003)的研究中可以找到跨文化心理学运用验证性因素分析的一个很好的例子。Spini 采用来自 21 个国家的数据,检验了施瓦茨价值观量表(Schwartz Value Survey)10 类价值观的等值问题。他分别对 10 类价值观的每一类价值观都进行了嵌套模型不变性(Nested models of invariance)的检验。除了享乐主义,其他所有的价值观都发现了结构和度量等值。最后,如果分析所包括的文化数量很大,两两比较是不切合实际的。可以通过元分析结构方程模型以一种验证性的方式来评估大量不同文化间的因素结构等值(Cheung,Leung & Au,2006),这其实是把许多不同文化间的因素结构的评估看作是元分析的特殊形式。

在检验跨文化等值中,验证性因素分析的主要优点是它可以灵活地检验各种类型(水平)的等值,并且能够检验分层嵌套模型。它的主要缺点是在一些条件中的适用性有限。与结构方程建模的其他应用一样,检验等值时使用验证性因素分析要受到拟合统计问题的限制。增量的卡方统计量对大样本的敏感性是一个问题;另一个问题是,当其他统计数据标志着拟合上不平凡的增加或减少时,缺乏一个被广泛接受的、用来确定显著和有意义的差异的规则。在包括许多文化群体的数据中检验等值时,使用验证性因素分析还有另外的问题。如果发现了较差的拟合,通常并不清楚问题是由于潜在模型的错误设定还是由于心理上微不足道的、较小的跨文化差异造成的。

人们提出了种类繁多的统计技术来处理项目偏差或项目功能差异(Camilli & Shepard,1994;van de Vijver & Leung,1997)。在此采用一个基于方差分析的例子加以说明。运用项目偏差分析来确定截距等值(*scalar equivalence*)。仔细检查偏差的工具应该是一维的。如果探索性因素分析是用来处理结构等值的,那么项目偏差分析可以和探索性因素分析结合在一起使用。此时,探索性因素分析确定等值因素,然后项目偏差分析更详细地检查项目的适当性。如果来自不同文化群体的、在潜在特质上具有相同状况的人在项目上却没有得到相同的预期分数,那么这个项目就是偏差的。在操作性术语中,这个定义说明除了随机变动,拥有相同测验总分的、来自不同文化的人在一个项目上的平均数应该是相同的。在图 2.2 中列举了假设的偏差和不偏差项目的示例。假定一个工具在两个文化群体中进行施测,文化 A 和文化 B。在分析前,根据(单一维度的工具的)所有项目的总分把样本(包括来自两个国家的所有被试)进行分组。这里确定了五个分数等级,从非常低到非常高。要区分的分数等级的数量有些随意。区分的分数等级越多,分析就越敏感,就越有可能识别出项目偏差。然而,区分出许多个分数等级可能会产生几乎没有观察值的分数组。根据经验,建议一个分数等级包括 50 个被试(van de Vijver & Leung,1997)。然后分别计算每个项目的方差分析,分数等级和国家作为自变量,项目得分为因变量。我们绘制了两个文化群体被试的平均得分与他们的分数等级的比较图,可以确定四种结果(见图 2.2)。如果两个文化群体的曲线彼此接近,那么项目就是无偏差的;方差分析只显示分数等级的主效应(图 2.2 中的 a 图)。如果国家的主效应显著,那么项目就表现出相同的偏差,意味着一个国家的曲线在另一个国家的曲线之上(b 图)。那么对某个文化的成员来说,这个项目就是系统性的、非偶然地更有吸引力或更容易。项目也可能在一个文化中比在另一个文化中更有区分度(c 图),那么方差分析将显示国家和分数等级之间的交互作用达到显著水平。d 图显示的情况是文化主效应和文化与分数水平的交互作用都显著。

在项目偏差检测中使用方差分析既灵活又易于实施。除了方差分析外,人们还提出许多其他统计技术来处理项目偏差问题。项目反应理论经常用于教育和成就数据中,其中项目反应分成对或错。项目偏差识别中方差分析的主要缺点是它对样本大小的敏感性。如果样本小或分数的分布在不同文化间非常不同,那么可能很难为区分分数等级找到恰当的划界分(cutoff scores)(请见 Muniz 及其同事的研究,他们提出在小样本中要检测项目偏差把 α 水平放宽到 0.20;Fidalgo,Ferreres,& Muniz,2004;Fidalgo,Hashimoto,Bartram,& Muniz,2007;Muniz,Hambleton,& Xing,2001)。在偏差分析中,大

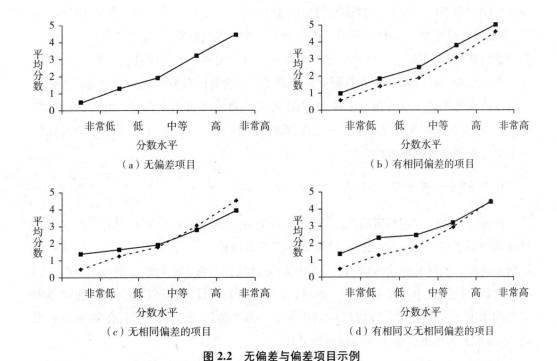

图 2.2 无偏差与偏差项目示例

样本量和国家的数目很多也会产生问题。经验表明,统计显著性标准不能用于这些情况,因为如果采用传统标准,许多项目甚至大多数项目都是偏差的。如果使用效果量代替显著性标准,可以在很大程度上避免这些问题。例如,一个有用的经验法则可以基于科恩(Cohen)对小、中、大效果的分类。我们发现采用中等效果量是个有用的法则,意思是如果文化主效应和分数等级与文化的交互作用解释的变异量至少达到 0.6,那么项目就是偏差的(van de Vijver,Valchev,& Suanet,2009)。

　　一个强有力的论断是,偏差和等值的分析应该总是先于跨文化相似性和差异性的实质性分析,就像在进一步的分析之前,先要对一个工具的内部一致性进行分析一样。如果能更一致地处理偏差问题,那么跨文化研究结果的可重复性将会提高。但是,经验也表明偏差和等值分析的应用程序并不是没有问题的。在此会提到本节所讨论的所有分析都会有的三个问题。应该强调的是这些问题并不是技术本身的问题,而通常是这些技术实施方式的问题。第一,经常机械地运用偏差和等值标准。在项目偏差分析中,一个显著性值刚刚高于 0.05 的项目被保留了,而一个显著性值刚刚低于 0.05 的项目则被删除了。显然,有关偏差和等值的决定应该结合统计学的考虑和实质性的考虑。一个潜在因素对两个文化中验证性因素分析模型的度量等值提出质疑,这一研究结果可能提供了关于跨文化差异的有趣信息。机械地从分析中除去这个潜在因素可能会挽救工具中剩余因素的度量等值,但是也可能掩盖了有趣的跨文化差异。第二,这些技术似乎更有利于简短的工具,简短的测量工具经常会显示出高水平的等值和很少的偏差项目。如此简短的工具是否能够充分反映潜在构念？可能几乎没有人问过这样的问题，更不用说对这个问题的回答了。从一个实质性的观点出发，简短的工具可能不能充分涵盖潜在构念，因为它们把评估限制在假定普遍适用的一小组项目上。第三，在验证性因素分析中，对结构、度量和截距等值的关注可能会分散对方法偏差的注意。各种方法偏差的来源不能用这些技术来确定，例如反应风格中的跨文化差异、社会称许性、教育背景，以及在不同文化之间很难使实施条件等同（例如访谈者在一个文化中比在另一个文化中拥有更高的地位）。

优化测验和调查问卷的适应性（Adaptation）

许多跨文化研究包括现有的工具，该工具通常是在西方背景下开发的。而这个工具必须应用于另一个文化（或语言）背景中。那么就产生了如何使工具适应新背景的问题。适应性研究有三个阶段：设计、数据收集和数据分析。最后两个阶段的方法论问题在对偏差的描述中已经解决了。这里，我们特别关注设计程序问题（即前面章节中提到的术语先验程序），设计程序可以用来最小程度地降低前面所描述的各种偏差来源，从而最大程度地提高工具的适应性效度。

检验适应性的传统方法主要侧重语言问题。最常见的应用程序是采用翻译—回译程序（translation-back-translation）（Brislin，1980）。在这个程序中，翻译独立于回译，并且回译的版本要与原译文进行比较。这个程序很容易实施，并且可以帮助识别翻译问题。但是，这个程序的使用经验也暴露了一些缺点。翻译经常使译文产生一种生硬的语言，从而损害了原文的可读性和可理解性。而且，人们越来越认识到翻译一个工具不仅是一种语言活动，而且只要可能，一个好的翻译还要保留原文的文化方面，如果直译会产生文化上不等值的项目，那么就应该修改项目的内容。

不足为奇的是，自从 20 世纪 90 年代后期以来，术语"适应性（adaptation）"越来越被用作翻译心理学工具的通用术语（e.g.，Hambleton，Merenda，& Spielberger，2005）。本章的说法是，对于一个工具来说，好的翻译是要与原文等值的。这个等值可能包括概念、文化、语言和测量等特征（Harkness & van de Vijver，2010）。这些特征中的每一个都能影响最终结果（见表 2.2）。在每种特征中，我们区分了两个亚类，从而定义了八种适应性类型（有关分类请看 Harkness et al.，2003，和 Malda et al.，2008）。

概念驱动的和理论驱动的这两类适应性旨在提高源文化（source cultures）与目标文化（target culture）中概念的一致性。概念驱动的适应性考虑的是文化特有概念指标的差异，例如了解该国知名人士的姓名（作为晶体智力的一个指标）。在一个跨文化研究中，选择知名人士的人名可能并不容易。一些公众人物是广为人知的，例如美国总统；然而，假设来自不同文化的人们同样熟悉美国总统的名字是不现实的。不管怎样，如果选择了文化特有的名字，这个项目仍然可以测量晶体智力，但是得分的跨文化可比性可能就有问题,因为很可能找不到一个与原文项目完全匹配的名字,那么就很可能出现项目偏差。在像英国这样的国家中,有谁会像美国总统在美国一样出名呢? 英国首相是一位公众人物,但在媒体中的知名度不如美国总统,而英国女王可能是个更好的选择。总是很难确定得分中的文化差异是由于晶体智力的文化差异造成的,还是由于所用的公众人物熟悉度的差异造成的。

理论驱动的适应性包括基于理论考虑进行的修订。一个工具,如果它的项目具有很强的理论基础,可能需要大量的改编以确保改编后的项目仍然符合这个理论(来避免构念偏差)。一个例子是对《考夫曼儿童成套评估测验(第二版)》的改编研究,用于在印度讲埃纳德语的儿童(Malda et al.,2008)。其中一个分测验测量短时记忆。要求儿童按照测试者呈现的顺序以相同的顺序重复一系列数字(在测验中每个系列的数字数目从 2 增加到 9)。英文原版测验的数字都只有一个音节(没用数字 7)。选择单音节数字是基于巴德利的语音环模型(Baddeley,Thomson,& Buchanan,1975),该模型声称能存储在工作记忆中的项目数目取决于音节的数目,并且项目越短,能够回忆的项目数目就会越多。因此,当使用较少音节的数字时,这个测验就更敏感。但是,在埃纳德语中,所有从 1 到 10 的数字,除了 2 和 9 有三个音节外,其他的数字都是双音节的。因此,埃纳德语版本测验的数字就尽可能多地使用双音节的数字。三音节的数字只在测验的后期采用(在 8 和 9 个数字的系列中采用)。

两个与文化有关的适应性分别是指文化的"硬"和"软"两个方面。专有名词或事实驱动的适应性是需要进行修订的,因为有些项目涉及一些其他国家很少知道或不知道的、国家特有的内容。一个例子就是货币的转变(如美元转变成日元)。尽管这些改变或修订在理论上是很明确、明白的,但是实施起来可能会产生另外的问题。例如,一个关于给轿车加汽油的英国版本的项目可能提到公升和英镑:"一位司机到加油站给他的轿车加了 60 公升汽油,每升汽油 0.90 英镑,司机要付多少钱?"把这个项目转换成美式的专有名词(把 petrol 转换成 gas)和计量单位(把公升转换成加仑,英镑转换成美元)似乎很简单,但是直接替换在美式的文化语境中现实性较低:很少有轿车有 60 加仑的油箱,并且 1 加仑 90 美分的价格也是不现实的。显然,必须修改该项目以便让它在美国情境中是等值的。

准则驱动的适应性(Norm-driven adaptations)考虑的是准则、价值观和实践方面的文化差异,这些是文化的"软"方面。一个关于庆祝生日的项目应该考虑到,不同的文化在与生日有关的事物上有很大的差异。在一些文化中,对于生日的各种要素有一个成熟的、众所周知的文化脚本(例如赠送礼物、开派对和唱特定的歌)。当项目用于不同风俗的国家时,涉及这类脚本的项目需要修订。

"硬的"和"软的"适应性之间的区分也适用于语言应用方面。"硬的"适应性被称为语言驱动的适应性(*linguistics-driven adaptations*),是指为适应不同语言间结构的不同而做的改编。例如,英语单词"朋友"既可以指男性也可以指女性,而有些语言则用性别专有的词汇来表示男性和女性朋友,如德语(用 Freund 表示男性朋友,用 Freundin 表示女性朋友)和法语(ami 表示男性朋友和 amie 表示女性朋友)。其他的例子还有语言在代词上的差异。如在英语表达"his friend(他的朋友)"时,我们知道所指的人是男性(但是我们不知道朋友的性别),而在法语表达 son ami 时,意义不明确的不是朋友的性别(ami 指的是男性),而是所有格代词 son 的性别,它既可以指男性也可以指女性。

人们把反映一种语言如何在文化群体中使用的适应性看作是语言"更软"的方面,被称为语用驱动的适应性(pragmatics-driven adaptations)。语用驱动的适应性是指在语言使用中为适应文化特有的习俗而进行的修订,诸如谈话习俗。大量关于礼貌的文献(例如 Brown & Levinson,1987)表明,在不同的文化中,对请求的忠实翻译往往并不能传达相同程度的率直和礼貌。文化驱动和语用驱动的适应性之间的区分可能是模糊的。我们保留语用驱动的适应性更多是用于与语言相关的修订,而保留文化驱动的适应性则更多是用于与文化相关的修订,但是我们承认适应性可以包含这两种适应性。例如,有关礼貌的项目与语言如何使用有关(语用驱动的),但是,它们也反映了规定陌生人之间和社会地位不同的人之间互动的文化脚本。硬的和软的适应性其主要目的是消除项目偏差。

两类与测量有关的修订包括工具的不同陈述和程序方面。第一种类型是熟悉度或可识别性驱动的适应性(familiarity-or recognizability-driven adaptations),是由文化对特定刺激的评价程序的不同熟悉度造成的,这可能会导致方法偏差。在前面描述的一个研究中,考夫曼测验为适用于印度讲埃纳德语的儿童而做了改编,并包括一个基于窃贼画像的测验(Malda et al.,2008)。一项初步研究清楚地表明,讲埃纳德语的儿童并没有认出画的人是窃贼;黑白相间的横条纹衬衫和遮住眼睛的小面具与窃贼并没有关联。为了使这副画像清晰,需要做一些改编(如窃贼背上的一个大袋子)。在这个成套测验的另一个分测验中,儿童必须在尽可能少地移动的情况下,把一个狗玩具(被称为"流浪者")移到棋盘状网格上的骨头旁,网格中放着障碍物(石头和杂草)。当用测验配套的原始狗指示移动的时候,儿童倾向于沿着狗所面对的方向开始向骨头靠近。为了阻止儿童这样做,我们用国际象棋中的一个卒来代替狗,卒的每个面都是相似的,这样就不会含蓄地暗示方向了。

最后,形式驱动的适应性(format-driven adaptations)包括在项目或反应形式上的修订,来避免不必要的跨文化差异。例如,作答中极端倾向的差异,这是方法偏差的另一个来源,可以通过在里克特式反应量表中采用更多的选项来减少。其他的例子来自有关模式效应(mode effects)的文献(e.g.,Groves,1989)。Epstein、Barker 和 Kroutil(2001)发现,在计算机辅助的自我实施的(self-administered)访谈中,美国人要比在访谈者实施的纸笔调查中更可能报告心理健康问题。

结　论

　　理论和方法的发展以及在小规模和大规模跨文化研究方面积累的经验扩大了我们的工具箱,并且加深了对跨文化研究方法学注意事项的认识。虽然如此,我们还是注意到每项研究都有一些独特的细节,可能必须根据特别的需要来处理。一项研究主要的方法学问题往往可能在研究项目开始之前就已经详细地制订了。理论知识、与来自目标文化的个体的接触、了解如何检验等值和偏差是优秀的跨文化研究的重要组成部分。Hofer 等人(Hofer,Chasiotis,Friedlmeier,Busch & Campos,2005)举例说明了如何通过考察投射图片刺激的构念、方法和项目偏差,才能让从这些刺激中获得的推论(经常被认为是经不起心理测量学的详细审查的)有一个坚实的方法论基础。研究者使用图片刺激在卡梅隆、哥斯达黎加和德国评估了两个内隐动机(权力需要和归属需要)(need for power and need for affiliation)。通过偏差和等值分析,研究者确定了"与文化无关的、无偏差的成套图片刺激。……这可以用于跨文化比较这两个内隐动机"(p.689)。的确,目前跨文化研究方法的发展为一些长期以来被认为难以解决的问题提供了解决方法。

　　本章认为最大限度地提高推论的有效性应该是跨文化研究主要关注的内容(Leung & van de Vijver,2008)。实现这个目标的方法可能很复杂,也很难达到,但是解决办法却似乎非常简单:把强有力的设计和充分的分析相结合。我们在设计研究和改编工具的时候,需要考虑到文化的、语言的和心理测量等方面。然后,恰当地运用数据分析程序将向我们表明,我们在消除偏差和实现等值方面获得了多大程度的成功。我们希望本章讨论的方法程序能够为跨文化研究的进一步发展提供动力,并能够帮助研究者对所观察到的跨文化相似性和差异性做出有效的、站得住脚的推论。

表 2.1　偏差类型和处理偏差的方法概述

偏差的类型和来源	处理偏差的方法
构念偏差	
跨文化间构念的定义只有部分重叠 与构念有关的行为的不同的得体性 (例如,技能不属于文化群体中的一个群体的全部技能) 表示构念的所有相关行为样本的取样差 构念相关方面的不完全覆盖(如没有抽取所有相关方面)	去中心化(例如在几个文化中同时开发相同的工具) 收敛方法(如工具在文化内独立开发和随后所有工具跨文化间实施) 向本土文化和语言专家咨询信息 采用双语被试样本 实施本土预研究(例如自由问答题的内容分析)[a] 非标准化工具的实施(如出声思维)
方法偏差	

续表

偏差的类型和来源	处理偏差的方法
样本的不可比性(如教育和动机的差异)[b] 实施条件的差异,物理的(如噪音)或社会的(如群体大小)[c] 对被试的指导和/或对研究实施者的准则是含糊的[c] 实施者不同的专业知识或技能[c] 测验员/访谈者/观察者效应(如光环效应)[c] 被试和访谈者之间的交流问题(在最广泛的意义上) 对刺激材料不同的熟悉度 对反应程序不同的熟悉度 不同的反应风格(如社会称许性、极端倾向和默认)	关系网的跨文化比较(如聚合/区别效度研究和单一特质—多重方法研究) 关键短语的内涵(如关键术语意义的相似性,如有点同意) 访谈者和实施者的广泛训练 对实施、计分和解释有详细的手册/实验 详细的指导语(如有充足的实例和/或练习) 包括背景和情境变量(如教育背景) 收集间接/辅助信息(如测验行为或测验态度) 反应风格的评估 实施测验—重测、训练和/或干预研究
项目偏差	
糟糕的翻译和/或含糊的项目 干扰因素(如项目激活了另外的特质或能力) 文化特征(如内涵意义和/或项目内容的恰当性的差异)	判断方法(如语言或心理分析) 心理测量方法(如项目功能差异分析)

a 也用来处理方法偏差

b 样本偏差

c 实施偏差

d 工具偏差

表 2.2　改编的类型

领域	改编的类型	描述和实例
构念	构念驱动	改编使在不同文化中构念指示物的差异相适应(例如需要不同的公众人物在不同国家中跨文化间的熟悉度相同)
	理论驱动	基于理论的改编(例如短时记忆广度测验应该使用灵敏的短刺激,跨文化间可能需要使用不同的刺激)
文化	专有名词/事实驱动	改编以适应特定文化或国家特征(例如货币的转换)
	准则驱动	改编以适应文化在准则、价值观和实践方面的差异(例如避免丢面子)
语言	语言驱动	改编以适应语言间结构的不同(如英语词汇朋友即指男性又指女性,而许多语言对男性和女性朋友有性别专有名词)
	语用驱动	改编以适应语言用法中的习俗(如访谈者要求的方向水平)
测量	熟悉度/可识别性驱动	改编来处理跨文化间对特有刺激的评估程序熟悉度上的差别。(如在图片测验中使用有差别的图片)
	形式驱动	改编使由于项目或反应形式引起的文化差异降到最小(如为了降低极端反应的影响而改编反应尺度)

参考文献

Aquilino,W.S.(1994).Interviewer mode effects in surveys of drug and alcohol use.*Public Opinion Quarterly*,*58*,210-240.

Azhar,M.Z.,& Varma,S.L.(2000).Mental illness and its treatment in Malaysia.In I.Al-Issa(Ed.),*Al-Junun:Mental illness in the Islamic world* (pp.163-185).

Madison,CT:International Universities Press.Azuma,H.,& Kashiwagi,K.(1987).Descriptors for an intelligent person:A Japanese study.*Japanese Psychological Research*,*29*,17-26.

Baddeley,A.D.,Thomson,N.,& Buchanan,M.(1975).Word length and the structure of short-term memory.*Journal of Verbal Learning and Verbal Behavior*,*14*,575-589.

Barrett,P.T.,Petrides,K.V.,Eysenck,S.B.G.,& Eysenck,H.J.(1998).The Eysenck Personality Questionnaire:An examination of the factorial similarity of P,E,N,and L across 34 countries.*Personality and Individual Differences*,*25*,805-819.

Borg,I.,& Groenen,P.(1997).*Modern multidimensional scaling:Theory and applications*.New York:Springer.

Brislin,R.W.(1980).Translation and content analysis of oral and written materials.In H.C.Triandis & J.W.Berry(Eds.),*Handbook of cross-cultural psychology* (Vol.2,pp.389-444).Boston:Allyn and Bacon.

Brown,P.,& Levinson,S.C.(1987).*Politeness:Some universals in language usage*.New York:Cambridge University Press.

Camilli,G.,& Shepard,L.A.(1994).*Methods for identifying biased test items*.Thousand Oaks,CA:Sage.

Campbell,D.T.(1986).Science's social system of validity-enhancing collective belief change and the problems of the social sciences.In D.W.Fiske & R.A.

Shweder(Eds.),*Metatheory in social science* (pp.108-135).Chicago:University of Chicago Press.

Chan,W.,Ho,R.M.,Leung,K.,Chan,D.K.S.,& Yung,Y.F.(1999).An alternative method for evaluating congruence coefficients with Procrustes rotation:A bootstrap procedure.*Psychological Methods*,*4*,378-402.

Cheung,M.W.L.,Leung,K.,& Au,K.(2006).Evaluating multilevel models in crosscultural research:An illustration with social axioms.*Journal of Cross-Cultural Psychology*,*37*,522-541.

Commandeur,J.J.F.(1991).*Matching configurations*.Leiden,the Netherlands:DSWO Press Leiden.

Epstein,J.F.,Barker,P.R.,& Kroutil,L.A.(2001).Mode effects in self-reported mental health data.*Public Opinion Quarterly*,*65*,529-549.

Fern'andez,A.L.& Marcopulos,B.A.(2008).A comparison of normative data for the Trail Making Test from several countries:Equivalence of norms and considerations for interpretation.*Scandinavian Journal of Psychology*,*49*,239-246.

Fidalgo,A.M.,Ferreres,D.,&Muniz,J.(2004).Utility of theMantel-Haenszel procedure for detecting differential item functioning in small samples.*Educational and Psychological Measurement*,*64*,925-936.

Fidalgo,A.M.,Hashimoto,K.,Bartram,D.,& Muniz,J.(2007).Empirical Bayes versus standard Mantel-Haenszel statistics for detecting differential item functioning under small sample conditions.*Journal of*

Experimental Education, *75*, 293-314.

Fontaine, J.R.J., Poortinga, Y.H., Delbeke, L., & Schwartz, S.H. (2008). Structural equivalence of the values domain across cultures: Distinguishing sampling fluctuations from meaningful variation. *Journal of Cross-Cultural Psychology*, *39*, 345-365.

Formann, A.K., & Piswanger, K. (1979). *WienerMatrizen-Test. Ein Rasch-skalierter sprachfreier Intelligenztest* [The Viennese Matrices Test. A Rasch-calibrated nonverbal intelligence test]. Weinheim, Germany: Beltz Test.

Gomez, R., Burns, G.L., & Walsh, J.A. (2008). Parent ratings of the oppositional defiant disorder symptoms: Item response theory analyses of cross-national and cross-racial invariance. *Journal of Psychopathology and Behavioral Assessment*, *30*, 10-19.

Goodwin, R., & Lee, I. (1994). Taboo topics among Chinese and English friends: A cross-cultural comparison. *Journal of Cross-Cultural Psychology*, *25*, 325-338.

Grigorenko, E.L., Geissler, P.W., Prince, R., Okatcha, F., Nokes, C., Kenny, D.A., et al. (2001). The organisation of Luo conceptions of intelligence: A study of implicit theories in a Kenyan village. *International Journal of Behavioral Development*, *25*, 367-378.

Grill, J.J., & Bartel, N.R. (1977). Language bias in tests: ITPA Grammatic Closure. *Journal of Learning Disabilities*, *10*, 229-235.

Groves, R.M. (1989). *Survey errors and survey costs.* New York: Wiley.

Hambleton, R.K., Merenda, P.F., & Spielberger, C.D. (Eds.) (2005). *Adapting educational and psychological tests for cross-cultural assessment.* Mahwah, NJ: Erlbaum.

Harkness, J.A., & Van de Vijver, F.J.R. (2010). *Developing instruments for crosscultural research.* Manuscript in preparation.

Harkness, J.A., Van de Vijver, F.J.R., & Johnson, T.P. (2003). Questionnaire design in comparative research. In J.A. Harkness, F.J.R. Van de Vijver, & P.Ph. Mohler (Eds.), *Cross-cultural survey methods* (pp. 19-34). New York: Wiley.

Harzing, A. (2006). Response styles in cross-national survey research: A 26-country study. *Journal of Cross Cultural Management*, *6*, 243-266.

Ho, D.Y.F. (1996). Filial piety and its psychological consequences. In M.H. Bond (Ed.), *Handbook of Chinese psychology* (pp.155-165). Hong Kong: Oxford University Press.

Hofer, J., Chasiotis, A., Friedlmeier, W., Busch, H., & Campos, D. (2005). The measurement of implicit motives in three cultures: Power and affiliation inCameroon, Costa Rica, and Germany. *Journal of Cross-Cultural Psychology*, *36*, 689-716.

Holland, P.W., &Wainer, H. (Eds.) (1993). *Differential item functioning.* Hillsdale, NJ: Erlbaum.

Hui, C, & Triandis, H.C. (1989). Effects of culture and response format on extreme response style. *Journal of Cross-Cultural Psychology*, *20*, 296-309.

Jensen, A.R. (1980). *Bias in mental testing.* New York: Free Press.

Johnson, T. (1998). Approaches to equivalence in cross-cultural and cross-national surveys. *ZUMA Nachrichten Spezial No.3: Cross-cultural survey equivalence*, 1-40.

Leung, K., & Bond, M.H. (2004). Social Axioms: Amodel for social beliefs inmulticultural perspective.

Advances in Experimental Social Psychology,*36*,119-197.

Leung,K.,& Van de Vijver,F.J.R.(2008).Strategies for strengthening causal inferences in cross-cultural research:The consilience approach.*Journal of Cross Cultural Management*,*8*,145-169.

Lyberg,L.,Biemer,P.,Collins,M.,De Leeuw,E.,Dippo,C.,Schwarz,N.,& Trewin,D.(1997).*Survey measurement and process quality*.New York:Wiley.

Malda,M.,Van de Vijver,F.J.R.,Srinivasan,K.,Transler,C.,Sukumar,P.,& Rao,K.(2008).Adapting a cognitive test for a different culture:An illustration of qualitative procedures.*Psychology Science Quarterly*,*50*,451-468.

McCrae,R.R.,& Costa,P.T.(1997).Personality trait structure as human universal.*American Psychologist*,*52*,509-516.

Muniz,J.,Hambleton,R.K.,& Xing,D.(2001).Small sample studies to detect flaws in item translations.*International Journal of Testing*,*1*,115-135.

Piswanger,K.(1975).*Interkulturelle Vergleiche mit dem Matrizentest von Formann* [Cross-cultural comparisons with Formann's Matrices Test].Unpublished doctoral dissertation,University of Vienna,Austria.

Poortinga,Y.H.(1989).Equivalence of cross-cultural data:An overview of basic issues.*International Journal of Psychology*,*24*,737-756.

Poortinga,Y.H.,& Van de Vijver,F.J.R.(1987).Explaining cross-cultural differences:Bias analysis and beyond.*Journal of Cross-Cultural Psychology*,*18*,259-282.

Spini,D.(2003).Measurement equivalence of 10 value types from the Schwartz Value Survey across 21 countries.*Journal of Cross-Cultural Psychology*,*34*,3-23.

Suzuki,K.,Takei,N.,Kawai,M.,Minabe,Y.,& Mori,N.(2003).Is Taijin Kyofusho a culture-bound syndrome? *American Journal of Psychiatry*,*160*,1358.

Tanaka-Matsumi,J.,& Draguns,J.G.(1997).Culture and psychotherapy.In J.W.Berry,M.H.Segall,& C.Kagitcibasi(Eds.),*Handbook of cross-cultural psychology* (Vol.3,pp.449-491).Needham Heights,MA:Allyn and Bacon.

Tanzer,N.K.,& Sim,C.Q.E.(1991).*Test anxiety in primary school students:An empirical study in Singapore* (Research Report 1991/6).Department of Psychology,University of Graz,Graz.

Vandenberg,R.J.(2002).Toward a further understanding of and improvement in measurement invariance methods and procedures.*Organizational Research Methods*,*5*,139-158.

Vandenberg,R.J.,& Lance,C.E.(2000).A review and synthesis of themeasurement invariance literature:Suggestions,practices,and recommendations for organizational research.*Organizational Research Methods*,*2*,4-69.

Van de Vijver,F.J.R.(2003).Bias and equivalence:Cross-cultural perspectives.In J.A.Harkness,F.J.R.Van de Vijver,& P.Ph.Mohler(Eds.),*Cross-cultural survey methods* (pp.143-155).New York:Wiley.

Van de Vijver,F.J.R.(2008).On the meaning of cross-cultural differences in simple cognitive measures.*Educational Research and Evaluation*,*14*,215-234.

Van de Vijver,F.J.R.,Daal,M.,& Van Zonneveld,R.(1986).The trainability of abstract reasoning:A cross-cultural comparison.*International Journal of Psychology*,*21*,589-615.

Van deVijver,F.J.R.,& Leung,K.(1997).*Methods and data analysis for cross-cultural research*.

Newbury Park,CA:Sage.

Van de Vijver,F.J.R.,Valchev,V.,& Suanet,I.(2009).Structural equivalence and differential item functioning in the Social Axioms Survey.In K.Leung & M.H.Bond(Eds.),*Advances in research on social axioms*(pp.51-80).New York:Springer.

Van Hemert,D.A.,Van de Vijver,F.J.R.,Poortinga,Y.H.,& Georgas,J.(2002).Structural and functional equivalence of the Eysenck Personality Questionnaire within and between countries.*Personality and Individual Differences*,*33*,1229-1249.

Van Leest,P.F.(1997).Bias and equivalence research in the Netherlands.*European Review of Applied Psychology*,*47*,319-329.

Werner,O.,& Campbell,D.T.(1970).Translating,working through interpreters,and the problem of decentering.In R.Naroll & R.Cohen(Eds.),*A handbook of cultural anthropology*(pp.398-419).New York:American Museum of Natural History.

第三章　翻译与改编跨文化评估测验

Ronald K. Hambleton, April L. Zenisky

引　言

如今,被翻译和修订成多种语言和文化的教育与心理测量工具的数目正在大大增加。跨文化研究在教育学和心理学领域已经变得很重要,并且过去三十年来,涉及测量工具翻译与改编的文章已增长了350%(van de Vijver,2009)。像《欧洲心理评估杂志》(*European Journal of Psychological Assessment*)和《国际测验杂志》(International Journal of Testing)(比如参见近期关于测验改编研究最新进展的专题,Gregoire & Hambleton,2009)等杂志发表的许多文章,要么是在推进测验翻译与修订的方法论,要么是在描述初次对特定测验进行翻译与修订,尤其是大受欢迎的智力测验(intelligence tests)、成就测验(achievement tests)及人格测验(personality tests)。政策制定者、教育工作者和公众对国际比较研究的兴趣也相当大,如那些由经济合作与发展组织[The Organization for Economic Cooperation and Development,OECD;参见更为人所知的 PISA 计划,即国际学生成就计划(the Programme for International Student Achievement)]、国际教育成就评价协会[the International Association for the Evaluation of Educational Achievement,IEA;参见更为人所知的 TIMSS 计划,即国际数学与科学研究趋势调查(Trends in International Mathematics and Science Studies)]赞助的研究。由于这些大规模的国际评估对政策的影响,政府很愿意花费大量资金去好好地执行这些研究。这就意味着有望运用最先进的测验翻译和修订的方法。国际测验委员会(the International Test Commission,ITC)指南的应用(例如,Hambleton,2005;van de Vijver & Hambleton,1996),对于指导和评价现在积极进行测验翻译和修订研究已经具有非常重要的作用。

ITC 的测验修订指南强调评判性评价(judgmental reviews)和实证性证据编译的重要性。对于更多类型的实证性证据,读者们可以参阅由 Hambleton、Merenda 和 Spielberger(2005)编辑的书,或者可以阅读一些由 van de Vijver 和 Tanzer(2004)所写的方法论的文章。至于评判性评价,在实践中我们已经观察到的是在测试翻译和调整过程中所包括的那些努力做出的评判性评价,但是要运用一个有效的、以经验为依据的评判性评价形式来帮助指导这个过程经常并不是随手可得的。国家测验委员会的指南强调评判性评价的重要性,但是对于这些评判性评价在跨教育的和心理情境中应该如何进行仅仅提供了一点案例。有时评价表单是在实践中得到发展的,尽管它们经常可能是(a)不完整的(例如,它们可能没能提出在产生一个测验有效的翻译和修订过程中的文化问题或是没有许多其他重要的特征),(b)不清楚,或者是(c)无效的,因为它们包括了多余的问题,甚至是不相关的问题。

本章的目的是要描述一下我们最近所做的努力,我们想提出一个全面的、清楚的、有效的评价表单(Review form),以便为教育与心理测验项目的翻译与修订工作进行标准化的检测。我们的目标是加强修订过程的评判性评价,从而帮助研究者和测验机构使他们的工作与国际测验委员会的测验修订指南相符合。附录中的评价表单提出和选择了一些进行评审时所需考虑的问题,这是因为它们反映了在跨文化研究文献中经常描述的一些翻译和修订问题。这些问题通常在被我们称为翻译项目功能差异研究(Translation differential item functioning,DIF)或翻译的 DIF 研究中常常可以见到(参见,例如,van de Vijver & Tanzer,2004)。

翻译和修订评价表单的形成

我们首先对跨文化研究文献进行了全面综述,并且搜索翻译项目功能差异研究的论文,这些论文描述了在翻译和修订过程中出现的各种问题,或者后来在研究过程中确认的问题。该综述既包括教育测验研究,也包括人格和态度测验研究。例如,Hambleton、Yu 和 Slater(1999)指出:在一个中—英数学成就的比较研究中,他们发现了涉及测量单位的转换问题等问题(例如,英寸、英尺和码转换成厘米和米;或是华氏温度转换成摄氏温度)。[这个特别的实证发现(以及其他类似的发现)构成了附录里面测验项目翻译与修订的评价表单中的第 23 题:"源语言版本测验项目的测量或现行单位(如距离等)是否符合目标语言版本国家的使用习惯?"]

评价表单的特点之一是里面的所有问题都是与在测试翻译和修改领域已经确认的问题有关,并且都是有文献已经证明了的。可以假设,如果在评判性评价过程中识别了这些问题,并且随后进行了改正,那么随后的实证分析会更有效。我们所提倡的类似于测验编制过程中的传统项目评估。测验项目编制好后,在进行可能花费巨大的实证分析之前,全面地评估这些项目,以便有问题的项目能够被发现和删除掉,并且使许多其他的测验项目在项目分析、因素分析、项目功能差异研究和可靠性研究等实证分析它们的内容之前能够被修正,最终,我们把翻译和修订问题的实证研究结果整理成评价表单上的 25 个问题(参见附录),这 25 个问题围绕五个广泛的主题:一般翻译问题、项目格式和呈现形式、语法和措辞、短文和其他与项目有关的刺激材料(如果有关联的话)、文化关联性或特异性。我们最初的评价表单有 42 个问题,后来发现其中包括一些多余的问题,另外,也没有对这些问题进行分类整理。对评价表单初步评估后,我们深信还需要以一种有意义的方式整理这些问题以便提高效率,并且需要删除多余的问题。我们对评价表单中的问题进行了删减与修改,并对剩下的问题进行了分类整理。然后我们把评价表单在一个将英语翻译和修订成西班牙语的研究中进行了一次小范围的检验(见,Elosúa,Hambleton,& Zenisky,2008)。从该研究中收集到的参与者使用评价表单的信息为表单的最终形成提供了基础。

　　下面就是对这 25 个问题的讨论,以及我们找到的一些引发出这些问题的研究以便说明。

测验翻译的一般性问题

　　对测验翻译和修订的评估工作在刚启动时需要重点考虑整个翻译的质量。正如接下来将讨论的,第一组中的四个问题,由此判断测验项目在不同版本中的实际等值程度。在教育测验中,等值(Equivalence)不仅是意义上的等值,还有题目的难度、短文及其他刺激材料等相关元素的等值。在一些需要对不同语言的群组进行比较的情况下尤为如此。等值在调查研究或态度测量中的意义还包括共性(Commonality)和趣味性,以及内涵上的相似性。

　　1. 题目在两种语言中有相同或者高度相似的含义吗?

　　当测验题目从一种语言翻译成另一种语言时,毫无疑问,相似性的精髓是测验题目的含义,即问题在源语言版本和目标语言版本中是否对被试询问的是同样的问题? 测验项目翻译的 DIF 研究认为,不管含义是否有较大明显的差异,还是差异细微,它们都是导致测验项目在不同语言中的理解与回答存在统计差异的共同原因。有时候,测验项目含义的统计差异也会被假设为翻译上出现了问题(Ellis,1989;Elosúa & López-Jaúregui,2007;Sireci & Allalouf,2003)。

　　由于翻译导致测验项目含义改变的一个例子在 Binkley 等人(Binkley,Pignal,1997)的研究中进行了详细的描述。在一个有关炒鸡蛋食谱的题目中,食谱的标题在不同语言版本中是不同的("4 人份的原料","分成 4 等份的原料"和"4 个人的部分")。不同版本的含义有细微的不同,因为这些关联项目询问的是根据不同数量的客人来估计食谱上材料的用量。"4 人份的原料",在烹饪的语境下,与"4 份原料"具有明确的差异。

　　翻译者有时会逐字直译,这样虽然在字面上完全忠实于原文,但却与题目原本内涵相隔甚远,这在人格和态度测验中尤其需要注意。在贝克抑郁量表(Beck Depression Inventory)一个题目的翻译中,Azocar 等人(Azocar,Areán,Miranda,Muáoz,2001)把"I believe"翻译成西班牙语"*Yo creo*",在回顾检查的时候,这些作者注意到这些词语并没有做到语言等值(Linguistic equivalents),因为英语动词"believe"比西班牙语动词

"*creer*"更强烈,而"creer"表明了一些踌躇。

再看直译,Auchter 等人(Auchter,Stansfield,1997)详细描述了英语中几个评估拼写能力的测验题目被翻译成其他语言时的情况。同义同音字"their"和"there"在英语中经常被混淆,所以很适合用来考察具体的英语词汇技能,但是几乎没有说西班牙语的人会搞混 hay、su 和 alli。因此,关于项目难度的等值就不能在不同语言版本之间得以实现。类似地,在评估"wood"和"would"两个单词之间英语知识的差异时,如果在西班牙语中,modera 不太可能被误认为 hubiera。同样地,某种语言中一对意思完全相反的词汇在另一语言中却不一定如此。正如英语单词"Systematic"和"spontaneous"的情况。在中文中,"spontaneous"还有额外的引申意义,这些引申意义会使该项目在中文中的含义与英文原义有差异(Osterlind,Miao,Sheng,& Chia,2004)。

Allalouf 等人(Allalouf,2003;Allalouf,Hambleton,and Sireci,1999)注意到在他们各自的研究中发现的一些项目功能差异(DIF)只需内涵上的差异就能够进行解释。这个发现在 Sireci 等人(Sireci and Berberoglu,2000)的研究中获得了重复。在 Sireci 等人的研究中,在三个标记项目中仅仅发现有两个项目在两种语言版本中的含义存在差异;比如,在一个态度问卷调查中,英文项目"指导者考虑到了个体的学习差异",在翻译成土耳其语的时候,询问的是指导者是否觉察到了学生的学习风格,而不是学生自己在学习中所表现出来的个体差异(后者才是原本的意思)。

2. 项目中的词汇在翻译后,源语言和目标语言相比有类似的难度和共性(commonality)吗?

评价一个项目翻译的质量时也要重视翻译中所使用语言的特性。正如 Bhushan(1974)所指出的那样,在翻译中词汇的选择可以显著的影响项目在不同语言中的可达性(Accessibility)。某些词汇或观点可能在源语言或者目标语言中更加常见,正如 Butcher 和 Garcia(1978)所说的,"在一个完全等值却很少使用的表述与一个更加普遍使用但等值性较低的表达中做选择"是一个挑战(p.473)。在绝对意义上进行"正确"的翻译是可能的,但是当(a)采用的词汇使用频率较低,或者(b)词汇在目标语言中以一种不常见的方法使用,那么项目之间就不是可比较的了(Solano-Flores,Contreras-Niño,& Backhoff-Escudero,2005)。这好像是心理测量文献中报告的翻译项目功能差异的最常见来源。Sireci 等人(Sireci,Allalouf,2003)报告说,根据各种词汇在源语言和目标语言中常见程度的界定,42 个标记项目中的 16 个项目在他们的分析中是存在翻译项目功能差异的,这些差异是由于词汇难度的差异造成的。如果源语言版本或目标语言版本的词汇与语气更正式或者更随意,那么这也同样会成为项目难度差异的来源(Binkley & Pignal,1997)。

Ercikan(1998)的研究是一个很好的示范性例子,该研究中,需要将英文句子翻译成法文,"这个动物捕食其他的动物",法语版本写的是"这个动物以其他动物为食",之所以这样翻译,是研究者假定在法语中,"以……为食"(FED)比"捕食"(PRAY)更为常见,认为这种翻译更有益于法国被试:从技术上讲,在法语版本中使用"以……为食"(FED)是正确的,但是却导致了法语版本与原语言版本的难度的变化。类似地,在难度这一问题上,Lin 等人(Lin,Rogers,2006)指出有个项目中的短语,它在英语中(充其量)是有难度的,但是在法语中却更甚:英语版本是"four fewer ＄10 bills than ＄5 bills"(比5 美元少 4 张 10 美元),而法语版本却是:"*billets de 10 ＄ de moins que da billets de 5 ＄*【四张 10 美元比 5 美元少(four ＄10 bills less than ＄5 bills)】."

　　在某些问题形式上,由于语言不同而造成的难度不一致情况可能非常普遍,Allalouf 等人(Allalouf,2003;Allalouf,Hambleton,and Sireci,1999)报告了在翻译过程中,由于词汇的选择,要让同样的项目在不同语言版本中保持预期的关系所面临的挑战,也就是原语言版本中项目题干上的"硬(hard)"词汇在目标语言中被翻译成一个相对不重要的词汇。其他研究者也提到同样的项目中翻译项目功能差异问题(Angoff and Cook,1988; Gafni and Canaan-Yehoshafat,1993)。很明显,在不同的项目格式之间(尤其是在教育测验中),翻译者要面临的一个挑战就是要认识到一个词汇在原语言版本中的难度,并且认识到在不同的语言版本中使该词汇尽可能保持难度一致的重要性。

　　3. 翻译是否引入了可能影响两种语言版本中项目难度的文本更改(省略、替换或增加)?

　　在测验翻译过程中,由翻译引入的文本更改通常可归为以下三类:省略、替换或增加。不管是哪一类,都可能会造成测验项目翻译出现功能性差异,既往文献中有许多这样的例子。Gierl 等人(Gierl and Khaliq,2001)报告说有个项目在英文版本中的措辞是"this number in standard form is(这个数字的标准形式是)",而在法语版本中,该项目是,"*ce nombre est*"("the number is")。还有一个问题是问长有蹼足的鸟可能生活在哪里,把英文中"蹼足"(webbed feet)翻译成瑞典语,结果翻译成"游泳的脚"(swimming feet),这在 Hambleton 所写的综述中有提到(Hambleton,1994)。在下面 Solano-Flores 等人提到的一个例子中,折叠式句子(Collapsing sentences)是对存在翻译项目功能差异可能的解释,因为它大大地简化了项目的题干:"Danny buys three pencils that cost 14 cents each.How much money does he need?"(丹尼买三支铅笔,每支 14 美分。他需要多少钱?),相对的是"If Danny buys three pencils that cost 14 cents each,how much money does he need?""如果丹尼买三支每支 14 美分的铅笔,他需要多少钱?"Gierl 等人(Gierl and Khaliq,2001)注意到,有个项目,一个单词在英语版本中仅仅出现在题干中,而在法语版本中却在四个答案选项中都有出现,这使法语版本显得更生硬。

　　其他研究调查了翻译成不同语言版本的测验工具存在意义差异的原因,发现有些项目似乎由于缺乏语言等值,而出现问题(Collazo,2005;Gierl &Khaliq,2001)。例如,Hilton 等人(Hilton and Skrutkowski,2002)在考察一项关于癌症患者治疗经验的调查时发现,法语中没有一个与"cope(应对)"这个词完全等值的词。

4.当项目中存在隐喻、习语或者口语时,它们在源语言和目标语言版本中是否有什么不同?

在一种语言中组成一个表达的词汇,如果在另一种语言中不能构成这个表达的话,那么也被认为是测验项目翻译功能性差异的一个来源(Allalouf,2003;Ercikan,2002;Solano-Flores et al.,2005)。Collazo(2005)详细描述了一个包含习语的项目,"to tell someone off(批评某人)",在西班牙文中没有类似的表达。同样地,法语"la chaîne de montage"与对应的英文短语"assembly line(装配线)"相比起来更为复杂(Lin & Rogers,2006)。Gierl(Gierl and Khaliq,2001)还列举了其他一些例子,比如英语中的"traditional way of life(传统的生活方式)"和"animal power(畜力)",相比之下,法语是"les traditions"和"à l'aide des animaux"。Van Eeden 等人(Van Eeden and Mantsha,2007)指出16因素人格问卷第五版的翻译中,其中英语短语"happy-go-lucky"(随遇而安的)在南非的齐文达(Tshivenda)语中没有对等的短语。

另外还值得指出的是,习惯用语在源语言中常常具有特定的内涵,可能很难进行翻译,并且,为了使项目能够在目标语中表达出源语言中的微妙含义,可能会使项目在目标语中的长度显著增加。

项目格式与呈现形式问题

在对测验进行翻译的时候,另外一个需要重点考虑的问题是为了在源语言和目标语言版本之间保持一致,就需要注意两个版本中项目的形式以及作答方式。在这种情境中,评估两种版本之间相似性的时候需要考虑的是格式编排的类型、项目在纸张上的物理外观(如果是用电脑测试,那么就是指在屏幕上的物理外观),这也是对问卷进行评析时需要接下来重点考虑的五个问题。如果目标语言中的被试在完成一系列多项选择或其他选择性反应题的时候并不是同样程度的容易,那么就可以证明存在着测验项目翻译的功能性差异。同样地,如果项目在不同语言中的排列形式不同,比如在某一版本中是分布在两页,而在另一版本中却在同一页,或者是文本没有使用下划线或者斜体字来表示强调,那么结果也可能会存在差异,就别想进行跨语言比较了。

5.项目格式,包括项目的物理外形在两种语言版本中是否相同?
翻译过程出现的众多问题中,其中之一就是认为应该(尽可能地)使测验项目在所有语言版本中看起来相同或高度相似。有研究认为,在准备使用译制后的测量工具时,应该使测验项目在所有版本中保持相同的顺序,并在相同的页面位置呈现(O'Connor&Malak,2000),排版差异也应考虑在内(Stansfield,2003)。后一点在罗马字符(如英文、西班牙文)与非罗马字符(如俄语、阿拉伯语和各种亚洲语言)之间进行文档翻译时的特殊复杂性就说明了这个问题。有时候,对所用字符进行更改可能会使测验项目的格式明显地变长或缩短,翻译者应该意识到这种可能性。

Ercikan(1998)描述了一个项目,这个项目以文本形式书写但是本质上是定量的,并且在法语版中,由于一个段落分隔符,使得该项目的实际问题和项目其余部分所包含的数据分开了。而在其他版本中并不是这样的,因此,这个项目对讲法语的被试可能更容易些。

某些格式的注意事项也是特定于某些项目类型的。如果可能的话,多项选择题的回答选项应该保持相同的顺序(O'Connor & Malak,2000)。Allalouf 等人(Allalouf,Hambleton,and Sireci,1999)提到的另外一个难题是有关完成句子类型的测验项目中的空格使用问题,因为他们的研究表明,经过翻译,在某些翻译后的句子中,某些项目的空格数变得不一样,或者是空格变得更长或者是变得更短,如此一来就影响了目标语言版本的难度。

6.(如果适用的话)项目题干与答案选项的长度在两种语言版本中是否相同?

由于不同的语言表达某些概念的方式可能不一样,因此,测验项目各组成部分的长度可能在两种语言版本之间变化很大。Lin 和 Rogers(2006)曾经提到有个测验项目,法语版比英语版更难,并且达到统计上的显著水平,他们认为其中部分原因在于题干的长度(法语版本中有 189 个词,而英语版本中则是 153 个词)。在其他语言之间进行翻译的时候,项目比较中也出现了类似的情况,比如俄语与希伯来语(Allalouf,Hambleton,& Sireci,1999)、意大利语与英语(Joldersma,2004),以及对瑞士、加拿大、法国被试进行测试的法语版本的测验(Ercikan,1999)。Sireci 等人(Sireci and Allalouf,2003)发现,两种语言之间长度上的差异不仅反映在题干中,还反映在多项选择题的答案选项上。如果可能的话,翻译者应该尽量在各版本中保持可比较的项目长度,因为一般来说使用较长的项目可能会产生累积疲劳效应(假如一个版本比另一版本长得多,这反而可能会影响跨语言比较的效度)。

7.在两种语言版本中,项目格式与被试的任务要求具有同等的熟悉度吗?

教育与心理测验的一个重要方面就是问题格式或作业任务本身在不同语言、不同文化之间是否具有同等程度的熟悉度(Familiarity)。Hambleton(2001)在引用国际测验委员会的测验适应指南时指出,某些项目类型在不同的语言和文化中确实很新颖,应该注意确保不同语言版本所用的测验任务性质在不同文化间它们都是足够普通的(比如,在指导语中增加一两个练习项目来解决可能出现的偏差问题)。正如其他学者(Vijver and Poortinga,2005)所指出的,不同国家的民众可能不知道或者不能清楚地理解如何应答一个特定类型的项目,如此一来,项目的不同熟悉度就表现为测验项目的翻译功能性差异。

在美国和其他许多国家,多项选择的项目是相当标准的格式,然而在欧洲和其他地方,结构式反应问题则可能更常见(Wolf,1998)。Van de Vijver 等人(Van de Vijver and Hambleton,1996)认为,回答多项选择题的能力高度依赖于先前特定教育框架下的知识与经验,Tanzer(2005)也很关注此类问题。正误式这类项目也无法很好地进行跨语言翻译,曾经被说成是"美国式测验",因为其他国家和文化的人们对此很不熟悉(Butcher,2004)。Tanzer(2005)描述了一个案例,在尼日利亚和多哥,对一些受阿拉伯语教育的高中生实施了维也纳矩阵测验(Viennese Matrices Test),然后将结果与奥地利校准样本(calibration sample)进行比较。结果发现,测验项目对于受阿拉伯语教育的学生来说相当难,与测验任务性质是从上到下的规则相比,他们很难识别与应用测验任务性质是从左到右的规则。

可以肯定的是,由于被试对项目格式熟悉度的差异程度而引起的测验翻译问题,不仅仅出现在教育测试领域。Drasgow 等人(Drasgow and Probst,2005)描述了一项研究,该研究表明不同文化下的人们在心理测验中使用反应尺度(Response scales)的方式不同。这些变化通常显著地与以下使用方式有关:(a)使用(或不使用)极端的评级,或者是(b)表现出默认行为(Acquiescent behavior)倾向。

最后,Hambleton(2005)建议,为要翻译成多种语言的测验工具选择所用的项目格式的时候,最好是使用各种项目类型,其他研究者也曾经提出了这个建议(McQueen & Mendelovits,2003),以便平衡评估工具中由于项目格式的选择而引起的任何偏差。当编制一个测验的最初目标(而不是事后调整的)是为了进行跨国比较的时候,要仔细考虑要使用这个测验的不同国家通常采用的项目格式类型,并且应该在测验开始时给被试提供样题,以便被试可以顺利完成回答每类测题所需的步骤。通过这样做来决定是否提供项目类型的平衡。

8. 如果原语言版本中的项目对词汇或短语进行了强调(粗体、斜体、下划线等形式),那么在目标语中也使用了这些强调吗?

字形和字体的不同,也可能成为测验翻译与适应项目功能性差异的一个来源(Gierl & Khaliq,2001;Solano-Flores et al.,2005)。Joldersma(2004)展示了一个项目的两个版本(分别为意大利语和英语),意大利版本中的项目没有对伴随的介词加粗——等同于英语中的"to"(该词被加粗)。有研究者建议(O'Connor and Malak,2000),如果源版本中的强调形式不适合用在该项目的目标版本中(正如在某些语言或文化中可能是这样的),那么应该找到可接受的替代方式(例如,使用斜体来替代大写)。

9. 教育测验中,测验项目在源语言和目标语言版本中都有一个正确答案吗?

对于选择式反应项目来说(比如多项选择题),判断好坏的基本原则是对于给定的问题应该只有一个正确答案。通常,如果项目打印错误或者是有不止一个貌似正确的答案,那么在测试之前对项目进行审查或对预测数据进行统计分析就可以发现这些问题。然而,把项目从一种语言翻译成另一种语言时,可能会出现的一个结果是发现源语言项目在某些方面是有缺陷的,比如一开始就有多个正确答案或者其他与所列出的答案选项质量有关的错误(Solano-Flores et al.,2005)。有研究者(O'Connor and Malak,2000)重申,翻译者在翻译时必须非常谨慎,以确保他们不会做出这样的改变,即改变了一个项目可能有另一个正确答案的可能性。

语法和措辞

在评价教育学与心理学测量的翻译时,下一个要讨论的主题是语法和句法。如何组织词汇来表达思想,各语言之间是不同的,而这些变化有时会促进(或妨碍)我们创建测验项目在不同语言中使用的平行版本。评价表单这一节的六个问题所强调的重点都是表达上的差异问题,这些表达差异会导致文本简化或者更复杂,从而造成源语言版本和目标语言版本之间的难度不同。

10. 对项目结构做的任何修改,比如改变了从句位置或其他词汇的顺序,会使该项目在目标语言版本中变得更简单或更复杂吗?

许多研究测验翻译、致力于理解翻译项目功能性差异的学者都在关注测试题的句法结构在翻译过程中是如何变化的。不同语言中从句的语法形式和排列可能是翻译中的一个问题(Allalouf,2003)。翻译工作中一个特别具有挑战性的领域可能是语言艺术学科的测验(Language arts tests),这类测验要求翻译者将结构匹配,如主语—动词一致等,(Stansfield,2003)。有研究者提出,了解不同语言中各句子成分(主语、动词、宾语)的句法顺序差异方面的知识,就有助于理解产生翻译项目功能性差异的来源(比如,西班牙语句法顺序是主语—动词—宾语,而在巴斯克语中则是主语—宾语—动词)(Elosúa & López-Jaúregui,2007)。

如果翻译完全是直译,即按照字面进行逐字翻译,其结果就是句法在目标语言中的表达可能是错误的或不自然的(Solano-Flores et al.,2005)。当使用完成句子的项目格式时,翻译项目的语法结构可能更容易出现问题。这种项目格式通常需要相当大的努力才能确保项目在目标版本中仍然具有源语言版本的流畅（Beller, Gafni, & Hanani, 2005）。

11. 在目标语言版本中，是否存在任何语法线索使得测验项目变得更容易或者更难？

翻译项目的语法有时可以给被试提供线索，使项目在源语言和目标语言之间的难度发生变化。有些错误很容易解决，比如多项选择题中题干与选项之间明显的不一致，以及各选项之间的不一致（Solano-Flores et al., 2005）。有时，源语言版本中的词汇可能错误地保留在目标版本中（如一个把英语翻译成法语的例子，法语翻译成了"A *by* 95 $"，而不是"A *par* 95 $"（引自于：Lin & Rogers, 2005）；斜体强调是本书增加的）。副词与形容词的关系是另一个可能因语法而导致测验项目翻译功能性差异的来源（Collazo, 2005），同样的情况还有动词时态、单复数名词（Allalouf, 2003）和比较级的使用（Ellis, 1989）等。语言专家可以帮助发现这些各类问题。

12. 项目的语法结构在目标语言和源语言版本之间是否类似或平行？

语言中的语法差异可能会在翻译动词时态（Butcher & Garcia, 1978）和复数（Beller, Gafni, & Hanani, 2005）时产生问题。正如 Beller 等人（Beller, Gafni, & Hanani, 2005）所描述的，复数在阿拉伯语中可以表示为 2，也可以表示为 2 以上。在一个关于双语评估的研究报告中，Solano-Flores 等人（Solano-Flores, Trumbull, and Nelson-Barber, 2002）提到了一个例子，发现关于一个测验问题有如下说明："You can use words, numbers, and/or pictures（你可以用词语、数字、和/或图片）。"而在西班牙语中，与"and/or（和/或者）"文字上相等的是"y/o"，但是作者指出，平时使用中这种措辞非常罕见，而且在书面表达中也找不到适合小学生的用词（这个问题是针对小学生设计的）。

13. 在目标语言版本中是否存在性别线索或其他可能给这个项目提供暗示的参考性线索？

当对测量项目在不同语言之间进行翻译时，某些语种规定名词有阳性与阴性之分，如果翻译不谨慎的话，这些参考性线索就可能向接受测试的人暗示了正确的答案。Joldersma（2004）提供了一个这样的例子，在这个例子中，性别和数字在项目的题干中得到了加强。测验项目中有一个问题是问玩具放置在哪里，在意大利语中（该例子中是目标语言），名词 sidia 和介词"*della*"一起为正确答案（即玩具的位置）提供了线索。与此类似，Sireci 等人（Sireci, Berberoglu, 2000）在报告中指出，把一个测验从英文翻译成土耳其语时，一个特殊的性别代词在土耳其语中没有等值的词语，由此给土耳其语版本造成了问题。在一个英文到威尔士语的翻译中，翻译"a white cat（一只白色的猫）"

是一个难题,因为在威尔士语中,"cat(猫)"是一个女性名词(*cath*),"White(白色)"这个单词在威尔士语中是"*gwyn*(淡色的、白皙的、美丽的)",但是因为"cat"是一个女性化的名词,这个短语最后变成了"*cath wen*(白猫)"(Jone,1998).

Fitzgerald(2005)还提到了在翻译代词"you(你)"的用法时可能产生的问题。很多语言,比如西班牙语以及其他语言,可以用既正式又熟悉的语言来表达"you(你)"。因此在翻译过程中,首选的意思是采用测验实施目标人群的普遍用法。此外,英语中的"you"(你)可以指一个人,也可以指很多人。但在许多其他语言中,却没有这种模棱两可的意思。

14. 翻译后项目中的词汇是否会从只有一个含义变成有多个含义?

翻译文献中还会出现的一个问题,那就是词语选择的问题;实际上,目标语言中的某些词汇可能有额外的隐含意思,这可能会影响的译文的质量和内涵。词汇含义上的差异可能是源语言含义具有文化特有的细微差别,也可能是目标语言所特有的(Allalouf,2003;Sireci & Allalouf,1999;also Allalouf,Hambleton,& Sirec,1999)。在审查翻译项目时,有关人员应该注意这一点,因为这可能引起混淆。

在英语中,就有个这方面的例子,那就是英语单词"work(工作)"。Ercikan(1998)曾经引用了一个技术性很强的测验项目,该项目使用了大量的物理学术语,比如"energy(能量)"、"power(功率)"和"work(功)"。"work(功)"在物理学语境中具有特定的含义,但在该领域外还有其他含义。直接把这个测验项目翻译成法文时,问题出现了,因为这个单词在目标语言中似乎找不到纯粹物理学语境的含义。因此,法语版本中包括这个单词的干扰选项就没有如同在英语版本中那样具有同样的干扰作用。

Ellis(1989)也提到过类似的情况,有个项目的任务是要求被试从一组答案里选出一个和特定单词"pulley(滑轮)"意思最相近的词汇来。在英语版本中,所有选择答案中和"pulley"最相近的同源词是"wheel(车轮)"。然而,"pulley"在德文中的最恰当的翻译是"*flasche*",尽管德文"*flasche*"还有"bottle(瓶子)"的意思。因此,正如 Ellis 所指出的,在这个项目中,项目结构并没有给预期的受测人群提供上下文情境,以便让他们选择 *flasche* 的"滑轮"含义,而不是选"瓶子"这个含义。因此,对于说德语的被试来说,这个测验项目在行文上可能更困难。

15. 项目在源语言和目标语言版本之间的标点符号是否发生了改变,使得目标语言版本中的项目变得更难或者更简单了?

在对测验项目进行翻译的过程中,目标语言的句法通常会导致句子结构的改变,这可能是测验项目翻译功能性差异的来源之一。Binkley 等人(Binkley and Pignal,1997)曾经描述过一个项目,该测验项目要求被试在一段文章中选出能够说明文章主要思想的一句话。对加拿大版本和法语版本进行比较后发现,加拿大版本要比法语版本短得多,法语版本有四行,并且在文章中间还有一个分号将文章分隔成了两部分。此外,指导语并没有明确告诉被试是应该选整个句子,还是选择其中的一部分(一个句子是从头到尾整个文本,还是分号之前或分号之后的那部分就够了?)。

短文和其他与项目有关的刺激材料问题(如果有的话)

在许多情况下,测验项目并不仅仅由题干和答案选项组成,更可能引用一段话,或其他形式的资料/信息呈现(表格、图表或者曲线图)。通常来说,对测验项目进行的翻译与适应审查的重点是测验项目而不是刺激材料。测验项目的审查者必须对测验项目的各组成部分都同样地进行仔细的检查,以确保翻译后的项目适用以及翻译没有问题。本章第一作者 Hambleton 回顾了自己在 1999 年担任第一届国际学生评量计划(PISA)国际评审委员会主席时的情况并指出,测验项目在评判性评价过程中发现的大部分问题都与短文有关,而不是测验项目本身的问题。短文之所以受到质疑,是因为它们在许多国家被认为是不合适的(例如,关于毒品、宗教问题以及批判政府的短文),或在许多国家被认为学生不熟悉它们(例如,关于涂鸦和自杀的短文)。有些时候这些短文被认为是无趣的、太长的、太复杂的,等等。所有这些不足都可能对被试的动机水平产生影响,而不同语言、不同文化群体的动机水平可能是不一致的,因此可能会使结果出现偏差。

16. 当短文从源语言翻译成目标语言时,与源语言版本相比,译文中的词汇和短语是否传达了与原文相似的内容与想法?

Malak 等人(Malak and Trong,2007)的指南用于指导《国际阅读能力研究进展》(the Progress in International Reading Literacy Study,PIRLS)(PIRLS,2006)的翻译程序,该指南认为,(a)应该注意确保源语言和目标语言版本中的短文反映了类似水平的语言复杂性和正式性,(b)译文中不应该出现文本的增加、省略或额外澄清的地方。同时,习语在翻译时应该是传达意思,而不是逐字翻译,译文的语法应该与原文的语法难度相等,但要适用于目标版本。《国际阅读能力研究进展》的指南支持翻译的灵活性,并允许对短文的各成分进行小的修改,以确保文化关联性和正确性。可以对短文进行文化适应的类型包括词汇、表达、人名、地名。

17. 短文是否通过职业、情绪、情境或其他方面对任何个体或群体进行刻板的描述?

正如编制项目的标准一样,对不同语言之间翻译的短文与项目进行内容审查时,应该标记出那些可能不适合预期被试的内容,当涉及对人的跨文化描述时,这一点尤为必要。Hambleton(2001)提到了几个可能有问题的陈述,比如吉卜赛人(Gypsies)和欺负弱小者(Bullies)。McQueen 和 Mendelovits(2003)在讨论一家日本报纸上的一篇文章时也提出了欺负弱小者这个概念,该家报纸被认为属于 PISA。人们认为这篇文章是在强化对日本教育体系的消极看法(并且,从下一个审查问题的要点来看,这篇文章因为对自杀的描述,也被标记为一个问题)。

18. 短文是否涉及一个有争议的或煽动性的话题,或者短文可能被认为侮辱或冒犯了任何人?

在评估中避免存在与评估不相关的有争议的、煽动性的话题,这是限制产生与构念无关的变异,并确保教育或心理测量工具不给被试带来不适当的情绪困扰的重要方面。在短文中可能有争议的话题(以及在国际评估中已经发现有问题的话题)包括毒品、战争、宗教和政治,开发此类测量工具的人可能希望谨慎地使用这些主题作为短文的重点(Hambleton,2001)。

McQueen 和 Mendelovits(2003)指出,除非涉及刻板印象或其他具有侵犯性的含义,通常情况下不会改变短文。他们描述了一个例子,其中一段关于人物特征描写的短文做了改变[一个参与 PISA 的国家,在一篇短文中把 cripple(瘸子,该词被认为具有冒犯性)改成了 lame man(瘸子)]。该篇短文中还有另外一个例子是有关埃及狮身人面像以及修复古代遗迹遇到的困难(不使用这篇短文是因为文化政治原因)。

19. 短文是否包含了两种语言或两种文化群体中的学生可能不熟悉的内容或技能?

对测验项目中的短文或其他刺激材料进行翻译时,另一个关键问题是材料的主题可能对于目标语言版本来说不适合,因为另一种语言或文化下的个体不熟悉该短文的内容(van de Vijver & Poortinga,2005)。许多情况下,某些观点在源语言版本中可能是不言而喻的,但在目标版本中却并非如此(Beller,Gafni,& Hanani,2005)。在一个从英文到中文的翻译中,Hambleton(2001)提到一些概念在不同文化群体中具有不同的熟悉度,比如"hamburgers(汉堡)""flight schedules(航班时刻表)"以及"graffiti(涂鸦)。"

另一个值得关注的问题是以短文为基础的测验,这在任何语言中都可能是心理测量学上的一个难题,因为个体根据一个共同的刺激材料来回答一组测验项目会产生统计相关性(Yen,1984)。如果翻译修订后的测量工具中有目标语言被试不熟悉的主题、表达主要思想的字词或短语,那么这可能会对他们整个测验项目的成绩产生影响,而不是只影响单个项目的回答。Lin 和 Rogers(2006)注意到了熟悉度差异这一问题,他们报告了一个案例,在这一个例子中,一些说法语的学生对 égout(sewer,阴沟)的意思不太了解,由此直接影响了他们对随后好几个项目的回答。

20. 除了对文本正文或标签进行必要的翻译外,源语言和目标语言版本中的图形、表格以及其他项目成分是否相同?

和短文一样,表格、图表、图形和图片也可以是测验项目的基本元素,在将测验工具从一种语言翻译成另一种语言的过程也必须对这些内容进行处理。有些测验,在目标版本中要么省略了图形的某些部分,要么在图形上添加一些内容,或者表格在不同版本的测验中大小不同(Solano-Flores et al.,2005)。Binkley 等人(Binkley and Pignal,1997)对这类情况进行了举例说明,把一幅地图图像分别翻译修订成适用于瑞士、加拿大和法国的法语版本后,翻译后的各版本地图图像之间变化很大。在瑞士法语版本的地图中,海洋区域出现了一个繁忙的、过于复杂的点图形,而其他两种语言版本中却没有这个。Binkley 等人(Binkley and Pignal,1997)还提到过另外一个项目,该测验项目要求被试完成一个时间表,但是在汇总行那里,不同的语言版本包括了不同的粗体字,每个版本都与其他版本不同,而这被确定为是该项目得分进行跨语言比较时出现问题的原因。

有研究者(O'Connor and Malak,2000)建议,只要有可能,那么对测验项目的图形组成部分的翻译应该限定在文本或者标签的必要翻译上。但是 Stansfield(2003)指出,对图像各方面进行限定的翻译可能会出现一个潜在的困难,因为间距与格式有时候可能是图像中需要考虑的一个问题,某种程度上甚至可能需要重新制作图像,这进而可能引入不同版本之间图像不可比性的潜在来源。Tanzer(2005)还提到另外一个需要注意的地方,他认为,为了测试项目能够在目标语言版本中使用,应该对所有图形(特别是图像)的文化适宜性进行评估。这样的例子包括对关于西方服饰风格、历史的精确性,以及描述种族和民族群体的图形所做的审查。

文化关联性与文化特异性

在审查翻译与修订的测评项目是否具有可比性的过程中,最后需要说明的一个问题与测验将要实施的文化以及不同国家之间的环境有关。为了把测验项目用在不同的语言版本中而对测验项目进行评审时,项目内容的社会背景与适宜性也是需要重点考虑的方面,需要那些熟悉目标人群的人对项目的这些方面进行审查。

21. 在测验项目中,为了适应第二种语言版本的文化环境,某一语言的术语是否已进行了适当的修订?

某种语言中的测验项目使用的特定术语可能并不适用于目标语言,所以在对测验工具进行翻译的时候,其中一部分任务就是需要仔细考虑测验项目在源版本中的概念与观点。这适用于常见的或日常的文本,但也适用于技术术语,要思考这些术语是否进行了准确的翻译,是否对这些术语做了错误的添加或省略(Solano-Flores et al.,2005)。

　　McQueen 等人(McQueen and Mendelovits,2003)建议,可以对测验项目中的各种元素进行修改,比如人名、地名、组织名,以及电话号码等诸如此类的元素,以便使测验的目标版本达到"本土化"[比如,用 Maria(玛利亚)来替代 Mary(玛丽),或者用英语 footpath(人行道)来替代美语 sidewalk(人行道)]。此外,对内容也可以做出一定的改变,比如用 centre(中心)代替 center(中心),还有内容替换,如用 sailing(帆船运动)代替 skiing(滑雪运动),用 hot plate(轻便电炉)代替 Bunsen burner(本森灯,即煤气灯;可产生温度十分高的火焰,译者注),用 kiwi(几维,一种新西兰产的无翼鸟,译者注)代替 robin(知更鸟),这些翻译也通常是适当的(O'Connor & Malak,2000)。

　　Stansfield(2003)举了一个例子,说明在给各国汽车维修工实施的一项测验评估的描述中,测验问题的各要素可能需要在各语言和文化之间进行修改;在该例中,虽然内燃机的基础知识大部分是一样的,但是尽管如此,还是有必要对测验项目进行改编,以便使之能够反映不同国家在术语和内容上的差异(在这个例子中,不同国家指的是美国和法国)。这一原则对于其他领域的许多资格考试或认证类测验也一样适用,比如医学、牙医学、建筑学、会计学以及更多学科领域的测验。如果是与看电视有关的问题,那么就应该不适用于那些几乎没有电或根本就没有电的地方,或者在要实测的被试不可能知道电视这项科技产品的地方(van Haaften &van de Vijver,2003)。Bhushan(1974)曾经引用过一个类比项目:"市长之于城市正如州长之于(　　)。"这个类比项目说明的关系可能并不适合于某些地方,这取决于当地政府的结构以及州长和市长的职位是否以源版本项目中提到的存在。

　　22. 当项目在源语言或目标语言版本中呈现时,是否存在会对被试可能选择的回答产生影响的文化差异?
　　显然,如何选择答案肯定存在文化差异。例如,不同文化中的情绪表达肯定能够影响人们对心理测验产生不同的反应,比如贝克抑郁量表(Azocar et al.,1991)。翻译过程中此类问题的另外一个方面是与不同文化下在课程方面的差异有关。由于对测验项目的回答取决于被试所接受的特定知识与技能的教育,因此测验项目可能并不代表目标语言的语言或课程情况,由此就因为这些文化因素而导致翻译项目出现了功能性差异。

　　23. 源语言版本测验项目的测量和货币单位(如距离等)是否符合目标语言版本国家的使用惯例?
　　将测量工具从一种语言翻译成另一种语言,需要保证测验项目的各方面在目标语国家也适用。Wolf(1998)以及 McQueen 等人(McQueen andMendelovits,2003)建议说,可以把测量单位、货币单位,以及其他定量指标或者标签等修改成本地所用的那些单位或指标,以便使测验达到目标语言下的本土化。例如,快速查询一个国家使用的是标准尺寸还是公制尺寸,就可能成为确保测验项目本土化、适合目标人群的关键。这是那些需要与国际证书和许可证打交道的公司肯定会经历到的情况,如微软(Fitzgerald,2005),另外还有教育评估,比如 TIMSS(国际数学与科学教育成就趋势调查)(O' Connor & Malak,2000),其他数学测验等(Hambleton & Kanjee,1995)。

然而,测量单位的翻译也会对测验项目产生一些意料之外的影响。有研究者(Gierl and Khaliq,2001;Gierl,Rogers,and Klinger,1999)引用了法语和英语如何表达时间的例子。法国人的时钟是 24 小时制的时钟,而英国人用的是 12 小时的时钟。测验问题询问的是一个开始于上午 5 点 20 的任务最后花费了多少时间,结束时间在英语版本中正好是在下午 8 点 15 分,而在目标(法语)版本中是 20 点 15 分,结果发现,以上午 8 点 15 分为基础的答案干扰项对英语语言下的被试带来的干扰效果要大大高于法语版本中同样的干扰项(直接翻译)的效果。

在对数字进行翻译的时候,许多研究者还提到了另外一个翻译者必须正确表达的地方(Wolf, 1998;Stansfield, 2003;O' Connor and Malak, 2000;Solano – Flores et al., 2005),在对数字进行表达的时候,不同国家在使用句号与逗号的时候可能存在差异(比如,说英语和说西班牙语的国家),如 10,215. 64 与 10. 215,64。

24. 测验项目中所包括的概念在两种语言版本中的抽象水平是一样的吗?

抽象概念是翻译过程中一个特别具有挑战性的方面,确保项目内容在各语言版本中有同等的抽象水平对翻译者来说不是易事。当要翻译的单词是一个抽象概念时,那么翻译重点就在于该概念所包含的思想上了。比如,由于有些文化可能不了解女权主义,或者不同文化对此的定义存在差异,国际学生评量计划(PISA)就删除了一段包含歌手 Ani Di-Franco 的传记和一些歌词的短文,因为这些问题测验的重点与她歌词中所反映出的西方女权主义思想有关(McQueen &Mendelovits,2003)。"抑郁"、"动机"和其他一些与情感有关的概念非常抽象,会给翻译带来很大的困难(van Eeden & Mantsha,2007)。在对许多心理测量工具进行翻译的时候也可能会面临类似的困难(Butcher & Garcia,1978)。

25. 测验项目中的构念在源语言和目标语言版本中是否有同等的熟悉度和意义?

自然,评价翻译质量的一个重要方面就是看翻译在多大程度上恰当的反映了目标语言的社会和风俗(Hambleton,2001)。各文化和语言有其固有的文化知识和假设,这就可能会影响到那些跨文化使用的知识与技能测验的翻译。有时候,内容与文化相互影响,并且内容限制某个测验项目在跨国家测验中使用的程度(Sireci&Allalouf,2003)。对目标语言或目标文化中的文化表征与风俗进行细致的分析会非常有助于测验工具的成功翻译(Elosúa & López-Jaúregui,2007)。

有些简单的事情,比如在讲德语 vs.讲英语的文化中,怎么打开一个罐子,就可能成为测验项目翻译功能性差异的一个潜在来源(Ellis,1989)。健康检查在各国并不常见,因此这就不适合用来作为微软认证考试中的情境测验题(Fitzgerald,2005)。美式英语术语"自由乘车运动者"(freedom rider;反对种族歧视运动内容之一,乘坐公共汽车或火车到南方各州进行反种族隔离的游行示威者,译者注)在西班牙语中就没有与之对应的词语(Auchter &Stansfield,1997)。

总　结

　　我们希望附录中两页的测验项目翻译与修订审查表单能够有助于研究团队对教育与心理测验的翻译与修订进行评估。研究者在使用这些修订后的工具去收集实证资料之前,需要先对测验进行审查,比如源语言与目标语言版本的测验的因素结构是否具有可比性。对于很多有经验的翻译者他们自己来说,审查表单中的大部分问题可能是显而易见的,但主导翻译审查过程的并不总是这些有经验的人。此外,研究资金的有限,以及承担教育或心理测验翻译与修订工作的研究人员的经验不足,都可能会增加实现高质量翻译的逻辑上的复杂性。有种常见观点认为熟悉某种语言的人就可以做好翻译工作,这是翻译领域的一个主要误解(Hambleton,2005)。不管是有经验的翻译和修订审查者,还是经验不足者,审查表单都能够有助于他们对测验项目进行审查,有助于他们将审查过程标准化。

　　当然如果必要的话,研究者还可以对审查表单进行简化、增加,甚至是进行修改,以便让审查表单适合翻译与修订审查团队的特别需要。我们推荐研究者在实际工作的时候,可以由几个审查者首先独立完成审查表单,然后再对他们各自对每个项目所做的评定进行集体讨论。审查表单第二部分中的总结性注释对讨论过程可能非常有帮助。然而,需要注意的是,那些有瑕疵的测验项目可能存在不止一个问题,比如,测量项目在两种语言版本中的含义可能完全不同。但是,这一个瑕疵就足够证明需要对已经翻译或修订的项目进行修改。这不是期望有瑕疵的项目获得大量表明存在问题的评定结果的事情,而是要重新修订的问题。只要有一个瑕疵众多审查人员的意见一致,那么这就足以启动对该项目的翻译进行修改;在有些情况下,甚至是一致同意删除掉这个测验项目。

(滕燕译,胡军生审校)

参考文献

　　Allalouf, A. (2003). Revising translated differential item functioning items as a tool for improving cross-lingual assessment.*Applied Measurement in Education*,*16*,55-73.

　　Allalouf, A., Hambleton, R.K., & Sireci, S.G. (1999).Identifying the causes of DIF in translated verbal items.*Journal of Educational Measurement*,*36*,185-198.

Angoff, W. H. , & Cook, L. L. (1988). *Equating the scores of the Prueba de Aptitud Academica and the Scholastic Aptitude Test* (Report No.88-2). New York: College Entrance Examination Board.

Auchter, J.E. , & Stansfield, C. W. (1997, June). *Developing parallel tests across language: Focus on the translation and adaptation process.* Paper presented at the annual meeting of the Council of Chief State School Officers, Colorado Springs, CO.

Azocar, F. , Are'an, P. , Miranda, J. , &Mu ~ noz, R. F. (2001). Differential item functioning in a Spanish translation of the Beck Depression Inventory. *Journal of Clinical Psychology,57,*355-365.

Beller, M. , Gafni, N. , & Hanani, P. (2005). Constructing, adapting, and validating admissions tests in multiple languages. In R.K. Hambleton, P.F. Merenda, & C. Spielberger(Eds.), *Adapting educational and psychological tests for cross-cultural assessment* (pp.297-320). Mahwah, NJ: Erlbaum.

Bhushan, V. (1974). Adaptation of an intelligence test from English to French. *Journal of Educational Measurement,11,*43-48.

Binkley, M. , &Pignal, J. (1997). An analysis of items with different parameters across countries. In S. Murray, I.Kirsch, & L.Jenkins(Eds.), *Adult literacy in OECD countries: Technical report on the First International Adult Literacy Survey.* Washington: U. S. Department of Education, National Center for Education Statistics(NCES 98-053; pp.143-160). Retrieved from http://nces.ed.gov/pubs98/98053.pdf.

Butcher, J.N. (2004). Personality assessment without borders: Adaptation of the MMPI-2 across cultures. *Journal of Personality Assessment,83,*90-104.

Butcher, J.N. , & Garcia, R.E. (1978). Cross-national application of psychological tests. *Personnel and Guidance Journal,56,*472-475.

Collazo, A. A. (2005). Translation of theMarlowe-Crowne Social Desirability Scale into an equivalent Spanish version. *Educational and Psychological Measurement,65,*780-806.

Drasgow, F. , & Probst, T. (2005). The psychometrics of adaptation: Evaluating measurement equivalence across languages and cultures. In R.K. Hambleton, P.F. Merenda, & C. Spielberger(Eds.), *Adapting educational and psychological tests for cross-cultural assessment* (pp.265-296). Mahwah, NJ: Erlbaum.

Ellis, B.B. (1989). Differential item functioning: Implications for test translation. *Journal of Applied Psychology,74,*912-921.

Elos ' ua, P. , Hambleton, R.K. , & Zenisky, A.L. (2008). *Improving the methodology for detecting biased test items* (Center for Educational Assessment Research Report No. 586). Amherst: University of Massachusetts, Center for Educational Assessment.

Elos ' ua, P. , & L' opez-Ja ' uregui, A. (2007). Potential sources of DIF in the adaptation of tests. *International Journal of Testing,7,*39-52.

Ercikan, K. (1998). Translation effects in international assessments. *International Journal of Educational Research,29,*543-553.

Ercikan, K. (1999, April). *Translation DIF on TIMSS.* Paper presented at the meeting of the National Council on Measurement in Education, Montr'eal, Canada.

Ercikan, K. (2002). Disentangling sources of differential item functioning in multilanguage assessments. *International Journal of Testing,2,*199-215.

Fitzgerald, C. (2005). Test adaptation in a large-scale certification program. In R.K. Hambleton, P.F. Merenda,& C. D. Spielberger (Eds.), *Adapting educational and psychological tests for cross-cultural assessment* (pp.195-212).Mahwah,NJ:Erlbaum.

Gafni, N., & Canaan - Yehoshafat, Z. (1993). *An examination of differential item functioning forHebrew-and Russian-speaking examinees in Israel.*Paperpresented at the conference of the Israeli Psychological Association,Ramat-Gan,Israel.

Gierl,M.,& Khaliq,S.(2001).Identifying sources of differential item and bundle functioning on translated achievement tests:A confirmatory analysis.*Journal of Educational Measurement*,*38*,164-187.

Gierl,M.J.,Rogers,W.T.,& Klinger,D.(1999).*Consistency between statistical and judgmental reviews for identifying translation DIF.*Paper presented at the meeting of the National Council on Measurement in Education,Montr'eal,Canada.

Gregoire,J.,& Hambleton,R.K.(2009).Advances in test adaptation research special issue.*International Journal of Testing*,*2*,75-168.

Hambleton,R.K.(1994).Guidelines for adapting educational and psychological tests:A progress report. *European Journal of Psychological Assessment*,*10*,229-244.

Hambleton,R.K.(2001).The next generation of ITC test translation and adaptation guidelines.*European Journal of Psychological Assessment*,*17*,164-172.

Hambleton, R. K. (2005). Issues, designs, and technical guidelines for adapting tests in multiple languages and cultures.In R.K.Hambleton,P.F.Merenda,& C.Spielberger(Eds.), *Adapting educational and psychological tests for cross-cultural assessment* (pp.3-38).Mahwah,NJ:Erlbaum.

Hambleton,R.K.,& Kanjee,A.(1995).Increasing the validity of cross-cultural assessments:Use of improved methods for test adaptations.*European Journal of Psychological Assessment*,*11*,147-160.

Hambleton,R.K.,Merenda,P.F.,& Spielberger,C.(Eds.).(2005).*Adapting educational and psychological tests for cross-cultural assessment.*Mahwah,NJ:Erlbaum.

Hambleton,R.K.,Yu,L.,& Slater,S.C.(1999).Field-test of ITC guidelines for adapting psychological tests.*European Journal of Psychological Assessment*,*15*,270-276.

Hilton,A.,&Skrutkowski,M.(2002).Translating instruments into other languages:Development and testing processes.*Cancer Nursing*,*25*,1-7.

Joldersma,K.B.(2004,April).*Cross-linguistic instrument comparability.*Paper presented at the meeting of the American Educational Research Association,San Diego,CA. RetrievedMarch 27,2006,from http://www.ed-web3.educ.msu.edu/CEPSE/mqm/forms/KJ.doc.

Jones,D.V.(1998).National curriculum tests for mathematics in English and Welsh:Creating matched assessments.*Assessment in Education*,*5*,193-211.

Lin,J.,& Rogers,W.T.(2005,April).*Validity of the simultaneous approach to the development of equivalent achievement tests in English and French(Stage II).*Paper presented at the meeting of the National Council onMeasurement in Education,Montr'eal,Canada.Retrieved March 27,2006,from http://www.education .ualberta.ca/educ/psych/crame/files/NCME%20paper%202005%20CRAME.pdf.

Lin,J.,& Rogers,W.T.(2006,April).*Validity of the simultaneous approach to the development of equivalent achievement tests in English and French(Stage III).*Paper presented at themeeting of the National Council onMeasurement in Education,Montr'eal,Canada.RetrievedMarch 27,2006,from http://www.education .ualberta.ca/educ/psych/crame/files/NCME06 JL.pdf.

Malak,B.,& Trong,K.L.(2007).Translating the PIRLS 2006 reading assessment and questionnaires.In M.O.Martin,I.V.S.Mullis,& A.M.Kennedy(Eds.),*PIRLS* 2006 *technical report* (pp.49-60).Chestnut Hill, MA:Boston College.

McQueen,J.,& Mendelovits,J.(2003).PISA reading:Cultural equivalence in a cross-cultural study. *Language Testin*,*20*,207-223.

O'Connor,K.M.,& Malak,B.(2000).Translation and cultural adaptation of the TIMSS instruments.In M.O.Martin,K.D.Gregory,& S.E.Stemler(Eds.),*TIMSS* 1999 *technical report* (pp.89-100).Chestnut Hill, MA:Boston College.

Osterlind,S.J.,Miao,D.,Sheng,Y.,& Chia,R.C.(2004).Adapting item format for cultural effects in translated tests:Cultural effects on construct validity of the Chinese versions of the MBTI.*International Journal of Testing*,*4*,61-73.

Sireci,S.G.,& Allalouf,A.(2003).Appraising item equivalence across multiple languages and cultures. *Language Testing*,*20*,147-165.

Sireci,S.G.,& Berberoglu,G.(2000).Evaluating translation DIF using bilinguals.*Applied Measurement in Education*,*13*,229-248.

Solano-Flores,G.,Contreras-Ni~no,L.A.,& Backhoff-Escudero,E.(2005,April).*The Mexican translation of TIMSS-95:Test translation lessons from a post-mortem study.*Paper presented at the meeting of the National Council on Measurement in Education.Montr'eal,Quebec,Canada.Retrieved March 27,2006 from http://www.air.org/news/documents/NCME2005Mexican%20translation.pdf.

Solano-Flores,G.,Trumbull,E.,& Nelson-Barber,S.(2002).Concurrent development of dual language assessments:An alternative to translating tests for linguistic minorities.*International Journal of Testing*,*2*, 107-129.

Stansfield,C.W.(2003).Test translation and adaptation in public education in the USA.*Language Testing*,*20*,188-206.RetrievedMarch 27,2006,from http://www.2lti.com/Docs/PDF/Test%20Translation.pdf.

Tanzer,N.K.(2005).Developing tests for use inmultiple languages and cultures:A plea for simultaneous development.In R.K.Hambleton,P.F.Merenda,& C.D.Spielberger(Eds.),*Adapting educational and psychological tests for cross-cultural assessment* (pp.235-264).Mahwah,NJ:Erlbaum.

Van de Vijver,R.J.R.(2009,July).*Translating and adapting psychological tests for large scale projects.* Paper presented at the 11th European Congress of Psychology,Oslo,Norway.

Van de Vijver,F.J.R.,& Hambleton,R.K.(1996).Translating tests:Some practical guidelines.*European Psychologist*,*1*,89-99.

Van de Vijver,F.J.R.,& Poortinga,Y.H.(2005).Conceptual and methodological issues in adapting tests. In R.K.Hambleton,P.F.Merenda,& C.D.Spielberger(Eds.),*Adapting educational and psychological tests for cross-cultural assessment* (pp.39-64).Mahwah,NJ:Erlbaum.

Van de Vijver,F.J.R.,& Tanzer,N.K.(2004).Bias and equivalence in cross-cultural assessment:An overview.*European Review of Applied Psychology*,*54*,119-135.

Van Eeden,R.,& Mantsha,T.R.(2007).Theoretical and methodological considerations in the translation of the 16PF into an African language.*South African Journal of Psychology*,*37*,62-81.

Van Haaften,E.H.,& Van de Vijver,F.J.R.(2003).Human resilience and environmental degradation: The eco-cultural link in the Sahel.*International Journal of Sustainable Development and World Ecology*,*10*, 85-99.

Wolf,R.M.(1998).Validity issues in international assessments.*International Journal of Educational Research*,*29*,491-501.

Yen,W.M.(1984).Effects of local item dependence on the fit and equating performance of the three-parameter logisticmodel.*Applied Psychological Measurement*,*8*,125-145.

附　录

测验项目翻译与修订的审查表

指导语:请仔细阅读接下来的 25 个问题。我们希望你对测验或问卷中的每个测试条目都逐一回答这 25 个问题。每个问题有四个可选答案:Y=是的,N=不是,U=不确定,NR=不相关。对于每一个测试题目,都逐个圈选出这 25 个问题的答案。现在你可以准备进行项目的评审过程了。逐个阅读测验项目,然后再逐个回答这 25 个问题,将你的答案标定在"选项"那一列的相应部位。如果你需要对自己的选择进行解释,那么请使用表格的背面。

测验题目号=[　]　　　Y=是　N=否　U=不确定 NR=不相关

类别	测验翻译与修订中的问题	选项			
一般性问题	1.题目在两种语言中有相同或者高度相似的含义吗?	是	否	不确定	不相关
	2.项目中的词汇在翻译后,源语言和目标语言相比有类似的难度和共性吗?	是	否	不确定	不相关
	3.翻译是否引入了可能影响两种语言版本中项目难度的文本更改(省略、替换或增加)?	是	否	不确定	不相关
	4.当项目中存在隐喻、习语或者口语时,它们在源语言和目标语言版本中是否有什么不同?	是	否	不确定	不相关
项目格式和呈现形式问题	5.项目格式,包括项目的物理外形在两种语言版本中是否相同?	是	否	不确定	不相关
	6.(如果适用的话)项目题干与答案选项的长度在两种语言版本中是否相同?	是	否	不确定	不相关
	7.在两种语言版本中,项目格式与被试的任务要求具有同等的熟悉度吗?	是	否	不确定	不相关
	8.如果原语言版本中的项目对词汇或短语进行了强调(粗体、斜体、下划线等形式),那么在目标语中也使用了这些强调吗?	是	否	不确定	不相关
	9.教育测验中,测验项目在源语言和目标语言版本中都有一个正确答案吗?	是	否	不确定	不相关

续表

类别	测验翻译与修订中的问题	选项			
语法和措辞问题	10.对项目结构做的任何修改,比如改变了从句位置或其他词汇的顺序,会使该项目在目标语言版本中变得更简单或更复杂吗?	是	否	不确定	不相关
	11.在目标语言版本中,是否存在任何语法线索使得测验项目变得更容易或者更难?	是	否	不确定	不相关
	12.项目的语法结构在目标语言和源语言版本之间是否类似或平行?	是	否	不确定	不相关
	13.在目标语言版本中是否存在性别线索或其他可能给这个项目提供暗示的参考性线索?	是	否	不确定	不相关
	14.翻译后项目中的词汇是否会从只有一个含义变成有多个含义?	是	否	不确定	不相关
	15.项目在源语言和目标语言版本之间的标点符号是否发生了改变,使得目标语言版本中的项目变得更难或者更简单了?	是	否	不确定	不相关
短文和其他与项目有关的刺激材料问题	16.当短文从源语言翻译成目标语言时,与源语言版本相比,译文中的词汇和短语是否传达了与原文相似的内容与想法?	是	否	不确定	不相关
	17.短文是否通过职业、情绪、情境或其他方面对任何个体或群体进行刻板的描述?	是	否	不确定	不相关
	18.短文是否涉及到一个有争议的或煽动性的话题,或者短文可能被认为侮辱或冒犯了任何人?	是	否	不确定	不相关
	19.短文是否包含了两种语言或两种文化群体中的学生可能不熟悉的内容或技能?	是	否	不确定	不相关
	20.除了对文本正文或标签进行必要的翻译外,源语言和目标语言版本中的图形、表格以及其他项目成分是否相同?	是	否	不确定	不相关
文化关联性或者文化特异性问题	21.在测验项目中,为了适应第二种语言版本的文化环境,某一语言的术语是否已进行了适当的修订?	是	否	不确定	不相关
	22.当项目在源语言或目标语言版本中呈现时,是否存在会对被试可能选择的回答产生影响的文化差异?	是	否	不确定	不相关
	23.源语言版本测验项目的测量和货币单位(如距离等)是否符合目标语言版本国家的使用惯例?	是	否	不确定	不相关
	24.测验项目中所包括的概念在两种语言版本中的抽象水平是一样的吗?	是	否	不确定	不相关
	25.测验项目中的构念在源语言和目标语言版本中是否有同等的熟悉度和意义?	是	否	不确定	不相关

问题序号	评定理由
1	
2	
3	
4	
5	
6	
7	
8	
9	
10	
11	
12	
13	
14	
15	
16	
17	
18	
19	
20	
21	
22	
23	
24	
25	

第四章 科学理解心理结果的文化差异

——开启万能的神秘面纱

Michael Harris Bond, Fons J. R. van de Vijver

当前面临的问题

文化就好像是苏菲传说中的大象——复杂、模糊、厚重、充满困惑,如同令人生畏的罗夏墨迹测验般的错综复杂。Kynna 是 Renault 所著的《葬礼竞技》(*Funeral Games*)中的角色,在面对外国文化时做出了这样的反映:

Kynna 脸上保持着愉快的表情,但已经感觉到精力枯竭了。路人陌生的言谈,神秘的古迹,未知的风景,一切她事先在脑海中勾勒的场景都消失了,这一切使她失去了信心……她知道,世界是浩瀚的,但在她家乡的山丘上,这是毫无意义的。此刻,站在广阔的东方世界的入口处,在这个冷漠生疏的东方世界,她感到孤独和凄凉。

科学心理学领域将文化作为一种感兴趣的变量进行研究,并且研究报告表明,无论心理学家对什么样的回答感兴趣,都会发现文化团体之间存在着显著的差异——无论是生活节奏、助人行为、公众注目、身体接近、给政府官员的抱怨信件的内容,还是道歉。这些观察到的差异激起了研究者们对它们的起源进行了有趣的推测。这些推测通常被嵌入在"深度描述"(thick description)中,以及对所讨论的社会制度的比较中,要从历史的角度来了解这些推测,并考虑可能导致不同观察结果的各种体制因素。学者们通过经验和洞悉相关文化提出这些"解释"。因为大多数读者对有关文化都是新手,所以他们往往被那些复杂深奥的论证所说服。但这是对的吗?

本章描述了我们该如何建立和检测跨文化差异的模型。我们认为文化分析法足以解释跨文化差异,但我们应该设法对这些解释尽可能的具体。说一个特定的中国人有着很强的家庭取向(与西方人相比),只是因为他或她是一个中国人,但这并没有告诉我们太多的信息。更有意义的说法是,与西方文化中的人们相比,中国人具有很强的家庭取向是因为他们被社会化为对家庭有着更强的依赖性。我们的研究方法着眼于识别那些可以解释这些跨文化差异的文化元素,然后我们将展示这些元素如何解释跨文化差异。

本章的重点是解释跨文化差异。我们当中那些被社会化为把个体当做统计分析单位来处理的人们,可能需要重新定义自己的取向。我们要找的是一种文化特征,而不是个体特征,这个文化特征与我们试图解释的心理结果或过程有关。在本章中,我们首先描述一个假设的例子,然后再提出一个方法论框架来检验预期的跨文化差异。

一个寻常事例:文化碰撞

本章的第一作者 Michael Harris Bond 已经在香港生活了 31 年。他的专业方向主要是研究中国人的心理,并且已经出版了三本总结跨文化研究中国人心理的英文著作(Bond,1986,1991,1996)。这样的背景使他有资格对突出的文化差异做出评论,这样的文化差异任何一个像 Bond 那样来自于英美文化的观察者可能都能确认出来。也就是说,在香港游泳池里,人与人之间的碰撞次数比任何一种英美文化中人们之间的碰撞次数都要多。

有人可能会说,这是一个相当乏味的探索结果,但是在我们的学科中,有人呼吁探索我们大多数人日常生活中更平凡的活动与行为背后的心理因素(Bond,2005)。此外,Bond 个人对这个话题有着浓厚的兴趣,因为他在香港日常锻炼的时候曾无数次被漂在水上的中国游泳者碰到身体。我们常说可以通过分析任何行为来了解一个文化,那么为什么不能是游泳池里的身体碰触呢?

我们很容易就可以设计一个研究来对这种空间侵入(Spatial intrusion)进行比较。作为一个胜任的跨文化研究者,我们会控制那些明显的、会增加身体意外接触频率的因素,如泳池的大小、泳池中的人数、泳道标志的有无,甚至是水的温度。我们还要设计一种可靠的、评估身体碰撞频率的方法,这也是我们要考虑的结果变量。然而,这可能更有疑问。如果一个文化群体的成员认为在公共场合的身体接触是不太礼貌的话,那么他们就会对来自他人的身体碰触表现出更强烈的反应。如此一来,假如有相同频率的实际身体接触,那么英国人泳池里的身体碰触就会更容易被发现,因为英国人将这种意外的身体碰触视为是不礼貌的,尽管它可能并非故意。或许我们可以通过观察在一定距离内游泳者彼此靠近的频率来解决这个测量问题。

解决了研究设计中的这些麻烦之后,我们就要开始做实验并收集数据了。分析就是在文化群体之间进行直接的比较。作为细心的数据分析人员,我们要更加注意的是,游泳池是嵌套在文化中的,这个因素在评估文化差异时必须加以控制,就像我们必须在跨文化研究中对发生在两个人之间、团体中、教室里、部门中以及组织中的个体行为要做的控制那样。

在跨文化研究中必须解决这些概念与设计方面的考虑,这些概念与设计方面的考虑也可能解释了为什么许多心理学家不愿意去考察棘手的文化问题。然而作为经验丰富的研究者,我们坚持不懈地解决了科学研究中的细节问题,并获得了古老的跨文化心理学中的"金羊毛"("金羊毛",源自希腊神话,指人人都希望得到的珍贵宝物——译者

注），也就是对我们感兴趣的研究结果中的差异进行科学证实，在本例中，就是游泳池里面的身体碰触。现在我们必须对这种差异进行解释。

对身体碰触的解释

Bond 作为一名研究中国人心理的专家，可能会认为，之所以出现身体碰触频率的差异是因为英国人和中国人在人格的有关方面存在差异。换句话说，典型的香港人可能会在 X 特质上有更高或更低的水平，而这个 X 特质可以是信仰、价值观、条件性反应、自我建构、效能类型，也可以是人格维度、有意识的或无意识的，貌似与不在意同陌生人的身体接触有关的都可能是 X 特质。如果 Bond 更偏向于他早先所接受的社会心理学训练，那么他就可能反而会认为香港华人在对社会情境的解读上与英国人不同。同样地，这个差异一定存在于任何貌似与不在意陌生人肢体接触有关的人格维度上：一个貌似合理的假设可能就是不管什么时候，香港华人在一个有限的空间里，比如电梯、火车车厢、卫生间，或游泳池，他们都会把那些与他们共处同一空间中的其他人视作内群体成员，而英国人则不会这样。因此，用于公共空间的礼貌规范并不适用于香港华人，因为在那个时候他们可以自由地把彼此当做是一个拥挤的、大家庭里的成员。不管一个解释是基于人格还是社会心理学的，都可以将所涉及的心理结构作为一种对典型的中国人或英国人在生活过程中所遇到的不同制度规范与系统组织的逻辑适应，从而使解释更有说服力。毕竟，正如 Markus 和 Kitayama（2003）提醒我们的那样，自我方式（Self-ways）来自于社会习俗。

科学评估文化差异

任何这些根据知识或经验作出的推测都可能是对的；所以，那些研究文化与社会行为的、知识渊博的、富有创造力的学者们提出的其他解释可能同样也是对的。但这在科学上还不足以断言事实就是如此，还必须进行证实。不管这个断言是多么的精彩、多么的有根据和有说服力，它仍然是一个有待实证验证的假设。这个过程要求我们必须对文化的心理反映进行操作化，建立度量等值性（Metric equivalence），并把它与所观察到的结果联系起来，因为我们认为这些文化的心理反映决定了所观察到的问题结果（Lonner & Adamopoulos,1997）。这样的科学研究程序被称为"解密文化"（Unpackaging culture）（Whiting, 1976）或"剥洋葱"（Poortinga, van de Vijver, Joe, & van de Koppel, 1987），另一个较为文雅的比喻是"驱散文化的迷雾"，因为，如果我们正确地实施了科学研究程序，那么这样的解密就可以使我们清楚地看到和识别出这一模糊而又复杂区域中（即所谓的万能而又神秘的文化）的独特特征。

对中国人和英国人泳池中身体碰触频率的各种解释，可以简化成不同的方法论框架，用来描述研究结果的跨文化差异。这样的一个框架能够帮助我们确定文化因素与心理结果之间关联的方式。在跨文化心理学中有两种常见的研究方案。第一种方案包括中介变量(Baron & Kenny,1986)。在本例中,我们假设在中国人的泳池中,身体碰触的数量可以完全由泳池较小或游泳者更多来解释。这种因果模式如下图。在这个模型中,文化对泳池大小和游泳者数量有影响,而泳池大小和游泳者数量反过来又会对身体碰触频率产生影响。由此一来,如果我们对泳池大小或游泳者数量进行控制,那么跨文化差异就会不复存在。

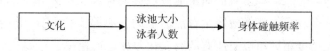

有人可能想说,不同国家之间在泳池大小上的差异也需要解释。这一推理意味着在我们的研究设计中应该在文化和泳池大小之间增加一个方框。通过增加更多的方框,我们的研究设计会变得更复杂,也可能更符合实际,但是,最终导致心理结果的一系列解释变量的想法应该保留下来。如果解释变量足以解释所有的跨文化差异,那么我们就不需要在文化与碰触频率之间增加直接的箭头。这样的一个直接箭头表明了我们的中介变量,即泳池大小或游泳者数量,不能完全解释身体碰触频率的跨文化差异。如果这个直接箭头统计上仍然显著,那我们可能就需要其他的解释变量来揭示剩余的文化差异,例如关于个人空间的规范。我们的目标就是找到一个研究模式,在这个模式中,不再需要从文化到身体碰触频率之间的直线箭头,并且可以用一个解释变量来替代。

这些所有的解释都有一个共同点,对于所有试图解密文化的方法来说,这个共同点都是必不可少的。我们根据特定的文化因素来解释跨文化差异,例如用中国文化下的个体对更小的私人空间的可接受性来解释英国人和中国人的泳池之间身体碰触频率上的差异。此刻,文化是一个远端变量,但是我们通过调查研究,可以用更具体的文化因素来替代。如果一个解释能够在统计学上消除更多的跨文化差异,那么这个解释就是一个更好的解释。

在第二个因果关系的研究模式中,文化调节着输入变量与输出变量之间的关系。例如,Entwistle 和 Mason(1985)研究了不同国家中社会经济地位和生育能力之间的关系。结果他们发现,社会经济地位和生育能力在比较贫穷的国家中呈正相关,而在较为富裕的国家中则呈负相关。从统计学角度来讲,调节效应就是文化与解释变量之间的交互效应,在本研究中,这个解释变量就是富裕程度。

然而,对交互效应的强调可能会分散研究者对核心问题的注意,即调节变量意味着解释变量和结果变量之间的关系会随国家的不同而不同。即使统计上的交互作用能够充分解释所观测到的跨文化差异,但是文化和解释变量之间为什么存在交互作用的概念性问题仍然没有得到解决。采用与文化进行交互作用的统计模型可能是一个成功的模型,但是在这个模型中所存在的概念性问题就是文化一直被当成一个名义变量或类别变量来使用。我们呼吁要解密文化并不是说我们赞成把文化当作类别变量来使用,而是希望能够用更具体的文化因素来替代文化这个名义(总体)概念,因为更具体的文化因素通常能够在更有差异的水平上进行测量。

把调节变量看成第三个变量会更有成效。扩展我们对文化与生育能力的分析,我们可以认为,生孩子的原因之一就是它可以为父母提供养老保障,特别是在比较贫穷的国家(Kagitcibasi,2005)。如果我们简单地假设养老保障是唯一相关的第三变量,那么对这个变量的测量就可能能够解释生育能力上的所有跨文化差异,并能够使我们不需要将文化当做调节变量就可以对所有的跨文化差异进行建模。

解密文化差异的时代意义

在跨文化学科刚刚建立的初期,主要是进行简单的、两种文化之间的比较,这时候对文化的阐明还只是一个附带问题。在跨文化心理学发展的最初阶段是我们积累这些简单的、两个文化之间差异的阶段。在这样做的基础上,跨文化研究者通过显示心理学研究结果与社会化为不同文化传统的等值被试样本不同,不断地向主流群体发出警告(Bond,2009)。这些研究为继续进行跨文化心理学研究提供了学术合法化,因此具有非常重要的作用。

然而,我们现在已经超越了证明为什么要进行跨文化研究使其合法化的初始阶段,并且要把研究的重点从考察跨文化差异转移到了解释这些差异。不过,有些学者认为我们关于文化是如何运作的理论解释仍然是初级的心理学研究(比如,参见:Messick,1988)。尽管现在还没有可用的理论,但随着跨文化学科开始采用更复杂的方法或程序来进行多国比较和二元文化研究(Bicultural study),这就使得验证更复杂理论的需要变得越来越迫切。显然,我们在陷入一大堆杂乱无章的差异之前,必须把我们的研究发现从理论上进行组织,我们必须驱散文化的浓雾。

两种跨文化研究

在本节中,我们所描述的程序概述了两种广泛的策略,这些已经开发的策略是为了识别那些可以影响心理研究结果的文化特征。心理学家最关心的文化相关特征是那些我们用来对个体进行区分的构念,即人格倾向、社会状况的结构、关系倾向(relational tendency)(Caralis & Haslam,2004),以及最终表现出来的行为(Bond,2005)。这些构念本身可能来自更远端的文化特征,如文化中的角色二元性(Role dyads)、文化中的群体、文化中的组织和社会机构,以及每一种文化都有它的成员参与频率、它的规范和它的监管力度。而这些特征反过来又可能来自于该文化的生态的和历史的某些特性。我们已经慢慢地开始解开这个各种相互关联的因素形成的复杂联结,并且越来越以实证检验的方式成功地将各层面的影响进行了整合(e.g.,Gelfand,Nishii,& Raver,2006)。

有待说明的问题

我们试图去阐释的文化"在心理上所揭示的结果"到底是什么呢?就我们现在的目的来说,它指的是两类研究结果,你可以将之称为"心理学家眼中的两类文化结果"。第一类研究结果就是前面提过的早期跨文化心理学研究的主要结果,即两个或多个文化群体的被试在一些感兴趣的心理构念上表现出来的水平差异,比如整体思维(Nisbett,Peng,Choi,& Norenzayan,2001)、价值整合(the value of integration)(Bond,1988)、社会支配取向(social dominance orientation)(Pratto et al.,2000),命运控制信念(Belief in fate control)(Leung & Bond,2004)、不同人际关系中共享的规则制定(Haslam,Reichert,& Fiske,2002),或者甚至任何其他被认为可能由一系列影响因素而产生的心理构念。我们把这类文化结果命名为定位效应(*Positioning effect*)[Leung & Bond,1989;van de Vijver 和 Leung(1997)将这称之为*水平取向的研究*(*level-oriented studies*)],因为各文化群体间不同的社会化模式可能被视为增强或减弱了该心理构念的强度,所以文化群体之间的定位是不同的。因此,在对该心理构念进行测量的时候,定位就会影响该文化的平均得分。我们的目的就是通过找出那些能够解释不同文化群体相对定位的文化特征来对文化差异进行解析。比如我们前面提过的那个例子,我们就可以询问泳池大小或者游泳者人数是否可以解释游泳池中平均身体碰触频率的跨文化差异。

第二类文化结果指的是在对两个或多个文化群体进行比较的时候,两个构念之间的联结强度(*Strength of linkage*)差异。鉴于第一类结果会对一个文化群体的平均得分产生影响,所以现在的重点是对一个文化群体内的构念在不同文化群体之间的相关程度进行比较。在首次发现这类跨文化差异的研究中,Bond 等人(Bond,Forgas,1984)考察了行动者对其同伴的交往意图,在研究中,通过实验操纵来改变同伴的性格。结果他们发现,对于澳大利亚被试来说,感知到的同伴情绪稳定性可以预测个体与他人交往的意愿,但在香港华人那儿却不存在这一预测效应。这一研究结果表明,某个文化群体中个体的知觉维度与其行为结果之间的联结强度要比另外一个文化群体高。情绪稳定性这个输入变量,作为与他人交往意图的预测因子来说,对某个文化个体的预测效果要高于另一种文化的个体,即它们(情绪稳定性与交往意图)的关联程度更高。神经质与交往意图这两个不同的心理构念,在不同的文化群体中具有不同的关联强度。

我们可以将这类文化结果命名为联结效应(*Linking effects*)[van de Vijver & Leung(1997)称之为*结构取向的研究*(*Structure-oriented study*)]。Bond(2009)认为,这种联结效应的发现与解释标志着我们目前的跨文化研究已经进入 21 世纪。这类研究考察在文化群体内部心理构念之间是如何相互影响的,然后探讨各文化群体间这些构念之间的联结强度。当然,我们的最终目标是希望可以科学地解释为什么在不同文化下,构念之间的联结强度存在差异。这类研究对于建立普适的心理过程模型是必不可少的,这种模型把文化作为众多影响心理过程结果的因素之一。

文化定位效应和文化联结效应是在跨文化研究中对感兴趣的结果变量进行研究时所获得的发现。联结效应更为复杂,需要对引发结果变量的众多因素进行更缜密的思考。但是,它们也较少受文化反应风格或其他偏差来源所引起的方法学问题的影响,这些偏差或多或少以相同的方式影响测量工具的所有项目。一般来说,考察联结效应的研究着重于相关关系,它不受平均分的跨文化差异的影响。因此,在联结效应研究中,只有那些会影响相关程度的偏差才会使跨文化比较无效。尽管如此,不管是定位效应研究,还是联结效应研究,它们都只是对跨文化数据中所反映出的模式进行描述而已,也就是说,它们都属于寻找一个解释的过程中所得到的结果。下面,我们将讨论如何对文化效应进行解释,以及用实证的方法验证假设的过程。

解释文化定位效应

两种文化的定位效应比较

两个文化群体之间的结果差异是第一个明确要求实证关注的术语(explicandum)。我们早期在感兴趣的心理结果中成功地证明了跨文化差异,并在论文的讨论部分为这些跨文化差异成功地提出了貌似合理的事后解释(如,Bond & Hewstone,1988),这些都让我们中的许多跨文化心理学家感到兴奋。通常情况下,这些结果的新闻价值因为它们的发表也足以证明,因此,尽管只是提供了推测性解释,编辑委员会也愿意将它们印成铅字。我们偶尔会使用现有的文化文献(如,Leung & Bond,1984)来预先预测研究结果,然后根据这些文化动力学机制以及我们认为造成这种差异的心理过程来对研究结果进行解释。同样地,如果推理足够新颖,并且该推理能够非常好的嵌入到相关文化的可靠资料中,那么这样的跨文化比较就足以被期刊所接受。

然而,那些更老练的主流评论家提醒并使我们清醒地认识到我们最终的科学目标。Messick(1988)回顾了当时跨文化社会心理学的研究进展,向我们这些文化热衷者指出:

> 不管我们所指的文化是什么——制度、态度、人格特质、社会环境,还是期望等等——它影响行为的过程是什么?这一质疑既包括考察文化在心理上意味着什么,还包括了通过行动表达文化机制与过程(p.289)。

要使这些警惕的怀疑者对这一质疑满意,我们就需要对那些"文化是如何通过行为来进行表达的心理机制与过程"进行测量,再用这些测量去驱散围绕那些差异的"文化迷雾"。诚然,见多识广、富有创造力的社会科学研究者可以对研究结果中的几乎所有跨文化差异提出貌似合理的解释,但我们怎么才能科学地验证这种解释呢?

一个典范研究?

为了示范说明,我们重点讨论一项能够解决关键性问题的研究。Kwan 等人(Kwan,Bond,and Singelis,1997)考察了美国人与中国香港的华人在生活满意度方面的平均差异。为什么相对于香港大学生来说,美国大学生会对生活更满意? 在心理学中回答任何一个与文化有关的"为什么"问题时,我们都必须假定文化对导致两种文化群体间可能存在差异的心理过程的影响。所有文化解密都需要这样的理论化,不管它是简单的、还是复杂的。

为了简化 Kwan 等人的论点,我们可以重点关注他们的假设。他们的假设是,与美国人等这种更个人主义文化体系中的成员相比,像中国人这样被社会化为集体主义文化体系的将引导该文化的成员努力追求并实现更大的关系和谐。在这一生活领域获得的成功反过来又会导致更高的生活满意度。这个论点已经获得了验证性因素分析和结构方程模型的部分证实,即关系和谐都能够正向预测美国人和香港华人这两个群体的生活满意度,并且预测效果一样好。

完全与不完全的文化解密?

在 Kwan 等人的研究中,其关键的结果就是发现这两个国家在关系和谐与生活满意度之间存在完全相同的关联。我们从经验上证实了我们关于人际支持(关系和谐)在影响一个人生活(生活满意度)方面的心理重要性的论点。然而,不同程度的关系和谐是否充分解释了生活满意度上的文化差异? 统计检验结果表明它们不能。它们只能部分地解释,要完全解释这个文化差异还需要增加自尊作为补充的预测变量。

当我们运用单一构念去对结果进行预测时,有时候我们可以成功地完全解密所发现的文化差异,但有时候则不行。例如,Singelis 等人(Singelis,Bond,Sharkey,and Lai,1999)采用独立型自我构念(Independent self-construal)完全解密了美国人和香港华人在自我窘迫感受性(self-embarrassability)上的文化差异。与香港华人相比,美国人在他们自己的行动中较少感到窘迫,因为在该研究中,美国人的平均独立性要高于香港华人。当把被试的独立水平作为一个心理变量纳入分层回归方程时,最初的文化差异就消失了。

即使不能解密所有的跨文化差异,但研究仍然具有一定的价值。一个获得支持的对跨文化差异所做的解释,即使解释的不完整,也总比根本没有解释或做了一个需要将来验证的事后解释要好。假设的心理预测变量能在多大程度上对结果变量进行解释,取决于许多因素。第一个因素就是模型的全面性。模型越全面,可以预期的解释就越多。第二个因素是被预测变量的特异性(specificity)。对自我窘迫感受性这种目标更明确的变量进行预测就比对生活满意度这样更宽泛的概念要容易。第三个就是预测因子的广度。广度大的预测因子比广度小的具有更大的统计杠杆效率（Statistical lever-age）。例如，富裕这个综合性变量（Georgas, van de Vijver, & Berry, 2004）在预测心理学研究结果中的跨文化差异时，就比男性与女性的性别比（sex ratio）这个更具体的变量具有更好的预测效果。

最后，我们以一个警告来结束这部分的讨论。我们认为，解密文化的隐含目的就是要对心理结果中的国家之间所存在的差异进行充分的解释。增加要解释的变异量有一种简单的统计方法，那就是通过增加预测因子的数量。我们对解密文化的劝告并不意味着我们希望大家在研究中包括尽可能多的解释性变量。对解释变量的选择应该基于理论考虑。正是把理论预期与对这些预期进行的统计检验结合起来，才能推动跨文化心理学作为一个研究领域的发展。

模型开发的终极目标

文化解密的不完全性意味着我们必须提出一个更全面的模型来解释文化差异。我们个人对要研究的两种文化很熟悉，可能特别有助于我们了解哪些构念是缺失的（Bond, 1997）。因此，Kwan 等人（Kwan et al., 1997）能够富有灵感地想到将关系和谐作为生活满意度的一个预测因子，添加到自尊与生活满意度之间已经建立的泛文化联系（pancultural link）中（Diener & Diener, 1995）。同样，Kam 和 Bond（2008）在预测受伤害时的愤怒反应时，把形象损失（image loss）这个重要的中国本土化概念，添加到已经得到确认的责备判断（blame judgment）的影响模型中。因此，我们对文化差异的解释越来越准确的程度，也就成为我们成功建立理论的试金石。

消失的文化

请注意，还有个重要的问题，那就是如果我们通过用一个构念来预测结果，完全解密了文化差异，那么我们就有效地"使文化消失"了。比如，Lam 等人（Lam, Buehler, McFarland, Ross, and Cheung, 2005）通过将情感预测（Affective forecasting）中的文化差异用文化等值的焦点思维（focal thinking）测量来进行解密，从而消除了这些差异。正如作者从他们的分析中所总结的那样，"发散（defocused）思维的欧裔加拿大人和东亚人做出了同样中等水平的情感预测"（p.1296）。就他们当前研究的目的来说，关于文化差异，再没有什么神秘的了，因为它已经被完全解释了。这个解密方法如此成功的应用导致了一个看似矛盾的结论：尽管在情感预测上存在显著的跨文化差异，但我们在预测一个人在情感预测上的得分时，并不需要知道他的文化背景。我们只需要知道他在解释变量上的得分就足够了。在焦点思维上得分相同的欧裔加拿大人和东亚人，他们在情感预测上的预期得分也相同。情感预测上观察到的跨文化差异是由焦点思维的跨文化差异导致的。"解释掉"（Explaining away）跨文化差异是跨文化心理学解密法的隐含目标。

即使我们完全地解密了跨文化差异,对模型的精细化并没有结束,因为总是有更多的结果变异需要预测,性别、受教育程度和其他分类因素也可能与结果有关。这些分类变量产生的差异可能表明需要在模型中增加新的构念,而这些分类差异同样需要解密(Clark,1987)。

还有其他关于相关变量的想法来源要纳入我们的模型中。发现跨文化的或其他分类上的差异,只是激发产生新的心理构念的一个来源,这些心理构念包括在我们关于感兴趣的结果的理论中。毕竟,心理学家长期以来一直用单一文化群体进行创新性的科学研究,尤其是采用被称为美国大学生的亚文化群体,并积累了丰富的资料。对我们这些心理学家来说,在心理研究中如何变得更有创造性是一项毕生的挑战,但"处理文化"(doing culture)使我们暴露在一种诱发性刺激之中(Bond,1997),而这一诱发性刺激则是一大堆有助于创造性思维的刺激之一(Perkins,2000)。

定位效应的多国比较

在定位效应的多国比较情况下,我们的解释是,许多文化群体在某些心理结果的层面上存在差异。它们是虔诚的社会公理(social axiom)(Leung & Bond,2004)、整体价值观上的某个维度(Bond,1988)、情绪感受的持续时间(Wong & Bond,2002)、性别刻板印象的程度(Williams & Best,1990)、生活节奏(Levine & Norenzayan,1999),或者助人行为(Levine,Norenzayan,& Philbrick,2001)。就像两种文化之间的差异一样,这些差异也迫切需要一个有说服力的科学解释。要想获得这个科学解释,就需要有一个在理论上能够与感兴趣的结果联系起来的文化层面的度量。产生这种文化层面的指标就可以认为跨文化研究已经进入到了第二个阶段(Bond,2009),并在21世纪持续发展下去。

文化差异的维度

不管是从经济、时间、精力、协调成本,还是从其他的人力资源来说,进行两个文化的比较研究都相对更容易一些。相比之下,精心设计一个对许多国家进行比较的研究则需要付出巨大的努力,而且也不建议新手去做。幸运的是,我们现在可以从已有研究所获得的文化图谱中受益,这些文化图谱通常是民族群体,这些研究是在跨文化研究第二阶段的奠基者所做研究的基础上进行的,这些奠基者是 Sawyer(1967)和 Hofstede(1980)。他们分别给出了"硬"文化变异或"软"文化变异的维度。"硬"文化变异维度指的是那些从一个文化系统的生态的、人口统计的、经济的、医疗的、政治的或社会特征中提取出来的内容,而"软"文化变异维度则指的是那些从价值观、信仰、自我效能感等心理测量中提取出来的内容(Schwarzer,1993),或其他一些人格维度(参见:Smith,Bond,& Kagitcibasi,2006,第四章,其中对这些测量进行了更详细的说明)。采用这些维度,我们就可以去撬开文化的大门。

单一水平与多水平研究

我们根据跨文化心理学研究中常用的数据水平,可以将解密跨文化差异的研究设计分为三类。第一类是采用个体水平或个体层面的数据。例如,如果一个有关家庭取向的问卷在各国进行了测试,而且研究者假设家庭取向方面的跨文化差异会受现代性的影响。那么,测试现代性的问卷也会进行调查。这类设计的特征就是,不管是因变量(家庭取向)、还是解释变量(现代性),所收集的都是个体水平的数据。在统计分析时就需要说明,"个体水平的现代性差异,能够在多大程度上解释家庭取向中的跨文化差异?"可以采用协方差分析来回答这个问题。在分析时,国家是自变量,家庭取向是因变量,把现代性作为协变量。假设家庭取向的跨文化差异显著,那么协方差分析将告诉我们现代性能够在多大程度上解释这些差异。协方差分析的一种替代方法是进行分层回归分析。把现代性作为预测家庭取向的变量,那么通过比较家庭取向的跨文化差异在回归分析前后的值就可以对此问题进行回答。

第二类解密各水平差异的分析方法是综合使用了个体水平与文化水平的数据。例如,在个体水平上收集家庭取向和现代性的数据,而也可以获得其他国家水平的数据,比如,Hofstede 的国家文化维度。多层模型能够在单个分析中同时分析个体水平与文化水平的数据(Goldstein,2003;Hox,2002;Raudenbush & Bryk,2002;也可参见 Nezlek 撰写的第 11 章)。这种分析可以说明家庭取向与现代性之间的关系在不同国家之间的变化程度(个体水平的分析),还可以说明一个国家的现代性水平如何影响了这一关系(国家水平的分析)。

第三类分析处理的是国家层面的数据。可以采用以相关分析和协方差分析为基础的技术,例如,皮尔逊相关、回归分析和路径分析。那些已经发表的、试图解释国家平均数的跨文化模式的研究,常常采用两组数据。第一组数据是由国家层面的指标构成,比如国民生产总值、教育支出和平均寿命等。诸如世界银行、联合国和世界卫生组织等大型国际机构都有线上数据库可用,与此有关的网站包括:http://www.worldbank.org,http://www.unesco.org,http://www.oecd.org,http://www.who.org。这些指标通常会反映在文献中所报告的一个文化群体成员在心理变量上的平均得分上。Leung 和 Bond(2004)把这种测量叫做"公民分数"(Citizen score),因为它代表了某一文化体系(通常是国家)中的成员在该心理构念上的典型水平。公民分数方面的数据库每年都在增长。Leung 和 Bond(2004)获得了 40 个虔诚的社会公理方面的公民分数,Bond(1988)获得了 22 个整体价值观维度方面的公民分数,Wong 和 Bond(2002)得到了 30 个情绪感受持续时间的公民分数,Williams 和 Best(1990)则得到了 30 个性别刻板印象差异大小的公民分数,Levine 和 Norenzayan(1999)得到了 33 个关于生活节奏的公民分数,此外,Levine 等人(2001)还获得了 23 个助人行为方面的公民分数。因此,不管我们计算关联时采用的是哪种统计方法,要比较的成对数据的数目就是研究中的文化群体的数目。

在报告中最常见到的就是相关分析。例如,Wong 和 Bond(2008)发现,一个国家中公民的情绪感受持续时间与 Schwartz 的文化层面价值观中的心智自主(intellectual autonomy)呈负相关。这个调查结果与他们的观点一致,他们认为社会对心智自由的强调程度与破坏性情绪体验对个体思想的干扰程度之间是负相关关系。同样地,Levine 等人(Levine and Norenzayan,1999)发现生活节奏的公民分数与文化层面上的富裕程度之间具有密切的相关关系,这个发现与这样一种假设相一致,即在较富裕的社会体系中,时间是可以明智使用的金钱。

任何种类的相关,考察的都是两个有关系的构念之间的线性关系。这是心理学理论中要检验的最基本的关系模式。其他一些模式,比如著名的 U 型曲线,可能能够采用二次方程来进行检验。现在有些复杂的理论构思在预测一个特定的文化结果时,还包括对两种文化特征的交互作用进行考察(比如,van de Vliert, Huang, & Levine, 2004)。不管涉及多个构念的模型有多复杂,用来检验模型的统计方法都取决于要检验的假设关系的性质。

成功解密文化后的收益

由于我们不可能对文化进行实验,因此也就不可能对文化特征与心理结果之间的关系做出任何科学的、肯定的因果论断。尽管如此,我们也可以把这些文化层面的研究结果放入到文化是如何影响特定心理结果的模型中。然后,我们可以用这个模型来启发我们思考,个人层面上导致该心理结果的过程是怎样的。因此,还是引用以上的例子,如果文化上的富裕程度与公民生活节奏有关,那么我们就可以根据这一发现去推测时间压力感可能是驱动个人行走速度或人际交往的一个关键的个人层面变量。在更富裕的社会中社会化,可能导致更多社会成员感到更高的时间压力,那么,时间压力的定位也许就可以解释为什么此类社会中一般会有更快的生活节奏。再次强调的是,在进行文化层面的定位效应研究时,我们努力追寻的目的就是希望能够推动研究者为这些感兴趣的心理结果建构更全面的理论。然后在个人层面的分析上对这个理论构思进行检验。

解释文化联结效应

对联结效应(linking effects)进行*解释*并不是说要对心理结果层面上的跨文化差异进行解释,而是指要对模型中能够预测结果的两个预测变量之间*联结强度*(*strength of connection*)的跨文化差异进行解释。需要牢记的是,不管是上面哪种情况,我们对模型的检验都是通过对相关构念进行测量,然后考察这些构念之间的关系是否支持了我们的理论构思。在联结效应的情况下,我们的模型所围绕的重点在于解释为什么一个文化特征对某个文化群体成员的关联性要高于另外一个文化群体的成员,也就是说,为什么我们与这些构念存在联结效应? 和前面的讨论一样,下面我们还是先进行两种文化之间的比较,然后再讨论多个国家之间的比较,在多国比较中我们会发现更大的科学成果。

两种文化之间的比较

首先让我们回顾一下前面的讨论,即如何解密两种文化群体之间心理结果水平上的差异。我们可以采用协方差分析、多元回归或者结构方程模型来解决这些问题。当对这些文化差异进行解密的时候,我们有时会发现在这个双文化模型中,构念之间的一些联结强度并不相同。就如 Singelis 等人(1997)在研究中所发现的那样,独立型自我建构与文化存在交互作用,并且在预测自我窘迫感受性的时候,对美国人的预测效果要比对香港华人好。这一结果意味着该模型更适用于美国文化,意味着预测因子与结果变量之间的关联强度在美国文化中更大。尽管我们可能没有预计到会存在这种交互作用,但这种结果却是因祸得福。

这一发现将会从两个方面推动理论的进一步发展。第一,它会启发我们去确定第二个文化群体缺少的构念,这个构念可能对现有的模型进行补偿,并使这一复杂的模型能够同等程度地预测两个文化群体的自我窘迫感受性。正是在这种思路下,Kwan 等人(1997)才提出关系和谐作为自尊的补充构念,Diener 等人(Diener and Diener, 1995)早已发现在集体主义文化群体中,自尊对生活满意度的预测效果更低。Kwan 等人推测关系和谐可能是香港华人生活满意度更有效的预测因子,由此关系和谐对该文化中自尊这一较弱的预测因子进行了补偿。如此一来,这种交互作用表现出来的文化失衡,激发了研究者对文化动力机制进行创新性的思考。

第二个方面,两种文化比较中产生的交互作用会启发我们从另一个角度来思考文化的动力学机制:到底是文化系统的哪个方面导致了预测变量在一种文化下的预测效果要高于另一种文化? 例如,与香港人相比,为什么自尊对美国人的生活满意度更有决定效果? 表征为美国和香港的社会体系和社会化进程的哪个方面对美国人和香港人的自尊产生了不同程度的影响? 当然,你可以做出任何可能的推测,但本章的主旨是利用文化差异让我们把重点放在对其中所涉及到的过程进行概念化,并测量它的组成部分,然后对推理的有效性进行评估。

文化层面上的处理

下面我们开始讨论的是处理文化层面的现象,即社会实体(societal entities)与社会体系的特征。现在,分析单位不再是个体,而是文化。为了验证一个能够解释联结强度差异的、稳定而又有区分度的文化特征,我们就必须采用多国样本,这样我们就可以对那些假设能够解释联结强度变化的文化特征进行量化,并将该国的这一特征与联结强度联系起来。要进行这项工作,前提是要对文化变异进行各个维度上的测量,而这是跨文化心理学研究在第二阶段所取得的成果(Bond, 2009)。在考虑跨多个文化群体的文化定位效应时,我们已经看到了这些测量。我们现在就可以用它们来帮助我们解释多国比较研究中的文化联结效应。

应　用

协方差分析

协方差分析在心理学研究中被广泛用来从统计上控制背景变量上的组间差异,比如年龄、受教育程度,这些背景变量会混淆目标变量中的组间差异。在跨文化心理学研究中,协方差分析的这种用法同样很普遍。然而,跨文化心理学家还会用这种方法来检验对组间差异做出的具体解释是否有效。例如,用协方差分析来检验学业成就得分上的跨文化差异能够在多大程度上被学校质量方面的差别所解释。在这个案例中,学校质量就是协变量,那么就可以比较控制该协变量前后学业成就跨文化差异的大小与显著性。

例如,Earley(1989)对个人主义—集体主义在社会懈怠(social loafing)方面的影响感兴趣,社会懈怠指的是个体在团体中工作时比他们单独工作时付出的努力更少。美国人比中国人表现出更多的社会懈怠。但是在控制了个人主义—集体主义这一协变量后,两组之间在社会懈怠方面的差异消失了。

回归分析

这种研究设计假设在不同文化中,已经测量了目标变量(target variable)和至少一个解释变量。进行数据分析时,包括三个步骤,首先是进行方差分析来检测在因变量上是否存在文化差异(参见:van de Vijver & Leung,1997)。如果对文化进行的 F 检验不显著,那么就不存在需要解释的跨文化差异,分析也就没有必要再进行下去了。但是,如果 F 检验显著,那么在第二步中就将引入解释变量,这些解释性变量应该已经在个体层面上进行了测量(如果是国民生产总值这类国家层面的解释变量,那么应该在多层模型中进行检验,稍后会对这一问题进行讨论)。在回归分析中,自变量是解释变量,而目标变量是因变量。残差得分(residual score)会保存下来。在第三步中,就可对残差得分的跨文化差异进行检验了。

为了深入了解所获得的跨文化差异的大小,可以进行效果量(effect size)的计算(η^2 值或 Ω^2 值),大多数统计软件都可以提供这些数值。如果我们将第一步与第三步的 F 检验值分别称之为 $F_{前}$ 与 $F_{后}$,那么这两个分析将会得到不同的结果。首先,当 $F_{前}$ 与 $F_{后}$ 检验都显著,并且原始得分(original scores)与残差得分的效果量差不多大小一样的时候,那么解释变量就可能与跨文化差异无关。其次,当 $F_{前}$ 与 $F_{后}$ 检验都显著,但效果量有了大幅度下降的话,那么解释变量可能部分地解释了跨文化差异。最后,当加入背景变量后,$F_{后}$ 检验不再显著,并且残差得分的跨文化差异效应量很小、几乎可以忽略的话,那么跨文化差异就被完全解释了。在统计上,解释变量的差异可以解释目标变量中的跨文化差异。

例如,Poortinga 等人(见:Poortinga & van de Vijver,1987)对不识字的印第安部落与荷兰应征入伍者的定向反射的习惯化进行了考察。在因变量皮肤电传导反应(Skin conductance response)的幅度上,印第安部落的得分显著高于荷兰入伍士兵。研究者假设唤醒程度的组间差异可以对这一跨文化差异进行解释。唤醒程度被操作化为控制条件下所测量到的皮肤电导的自发波动。结果他们发现,当在分层回归分析中对这些波动进行统计控制后,定向反射习惯化上的跨文化差异就消失了。

相关分析

个人层面的研究通常涉及的问题是在不同的文化中,相关性是否具有相同的大小。最简单的情况是考察两个相关性是否具有差异,然而,更高级的应用则是检验协方差、回归系数或路径系数(在结构方程模型中)的相似性。比如,Bond 等人(Bond & Forgas,1984)发现被观察对象尽责性(conscientiousness)水平上的变化导致观察者更信任他们。但是,与澳大利亚人相比,尽责性更能促使香港华人信任他人。研究者认为这种联结强度上的显著差异,是源于集体主义文化,在这样的文化体系中,比较缺乏保障个体诚信的制度,内团体成员的人际行为在很大程度上取决于彼此的道德规范。

由于该研究结果只涉及到两个文化群体,不可能对此推测进行检验。香港与澳大利亚在很多方面存在差异,因此,在这些假定的、导致联结强度存在差异的文化层面原因中,到底哪个原因可以对观察到的结果差异进行解释,要想精确地找到这个原因,几乎是不可能的任务。想要得到更令人满意的结论,就需要对比两个更多的文化群体进行研究,并且需要采用新的统计工具。

多层线性模型

多层线性模型(Hierarchical Linear Modeling,HLM)是一种统计分析手段,在考察个体层面的输入与输出变量之间的关系时,可以对来自不同国家(至少10个)的数据集进行处理。它可以评估输入变量(X)与输出变量(Y)之间的关系强度,称为第1层效应;此外,它还可以评估 X 与 Y 的关系强度在研究所涉及的不同文化群体中的变化程度,称作第2层效应。如果这些不同文化群体间的联结强度在统计上基本相似,那么就可以得出这样的结论:X 与 Y 的关联具有泛文化性,至少就这个数据集而言是如此,并且 X—Y 的关系也有可能成为一种普遍性的关系。

作为关联因素的文化

然而,如果发现了第2层效应,那么我们就知道在不同的文化群体中,X 变量与输出变量 Y 之间的关系是不同的;也就是说,X 对 Y 的影响在某些文化中要高于在其他文化下。例如,Wong 和 Bond(2005)考察了个体愤怒时,自我评估的情绪体验控制对自我报告的言语活动量的影响。采用 Scherer 等人(Scherer, Wallbott, & Summerfield, 1986)提供的数据,他们对 37 个国家群体中符合其数值标准的 30 个国家的数据进行了分析,以考察情绪体验控制与言语活动量之间的关系。结果他们发现,在所有文化群体中,被试自我报告的情绪体验控制越多,那么言语活动就越少,这是第 1 层效应。但是,第 1 层效应受到显著的第 2 层效应的限定。因此,其中文化联结效应调节着愤怒时情绪控制与言语活动之间关系,以至于 Beta 值从最小的 -0.001(葡萄牙人)到最高的 -0.810(中国大陆人)间变化。被试的源文化使得个体在愤怒的时候,如何将情绪控制转化为言语活动存在差异。

什么文化特征可以解释在不同文化中,情绪控制对言语活动影响的变化呢? 有人认为情绪控制的实施可能与文化价值观的强调程度有关,Wong 和 Bond 考察了施瓦茨(Schwartz)文化价值观中的等级维度对他们所发现的第 1 层关系可能存在的调节效应。结果发现:

> 等级显著调节愤怒时的情绪控制与言语活动之间的关系($\beta = -0.277, p < 0.01$)。负值表明在一种文化中越强调等级,那么个体愤怒时的情绪控制与言语活动之间的负相关程度就越高。也就是说,在等级社会中,对愤怒的言语表达控制的越多,那么所表现出来的言语活动就越少。(p.16)

我们在这个研究中所做的示范性说明似乎可以作为关联效应(relevance effect)的一个例子(在该研究中,存在着文化关联效应)。也就是个体在愤怒的时候,情绪控制变量在更强调等级的国家中作为言语活动的抑制因素其关联性更强。那么,Wong 和 Bond 是如何解释这种文化调节效应的呢? 他们认为:

> 重视等级的文化中的个体被社会化成在引起愤怒的情境中要控制自己的言语表达,以便维持社会等级所创造出来的秩序。似乎在引起愤怒的情境中言语表达的自发表现显得是对社会等级的挑战,由此将引发社会冲突。因此,在强调社会等级的文化中,个体感到愤怒时,情绪控制与言语表达之间存在紧密的联结;但在不那么重视等级的文化中,这种联结的强度就没那么高。(pp.21-22)

要解释这样的交互作用是一个智力挑战,部分原因在于对交互作用的解释一直就具有挑战性,另外还因为我们的跨文化心理学家不习惯处理文化的影响作用,更习惯处理心理变量的影响作用。组织心理学家和教育心理学家更有经验将第 2 层效应整合到他们的模型中,因为他们在第 2 层中常常处理的是较小的单位,比如公司或班级。然而,即使是这些更有经验的专家,如果要将文化纳入到他们的研究设计中,他们也会发现要对这些文化效应进行解释是一个相当大的挑战(比如,Fu et al.,2004)。

值得注意的是 Wong 和 Bond(2005)在研究中对 12 个第 1 层的关系进行了考察。

结果发现第 1 层显著的 10 个关系中,有 3 个关系受到与文化的交互作用所限定。其他 7 个则没有,而是表现出泛文化效应,由此可以视为可能具有普遍性。因此,在所有文化群体中,应对愤怒时的人际活动就与感受到的情绪强度都存在正向并且同等程度的相关。这些不受与文化的交互作用所限定的泛文化效应,是构建普适性心理学的基本模块,并且为一种文化体系中进行的研究与理论构建的广泛应用提供了保障。这些研究成果是为开展这样的多国比较研究所做投资的重要回报。

文化特征作为心理结果模型中的一个必要的输入变量

另外一个重要方面是感兴趣的预测变量与结果变量之间的关系会因文化的不同而发生变化。通过提供这些罕见的研究发现,我们可以开始将文化纳入到心理结果的模型中。请注意,有关文化特征的信息现在已经成为预测心理结果的模型中必不可少的方面。当不存在与文化的交互作用时,那么文化就是通过该模型中的构念来起作用,把这些构念定位在更高或者更低的水平上。当一种文化特征与模型中的一个构念产生交互作用时,那么该文化特征就成了模型中的必要元素。文化并没有消失。相反,一个文化群体在该文化特征上的得分,是提高跨文化群体间结果变量的可预测性的很重要的信息。因此,文化被心理学家证明是一个研究对象。

模型复杂化

到目前为止,本节所讨论的案例呈现的是假设的因果因素与心理结果之间简单的 X-Y 联结。而我们跨文化检验的模型则越来越复杂。例如,Law 等人(Law, Bond, and Ohbuchi, 2005)建立了一个模型,用来预测个体受到他人伤害时的愤怒水平。被伤害者愤怒反应的联合近端预测因子包括被伤害者对伤害者的责备程度和被伤害者所遭受的面子损失程度。而责备则依次由被伤害者对所受伤害程度的评估、伤害者的伤害意图,以及伤害者伤害被伤害者的理由所驱动。其中,形象损失是由被伤害者对所受伤害程度的评估所驱动。

在多个文化群体间对这个模型或其他更为复杂的模型进行检验,可以采用结构方程模型。在许多不同文化中检验此类模型的结果就是我们开始发展文化影响的理论。在这些理论中,与模型中许多构念有关的 Beta 值会因文化的不同而变化。当我们拥有足够有用的文化特征测量方法和足够大的多国样本时,我们将能够识别出那些文化系统的具体特征,这些特征与模型中构念增强的相关性存在可靠的相关。具有这种潜力的研究才刚刚开始(比如:Matsumoto et al., 2008)。

结 论

作为心理学家,我们在文化中的生活一直致力于把文化的灵光置于理智控制之下。对我们来说,这种控制是通过用概念清晰度、科学的严谨性和模型的精细化来处理我们所说的文化得以实现的。这是一项英勇的事业,因为它对那些冒险进入这片几乎未知的、仍然充满迷雾的领域的人要求太多了。

我们已经开发了帮助我们开展这一研究的文化解密程序。正如所有的科学程序一样,掌握这些文化解密程序有助于扩大我们的知识范围。对于我们这些仍然处在发展中的跨文化心理学家来说,知识范围是根据我们如何构建通用模型(universal models)来进行评估的,在通用模型中,模型被定义为是对构念的详细说明,以及各构念在预测感兴趣的心理结果时的相互关系。

我们已经发现,文化对我们的模型中有两种影响。它将来自特定文化的被试定位在决定心理结果的某个构念的较高或较低的水平上。或者,在我们的模型中,文化能够调节一个构念对另一构念的影响。然后,必须通过找到一些与这种影响程度有关的、可测量的文化特征来对这种调节效应进行科学的解释。发现这个文化特征是至关重要的,因为我们必须把它纳入到心理结果的模型中,以便使这个模型能够更充分地适用于任何特定的文化群体。通过科学地接纳文化来获得这一更高的精确度,是我们付出巨大努力的当代"金羊毛",证明了我们在探索文化这一"万能之谜"的旅途中所遇到的困难。

经过适当的考虑和科学的处理,那么让案子显得复杂的关键点其实就是那个最可能说清楚的地方。

——夏洛克·福尔摩斯(Sherlock Holmes)《巴斯克维尔的猎犬》

(魏怡译,胡军生审校)

参考文献

Baron,R.M.,& Kenny,D.A.(1986).The moderator-mediator variable distinction in social psychological research:Conceptual,strategic and statistical considerations.*Journal of Personality and Social Psychology*,*51*,1173-1182.

Bavelas,J.B.(1987).Permitting creativity in science.In D.N.Jackson & P.Rushton(Eds.),*Scientific excellence* (pp.307-327).Newbury Park,CA:Sage.Bond,M.H.(1986).*The psychology of the Chinese people*.Hong Kong:Oxford University Press.

Bond,M.H.(1988).Finding universal dimensions of individual variation inmulticultural surveys of values:The Rokeach and Chinese value surveys.*Journal of Personality and Social Psychology*,*55*,1009-1015.

Bond,M.H.(1991).*Beyond the Chinese face:Insights from psychology*.Hong Kong:Oxford University Press.

Bond,M.H.(1996).(Ed.).*The handbook of Chinese psychology*.Hong Kong:Oxford University Press.

Bond,M.H.(1997).(Ed.).*Working at the interface of cultures:18 lives in social science*.London:Routledge.

Bond,M.H.(2009).Circumnavigating the psychological globe:From yin and yang to starry,starry night.

In S.Bekman & A.Aksu-Koc(Eds.), *Perspectives on human development,family,and culture* (pp.31-49). Cambridge:Cambridge University Press.

Bond,M.H.(2005).A cultural-psychological model for explaining differences in social behavior:Positioning the belief construct.In R.M.Sorrentino,D.Cohen,J.M.Olsen,&M.P.Zanna(Eds.), *Culture and social behavior* (Vol.10,pp.31-48).Mahwah,NJ:Erlbaum.

Bond,M.H.,& Forgas,J.P.(1984).Linking person perception to behavioral intention across cultures: The role of cultural collectivism.*Journal of Cross-Cultural Psychology,15*,337-352.

Bond,M.H.,& Hewstone,M.(1988).Social identity theory and the perception of intergroup relations in HongKong.*International Journal of Intercultural Relations,12*,153-170.

Bond,M.H.,Wan,W.C.,Leung,K.,& Giacalone,R.(1985).How are responses to verbal insult related to cultural collectivism and power distance? *Journal of Cross-Cultural Psychology,16*,111-127.

Caralis,C.,& Haslam,N.(2004).Relational tendencies associated with broad personality dimensions. *Psychology and Psychotherapy:Theory,Research and Practice,77*,397-402.

Clark,L.A.(1987).Mutual relevance of mainstream and cross-cultural psychology.*Journal of Consulting and Clinical Psychology,55*,461-470.

Diener,E.,& Diener,M.(1995).Cross-cultural correlates of life satisfaction and self-esteem.*Journal of Personality and Social Psychology,68*,653-663.

Earley,P.C.(1989).Social loafing and collectivism:A comparison of the United States and the People's Republic of China.*Administrative Science Quarterly,34*,565-581.

Entwistle,B.,& Mason,W.M.(1985).Multi-level effects of socioeconomic development and family planning in children ever born.*American Journal of Sociology,91*,616-649.

Fu,P.P.,Kennedy,J.,Tata,J.,Yukl,G.,Bond,M.H.,Peng,T.-K.,et al.(2004).The impact of societal cultural values and individual social beliefs on the perceived effectiveness of managerial influence strategies: A meso approach.*Journal of International Business Studies,35*,284-305.

Gelfand,M.J.,Nishii,L.H.,& Raver,J.L.(2006).On the nature and importance of cultural tightness-looseness.*Journal of Applied Psychology,91*,1225-1244.

Georgas,J.,Van de Vijver,F.,& Berry,J.W.(2004).The ecocultural framework,ecosocial indices and psychological variables in cross-cultural research.*Journal of Cross-Cultural Psychology,35*,74-96.

Goldstein,H.(2003).*Multilevel statistical models*.London:Arnold.

Haslam,N.,Reichert,T.,& Fiske,A.P.(2002).Aberrant social relations in the personality disorders. *Psychology and Psychotherapy:Theory,Research and Practice,75*,19-31.

Hofstede,G.(1980).*Culture's consequences:International differences in work-related values*.BeverlyHills, CA:Sage.

Hox,J.(2002).*Multilevel analysis.Techniques and applications*.Mahwah,NJ:Erlbaum.

Inglehart,R.,& Baker,W.E.(2000).Modernization,cultural change and the persistence of traditional values.*American Sociological Review,65*,19-51.

Kagitcibasi,C.(2005).Autonomy and relatedness in cultural context.Implications for self and family. *Journal of Cross-Cultural Psychology,36*,403-422.

Kam,C.C.S.,& Bond,M.H.(2008).The role of emotions and behavioral responses in mediating the impact of face loss on relationship deterioration: Are Chinese more face – sensitive than Americans? *Asian Journal of Social Psychology*, *11*, 175-184.

Kwan, V.S. Y., Bond, M. H., & Singelis, T. M. (1997). Pancultural explanations for life satisfaction: Adding relationship harmony to self-esteem. *Journal of Personality and Social Psychology*, *73*, 1038-1051.

Lam, K. C. H., Buehler, R., McFarland, C., Ross, M., & Cheung, I. (2005). Cultural differences in affective forecasting: The role of focalism. *Personality and Social Psychology Bulletin*, *31*, 1296-1309.

Law, R., Bond, M.H., & Ohbuchi, K. (2005). *A pancultural model for predicting the anger arising from interpersonal harm.* Manuscript submitted for publication.

Leung, K., & Bond, M.H. (1984). The impact of cultural collectivism on reward allocation. *Journal of Personality and Social Psychology*, *47*, 793-804.

Leung, K., & Bond, M.H. (1989). On the empirical identification of dimensions for cross-cultural comparisons. *Journal of Cross-Cultural Psychology*, *20*, 133-152.

Leung, K., & Bond, M.H. (2004). Social axioms: A model of social beliefs in multicultural perspective. In M.P. Zanna (Ed.), *Advances in experimental social psychology* (Vol.36, pp.119-197). San Diego, CA: Elsevier Academic Press.

Levine, R.V., & Norenzayan, A. (1999). The pace of life in 31 countries. *Journal of Cross-Cultural Psychology*, *30*, 178-205.

Levine, R.V., Norenzayan, A., & Philbrick, K. (2001). Cross-cultural differences in helping strangers. *Journal of Cross-Cultural Psychology*, *32*, 543-560.

Lonner, W.J., & Adamopoulos, J. (1997). Culture as antecedent to behavior. In J.W. Berry, Y.H. Poortinga, & J. Pandey (Eds.), *Handbook of cross-cultural psychology*: *Vol.1. Theory and method* (2nd ed., pp.43-83). Needham Heights, MA: Allyn & Bacon.

Markus, H.R., & Kitayama, S. (2003). Culture, self, and the reality of the social. *Psychological Inquiry*, *14*, 277-283.

Matsumoto, D., Yoo, S. H., Anguas – Wong, A. M., Arriola, M., Ataca, B., Bond, M. H., et al. (2008). Mapping expressive differences around the world: The relationship between emotional display rules and individualism versus collectivism. *Journal of Cross-Cultural Psychology*, *39*, 55-74.

Messick, D.M. (1988). Coda. In M.H. Bond (Ed.), *The cross-cultural challenge to social psychology* (pp. 286-289). Newbury Park, CA: Sage.

Nisbett, R.E., Peng, K., Choi, I., & Norenzayan, A. (2001). Culture and systems of thought: Holistic versus analytic cognition. *Psychological Review*, *108*, 291-310.

Perkins, D. (2000). *The Eureka effect: The art and logic of breakthrough thinking.* New York: Norton.

Poortinga, Y.H., & Van de Vijver, F.J.R. (1987). Explaining cross-cultural differences: Bias analysis and beyond. *Journal of Cross-Cultural Psychology*, *18*, 259-282.

Poortinga, Y.H., Van de Vijver, F.J.R., Joe, R.C., & Van de Koppel, J.M.H. (1987). Peeling the onion called culture: A synopsis. In C. Kagitcibasi (Ed.), *Growth and progress in cross – cultural psychology* (pp. 22-34). Berwyn, PA: Swets North America.

Pratto, F., Liu, J.H., Levin, S., Sidanius, J., Shih, M., Bachrach, H., & Hegarty, P. (2000). Social dominance orientation and the legitimization of inequality across cultures. *Journal of Cross-Cultural-Psychology*,

31,369-409.

Raudenbush, S.W., & Bryk, A.S. (2002). *Hierarchical linear models : Applications and data analysis methods* (2nd ed.). Thousand Oaks, CA : Sage.

Renault, M. (2002). *Funeral games.* New York : Vintage.

Sawyer, J. (1967). Dimensions of nations : Size, wealth, and politics. *American Journal of Sociology, 73*, 145-172.

Scherer, K. R., Wallbott, H. G., & Summerfield, A. B. (Eds.) (1986). *Experiencing emotion : A cross - cultural study.* Cambridge, MA : Cambridge University Press.

Schwartz, S.H. (2004). Mapping and interpreting cultural differences around the world. In V. Vinken, J. Soeters, & P.Ester(Eds.), *Comparing cultures : Dimensions of culture in a comparative perspective* (pp.43-73). Leiden, TheNetherlands : Brill.

Schwarzer, R.C. (1993). *Measurement of perceived self-efficacy. Psychometric scales for cross-cultural research.* Berlin : Freie Universitat.

Singelis, T.M., Bond, M. H., Sharkey, W. F., & Lai, S. Y. (1999). Unpackaging culture's influence on self-esteem and embarrassability : The role of self - construals. *Journal of Cross - Cultural Psychology, 30*, 315-341.

Smith, P.B., Bond, M.H., & Kagitcibasi, C. (2006). *Understanding social psychology across cultures.* London : Sage.

Van deVijver, F.J.R., &Leung, K. (1997). *Methods and data analysis for cross-cultural research.* Newbury Park, CA : Sage.

Van de Vliert, E., Huang, X., & Levine, R.V. (2004). National wealth and thermal climate as predictors of motives for volunteer work. *Journal of Cross-Cultural Psychology, 34*, 62-71.

Whiting, B.B. (1976). The problem of the packaged variable. In K.A.Riegel & J.F.Meacham(Eds.), *The developing individual in a changing world* (Vol.1, pp.303-309). The Hague, NL : Mouton.

Williams, J., &Best, D. (1990). *Sex and psyche : Gender and self viewed cross-culturally.* Newbury Park, CA : Sage.

Wong, S., & Bond, M.H. (2002, August). Measuring emotionality across cultures : Self-reported emotional experiences as conceptualizations of self. In R.G.Craven, H.W.Marsh & K.B.Simpson(Eds.), *Self-concept research : Driving international research agendas.* Presented at the Self-concept Enhancement and Learning Facilitation(SELF) Research Centre International Conference, Sydney. Retrieved April 20, 2010, from http://www.self.ox.ac.uk/ Conferences/2002 CD Wong & Bond.pdf.

Wong, S., Bond, M.H., & Rodriguez Mosquera, P.M. (2008). The influence of cultural value orientations on self-reported emotional expression across cultures. *Journal of Cross-Cultural Psychology, 39*, 224-229.

第五章 取样：文化比较心理学研究的个案选取

Klaus Boehnke, Petra Lietz, Margrit Schreier, Adalbert Wilhelm

引 言

取样是数据收集的核心，在文献中已经对取样的技术和程序进行了过多的描述。在运用取样的技术和方法方面，民意调查和社会科学调查走在了研究和实际应用的前沿。尽管大量的手册文章和更罕见的教科书章节中都对取样进行了描述，但是心理学研究中被试的取样问题仍然是一个被忽视的话题。在心理学家中，关于取样问题重要性的常识性论断内容涉及的范围很广，从含蓄地宣称该问题与心理学科无关，到承认只有运用严格的概率抽样方法的研究才是真正的科学。

第一种常识性论断的拥护者的观点是基于这样的信念：即所有人类都是一个且只有一个总体的成员。他们认为研究者只需从这个总体中挑选任意个体，自然就会得到一个"好的"样本。这种观点得到了有关测量和因子不变性(factorial invariance)研究的支持。尤其在跨文化研究中，梅瑞狄斯选择定理(the Meredith selection theorem)认为取样问题是个较低优先处理的问题，因为在选择过程中，在适当的条件下存在着指示物到构念之间潜在关系的不变性。同时，这种主张还有一种实用主义的成分在里面：因为这个总体由所有人类组成，因此几乎不可能在没有辅助信息的情况下，实施一个全样本的抽样范围并抽取一个随机样本。目前，大多数普通心理学的实验研究和一些社会心理学实验研究都采用方便抽样的方法，但是，这些研究都没有明确地说出来。

反对这种观点的研究者认为，只有随机概率样本才是好样本。这一观点的拥护者们常常以 Schuman 和 Kalton 所写的《社会心理学手册》中的有关取样的经典章节为依据。要抽取一个概率样本，要选择谁成为特定研究的样本并不取决于研究者，而是由概率或被抽中的机会决定的。人们认为采用概率抽样法产生的样本能够代表要研究的特定总体，并且只有这种有代表性的样本才可以将其研究结果推广到整个总体中。

在这一章中，我们将详细介绍这两种极端的观点，并且尝试在跨文化心理学研究的实践领域调和两者的分歧。在跨文化心理学研究中，取样不仅涉及微观层次的个体，也与宏观层次的文化有关。跨文化心理学的典型研究要求根据研究者头脑中特定的目的或标准选择一定数量的文化,然后再在每一种文化中选择个体。然而在文化层面上的典型取样还包括另一种取样方法:目的性取样。在这种情况下,取样的目的并不一定是为了获得一个有代表性的样本,而是为了获得一个能够满足与研究目的有关的其他标准的样本。

首先,我们对三种取样策略(随机取样、非系统取样、目的性取样)进行更详细的介绍,其次是更进一步地了解文化层面和个人层面取样的含义。最后,就是把这些一般需要注意的问题应用到具体的跨文化心理学研究中。在对跨文化研究常用的取样策略进行回顾后,我们将提出相关建议,帮助研究者实现个人层面和文化层面的优化取样。

取样:基本概念介绍

在心理学中,为什么要进行取样一般有两个原因:成本和可达性。对全人类进行人口普查(即使是在一个特定的文化中)是不可能的,因为并不是所有人的资料都可以很容易地得到,另外,由于总体人口太多也很难做到以合理的开支和时间开展研究。因此,本着获得一个能够相当程度上代表总体的样本的目的,选择一组被试是很简单的。取样的第二个质量标准就是用样本估计被调查的总体的精准性或准确性。概率取样被认为是能够同时满足代表性和准确性这两方面的最好的取样方法,方便取样(非系统取样的最典型的形式)经常遭到批判,因为这种方法可能产生不具有代表性的样本。在大多数的取样方法概述中,都放弃了方便取样,因为这种方法产生偏差样本的可能性很大。概率取样的优点在于,研究者的偏好在正确地设计和实施概率取样中不发挥任何作用,因为个案选择机制完全是随机控制的。

在这里会产生一种很关键的误解:即认为防止样本偏差是实现样本代表性目标的一种手段。但是,事实并不是这样。尽管概率取样很明显地消除了由研究者的偏好所造成的偏差,但是,一个随机产生的样本也许仍然不是有代表性的。另外,代表性这个含义模糊的术语除了它主要的含义,即"相当程度地代表一个总体"外,还有许多其他的含义。

在这一节中,我们将介绍三种取样方法,并由此引出有关代表性的基本原因。对各种取样方法的归纳总结如表5.1所示。

概率取样

简单随机取样(simple random sampling,SRS)是概率取样最纯粹的形式。在研究中经常单独使用简单随机取样就可以了,但是它也能成为其他更复杂的概率取样方案中核心的随机组成部分。研究者运用SRS界定他们想要研究的总体,然后制定取样范围,这个取样范围基本上列举了总体中的所有个体。然后根据这个取样范围,个体将按照确保总体中的每一个成员都有相同的机会进入样本的方式被随机的选择。因此,

SRS 是一种等概率选择方法(equal probability Selection method,SPSEM)(Barnett,2002),在这种方法中,从大小为 N 个单位的总体中任意抽取大小为 n 个单位的样本(N 选 n),每个可能样本被抽中的概率相等。

SRS 可以通过许多方法实施——例如,从"签壶(an urn)"中随机地抽取单位(签壶是对要研究的总体所有成员名单的一个常见比喻);从随机表中抽取每个某某单位(这经常被称为*系统随机取样,systematic random sampling*,Neuman,2006);或者根据一个随机决定的取样单位的"抽取方案"来取样(*随机路径程序*)。

尽管使总体中每一个成员被选取为样本的概率相等直观地让人感觉代表性遵循了一人一票的民主原则,但是当我们再次仔细观察等概率选取法(SPSEM),就会质疑其简单随机样本的代表性。因为同样容量的所有可能的样本都有相同的概率被选取,那么按照这样的逻辑,一个成员均为白种英裔男性的样本,对于美国社会来说,也会被当做和一个与总体中的性别和种族比例完全匹配的样本一样有代表性。SRS 防止了在样本代表性方面的明显错误,但是它并不一定提高样本各个方面的代表性。这就是为什么要开发出更复杂的取样方法的原因,比如分层取样和多级取样。

概率取样(完全随机取样是其最简单的形式)最主要的优点在于概率取样便于数据处理。当使用一个概率样本时,我们至少可以从概念上考虑不同样本对我们感兴趣的特性的影响。随机选取机制为我们提供了量化重复取样对感兴趣的估计值影响的方法。对任何一个样本进行研究的时候,对于样本估计的准确性和精准性来说,正是取样的可重复性才是至关重要的。非系统样本(如便利样本)缺乏任何客观的取样原则,这些客观的取样原则有助于获得对感兴趣的总体特征的已知准确度的重复估计。重复性在取样中是非常重要的,因为所有的估计都会有一定的误差,但是通过重复估计这个过程,研究者更有可能获得对感兴趣的"真实"总体特性的估计值。"无偏性"的统计操作同样也取决于可重复性的概念以及对所有固定容量的可能样本的概率分布的了解。正是这种对统计机制和逻辑的可达性使得概率取样,尤其是简单随机取样(SRS)更有吸引力。从统计学的角度来看,相较于其他任何取样方式,SRS 是一种最为理想的取样方式。非系统取样经常是不合格的,因为它无法和 SRS 进行直接的比较。

表5.1 取样的类型

取样类型	定 义
概率取样	通过随机程序选择样本
● 简单随机取样	总体中所有单元的取样范围是根据确保总体中每个成员都有相同的机会进入样本的随机选取个案的方式构成的。
● 多段(或层)取样	简单随机取样程序被连续应用两次。例如,第一步,从德国所有城市中随机选择 50 所城市。第二步,从这 50 所城市的每一所中随机选择 50 个人;他们构成了最终的样本。

取样类型	定　义
●聚类取样	第一步,通过简单随机取样的方式选取一些较高水平的单位(如,从一个特定城市的众多学校中抽取 10 年级的 8 个班)。第二步,这些单位的所有成员都被包含在样本中。
●分层取样	如果已知一个特定因素对所研究的现象有影响(如宗教关系),在取样前对总体进行了分层,每一层对应该因素的一个值(如一个具体的宗教关系)。然后随机从每一层中选取单位。每一层所选取的单位数与每一层的单位占总体的百分比可以是成比例的或不成比例的。
非系统取样	依据可得性选取样本
●方便取样	由研究者碰巧获得的来自总体的单位组成样本(如,研究者将认识的正在做类似课题的同事所在地方的国家包括进研究中)。
●定额取样	如同分层取样,首先对总体进行分层。然而,每一层单位的选取是方便取样的方式,而不是随机选取的。
目的性取样	依据个案的信息丰富性进行样本选取。
●依据个案类型	依据个案表现出研究感兴趣的现象的程度选择个案。这些取样策略包括对因变量的选择,这需要事先了解所研究的现象。
●典型个案取样	那些被认为在总体中比较典型的单位被纳入样本中(例如,来自前共产主义地区的两个国家,它们表现出来的生存价值观和世俗理性价值观与该地区其他大多数国家相同程度)。
●极端个案取样	样本选取的单位要么异常高水平地表现出研究感兴趣的现象,要么异常低水平地表现出感兴趣的现象(如,与其他处在前共产主义地区的国家相比,从该地区选取的国家表现出要么异常高、要么异常低的生存价值观和世俗理性价值观)。
●重点(或密集)个案取样	样本由表现出高水平但没有达到异常程度的感兴趣现象的单位组成(如,与该地区其他国家相比,那些来自前共产主义地区有着高水平但没有达到异常程度的生存价值观和世俗理性价值观的国家)。
●异常个案取样	样本由存在某种程度的异常并且偏离常模的单位组成(如,与前共产主义地区的其他国家相比较,样本选取来自该地的生存水平水平较高而世俗理性水平较低的那些国家)。
●关键个案取样	由那些被认为可以作为感兴趣现象范例的单位组成的样本(如,像俄罗斯这样的国家就是前共产主义地区的集中体现)。
●依据样本组成	
●同质性取样	样本包括那些表现出同等程度的感兴趣的现象的单位(如同情心都高的人)。
●异质性取样	样本包括那些表现出不同程度的感兴趣的现象的单位。一个样本包括两种差异比较大的个案(例如一个人同情心高一个人同情心低),这样的样本就是一种异质性样本的特殊类型。
●依据取样程序	
●分层立意取样	和分层取样一样,在取样前先定义相关因素和层。每一层的单位选取经常是以方便取样的方式,并且每一层仅包括数量很少的单位(也许小到 $n=1$)。
●理论性取样	在进行研究的过程中定义影响感兴趣现象的那些因素。交替选取在这些因素上水平高或者水平低的单位。
●滚雪球取样	被研究的总体成员是有交往的,并且要求被试来确定那些或许愿意参与研究的其他总体成员。这种取样策略尤其适用于难以获得的总体(如吸毒者、精英人物等)。

然而,SRS 也有一些明显的缺点:一个总体经常会被分成不同的自然群体(如男人和女人,外向的和内向的等),直观地理解代表性就是一个能够"代表"这些群体以及这些群体特征的样本。换句话说,各自然群体的信息以及他们在总体中所占的比例在取样计划中应该都要予以考虑。分层取样做到了这一点:分层取样限制了总体中每一个自然群体的随机取样过程,并且把概率取样的优势和分层变量的附加信息结合起来。与 SRS 相比,分层取样有三个潜在的优点:(a)分层也许会使对总体特征的估计更有效;(b)分层增加了样本的代表性,因为总体的某些特征与样本的设计完全匹配;(c)分层可以提高样本的可达性。取样范围实际上只适用于个体层面而不是整个总体。因此,例如,我们可能会根据公立学校的学校经费数量来制定一个取样范围,因为这方面的财政信息往往是可以得到的,而私立学校则不然,因为这方面的信息往往不容易得到。

甚至更复杂的取样方案,比如聚类取样或者多段取样也同样以可达性和代表性为目标。这些取样方案的理念就是把总体的附加信息包括在取样方案中,使实际的取样过程更简单、成本更低,并且提高样本的代表性。值得称道的是,许多例子表明,提高取样过程的管理同样有助于产生更有效的估计,正如分层取样的例子一样。关于多段取样更详细的说明可以在 Lehtonen 和 Pahkinen(1995)的论文中找到。

在所有试图对抽取样本的社会实体(总体)进行描述说明的调查研究中,代表性和数据的统计分析都是紧密关联的。在社会调查中,我们常常对"宏观景象"感兴趣,即我们更对群体的态度和行为感兴趣,而不是单个个体的态度和行为。我们感兴趣的总体特征往往是一个平均数,一个总分,或者是一个特定比率,在某种程度上与普通人在一般情境下的平均行为有关。概率取样就是为提供有关这种总体特征的充分信息,并在这种范式下得出有价值的结果而量身定做的。

非系统取样

随机取样有这么多的优势,而为什么心理学家在进行研究时仍然经常采用非系统的样本,尤其是方便样本呢? 主要原因可能就是可达性。概率取样需要一个在某种层次上的正确的取样范围,并且从随机选取的个体中收集信息往往需要花费很多的时间和金钱。此外,心理学研究经常在实验室环境下进行,而要把从总体中随机选取的样本带到一个特定的地方往往很难。研究者们通过大量的论据来支持他们实际的抽样选择。通常,概率取样研究方法的拥护者为了保护他们的研究免受样本选择上的指控,指出他们的研究设计采用了被试随机化的方式。这意味着他们把方便选取的被试随机地分配到实验组或者控制组。这种策略排除了把研究被试有偏差地分配到某个实验条件,但是并不能消除这样的可能性,即整个研究样本是有偏差的或者实验中显示的结果只能在一个特定的方便选取的样本中发现。无论如何,在这里我们必须要考虑两种效度:内部效度和外部效度。不管如何取样,将被试随机分配到实验组和控制组,从平衡了潜在干扰因子的影响这个意义上讲,这使得研究具有内部效度。然而,取样问题本质上与外部效度有关,也就是说,此次研究的结果可以被推广、概括到相同总体的其他成员中的程度。

正如前面所指出的,概率取样的优点在于可以对样本数据进行充分的统计分析,而这和社会现象研究的代表性密切相关。然而,心理学的研究往往更加个体化,关注特殊情况和情境。许多心理学家对从样本概括到总体的统计术语不感兴趣,例如下面的问题所示:有高、中、低水平的共情的人有多少? 研究者的兴趣在于检验一个关于共情的理论:比如,一个关于某种儿童教养方式与共情程度之间关系的理论。通过这样一个理论,人们就可以预测在权威教养方式下长大的孩子,在以后的生活中其共情水平要低于那些按照更"民主的"教养方式抚养的孩子。虽然,调查研究者会对共情的绝对值感兴趣,但是心理学家经常关注那些按照权威型原则抚养的孩子和按照民主型原则养育的孩子他们的共情得分之间的关系。许多心理学家并不关心关于变量(如共情)在总体中分布的结论,而是关注两个变量之间的关系,研究者假设两个变量之间的关系在这两个变量的不同水平之间是保持不变的,也就是说,他们关注的是关于这个理论的结论(如,两个组共情得分之间的关系是否和预测的模式一致)。这后一种概括方式也被称为理论概括(*generalization to a theory*)或分析式的概括(*analytic generalization*)。

在此主要关注的是借助于一定的实验程序,如把被试随机地分配到实验组和控制组,来确保研究的内部效度。而对于外部效度,人们理所当然地假设,即如果把人类看作是一个总体,那么根据定义,总体中的任一成员都具有代表性;因此精确的取样程序只是次要的。如果研究者想获得较高的外部效度,那么,可以运用额外的信息实施方便取样策略,就像在分层取样中实施简单随机取样(SRS)策略一样。这种取样程序被称为定额取样(*quota sampling*),并且它广泛的应用于市场调查和民意调查。正如在分层抽样中一样,人们选取一些层来确保样本的代表性。然而,主试和指导者可以依据个人的选择和偏好来完成每一层所需要的单位定额,而不是运用完全随机化程序来确定每一层的取样单位。所以,定额取样不再使用概率取样的原则,并且调查中项目无应答的影响可能会导致较大的偏差。然而,尽管定额取样存在理论上的缺陷,实证研究的证据表明定额取样往往是有效的。

立意取样

因为在随机取样策略和概率论之间存在着紧密的联系,取样这个词经常被看作是心理学中定量研究范式所专有的术语。因为这种隐含意义的存在,准备以定性研究范式进行研究的研究者在描述被试的获得时,有时拒绝使用取样这个术语(参阅 Denzin,1997),而更喜欢使用个案选择(*case selection*)这个术语(Curtis, Gesler, Smith, & Washburn,2000;Gobo,2004)。然而,个案选择是一个在个案研究设计中所使用的更特定化的术语,是指对一种现象的几个实例(个案)进行深入的调查(Yin,2003)。而且,和定量研究一样,定性研究的研究者们也要面对无法对感兴趣的总体中的每一个成员进行研究,而只能选择一些成员进行实证研究的情况。因此,尽管一些定性研究者在"取样"这一术语上存在术语方面的困难,但是最近,人们在讨论心理学研究中个案选取的策略和技术时,不管这个研究是采用定性还是定量的研究方法,取样都成为了一个被广泛使用的术语(Gobo,2004;Quinn Patton,2002)。

从事定性研究的研究者们往往不关心把研究结果概括到总体中。他们的研究兴趣更可能集中在对感兴趣的某种现象的几个实例进行详细描述(如,几个共情水平特别高的个体)或得出关于某种现象的理论。因此,他们很少使用概率取样技术。他们有时采取方便取样的方法,他们声称对于他们研究中被调查的变量来说,一个小的非概率的样本就足够了(Barlow & Hersen,1984)。然而,更典型的情况是,定性研究中的个案选择将以个案与既定研究主题的相关性为指导(Flick,1998;Quinn Patton,2002)。后一种以相关性为目的的取样类型被称为立意取样(*purposive sampling*)。这种方法的应用决不局限于发明它的定性研究范式,而是被延伸到所有的实证研究中,在这些实证研究中,不论是采用非系统的方便取样策略(因为总体中的不同成员产生不同的信息),还是采用随机取样策略(例如,因为样本太小,尽管使用了随机程序,也可能会产生偏差),样本的代表性都无法实现。

因为在规模小的总体中取样和定性研究长期以来一直被人们所忽视,人们对立意取样策略已经从多方面进行了描述和分类。最常见的分类标准是根据样本中包括的个案类型进行分类(Quinn Patton,2002)。个案可能是以一种典型的方式举例说明了一个感兴趣的现象(*典型个案取样*),个案可能以极端的或信息丰富密集的形式示例一种现象(*极端或密集个案取样*),个案可能在某些方面表现不同寻常或者与平常表现的现象形成了鲜明的对比(*异常个案取样*),或者个案可能在一个具体情境中有着特别的重要性(*关键个案取样*)。立意取样的第二种分类标准是根据样本构成进行分类:样本可以由相似的(*同质性样本*)或者相异的样本(*异质性样本*)组成。样本构成与研究目的以及取样策略的潜在逻辑紧密相关(随后将会讨论)。

立意取样的第三种分类标准根据样本选择的程序进行分类(Johnson,1990)。大多数的取样策略是这样进行的:第一步,决定样本的组成;第二步,选择样本成员。这也是前几节所描述的许多取样程序的根本策略。例如,在分层取样(在定额取样中也是如此)中,第一步决定有关样本中要代表的层和比率,第二步包括从每一层中选择成员。这种分层策略同样运用于立意取样(Kelle & Kluge,1999)。在立意取样中,第一步是决定哪些因素有可能会对感兴趣的现象产生影响(就共情而言,这个因素可能是一个人的性别、被教养的方式等);对这些因素的识别主要根据以前对这种现象的了解。在这个基础上,研究者要设计出一个详细说明样本中包括哪些因素组合的取样指南。第二步,选取能够举例说明这些因素组合的个案(如,在权威型教养方式中长大的女性)。但是,在 SRS 和方便取样中,每个因素组合往往由大量的个案所代表,而在分层立意取样中,每个因素组合只有几个个案代表,有时甚至只有一个个案。其他的立意取样策略,如典型或极端个案取样,也是在选取样本之前先决定样本的组成。

与随机取样和方便取样不同,在立意取样中,取样策略是以数据驱动的工作方式存在的,也就是说,样本组成和样本组成的基本标准是逐渐在样本选择过程中显现出来的。这类取样策略中最有名的就是*理论取样*,它是在扎根理论的框架下发展起来的(如,Strauss & Corbin,1998)。第一步,选取几个相似的个案。第二步,引入某个变量,如果这个变量对研究者感兴趣的现象有影响,那么接下来就要精心选取额外的个案。根据样本选取时应用的程序为特征的其他取样策略包括*滚雪球取样*。在滚雪球取样中,总体的一个成员帮助研究者确定其他成员,然后再通过他们确定更多的成员,直到获得一个足够大的样本(Neuman,2006;Quinn Patton,2002)。[①] 顺序取样(*Sequential sampling*)(根据从以往个案中获得的信息增加新的个案;Neuman;2006)和滚雪球取样很相似。如果要研究的目标总体很难得到,那么滚雪球和顺序取样都是特别有用的策略。这些类型的总体往往是在较高(高级主管、政客等)或较低(吸毒者、流浪者等)的社会阶层中寻找;在这些取样方法中,那些帮助研究者找到愿意参与研究的其他总体成员的人充当了看门人的角色。

正如我们前面所指出的,立意取样往往不适合于描述一个变量在总体中的分布情况,并且也不允许研究者将从样本中获得的结果概括到总体。研究者往往感兴趣的是对一种特殊的个案进行深入的描述,如一个表现出不寻常的共情水平的人。然后,研究者感兴趣的是获得一个共情程度比较强,或许是极端的个案。然而,如果只有一个个案,总会存在将这一类个案的特性(例如不寻常的共情)和这个个案的特性所混淆的危险。因此,与仅对一个个案进行考察相比,对两个或三个能够举例说明研究者感兴趣的现象的个案进行的分析,将为研究者进行个案描述提供更强大的基础。因此,研究者很可能会选择一些相似的个案——也就是说,一个同质性样本——并且期望这些个案得出相似的结果。这种个案选取策略的逻辑基础被称为文本复制逻辑(*logic of literal replication*)(Yin,2003)。

文本复制逻辑不仅仅应用于只以描述为目的的研究,而且也应用于旨在探讨变量之间的关系、以解释为目的的研究(例如,哪些因素导致了成年人高水平的共情);人们

---

① 滚雪球技术不必限制于立意取样这一范式,即有目的的选取一个个案,这个个案根据实质性的考量帮助研究者获得另一个个案;滚雪球技术也可以被应用于方便取样范式中,例如,要求一个随意选取的研究被试把另一份研究问卷交给他或她所选择的某个人。人们甚至可以将滚雪球技术应用于概率取样中,例如,通过让一个随机选取的研究被试打电话给他或她的电话簿上从开始数的第三个人,并让其来参与研究。

认为运用这种逻辑的解释性研究设计也遵循一致法(the *method of agreement*)(Ragin,1989)。然而,特别是在解释性研究中,这些研究设计的方法论基础也遭到了批评:一般来说,进行解释需要存在某些程度的变异。例如,如果一些共情水平很低的人也是在民主的家庭环境中长大的,那么共情水平很高的人是在类似环境中长大这一研究结果几乎就没有给研究者提供什么信息。尽管文本复制的逻辑消除了这种变异,但是,*理论复制的逻辑*(差异法;Ragin,1989;Yin,2003)恰恰是把变异引入研究设计中,这样即使个案的数量很少,也可在此基础上做出解释。为了探讨研究者感兴趣的变量之间的关系,第一步先选择一些相似的个案,然后第二步,将其与那些在选取因素上存在差异的个案进行对比(如,在权威氛围下长大的人和在民主氛围下长大的人,他们的共情水平作为研究变量)。立意分层取样和理论取样策略都遵循这样的推理过程。它们的目标与方便取样有时所追求的目标类似:根据感兴趣的变量之间关系的变化,以此为基础归纳出一个理论。然而,立意取样的样本容量往往比方便取样的样本容量小得多,因此对于数据的统计分析来说,这通常并不是一个很好的选择。

运用立意取样策略的小样本研究的一个特殊类型就是个案研究(Ragin & Becker,1992;Yin,2003)。小样本研究被称之为"小"是相对于大多数的定量研究而言,这些小样本研究的样本大概包括7、15、25个左右的个案,精神病药理学方面的研究就是经常被引用的小样本研究的示例(如见,Conners,Casat,& Gualtieri,1996)。然而,狭义的个案研究采用的样本往往只有两到三个个案,有时甚至只有一个个案。无论是对个案进行单独分析还是与其他个案进行比较(这不是小样本研究的专属特征),这种小样本量都是对每一个个案进行整体深入分析的结果。根据前面提到的文本和理论复制逻辑来说,个案研究的取样策略往往更好一些,并且个案选取问题和设计构思是密切相关的(与一般的小样本研究相比,这是另一个不同之处)。个案研究设计以及依据复制逻辑对取样策略进行相应的分类,在跨文化研究的文化选取方面具有特别重要的意义(这方面的内容将在后面讨论)。

取样单位和分析水平

包括跨文化研究在内的许多类型的社会研究,都涉及一个层次的或多层的结构,因为社会是一个将个体组织成群体的系统。例如人们居住在社区中,多个社区组成地区,多个地区形成州,多个州或者行政区域组成了一个国家。另外一个例子是人在团队里工作,这个团队又是车间的组成部分,车间又组成部门或分公司,最终形成一个公司或组织。学生又提供了另外一个例子:学生在课堂接受教育,课堂是学校的设置,学校又往往由国家部门管理。在所有这些例子中,组织层次越高,个案的数量越少。本节的目的就是强调收集和分析不同层次的数据的含义。

例如,让我们来考虑这样一个例子,一项考察三个国家大学生共情影响因素的研究。每一个国家中,研究者都可以获得提供本科课程的所有大学的名单,从每个国家中选取十所大学以反映提供高等教育的机构情况(如提供者、招生规模、计划项目等)。这些是初级的取样单位。在第二步中,获得每一所大学所有本科生的名单,从中简单随机抽取150名学生组成一个样本。因此,学生是第二层级的取样单位。这个研究建立了一个数据结构,其中4500名学生按照三个国家的30所大学进行了分组。

在这项研究中样本容量是多少:是4500、30,或是3?许多分析会把4500作为样本容量。这样做的好处是,许多统计检验的结果都会显著,因为这种检验对样本大小很敏感,意思就是样本容量越大,出现差异显著性的可能性越大。缺点在于初级取样单位不是学生而是大学,相比于其他大学的学生,同一所大学的学生更加相似。那么,合适的样本容量应该是30吗?答案是否定的,因为在这种情况下,从学生那里获得的所有数据都会被合计到大学这一层次。反过来,这就意味着,对这项研究来说很重要的学生之间有价值的、潜在的关键差异将会消失。另一种办法就是分解大学层级的数据,比如招生规模、学生—教师比例,或者学校提供给学生的服务等。在这种情况下,大学之间的变异将会被放大,因为每个大学的数据点都会被重复150次。最终,因为这项研究是跨国进行的,研究者也希望进行国家间的比较。同样地,要么需要把来自两个较低层级的信息进行汇总,这样就只剩下三个个案,要么就是需要把国家一级的信息分解到一个较低的水平,例如国民生产总值或者人均高等教育支出等。另一个选择就是仅仅对国家或者大学之间的差异进行描述。然而,研究者的最终目的往往是检验差异的大小,以说明学生、大学、国家之间的差异(在这里是共情和它的影响因素的差异)是否是由偶然因素产生的。

分析这种嵌套数据的最佳方法就是使用多层或分层模型(Goldstein,1987,2003;Muthen & Muthen,1998—2005;Raudenbush,1993;Raudenbush & Bryk,2002)。如前面例子的数据结构,可以构建一个三层次的模型,从4500个学生中收集的信息代表层次1的数据,关于大学的信息代表层次2的数据,国家的信息代表模型中层次3。这样,所有数据都会在所获取的层次上得到恰当的分析,并且这个嵌套结构也将被纳入分析中,因为学生会与招收他们的大学联系起来;依次地,大学将会与它们所在的国家联系起来。因此,像性别或人格特质这些学生水平的因素对共情的影响就可以被控制,同时还可以考虑另外两个层次上的其他潜在的影响因素,例如层次2上的大学规模或者是层次3上的教育支出。另外,由于这种多层模型考虑到了每个层次上准确的个案数,因此将得到所检验效应重要性的准确估计。

我们希望这个例子说明了两件重要的问题:第一,在许多文化比较的心理学研究中,关注的问题类型是考察嵌套在国家中的个人,这就导致至少在两个层次上个案的数量不同。第二,对于这种嵌套式数据结构来说,多层模型是恰当的数据分析方法,因为这种方法在考虑了每一层次个案数量不同的同时,还可以允许研究者对各种复杂情况建立模型。

文化比较心理学的研究和取样

跨文化心理学研究者实际上做了什么，他们应该做什么？在这一节中，我们首先简要阐述文化比较研究的类型以及取样策略在其中的重要性。然后对已经发表的跨文化研究中实际采用的取样方法进行回顾。最后对文化比较心理学研究采取的具体取样策略提出建议。

文化聚焦研究的类型

在讨论文化比较研究的具体取样方法之前，我们很有必要先简要地了解一下此类研究的类型。Kohn(1987)区分了四种类型的比较研究：个案研究法(the case study approach)、文化语境法(the cultural context approach)、跨文化法(the cross-cultural approach)以及文化间法(the intercultural approach)。

运用个案法的研究集中关注文化本身或文化的各个方面。通常地，并没有任何关于文化对行为、态度或其他感兴趣的心理现象影响的假设。定性研究策略几乎是此类研究唯一使用的策略。在进行研究时研究者较少考虑要研究现象的跨文化功能等值或者概念等值等问题。研究者"深入探究"一种通常不是他们自己的文化，运用田野研究策略，试图尽可能多的理解这种新的文化(或者在极少的情况下，研究他们自己的文化；Barritt, Beekman, Bleeker, & Mulderij, 1983)。田野调查结束后，研究者将他田野调查获得的知识与"书本知识"进行比较，例如，就他或她自己的文化或者第三种文化进行比较。极少数情况下，研究者会在另一种文化中开始"第二轮的"研究。个案研究法往往与文化心理学范式联系在一起(Shweder, 1990)。个案研究通常只研究一种文化或几种文化；对文化进行有目的的抽样(充其量，通常情况下是基于可得性标准的方便取样)。研究被试的取样往往是有目的性的或者运用另一种非概率取样的方式，例如《来自失能心理健康问题康复的故事》(*Narratives of Recovery From Disabling Mental Health Problems*)(Lapsley, Nikora, & Black, 2002)中所报告的。

文化语境法专注于文化对某一现象的影响。该方法不明确提出任何具体的假设，但是对文化在一个感兴趣的特殊领域中的作用进行研究。在文化语境法中，定性研究占主导地位的，但并不完全是定性的研究；也经常使用与调查研究现象有关的档案数据。与在心理学研究中的应用相比，这种方法更典型地应用于定性的社会学研究中(H. Schwartz & Jacobs, 1979)。在政治学中，它经常用于比较不同文化间政治性团体的作用。这类方法有大量的等值性问题要考虑。在文化语境法中，文化的取样在定义上必须是目的性的。与个案研究法一样，研究被试的选取通常是目的性的或者运用其他非概率取样的方法,但是,随机概率样本的档案数据可以很容易地合并在一起。采用这类研究方法的研究有对适当选择的国家的种族关系进行的研究(如,巴西,南非,美国;Hamilton,Huntley,Alexander,Guimaraes,& James,2001;Marx,1998)。

跨文化法(狭义上)侧重于关系假设或者变化假设。文化或者国家往往被当作一个准实验变量或者调节变量。此类研究几乎只用定量的研究方法。跨文化研究往往把比较理解为一种自然的准实验。概念和测量的等值是核心问题。这种方法已经广泛地应用于教育成绩研究(如,Comber & Keeves,1973;Mullis,Martin,Gonzalez,& Chrostowski,2004;Walker,1976)和价值研究中(S.H.Schwartz,1992),如包括特殊教育实践和资源供给对成绩影响的研究(Lundberg & Lynnakyla,1993;Postlethwaite & Ross,1992)。在这些研究中,一些研究的出发点是检验一个普遍性的假设,然而对另一些研究而言,思考的却是不同文化间可以互相学到什么。文化层面的取样策略包括方便取样(i.e.基于可得性标准)、立意取样,在极少情况下(后面将讨论)还有分层概率取样。个人层面的取样策略取决于关键变量。随机概率取样经常应用于一些感兴趣的研究领域(受教育程度的跨国研究可以作为一个例子),但是在另一些研究领域则很少用到随机概率取样,比如探讨家庭关系或者环境变量对下一代攻击性影响的研究。采用这种方法进行研究的一个例子是检验惩罚型父母教养方式增加儿童攻击性行为的跨文化假设(Scott et al.,1991)。

文化间法侧重于将文化视为个人的一个属性,并将其作为一个外因变量,如性别或者年龄等。研究方法一般是定量的,但是定性方法也可以做得很好。在文化间法中,等值性问题就不太重要了;它在很大程度上被认为是理所当然的,就像在单一文化研究中一样。文化间法经常被用于跨文化交流的研究,例如,在超国家的组织或单位中进行的研究。超个体层面的取样单位往往是组织而不是文化。在文化间研究方法中,有时我们甚至可以看到对整个总体的研究,如像 X 公司的所有分公司一样,无论它们所处的文化是什么;Hofstede 对于文化结果的研究(1980,2001)就是以此为目的。个体层面的样本通常是在没有考虑文化教养或国家教养的情况下抽取的,但是需要注意到这些情况。应用这种方法的研究例子可以在对多国公司员工工作满意度的研究中看到(Bernin et al.,2003)。

抽取文化样本

本节我们通过浏览那些发表在这一领域重要出版物《跨文化心理学杂志》(the Journal of Cross-Cultural Psychology,JCCP)上的研究来描述心理学家实际上做了什么[1]。

---

[1] 作者感谢 Maheen Ahmed 对这些文章进行了编码,第一个作者对编码进行反复核对,他在这个核对过程中只对四篇文章的编码做了修改。JCCP 每一卷包含六个议题,每个议题平均包括 6 到 7 篇文章,所以共计编码了 400 篇文章。

在 JCCP 的第 27 卷(1996)到第 36 卷(2005)上发表的所有文章,没有一个研究运用概率取样的方法来选取文化,其中 5% 的研究运用了方便取样的方法选取文化;1% 采用了定额取样选择文化;67% 采用立意取样选择文化,但理论上没有;0.5% 运用滚雪球的方法选取文化;1% 运用异常个案法;4.5% 运用顺序取样法选取文化;21% 采用了本章前面讨论到的理论取样法。总的来说,已发表的研究没有一个运用随机概率取样法选取文化样本,约 6% 的研究运用了方便取样,其余的研究,约 94% 的研究报告使用了立意取样来选取所研究的文化。我们注意到这种高比率的立意文化取样似乎被极大地夸大了。已有经验表明在所有研究中,超过 6% 的研究文化最初是以方便选取的(通过认识一个在不同国家的同事这样的方式),并且文化选择程序的目的性仅仅是在事后形成的。这样做绝不是不合理,但是相比于现在模糊地表述应该更加明确地说明这一点。

文化取样的核心问题是什么? 首先是缺少独立性,有时称作高尔顿(Galton)问题:尤其是在全球化的时代,可以说文化越来越缺少独立性[这一问题首先由 Naroll(1961)命名,即在统计分析中将文化视为独立的个案是不合适的],一个人不应该完全无视文化,总是抽取简单随机的样本吗? 要回答这个问题并不容易。

对这个问题的回答会直接导致与文化这一术语紧密相关的更复杂的问题。在更详细的了解如何选取文化进行心理学研究之前,我们必须指出,在重申怎么选取以及应该如何选取文化进行比较研究时,唯独文化这个概念只能被认为是一个对更高层次分析单位(较低层次是个体)的模糊描述,所谓的更高层次分析单位就是前面提到的最初的取样单位。在跨文化的心理学中(从前面所说的狭义上讲),文化经常被等同于单一民族国家或国家。只有在特殊的情况下,如讲法语和英语的加拿大;讲法语和荷兰语的比利时;或者使用法语、德语以及意大利语的瑞士,这些国家是单一民族的国家/国家和文化,但是从取样的角度来看,并不把它们视为等同的文化。此外,尽管本章的作者(和许多其他的研究者一样)会避免对文化这一术语下定义(因为用这些必要的考虑可以很容易地写完一本专著),在本节中,在解决如何为心理学比较研究选取文化样本这个问题时,必须强调识别文化是什么的困难。只有在极少数、或许越来越过时的情况下,即那些在民族和语言上有着同质总体的单一民族国家,好像可以接受简单地将单一民族国家等同于文化。那些已经与世隔绝了一段时间,并且现在依然不是移民主要目的地的欧洲单一民族国家也可以作为一个例子(如,阿尔巴尼亚)。现如今,许多其他的单一民族国家也包含了各种各样的民族群体,在这些国家中,它们常住的、非移民人口说不只一种语言,一个单一民族国家大部分人可能信奉不同的宗教,等等。

最近,S.H.Schwartz(2008)和 Inglehart 等人(Inglehart & Welzel,2005)各自独立地提出了一个可能的解决办法即文化区的划定,他们都采用实证方法证明了根据他们的独特方法对全世界人类价值观进行的研究,他们发现可以区别出来数量有限的文化区:

Inglehart、Welzel 和 Schwartz 一样都提到了八个不同的文化区。在一定程度上,他们的这种分类依然受到从世界非西方地区(如撒哈拉以南的非洲地区、大洋洲、部分穆斯林国家或者加勒比海地区)收集到的更大型的价值偏好数据集不适用的影响,但是虽然如此,他们的分类仍然可能形成一个有用的取样框架,以便在未来的文化比较心理学研究中对文化进行取样。由 Inglehart 和 Schwartz 分别制做的两张世界地图如 5.1a 和 5.1b 所示。

Inglehart、Welzel 和 Schwartz 几乎区分了世界上相同的八个文化区。Inglehart 和 Welzel(2005)将信奉新教的欧洲、讲英语的国家、拉丁美洲、非洲、南亚、信奉天主教的欧洲、前共产主义国家,以及信奉儒文化的国家作为可区分的文化区。Schwartz(2008)的世界地图看起来和 Inglehart 他们的世界地图非常相似。他区分了西欧、讲英语的国家、拉丁美洲、信奉新教和天主教的东欧、欧洲中部和波罗的海的欧洲、信奉东正教的东欧、南亚和东南亚、信奉伊斯兰教中东和撒哈拉以南的非洲地区,以及儒文化国家。考虑到根据明显不同的概念和方法获得的文化区分类的收敛程度问题,建议未来的多元文化比较研究以 Schwartz 和 Inglehart 的研究结果为基础进行文化取样,这个建议是有意义的。特别是,这种方法可能是富有成效的,因为已经发现价值观在许多跨文化心理学家感兴趣的研究话题中具有重要的作用(S.H.Schwartz,1999)。

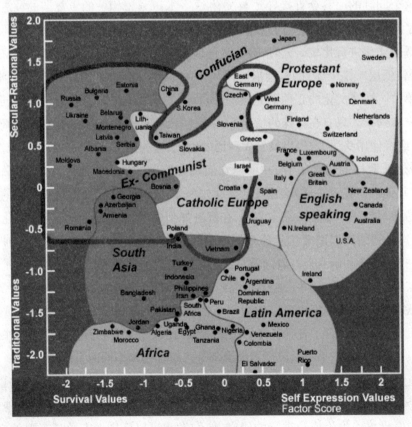

图 5.1(a)

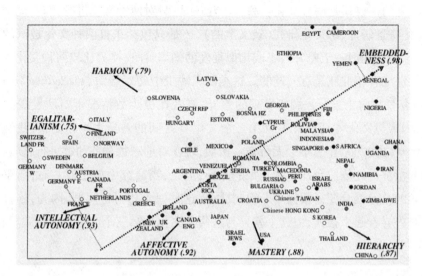

图 5.1(b)

图 5.1(a)根据 Inglehart 和 Welzel 的分类绘制的文化区地图(2005,p.63)。(b)根据 Schwartz 的分类绘制的文化区地图(2008,fig.3)。

　　我们已经回顾了心理学比较研究的文化取样实践,并且指出了其中的一些问题,现在针对文化取样我们提出以下建议:

　　1.来自文化区的样本。当研究者从 Schwartz 和 Inglehart 所描述的两个文化区抽取单一民族国家时,他们不必过于深入地试图把文化定义为他们的取样单位,这很可能是徒劳无功的。然而,一个简单而全面的世界单一民族国家列表并不是一个好的抽样文化框架。

　　2.运用立意取样。取样程序应该是目的性的,例如,根据选取典型的或密集型的个案进行取样。如果选取文化的标准都不可用的话,也可以使用随机概率取样的方法,但是由于一般样本容量较小(在初级取样单位的层次上),这将不会产生一个有代表性的(文化)样本。要从文化区中选取特定的单一民族国家,基于方便的考虑甚至可以接受选取特定的文化,因为使用文化区的方法就已经建立了一个目的性的取样框架。

　　3.让研究目标指导取样策略。准确的文化层面的样本组成必须受要解决的研究问题类型的指导。在那些检验"文化"不同影响的研究中,同质的文化样本比异质的文化样本更能检验这类假设。例如,在研究文化背景作为青少年仇外心理的决定因素的重要性时,研究德国、澳大利亚和说德语的瑞士会是个好的文化样本的选择。在以检验跨文化相似性为目的的研究中,情况恰好相反,选取异质的文化样本才能更好地检验假设。既然这样,我们就要选择一个异质的文化样本,以便发现更强的相似性。例如,在检验惩罚型教养方式导致下一代高水平的攻击性这个研究结果的普遍性的研究中,选择异质的文化样本更有意义。

4.研究的不仅仅是两种文化。另一个建议是:只对两种文化进行比较,无论是个案研究、文化背景研究、跨文化研究(狭义上的),还是只包括来自两种文化被试的文化间研究,由于缺乏任何关于差异大小或相似程度的知识,像这样只比较两种文化来解释文化的差异性或者相似性是有问题的。这类研究缺少中间对照物(*the tertium comparationis*)。研究者倾向于过分强调所发现的差异,或者在极少数情况下对所发现的差异不太强调,因为与文化 A 或文化 B 和第三个文化 C 之间的差异大小相比较,我们对文化 A 与文化 B 之间的差异大小一无所知。比如,现在对前东德和前西德进行比较时,在某些心理变量上可能依然会产生相当大的差异,但是,当研究中包括波兰时,前东德和前西德之间的差异就会变得很微小。换句话说,这是一个相对论问题,因为,尽管两个文化间绝对差异看起来很大,但这个差异与这两个文化与第三个文化之间的差异相比,还是要小一些。

取样个体

让我们再看一看发表在 JCCP 第 27 卷至第 36 卷的研究。当对个人进行取样的时候,所有研究中有 7% 的研究运用了概率取样的方法,然而 93% 的研究运用了非概率取样策略。在这些少量的概率取样研究中,大约有三分之一的研究运用了简单随机取样或者聚类取样策略;四分之一选择使用分层取样方法,其余的研究运用了系统取样策略。在运用非概率取样的研究中,几乎 56% 的研究选择方便取样的方法来选取单个的研究被试。采用方便取样选取个体的研究在所有发表在 JCCP 的研究中占了大多数(51%)。运用非概率取样策略选取个体被试的研究中,有 16% 到 18% 的研究选择了定额取样或立意取样。在 1996 到 2005 年间发表在 JCCP 上的研究中,有 11 个研究在个体和文化层次上都可以归类为方便取样。

在 1996 到 2005 年间所有发表在 JCCP 上的研究一共只有 7% 的研究运用了随机概率取样来抽取个体。这是跨文化心理学专业标准平庸的证据吗? 在所选取的 JCCP 各卷中,大多数发表的研究采取方便取样的方法选取单个研究被试。这是不是表明在跨文化心理学中需要更严格地处理取样问题? 我们认为不需要——并且可以肯定说。在我们看来,并没有任何明确的理由解释,为什么文化比较的心理学研究必须使用随机概率取样方法选取个体就是对任何类型研究的良好实践。

让我们首先来看使用定量方法进行研究的取样问题。随机概率取样往往被看做是最佳取样方法的原因就在于,在定量心理学研究中它好像保证了研究结果的普遍性。然而,这种断言只对某几类心理学研究有效。运用定量研究方法的心理学家一般不想把研究结果概括到抽取样本的总体中,而是想概括到其他具有其在研究中仔细考察的心理属性的个体身上。要对不同文化中特殊的心理现象进行流行病学的比较,随机概率取样或许确实是最佳选择。然而,即使在这些情况下,也不需要从统计的角度采用概率取样策略。根据"每个样本都有一个总体"的说法,Rouanet,Bernard 和 Lecoutre(1986)表示,要检验一个样本是否充分代表了总体,任何概率性的考量都是不必要的。在统计学家所说的集合理论范式(set-theoretical paradigm)中,可以实现样本是否充分代表总体的检验,该范式完全建立在数学排列的基础上。它遵循的逻辑与随机性检验一样(见 Bortz,Lienert,&Boehnke,2008),在集合理论范式中,把一个变量所有可能的分布与一个给定的分布,即被考察样本的分布进行对比。当然,当对总体参数一无所知时,集合理论范式就不适用了,但是这种情况在心理学研究中很少见。

不论任何时候,除了从样本以外还从其他来源获得了的有关总体参数的信息,只要研究的目的不是描述一个集体、总体,而是为了增加对特定个体集合的心理现象关系的认识,就不需要任何的随机概率取样。假设非随机选取的样本可以用于获得某一特定总体的个体心理知识,要检验这一假设的合理性,研究者只需依赖于对极端情况的检验就可以了。我们来看看 Rouanet 等人(1986)提出的一个例子:对于一个性别比例为女性占 70%、男性占 30%的较大的政治团体来说,一个由五名男子组成的代表团不大可能是一个"好"样本。

总之,对于所考察的总体来说,任何一个样本都可以是一定(理想的量化)程度上的"好"样本。与社会学家典型的研究问题不同,心理学家必须要有典型的,而不是代表性的样本来遵循 Rouanet 等(1986)的术语。定量心理学研究的理想样本是可以对重要的心理现象进行概括,对因变量及其与其他心理现象的关系网进行概括;样本通常并不可以对因变量在总体中的分布进行概括。

然而,简单地让任何个体成为一个既定研究的样本,正如在 JCCP 上发表的超过半数的研究一样,这不符合心理学家必须对所研究的心理现象分布的典型样本进行研究的要求。正好相反,对于文化比较的心理学研究来说,采用方便取样的方法获得个体,会危及这类研究的效度。如果要检验文化对心理现象的影响(我们之前讨论过的,从狭义上讲这是许多跨文化研究的目的),研究者就必须确保为某项研究选取的被试是可以跨文化比较的,并且是其源出文化的典型代表。研究中包括方便选取的被试是不足够的,除非研究者可以事后证明,所包括的样本对于其所代表文化中的心理属性的分布是典型的,而且在研究所包括的所有文化中都是这种情况。这个要求是最重要的,因为,正如各种类型的志愿行为所表现的那样(如,助人行为;Levine,Norenzayan,& Philbrick,2001),自愿参与心理学研究大概与文化本身有关。

总之,我们可以说,定量的文化比较心理学研究不需要使用随机概率样本,除非该研究的重点是进行流行病学的分析。然而,跨文化心理学不应该主要依靠方便样本。样本必须是其源出文化的典型,因为它们显示了因变量在文化上的典型分布,并且它们的文化典型性必须是可以进行跨文化比较的。因此,正如前面所讨论的,如果不采用随机概率取样的方法,定量研究的取样必须是立意的或者理论的。

这一要求表明定量和定性心理学研究的取样策略不需要像有时人们所建议的那样差异那么大。定性心理学研究的一般目的是对一个心理现象进行深入的理解,而不是把研究结果概括到更大数量的个体中。知道这一点,我们就必须强调,对于定性研究来说,合适的取样策略的重要性至少与其对定量研究的重要性是一样的。和定量研究一样,定性研究不应该依靠研究志愿者的方便选取,不过,比进行定量研究更需要强调的是,定性研究应该依据研究目的认真考虑每一个潜在研究被试的取舍。

根据这些考虑,我们提出如下建议:

1. 让概括目标指导个体层面的取样。如果一个研究的目标是概括到总体(估计总体参数),那么样本的代表性和统计充分性就很重要,并且可以通过随机取样或者通过基于集合理论范式进行抽样来实现,即对从已知总体特征的总体中方便取样的充分性进行统计检验。

2. 让研究变量(因变量)的分布决定最佳取样。如果研究的目标是对理论的推广、概括,例如,就两个变量间的关系而言,样本的典型性比它的代表性更受关注。研究变量在样本中的分布是决定性因素;仅仅使用简单随机取样是不够的。我们用一个极端的例子来说明这个问题。要对海洛因成瘾的决定因素进行跨文化比较,从一个既定总体中简单随机抽取一个样本是没有意义的。这个样本必须包括充分数量的海洛因成瘾个体,以及可以与之比较的非成瘾的个体。在这种情况下,我们最好建议一个多步骤的程序:(a)从现有数据集中获取关于研究变量在总体中分布情况的最佳信息(如,"海洛因成瘾",同样也可应用于变量"共情")。(b)检验研究变量和其他变量之间的关系(如,海洛因使用或共情与儿童教养方式之间的关系)。(c)根据被试在研究变量(如,海洛因摄入,共情程度)上的值有目的地对总体进行分层,并且,如果可能的话,也可以根据要研究的相关变量对总体分层。(d)随机地或者有目的地从每一层中抽取相似数量的样本;取样策略也可以跨层结合使用(对典型值使用随机取样,对极端值进行目的性/立意取样)。非常重要的一点是要包括研究变量全部范围的值,因为研究变量和其他变量的关系也许会随着研究变量的取值范围不同而改变。

结 论

在总结这一章的内容之前,还需要说明几个限制性的条件。对文化比较心理学研究的恰当取样程序的描述本身是可以改变的。今天,我们可以运用全球定位系统来描述全球范围的随机路径取样;世界上大多数人口的移动电话接入可能很快成为现实,互联网接入将会缩短社会的以及全球的数字鸿沟(Compaine,2001)。随着这些技术的发展,跨文化取样也会发生变化。如果像 Fukuyama(1992)这样的理论家认为世界正在向单一的全球文化漂移是正确的话,那么,将"文化"这一初级取样单位纳入到研究计划中也许是过时的。大多数(如果不是全部)"文化"比较研究将会归入跨文化研究分类中，这样，一个人成长的地方就是包括在模型中的一个测量变量，而不再是一个取样标准。然而，目前，在文化比较心理学研究中将文化视为初级取样单位似乎比以往任何时候都更合适。近年来，科学界对这一话题的兴趣大大增加，《跨文化心理学杂志》的排名如今已经逐渐上升，并且已经在所有社会心理学杂志中名列前十位。

这一章在个案选取的两个层次上区分了三种类型的取样方法，初级取样单位是文化层次，次级取样单位是文化中的个体层次。我们提出了定量研究和定性研究的取样策略指南。在两种取样层次上都区分了三种选取个案的一般方法：概率取样、非系统取样和立意取样。人们认为在文化层面上，个案选取应该通常是立意的，价值观研究者(S.H.Schwartz,Inglehart)提出的文化区法是一个很有前途的取样框架。关于文化中个体的取样，我们认为个案选取策略应该以特定研究的概括目标为指导。旨在把研究结果概括到总体的研究应该使用随机概率取样。旨在通过检验概括理论的研究者，例如，两个或多个变量间紧密关系的概括，应该确保他们的样本在因变量和假设与其有关的变量上具有典型性。

我们还认为取样对于定性和定量的心理学研究都是至关重要的，我们要求在采用这两种研究方法研究心理现象时，都要对取样问题给予更多关注。"每一样本都有一个总体"这一说法不能使在定量研究中使用任意质量的方便取样合理化，也不能参考对几个个案的深入理解，就使忽视定性研究中研究个案的来源合理化。

另外，我们"呼吁遵守规则"不仅应该被在一个更狭义定义的跨文化范式中进行研究的心理学家听到；它也适用于文化心理学、跨文化研究策略，以及适用于在定性社会学和政治学等相邻学科中经常能发现的文化语境法。人本主义的观点认为所有的人类都是一个单一总体的成员，因此对于任何可以想到的、要研究的现象和变量来说，都同样可以很好地代表总体，人本主义的这个观点妨碍了心理学和相邻学科丰富知识的获得，因此应该被废弃。

参考文献

Barlow,D.H., & Hersen, M.(1984). *Single case experimental designs. Strategies for studying behavior change.* New York：Pergamon Press.

Barnett,V.(2002). *Sample surveys：Principles and methods.* London：Oxford University Press.

Barritt,L.,Beekman,T.,Bleeker,H., & Mulderij,K.(1983).The world through children's eyes：Hide and seek and peekaboo.*Phenomenology and Pedagogy*,*1*,140-161.

Bernin,P.,Theorell,T.,Cooper,C.L.,Sparks,K.,Spector,P.E.,Radhakrishnan,P., & Russinova,V. (2003).Coping strategies among Swedish female and male managers in an international context.*International Journal of Stress Management*,*10*,376-391.

Bortz, J., Lienert, G. - A., & Boehnke, K. (2008). *Verteilungsfreie Methoden in der Biostatistik.* Berlin: Springer.

Comber, L.C., & Keeves, J.P. (1973). *Science education in nineteen countries.* (International Studies in E-valuation, Vol.1). New York: Wiley.

Compaine, B.M. (2001). *The digital divide: Facing a crisis or creating a myth?* Cambridge, MA: MIT Press.

Conners, C. K., Casat, C. D., & Gualtieri, C. T. (1996). Bupropion hydrochloride in attention deficit disorder with hyperactivity. *Journal of the American Academy of Child and Adolescent Psychiatry, 35,* 1314–1321.

Curtis, S., Gesler, W., Smith, G., & Washburn, S. (2000). Approaches to sampling and case selection in qualitative research: Examples in the geography of health. *Social Science and Medicine, 50,* 1001–1014.

Denzin, N.K. (1997). *Interpretative ethnography. Ethnographic practices for the 21 century.* London: Sage.

Flick, U. (1998). *An introduction to qualitative research.* London: Sage.

Fukuyama, F. (1992). *The end of history and the last man.* New York: Free Press.

Gobo, G. (2004). Sampling, representativeness, and generalizability. In C. Seale, G. Gobo, J. F. Gubrium, & D. Silverman (Eds.), *Qualitative research practice* (pp.435–456). London: Sage.

Goldstein, H. (1987). *Multilevel models in educational and social research.* NewYork: Oxford University Press.

Goldstein, H. (2003). *Multilevel statistical models.* London: Edward Arnold, New York: Wiley.

Häder, S., & Gabler, S. (2003). *Sampling and estimation.* In J. A. Harkness, F. J. R. VandeVijver, &P. P. Mohler (Eds.), *Cross-cultural survey methods* (pp.117–134). Hoboken, NJ: Wiley.

Hamilton, C.V., Huntley, L., Alexander, N., Guimar~ aes, A.S.A., & James, W. (2001). *Beyond racism: Race and inequality in Brazil, South Africa, and the United States.* Boulder, CO: Lynne Rienner.

Hofstede, G. (1980). *Culture's consequences: International differences in work - related values.* Newbury Park, CA: Sage.

Hofstede, G. (2001). *Culture's consequences: Comparing values, behaviors, institutions, and organizations across nations.* Newbury Park, CA: Sage.

Howitt, D., & Cramer, D. (2005). *Introduction to research methods in psychology.* Harlow: Pearson Education.

Inglehart, R., & Welzel, C. (2005). *Modernization, cultural change, and democracy: The human development sequence.* Cambridge: Cambridge University Press.

Johnson, J.C. (1990). *Selecting ethnographic informants.* Newbury Park, CA: Sage.

Kelle, U., & Kluge, S. (1999). *Vom Einzelfall zum Typus* [From single case to type]. Opladen, Germany, Leske & Budrich.

Kohn, M.L. (1987). Cross-national research as an analytic strategy. *American Sociological Review, 52,* 713–731.

Lapsley, H., Nikora, L., & Black, R. (2002). "*Kia Mauri Tau!*" *Narratives of recovery from disabling mental health problems.* Wellington, New Zealand: Mental Health Commission.

Lehtonen, R., & Pahkinen, E.J. (1995). *Practical methods for design and analysis of complex surveys.* Chichester, England: Wiley.

Levine,R.V.,Norenzayan,A.,& Philbrick,K.(2001).Cultural differences in the helping of strangers. *Journal of Cross Cultural Psychology*,*32*,543-560.

Lindsey,G.,& Aronson,E.(1985).*The handbook of social psychology*.New York:Random House.

Lundberg,I.,& Linnakylä,P.(1993).*Teaching reading around the world*.The Hague,the Netherlands: International Association for the Evaluation of Educational Achievement.

Marx,A.W.(1998).*Making race and nation:A comparison of South Africa,the United States,and Brazil*. Cambridge:Cambridge University Press.

Meredith,W.(1964).Notes on factorial invariance.*Psychometrika*,*29*,177-185.

Meredith,W.(1993).Measurement invariance,factor analysis and factorial invariance.*Psychometrika*, *58*,525-543.

Mullis,I.V.S.,Martin,M.O.,Gonzalez,E.J.,& Chrostowski,S.J.(2004).*TIMSS 200:Internationalmathematics report:Findings fromIEA's trends in international mathematics and science study at the fourth and eighth grade*.Chestnut Hill,MA:TIMSS & PIRLS International Study Center,Boston College.

Muth'en,L.K.,& Muth'en,B.O.(1998-2005).*Mplus. User's guide* (3rd ed.).Los Angeles:Muth'en & Muth'en.

Naroll,R.(1961).Two solutions to Galton's problem.*Philosophy of Science*,*28*,15-29.

Neuman,W.L.(2006).*Social research methods:Qualitative and quantitative approaches*.Boston:Allyn & Bacon.

Owusu-Bempah,K.,& Howitt,D.(2000).*Psychology beyond Western perspectives*.Leicester:BPS.

Postlethwaite,T.N.,& Ross,K.N.(1992).*Effective schools in reading:Implications for educational planners*.The Hague,the Netherlands:IEA.

Quinn Patton,M.(2002).*Qualitative evaluation and research methods* (3rd ed.).Newbury Park:Sage.

Ragin,C.(1989).*The comparative method*.Berkeley,CA:University of California Press.

Ragin,C.,& Becker,H.S.(Eds.).(1992).*What is a case? Exploring the foundations of social inquiry*. Cambridge:Cambridge University Press.

Raudenbush,S.W.(1993).Hierarchical linear models and experimental design.In L.K.Edwards(Ed.), *Applied analysis of variance in behavioral science*.New York:Marcel Dekker.

Raudenbush,S.W.,& Bryk,A.S.(2002).*Hierarchical linear models:Applications and data analysis methods*.Thousand Oaks:Sage.

Rouanet,H.,Bernard,J.,& Lecoutre,B.(1986).Nonprobabilistic statistical inference:A set-theoretic approach.*The American Statistician*,*40*,60-65.

Schuman,H.,& Kalton,G.(1985).Survey methods.In G.Lindzey & E.Aronson(Eds.),*The handbook of social psychology* (pp.635-698).New York:Random House.

Schwartz,H.,& Jacobs,J.(1979).*Qualitative sociology:A method to the madness*.New York:Free Press.

Schwartz,S.H.(1992).Universals in the content and structure of values:Theoretical advances and empirical tests in 20 countries.*Advances in Experimental Social Psychology*,*25*,1-65.

Schwartz,S.H.(1999).Cultural value differences:Some implications for work.*Applied Psychology:An International Review*,*48*,23-48.

Schwartz,S.H.(2008).*Cultural value orientations:Nature and implications of national differences*.

Moscow: State University Higher School of Economics Press.

Scott, W. A. , Scott, R. , Boehnke, K. , Cheng, S. W. , Leung, K. , & Sasaki, M. (1991). Children's personality as a function of family relations within and between cultures. *Journal of Cross – Cultural Psychology*, *22*, 182–208.

Selig, P. , Card, N. A. , & Little, T. D. (2007). Modeling individuals and cultures using multi–level SEM. In F. J. R. van de Vijver, D. A. van Hemert, & Y. H. Poortinga (Eds.), *Individuals and cultures in multilevel analysis*. Mahwah, NJ: Erlbaum.

Shweder, R. (1990). Cultural psychology – what is it? In J. Stigler, R. Shweder, & G. Herdt (Eds.), *Cultural psychology: Essays on comparative human development* (pp. 1–43). New York: Cambridge University Press.

Strauss, A. , & Corbin, J. (1998). *Basics of qualitative research: Techniques and procedures for developing grounded theory*. London: Sage.

Walker, D. (1976). *The IEA six subject survey: An empirical study of education in twenty–one countries*. Stockholm: Almqvist & Wiksell.

Walter, S. D. (1989). The feasibility of matching and quota sampling in epidemiologic studies. *American Journal of Epidemiology*, *130*, 379–389.

Yin, R. K. (2003). *Case study research. Design and methods*. Thousand Oaks: Sage.

第六章　跨文化调查反应风格[①]

Timothy P. Johnson,Sharon Shavitt,Allyson L. Holbrook

引　言

调查报告容易受多种形式的测量误差的影响（Sudman & Bradburn, 1974; Tourangeau, Rips, & Rasinski, 2000）。在这一章中,我们考虑了一些可能使文化与测量误差有关的潜在研究过程。我们尤其集中关注几个常见的调查反应风格中文化的可变性,这些调查反应风格包括社会称许反应（socially desirable responding, SDR）、默认反应风格（acquiescent response style, ARS）、极端反应风格（extreme response style, ERS）。对反应风格的认识在实施跨文化研究中尤为重要。在大量进行比较的测量中,不同的种族、民族或者国家群体间反应风格上的系统变异也许会被错误的解释为文化差异（或相似）（Johnson & van de Vijver, 2003; Keillor, Owens, & Pettijohn, 2001; Middleton & Jones, 2000; Si & Cullen, 1998）。不同文化群体的反应风格也许还会抑制或者扩大变量之间的关联（Wells; 1961）。因此,在调查报告中,潜在的文化可变性对许多依靠调查研究来达到测量目的的学科有直接的影响,并且对那些在许多不同的实质性领域工作的应用研究者也有直接的影响。这篇综述综合了来自这些学科的许多证据和经验,涉及了在不同文化间存在变化的三种最常见的反应风格。我们考虑了三种类型的证据:（a）国家内不同种族和民族群体间差异的证据;（b）不同国家间差异的证据;（c）文化价值观的直接测量和每种反应风格之间关联的证据。我们还考虑了这些调查反应过程的潜在文化机制。我们还回顾了与反应风格的测量有关的方法论问题,以及在这些报告过程中提出的弥补文化异质性的方法。

文化和社会称许反应

作为研究方法论领域一个被广泛研究的主题,社会称许反应（SDR）仍然是调查测

---

① 作者编写本章得到了美国国立卫生研究院（National Institutes of Health）第 1R01HD053636-01A1 号拨款、美国国家科学基金会（National Science Foundation）第 0648539 号拨款,以及 Robert Wood Johnson 基金会第 63842 号拨款的资助。

量中的重要关注点,因为它可能引入反应偏差(Johnson & van de Vijver,2003;Paulhus,1991,Tourangeau & Yan,2007)。SDR是作答的系统倾向,它使答题者看起来很好(Paulhus,1991)。理解在不同文化环境和群体中人们如何看待、追求社会称许性是确保跨文化研究工作和许多其他涉及自我报告的研究工作有效性的关键。一般来说,研究结果表明,相比于个体主义者,集体主义者更倾向于做出使自己看起来很好的应答。这一研究结果已经在许多研究中出现,并且在不同国家间、国家内不同的种族和民族群体间,以及跨个体层次的文化变量间都显示了这样的研究结果。

重要的是,最近研究表明SDR的本质上是多维的,集体主义者和个体主义者实际上可能有不同形式的SDR(Lalwani,Shavitt,& Johnson,2006)。也就是说,越来越多的证据表明,SDR包含了使用*印象管理*(*impression management*)的倾向,就是人们故意歪曲自己以使自己看起来更好的倾向,处于*自欺性提升*(*self-deceptive enhancement*)中,或者是人们夸大了自己的观点,但又真诚地持有这种观点的倾向(Paulhus,1998a)。印象管理反映了传统的社会称许反应观念(Paulhus,1998a;Schlenker & Britt,& Pennington,1996),是一个经常与掩饰或欺骗相联系的概念(Mick,1996)。在这一章后面部分,我们将考察这种区别对SDR文化差异的影响。

社会称许反应的定义

如前所述,社会称许反应传统上被界定在印象管理范畴内:调查对象报告的信息显示他们自己受欢迎的一面,有时是以准确性为代价的(Nederhof,1985;Ross& Mirowsky,1984a)。这种报告风格反映了人类倾向于强调并且偶尔夸大积极的品质和行为,而不强调或者少说消极的品质和行为。调查验证性的研究一般支持这一假设。例如,在美国已有研究结果表明,在调查访谈过程中,人们过多地报告了投票(Sigelman,1982)、出席教堂(Hadaway,Marler,& Chaves,1993),以及身体锻炼(Adams et al.,2005),而少报了毒品使用(Fendrich,Johnson,Hubbell,& Spiehler,2004)和性传播疾病(Clark,Brasseux,Richmond,Getson,D'Angelo,1997)。Marlowe和Crowne在描述社会称许性时明确地把它概念化为是一种文化适应,认为SDR是"一种获得社会认可和接纳的需要,并且认为可以通过文化上可接受的、适当的行为获得这种需要的信念"(1961,p.109)(斜体强调是本章作者后来加上的)。

有研究者(Podsakoff,Mackenzie,Lee,&Podsakoff,2003)对以人为中心和以调查项目为中心的两种社会称许性之间进行了区分。他们将前者描述为一些个体对调查项目进行回答时"更多的是出于他们的社会可接受性而不是出于自己的实际感受"的倾向。将后者定义为"事实上是项目可能以反映了更受社会称许的态度、行为或者观念的方式书面表达的"(p.882)。

其他许多调查者也提出了社会称许性反应的定义。Sticker把SDR定义为"与那些存在的社会规范并且能感知到这些社会规范的项目保持一致；与这些项目保持一致只涉及作出社会规范认可的应答，即社会称许性反应"（1963，p.320）。Messick 把社会称许反应定义为"个体倾向于给出被认为是社会共识所期望的答案的一致性，一些人已经采取的倾向是指答题者有意或无意地试图使自己处于有利的地位"（1991，p.165）。

社会称许性反应的测量

社会称许性的测量总的可以分为两类。第一种测量类型主要集中确认个体表现社会称许反应的倾向。这些测量基于的假设是社会称许性是一种倾向，这种倾向在某些个体身上系统性地大于其他个体。第二种测量类型主要关注确认社会称许性反应。这些方法侧重于确定具有社会称许性含义的问题，以及促进或减弱社会称许性反应的条件。这两种方法都被用来确定具有不同特征（如，种族、民族或者文化定位）的个体表现出社会称许性反应的程度。

个体社会称许性反应倾向

已经开发出几个自我报告的社会称许反应测量工具来评估个体在社会称许反应倾向上的个体差异（Crowne & Marlowe，1964；A. L. Edwards，1957；Eysenck & Eysenck，1964；Paulhus，1998a，Stober，2001）。这些测量已经被证明与对称许和不称许的观点和行为的报告有关。例如，已经发现在 Marlowe-Crowne 量表上得分高的个体较不可能报告不被赞许的行为和价值观，如酒精消费、醉酒和使用大麻（Bradburn & Sudman，1979）以及物质主义（Mick，1996）。

在这些测量中，一些测量在概念上把社会称许性反应定义为一个单一的结构，而另一些测量将其概念化为有多个组成部分。例如，《Paulhus 欺骗量表》同时测量了印象管理和自欺性提升（Paulhus，1998a）。印象管理包括的项目有"有时我的车速超过限定速度"（反向计分），和"我从来不把垃圾扔到街上"（Paulhus，1998a）。评估自欺性提升的项目如"我对别人的第一印象经常被证明是对的"、"我对自己的判断很自信"。

和《Paulhus 欺骗量表》相反，《Marlowe-Crowne 社会称许性量表》主要测量印象管理（Paulhus，1991）。它包括的项目有"我的餐桌礼仪在家和出去在餐馆吃一样好"，"如果我不花钱就可以进电影院并且肯定没有被看见的话，我有可能这么做"（反向计分）。然而，最近的研究表明《Marlowe-Crowne 量表》可能并没有可靠地测量单一的维度（Leite & Beretvas，2005）。

这些测量 SDR 的量表被用来测量不同文化群体（如，Johnson & van de Vijver，2003；Lalwani，Shayitt，& Johnson，2006）以及不同背景下的社会称许性反应倾向差异，这些背景提高了文化自我观的显著性（Lalwani & Shavitt，2009）。然而，在跨文化研究中使用这些测量的一个难点在于，这些量表本身在不同的文化群体中可能并不是同样适用的。例如，《Marlowe-Crowne 量表》的信度有时在西方和东方背景下是不同的（如，内部一致性系数分别是 0.72 和 0.43；Middleton & Jones，2000）。

大多数社会称许量表要求回答者报告他们同意一系列描述自己的陈述的程度（一些同意意味着较多的社会称许性反应，另一些同意意味着较少的社会称许性反应）。另外一种方法是使用情境测验。这些测验一般给回答者呈现一个情境（如，在一个又难而又重要的课堂作业中有作弊的机会），然后询问他们会做出特定反应的可能性（如，选择作弊）。研究者开发这种情境测验用来评估印象管理和自欺性提升（Lalwani etal.，2006；Lalwani & Shavitt，2009）。在跨文化研究中使用这种情境测验的一个难点在于，这种测验本身必须在不同文化间是可以比较的。此外，这些情境测验的开发困难而且用时较长，并且最终的测验在总体中的适用性或许与开发它们的样本中的适用性不同。例如，在课堂作业中作弊的情境在对大学生的研究中是合理的，但是未必适用于一般人群的研究或者社区样本。

社会称许反应行为

其他对社会称许反应的测量侧重于测量社会称许性反应行为。这些研究对那些有社会称许性含义和没有社会称许性含义的问题的回答进行比较。在许多研究中，通过表面效度（face validity）来识别有社会称许性含义的问题（如，Aneshensel，Frerichs，Clark，& Yokopenic，1982；Aquilino，1998；Groves，1997；Groves & Kahn，1979；Locander，Sudman，&Bradburn，1976）。这样做的一个缺点是，研究者正在确定哪些问题可能在被研究的总体中受到 SDR 偏差的影响。尽管这种评估对于一些问题（如，非法毒品使用）是非常清楚的，但是另外一些问题（如，体验不同类型的问题）的社会称许性含义就比较模棱两可，并且更可能随着文化的不同而发生变化。

解决这个难题的一个方法就是收集关于不同问题的社会称许性含义的实证数据（如，Holbrook，Green，& Krosnick，2003）。一些研究询问回答者，他们认为哪些问题会让其他人感觉很舒服地回答或者不舒服地回答（如，Blair，Sudman，Bradburn，& Stocking，1997；见 Johnson & van de Vijver，2003，对这些研究的综述）。另一种方法涉及到要实施一个前测，在前测中，要求随机选取的一部分被试做出社会不欢迎的回答"假装坏"，而把另一些被试随机分配到要求做出社会欢迎的回答"假装好"。如果这两组被试对同一个问题做出了显著不同的回答，这说明这个问题有一个普遍同意的期望的回答，因此其具有社会称许性含义（如，Holbrook et al.，2003；Wiggins，1959）。尽管这种方法可以使研究者确定哪些问题具有社会称许性含义，但是它们需要一个前测才能进行确定。此外，对社会称许性反应的跨文化研究需要前测来确定问题的社会称许性含义在不同文化间是一致的。

另一个确定社会称许性含义的方法是考察对问题的回答是否受那些会促进或减少社会称许性反应的条件的影响。例如，大量证据表明，当报告环境能够保证匿名性（Himmelfarb & Lickteig，1982；Paulhus，1984；Warner，1965；见 Bradburn，Sudman，& Wansink,2004 作为回顾)或者更大的隐私性时(如,Tourangeau & Smith,1996;也见 Puntoni & Tavassoli,2007),或者当回答者认为研究者还有其他途径可以得到暴露他们思想或行为真相的信息时(如,Evans,Hansen,& Mittlemark,1997;Pavlos,1972;Sigall & Page,1971),人们更愿意报告不被称许的态度、信念和行为。这些方法也被用来减少社会称许性反应偏差(更多细节将在后面讨论)。

增加回答者的匿名性或隐私性的技术对于识别那些可能被社会称许性含义影响的问题是有用的。然而,它们不能用来识别做出社会称许性反应的具体个人。个体表现出社会称许性反应的特征只能通过比较不同子群体间回答者的操纵效果(如,方式或者匿名性)进行推断得知。

最后,通过将调查自我报告与"黄金标准"的效度测量进行比较,来对社会称许性反应进行评估。例如,研究考察特定选举中选民投票率报告的情况,将自我报告的投票率既与个别回答者是否投票的官方记录进行比较(Traugott & Katosh,1979),又要和投票率的官方报告进行对比(Clausen,1968;Traugott & Katosh,1979)。毒品使用的研究要把自我报告的毒品使用与对自我报告者的头发、唾液、尿液或者血液(Colon,Robles,& Sahai,2001;Fendrich et al.,2004)进行实验室毒品检测发现的结果进行比较。这种方法的一个变式是根据已知特征(如,因为吸毒驾车被捕)来选择被试进行研究,并且考察报告这一行为的被试的比例(如,Locander et al.,1976)。这种方法可以使研究者对每一被试的回答是否准确进行评估。然而,这种黄金标准对于许多研究者感兴趣的构念并不适用(如,态度、信念以及观念)。另外,在许多情况下,黄金标准,如公共记录或者实验室测试其本身也不免犯错误(如,不同选区间投票率记录中的误差也许会存在系统性的变化;Traugott,Traugott,& Presser,1992)。

文化变量和社会称许性反应

社会称许性反应的跨文化差异

有相当多的证据表明 SDR 上的差异取决于国家内种族和民族群体的不同。已有研究发现在美国,墨西哥籍美国人和墨西哥被试相较于白人会有更多的社会称许性反应(Ross & Mirowsky,1984b;Warnecke et al.,1997)。那些保留有很强的墨西哥身份认同的人也更可能做出社会认可的反应,这表明社会称许性可能受到文化适应的调节(Ross & Mirowsky,1984a)。Ross 和 Mirowsky 推测墨西哥籍美国人(相较于美国的英裔美国人)更倾向于做出社会称许性回答,是由于墨西哥社会强烈的家庭关系以及相关压力所致,这些压力使个体顺从并向"外部世界展现一张好面孔"(1984b,p.190)。

基于美国的研究也证明了在非西班牙裔白人与其他种族和民族群体之间存在着 SDR 差异。几个研究表明美国的非裔美国被试在 SDR 测验中的得分通常高于非西班牙裔白人(Crandall,Crandall,& Katkovsky,1965;Fisher,1967;Klassen,Hornstra,& Anderson，1975；Warnecke et al.，1997）。在南非的研究中也报告了相似的结果，相较于南非白人，南非黑人被试表现出更高的 SDR 得分（D.Edwarxs & Riordan，1994）。

在美国的验证研究（Validation studies）也发现了黑人与白人在利用外部信息源（如生物检测和官方记录）来验证自我报告信息的可能性方面存在差异。例如，Johnson 和 Bowman（2003）发现在他们所评述的好几十项研究中，相较于非西班牙裔白人，非裔美国人一贯地不太可能提供有关物质使用行为的准确信息。还发现非裔美国人少报堕胎行为（Jones & Forrest，1992）而多报投票行为（Abramson & Claggett，1986；Katosh & Traugott，1981）。

有研究也报告了在美国的白人和亚洲人样本之间存在差异。已有研究表明相较于美国本土白人大学生，在美国的非本土亚洲大学生赞同更多的 Marlowe-Crowne 社会称许性条目（Abe & Zane，1990）。另外 Middleton 和 Jones（2000）发现相较于在美国和加拿大出生的大学生，在美国学习的来自东亚国家的大学生给出更多社会称许性回答。Keillor 等人（2001）的报告指出，相较于美国以及法国的研究生，马来西亚的研究生有更高的社会称许性得分。

跨国研究也指出了跨国间存在 SDR 差异。相较于英国被试，斯里兰卡被试做出更多的社会称许性回答（Perera & Eysenck，1984）。相较于美国或者法国被试，发现马来西亚被试也表达了更多的社会称许性回答（在美国和法国的样本间没有发现存在 SDR 差异）。G.M.Chen（1995）发现相较于美国大学生样本，中国大学生透露的信息更少。这种不愿意自我披露的态度也可以反映出其努力做出令人满意的回答（P.B.Smith & Bond，1998）。最后，在一个大规模的多国研究中，Bernardi（2006）报告了相较于其他 11 个国家的大学生，美国大学生表现出更低的印象管理得分。

然而，文化变量和 SDR 之间关系的本质也取决于问题中社会称许性回答的类型。Lalwani 等人（2006）认为根据文化取向（cultural orientation）或背景（即印象管理和自欺性提升）的不同，应该显现出两种截然不同的反应模式（Gur & Sackeim，1979；Paulhus；1991；Sackeim & Gur，1979）。每种反应类型都对应于不同的、与文化相关的目标。正如前面所指出的，测量这些维度的分量表构成了 Paulhus-欺骗量表（Paulhus，1984，1991，1998b）。印象管理是指试图以最积极的方式呈现自我报告行为，以传达一种良好的形象（Paulhus，1998a；Schlenker & Britt，1999；Schlenker et al.，1996）。在集体主义文化背景下，对一个人社会关系的关注是占主导地位的，因此更有可能导致个体以这种印象管理的方式呈现自己和谐地"融入"并得到社会认可的倾向。

与之相反，自欺性提升是指以夸大和过于自信的词语描述自己的倾向。它是一种从积极的角度看待自己技能的倾向，并且人们把这种倾向描述为"僵化的过度自信"的一种形式（Paulhus，1998a）。这种反应类型是与个人主义的文化背景相适应的，在个人主义文化背景下，个体把自己视为有能力的以及自食其力的动机占主导地位，因为实现独立是核心目标。

　　Lalwani 等人(2006)发现相较于那些来自新加坡的被试(集体主义背景),美国被试(个体主义背景)在自欺性提升上得分更高,而在印象管理上得分更低。相似地,欧裔美国被试相较于韩裔美国被试,在自欺性提升上得分更高,而在印象管理中得分更低。在多元文化的学生样本中,为了凸显独立的自我观(个体主义背景)或者互依的自我观(集体主义背景),对背景特征进行操纵时,出现了相似的研究结果(Lalwani & Shavitt,2009)。

　　再者,根据文化取向获得的美国数据阐明了这些反应风格所服务的特定文化目标(Lalwani et al.,2006)。特别是对于那些文化取向强调社会性、仁慈和合作的人们来说,他们倾向于使用印象管理的反应风格。然而,那些文化取向强调自我胜任感、自我指导和独立性的人们倾向于采用自欺性提升的反应风格。(要想获得更多有关文化取向的资料,请见 Triandis & Gelfand,1998,以及 Shavitt,Lalwani,Zhang,& Torelli,2006,等人的研究)。因此,这些观察到的反应风格似乎反映了截然不同的自我表征目标——被视为社交的和仁慈的(印象管理)VS.自食其力的和有能力的(自欺性提升)。

　　尽管有相当多的证据表明在 SDR 上存在文化差异,但是,依然有一些研究在不同国家间或者一个国家内不同民族群体间没有发现 SDR 差异。Lai 和 Linden(1993)报告指出,在自欺性提升和印象管理的测量上,亚裔加拿大被试和欧裔加拿大被试之间不存在社会称许性差异。Heine 和 Lehman(1995)也报告了使用同样的测量工具进行测量时,欧裔加拿大大学生和日本大学生间没有 SDR 差异。而且,对美国和菲律宾学生进行比较的研究也没有发现社会称许性反应上的差异(Grimm & Church,1999)。在美国进行的一项全国范围的成人调查中,Gove 和 Geerken(1997)发现社会称许性的平均得分在白人、非裔美国人以及西班牙被试之间没有差异。Welte 和 Russell(1993)的报告指出,在纽约伊利郡概率取样的成人样本中,没有发现 SDR 的种族差异。此外,Tsushima(1969)报告了在纽约市的意大利和爱尔兰民族的病人之间,没有 SDR 得分的差异,并且 Okazaki(2000)发现在白人和亚裔美国大学生之间没有 SDR 差异。鉴于这几个研究都报告不存在 SDR 差异,因此就需要有研究更全面地探讨预期在什么条件下存在文化和民族群体的 SDR 差异。

　　文化过程和社会称许性反应

　　在某种程度上,已经显现出来的 SDR 差异可以看作是反映了人们对维持和谐人际关系的需要的文化差异。这在许多集体主义文化内被认为是一种非常重要的价值观,例如菲律宾人平顺的人际关系风格(Church,1987)、同情的拉丁文化脚本(Triandis,Marin,Lisanski,& Betancourt,1984),以及东亚的礼貌偏见(Deutcher,1973)等。Middleton 和 Jones(2000)甚至提出了几个假设将 Hofstede(2001)的文化建构和在东方文化 VS.西方文化背景下的 SDR 行为联系起来。他们认为那些处于高权利距离文化中的个体或许更可能作出社会称许性反应,而那些在低权利距离文化中的人或许对自我表达感到更少的限制。他们假设,不确定性回避(uncertainty avoidance)可能也与 SDR 有关,当面对模糊情境的时候,预期那些有高不确定回避特征的东方国家的个体或许会做出社会称许性回答。研究者预期那些处于女性文化中的人们也可能有较高的 SDR,因为这些文化强调对和谐社会关系的维持。预期个人主义社会中的成员感受到更轻的社会压力,因此他们就不太倾向于做出社会称许性反应。另外,强调长期时间导向的社会中的成员,包括长期维持社会关系,预期他们可能会感到社会压力,从而以社会赞许的方式作出反应。

关于 SDR 和 Hofstede 的文化分类之间可能的关系,Bernardi(2006)提出了几个假设。他提出的关系类似于 Middleton 和 Jones(2000)提出的关于 SDR 与个人主义、不确定性回避以及权利距离之间的关联。然而,与 Middleton 和 Jones 的预期相反,Bernard 提出在更男性化的文化中,竞争和对成功的驱动力将会产生更大程度的腐败和"不惜任何代价获得成功的氛围",因此,在这种文化中 SDR 会更大(p.45)。尽管 Bernard 的报告支持了在国家层面上 SDR 随着取样国家的个人主义得分增高而减少,随着不确定性回避的增高而增高,但并没有发现权利距离和男性化各自与 SDR 有联系。

还有其他证据可以检验这些假设的过程。Van Hemert 等人(Van Hemert, Van de Vijver, Poortinga, & Georgas, 2002)对 23 个国家的跨文化研究中报告称,国家层面的个人主义得分和艾森克人格量表的测谎分量表上的平均得分间存在显著的负相关(Eysenck & Eysenck, 1964)。另外,研究者也发现了集体主义者更倾向于随大流(Bond & Smith, 1996)和不愿意自我暴露(P.B.Smith & Bond, 1998),这些特征也可能与社会称许性回答有关联(见 Johnson & Van de Vijver, 2003)。Schwartz 等人(Schwartz, Verkasalo, Antonovsky & Sagiv, 1997)报告在 Marlowe-Crowne 量表得分与从众和传统价值观之间存在显著的相关。正如前面所提到的,根据这些研究结果,集体主义价值观与以规范的适当方式表现自己的倾向联系在一起(Lalwani 等, 2006)。

另一个研究分支对那些被知觉为社会(不)称许的概念进行了跨文化的比较。已经有研究报告了两个文化群体间知觉到的项目的社会称许性存在高相关(Diers, 1965; Gough & Heilbrun, 1980; Iwawaki & Cowen, 1964; Williams, Satterwhite, & Saiz, 1998)。同时也有研究报告了在知觉到的项目称许性与几个民族和国家群体内的被试对这些项目称许性认可的可能性之间存在着很强的但多变的组内相关(Dohrenwend, 1966; Iwawaki, Fukuhara, & Hidano, 1966; Phillips & Clancy, 1970; Turk Smith, Smith, & Seymour, 1993)。这些研究结果表明社会称许性很可能是一个泛文化的或者客位性的概念,尽管如此,这个概念依然反映了不同程度的文化调节作用(Johnson & Van de Vijver, 2003)。

文化和默认

在一个国家内的种族和民族亚群体中,以及在不同的国家间都已经确定了存在作出默认反应倾向的差异。大量的证据表明相较于英国白人被试,默认反应在少数民族或者非白人被试中更典型。在国家层面上,相较于北美或者西欧国家的被试,亚洲、地中海或者非洲国家的被试普遍更多做出默认反应。那么,总的来说,研究证据一致表明在那些集体主义文化背景中的人们有更多的默认反应。然而,对于其他文化维度的研究结果,如不确定性回避和权力距离,根据分析单元国家还是被试而多少有些矛盾与变化。

默认反应的定义

ARS(acquiescent responding),也被称为"yea-saying(肯定回答)",早在20世纪前期就被识别出来(Fritz,1927)。Lentz将其定义为"一般对命题做出肯定而非否定回答的倾向"(193,p.659),Stricker将默认反应风格看作是反映了对"那些不存在社会规范的项目…"的服从(conformity)(1963,p.320)。他假设,与那些社会规范更明显因而会导致社会称许性反应的调查问题相比,没有包含明显社会称许性线索的调查项目,或许更可能引起默认反应。

Knowles和Condon(1999)概括了解释默认的两种备择方法。一种方法认为,默认是由一种刻意进行印象管理的动机引起的(Leary & Kowalski,1990)。根据另一种方法的解释,认为默认是"对项目不加批判的接受"(Knowles & Condon,1999,p.380)。Ross和Mirowsky(1984b)赞同这种印象管理的解释,把默认与SDR一起,都看作是一些处于低权利社会地位的被试有意使用的一种形象管理技术。然而,尽管ARS与服从的测量间存在联系(Heavan,1983),但是实证研究没有证实在ARS和对印象管理或自欺性提升的测量之间存在联系(Knowles & Nathan,1997)。

Knowles和Condon(1999)提出的关于不加批判的接受的观点反映了Cronbach(1942,1950)提出的早期概念化,即强调没有达到最佳的认知加工过程,而不是有意识的欺骗。Krosnick(1991)的分析支持这一概念化过程,他指出默认是满足的一种形式。在这方面,Knowles和Nathan(1997)提出,与一些调查任务相关的认知需求,比如分心、观众和时间压力,可能会增加默认反应。

调查本身的各种要素被认为也对ARS有预测作用。长期以来人们认为,当问题模棱两可或者被试对任务不确定时,调查被试更倾向于做出默认反应(Bass,1955;Cronbach,1950;Jackman,1973;Moscovici,1963;Ray,1983)。Stricker(1963)区分出可能与默认回答倾向有关的两种问题特征:模糊性和可读性。Banta(1961)和Bass(1955)通过实证研究证明默认反应随着调查项目的模糊性的增加而增加。Stricker(1963)也发现,对于那些更难读懂的测量态度的题目,而不是人格题目,默认反应会增加。

最后,一些研究者将默认和被试的人口统计学特征联系起来。例如,有研究发现ARS在受教育水平较低的人群中更普遍(Greenleaf,1992a;Heaven,1983;McClendon,1991;Mirowsky & Ross,1991;Narayan & Krosnick,1996;Schuman & Presser,1981;Waston,1992)。

默认反应的测量

不同于SDR,ARS没有通用的测量工具。研究者在实践中采用许多方法来测量这种倾向性。大多数研究者使用本节所描述的众多方法中的一种,但是有一些研究者将两种或更多种测量类型结合起来,形成一个默认反应偏差的指标(如,Baumgartner & Steenkamp,2001)。

默认反应最常见的情况是对各种各样的调查项目都表示同意,虽然,对如何操作化"同意"存在一些差异(如,Bachman & O'Malley,1984)。例如,测量默认时,计算回答者对同意—不同意或者是—否问题做出"同意"或者"是"回答的百分比(如,Holbrook et al.,2003),或者回答者对一个陈述表示同意或者非常同意的比例(Ross & Mirowsky,1984b)。也有的研究者将对一系列李克特类型的问题做出"非常同意"的回答数减去"非常不同意"的回答数作为对默认的测量。

理论上,任何有正向(如,赞成、是、支持、同意)回答选项和负向(如,不赞成、否、反对,不同意)回答选项的调查问题都有可能受到默认反应的影响,但是,使用"同意—不同意"回答选项的某种变式的问题最常见。这种侧重于同意与否的选择方法面临的一个困难就在于,要测量的实际态度或维度可能会污染对同意程度的度量。换言之,回答者在ARS的测量上得分可能会很高(或很低),至少部分原因是由于他们的态度,而不是他们的默认倾向。

一个减少ARS测量污染的方法就是对有反向计分项目的量表的项目进行检查(如,Ross & Mirowsky,1984b;Waston,1992)。如果一个量表的项目都测量了一个单一的潜在构念,被试应该不大可能既同意正向描述的项目(如,更同意这些项目就意味着在所测量的维度上程度更高),又同意反向描述的项目(如,更同意这些项目就意味着在所测量的维度上程度更低)。尽管这种方法用要测量的核心维度来处理ARS测量的污染问题,但是正向和反向描述的项目的内容是不同的。

为了更加系统的处理这个问题,研究者已经用了两种方法来试图消除污染。一种方法就是随机分配一半的被试让他们报告对一个陈述是否同意(如,请告诉我你对以下陈述是否同意:在这个国家,犯罪和无法无天与其说是社会条件的问题,还不如说是个人的问题),让另一半被试回答相反的陈述(如,请告诉我你对以下陈述是否同意:在这个国家,犯罪和无法无天与其说是个人的问题,还不如说是社会条件的问题;Javeline,1999),通过这种方法来评估 ARS。如果同意第一个陈述的被试的比例比不同意第二个陈述的被试的比例要大,就说明存在默认反应。研究者可以通过检验问题形式的影响是否会在来自不同文化群体的或具有不同文化价值观的被试间发生变化对默认反应的跨文化差异进行测量。这种方法要求研究者对问卷的内容有所控制(例如,通常不能用这种方法来对已有数据进行默认分析)。而且,有时很难保证所用的陈述是否确实是相反的。

测量 ARS 的另一个方法是把对“同意—不同意”问题的回答与采用迫选反应格式的类似问题的回答进行比较(如,Javeline,1999;Narayan & Krosnick,1996;Schuman & presser,1981)。例如,Schuman 和 Presser(1981)对一系列调查实验进行分析,在这些实验中,随机分配一半的被试回答“同意—不同意”问题(如,“请告诉我你是否同意以下陈述:在这个国家,犯罪和无法无天与其说是社会条件的问题,还不如说是个人的问题”),而另一半被试回答迫选问题(如,“你认为在这个国家中,更应该对犯罪和无法无天负责的是哪一个——个人还是社会条件?”也见 Narayan & Krosnick,1996)。在同意—不同意格式的问题中同意该陈述的被试的比例与选择类似迫选选项(如,我们例子中的“个人”)的被试比例之间的差异就是对默认的测量。与前面描述的方法一样,这种方法令人质疑之处就在于能否使回答在这两种问题格式之间尽可能是可以比较的。这种评估默认反应的方法在跨文化比较中一直没有被广泛地使用(也见 Javeline,1999)。

文化变量和默认反应

默认反应风格的跨文化差异

在美国,最早证明 ARS 倾向的民族差异研究之一是由 Lenski 和 Leggett(1960)报告的。该研究对底特律的成人进行横断面抽样后,他们发现有 20% 的非裔美国被试对调查问题给了相互矛盾的回答,相比之下白人被试只有 5%。后续研究证实了非裔美国人相较于白人一般更可能做出默认回答(Bachman & O' Malley,1984;Dohrenwend,1966;Johnson et al.,1997)。在美国的拉美被试也被发现更可能做出默认回答(Marin,Gamba,& Marin,1992;Ross & Mirowsky,1984b),并且随着文化适应水平的升高其默认水平逐渐下降(Marin et al,1992)。在 20 世纪 70 年代中期,Aday、Chiu 和 Andersen(1980)对美国卫生保健使用情况的全国调查进行分析中发现,西班牙裔人在回答成对的正向和反向描述的问题时,有更高比率的 ARS。他们报告 24% 的西班牙裔群体表现出“相当多的”默认倾向,相比之下,非西班牙白人是 13%,其他非白人群体是 17%——18%。Warnecke 等人(1997)使用一个平衡量表对默认进行测量,研究结果也证明相较于非西班牙白人,在美国的非裔美国被试和墨西哥裔美国被试更倾向于做出默认反应。

尽管在这个研究中这种趋势表明了相对于非西班牙白人,波多黎各人有更高的 ARS 水平,但这种差异并不显著。同样地,Arkoff 等人(Arkoff,Thaver,& Elkind,1966)对心理健康信念问卷的回答进行比较时发现,夏威夷的亚洲研究生相较于白人做出更多默认反应。

许多在不同国家间进行的研究结果表明,默认反应风格可能在集体主义社会更典型(Harzing,2006;Hofstede,2001;Johnson,Kulesa,Cho,& Shavitt,2005;P.B.Smith,2004;P.B.Smith & Fisher,2008;van de Vijver,Ploubidis,& van Hemert,2004)。例如,在有六个欧洲国家的样本中,van Herk 等人(van Herk,Poorting,&Verhallen,2004)报告了在默认测量中,相对于来自欧洲西北部国家(英国、法国和德国)的被试样本,几个地中海国家(希腊、意大利和西班牙)的被试有较高的默认得分。Baumgartner 和 Steenkamp(2001)报告了相似的研究结果,他们指出,相较于来自欧洲其他国家的被试,希腊和葡萄牙被试表现出更多的默认。其他研究者也发现,相较于英国、比利时(Steenkamp & Baumgartner,1998)和美国被试(Triandis & Triandis,1962),希腊人有更强的默认倾向。England 和 Harpaz(1983)对来自美国和以色列的大样本进行检测时发现,这两个国家在反应模式上的差异也表明了以色列被试在默认反应上系统地表现出较高的水平,作者指出"这肯定会削弱任何关于有意义的国家差异的推论"(p.55)。而且,研究者在哈萨克和俄罗斯被试之间也发现了默认反应的差异,对这一结果的解释是由于哈萨克文化中存在较强的"顺从(deference)"所导致的(Javeline,1999)。Grimm 和 Church(1999)在一项研究中发现,在美国留学的菲律宾大学生平均默认程度比他们的美国同学多一些,但是这种情况只有在调查的指导语用英语书写并且量表提供的评分点较少时才会出现。同样有研究也发现相较于加拿大的女性青少年,南非女性青少年在她们的回答中更经常做出默认反应(Mwamwenda,1993)。研究还发现韩国大学生比美国大学生有更多的默认反应(Locke & Bail,2009)。在对 26 个国家的默认反应得分进行比较时,Harzing(2006)分析发现,台湾、马来西亚、印度以及墨西哥学生的 ARS 得分最高。总的来说,这些研究结果和如下见解是一致的,即相较于个人主义文化下的被试,集体主义文化下的被试有更多的默认反应。

最近的研究也提供证据表明个体层面上的独立——依存的自我建构和文化层面上的个人主义——集体主义背景或许对 ARS 有交互作用的影响。在少数几个同时调查了文化和个体层面效应的研究中,Simth 和 Fisher(2008)的研究进行了跨国和跨层次的分析,分析结果表明在集体主义文化环境中,依存个体有最多的默认倾向。这些研究结果有助于更准确地阐述被试最可能做出默认反应的条件。

文化过程和默认反应风格

上一节提到的研究结果表明了研究者已经开始识别可能导致不同群体间 ARS 变化的文化维度。与此证据相一致的是,默认似乎在集体主义文化中更常见,因为他们重视顺从尊重、礼貌以及殷勤好客(Javeline,1999),并且他们的信念系统以整体性和辩证性思维为特征,这使其对于矛盾的观点有更大的容忍性(Choi & Choi,2002;Minkov,2008;Watkins & Cheung,1995;Wong,Rindfleisch,& Burroughs,2003)。

Smith(2004)也提出,在更不确定和焦虑倾向的文化里,默认可能更普遍。然而,把默认与不确定性回避联系起来的研究结果则是喜忧参半的。Smith 发现,一个国家在不确定性回避上得分越高,其在几种默认测量上的得分也越高。他假设,不确定性回避文化有较多的焦虑倾向,而对含糊不清有较少的容忍性,这些特质或许与默认反应风格有关。Van de Vijver 等人(2004)在国家层面上报告了相似的研究结果。Harzing(2006)对个体层面的分析也表明在 ARS 和不确定性回避之间存在着正相关。与此相反,多层分析的结果发现在不确定性回避得分较低的文化中,默认反应更多(Johnson et al.,2005),这一研究结果支持了如下观点,即在对模糊不清和不确定有较大容忍性的社会环境中,默认反应更常见。

有关权利距离和 ARS 之间潜在联系的研究结果也出现了矛盾。Harzing(2006)对其收集的学生样本进行多国分析揭示了在默认反应风格和三种权利距离的测量结果之间存在正相关。Harzing 对这些研究结果的解释是,高权利距离文化中的个体将更有可能遵从于权威个体,在这项研究中,学生被试和教师调查者之间存在的权利差距强化了这种解释。Van de Vijver 等人(2004)也报告了在权利距离与默认之间存在类似的正相关,但是 Johnson 等人(2005)报告了相反的研究结果,他使用分层模型检验员工样本时发现权利距离与默认反应之间存在负相关。国家层面上的分析结果与其他研究者对两者关系进行的国家层面检验结果相一致(Hofstede,2001;P.B.Smith,2004;P.B.Smith & Fisher,2008;van Hemert et al.,2002),他们在国家样本中发现测量的 Hofstede 的权利距离与 ARS 之间存在正相关(r = 0.21)。然而,当他们对跨层次模型进行检验时却发现国家层面的权利距离和个体层面的 ARS 之间存在负相关。

此外,Johnson 等人(2005)确定了文化层面的男子气概(cultural masculinity)与默认反应之间的反向关系。这个研究结果与男性文化中对自信与果断的强调相一致(Hofstede,1998)。然而,其他研究却没有在国家层面上发现国家文化的这个维度和 ARS 之间的关系(P.B.Smith,2004;P.B.Smith & Fisher,2008;van Hemert et al.,2002)。

文化和极端反应风格

极端反应倾向已经被发现了几十年(Cronbach,1946),并且人们已经熟知在不同种族和民族群体之间,以及不同国家之间极端反应倾向会发生变化。例如,在美国,相较于非西班牙白人,拉丁裔美国人和非裔美国人一贯表现出较多的极端反应风格(extreme response style,ERS)。跨国之间的比较发现美国样本比东亚样本做出更多的极端反应,而比南非样本做出更少的极端反应。人们认为是几个潜在的文化过程导致了极端反应。他们提出的假设包括不同文化对人际交往过程中的真诚(sincerity)、节制(moderation)、谦虚(modesty)、乐于判断(willingness to be judgmental)、明晰(clarity)、自信(assertiveness)和果断(decisiveness)的强调存在差异,以及对西方科学传统内开发的调查工具的熟悉性不同。

极端反应的定义

Clarke 将 ERS 描述为"在多分类反应形式中,一些个体一贯使用量表的极端反应值的倾向"(2001,p.302)。Baumgartner 和 Steenkamp 也给出了类似的 ERS 定义,他们认为 ERS 是"不管内容如何,个体认同最极端的反应类型的倾向"(2001,p.145)。一些早期的心理学研究把 ERS 概念化为无法容忍含糊性的一个指标,他们指出"一个有着较高紧张水平的社会群体,相较于一个有着较低紧张水平的社会群体,将会有更高的极端反应得分"(Soueif,1958,p.329)。然而,接下来的几十年里,很少有研究者采用这种方式来定义 ERS。

众所周知,受教育较少的被试比那些受教育较多被试(Greenleaf,1992a;Marin et al.,1992;Warnecke et al.,1997),以及年龄较大的被试(Greenleaf,1992a;Holbrook et al.,2006)更多地认可极端反应。人们也认为当所讨论的话题对被试更加重要时,极端反应就更常见(Gibbons,Zellner,& Rudek,1999)。考虑到在许多情况下,特定话题的相关性可能会随着文化的不同而变化,那么 ERS 水平也会有所变化就不足为奇了。

正如在本章中所讨论的其他反应风格,ERS 倾向的文化差异可能会导致实证研究结果存在差异,而这些研究结果的差异是人为造成的而非实质性的。因而,从各种分析程序中得出的研究结果可能会产生偏差。例如,得分频数、标准差、项目间的相关以及因素结构都可能在不同群体间受到不同程度的影响(Arce-Ferrer,2006;Arce-Ferrer & Ketterer,2003;Chun,Campbell,& Yoo,1974),从而引入严重的测量误差。

极端反应风格的测量

有几种方法来测量极端反应。最常用的方法是通过估算被试选择极端反应选项的调查项目的比例来测量。这种方法通常使用为其他目的而开发的测量问卷进行评估(Bachman & O'Malley,1984;Biggs & Das,1973;Crandall,1982;Das & Dutta,1969)。然而,这种测量 ERS 的方法只反映了对最极端反应选项的偏好,并没有反映被试对极端或中度反应选项偏好的额外差异。此外,使用真实反应之间可能存在相关的条目或许会污染对 ERS 的这些测量造成干扰(Clarke,2000;Rutten,De Beuckelaer,& Weijters,2008)。这种 ERS 指标应该像分析二项式比例一样来处理,虽然它往往并没有被这样处理过(Gold,1975a,1975b;Greenleaf,1992b)。

其他测量 ERS 的方法包括估计平均反应的方差(Greenleaf,1992a;Hui & Triandis,1989;Kiesler & Sproull,1986),通常仍然使用为测量其他目的(如,测量个体差异)而编制的多项目量表。然而,这种方法通常还涉及对各相关项目之间方差的检验(如,一个已有量表的所有项目都测量同一个潜在概念),因此会导致对 ERS 评估的污染。

Greenleaf(1992b)建议不应该用已有的调查项目来测量 ERS,而应该在调查中包含一组特殊的项目来进行测量。于是,他开发了一种测量方法通过使用一个量表来设法避免污染问题,在此量表中,(a)项目之间的相关是最小的;(b)被试对这些项目选择某一极端反应的比例相似并且已知;(c)"已建立的随机技术和统计模型"可以用来评估内部一致性或聚合效度。

尽管这种方法使得对 ERS 的测量没有了污染或误差的干扰,但是这种方法的使用仍然在许多方面有所限制。首先也是最明显的局限性是,不能用它来评估不包含该量表的已有数据集中的 ERS。第二,使用这种测量方法需要在调查或者研究中加入一个16 个项目的量表,这有时在经济上是不可行的。此外,基于这个量表得出的结论的推广性可能是有限的。例如,这个量表使用的是六点李克特式反应选项,并且"其不打算测量具有不同点式或不同的反应间隔数的量表的 ERS"(Greenleaf,1992b,p.330)。此外,这些项目是以邮寄调查的方式实施的,所以可能无法推广到其他实测方式上。因此,我们并不清楚这个量表是否测量了在不同反应格式或模式间选择极端反应的普遍倾向。使用其他模式或反应形式的研究者可能需要采用 Greenleaf(1992b)所描述的程序来编制一种新的 ERS 量表。最后,Greenleaf 量表中的所有项目不大可能与跨文化群体的等值标准相关联。

其他测量 ERS 的方法使用了结构方程模型(structural equation modeling,SEM)和项目反应理论程序来创建一个潜在因素代表 ERS。例如,DeJong,Steenkamp,Fox 和 Baumgartner(2008)使用项目反应理论开发了一种测量 ERS 的方法,这种方法并没有假设所有项目在测量 ERS 时都是等效的,也不要求测量 ERS 的项目的有效性在不同群体间(如,国家或民族群体)是一样的。DeJong 等人还认为这种方法也可以让研究者使用现有的调查项目来测量 ERS,即使那些项目是有关联的(DeJong et al.,2008)。这样研究者就可以在测量 ERS 的时候,不需要包括为测量 ERS 专门编制的项目了(就像 Greenlea 编制的那些项目)。

Cheung 和 Rensvold(2000)使用 SEM 来评估 ERS 的测量模型是否在不同的文化群体中是不变的。Holbrook 等人(2006)认为尽管 ERS 被定义成是一种不顾项目内容的、对极端反应选项的偏好,以前研究所用的测量 ERS 的方法并没有减少用于测量 ERS 的项目内容所造成的污染。一种测量 ERS 的方法是采用验证性因素分析。用这种方法,对一系列问题的极端反应被看作是反映代表 ERS 的潜在变量的测量变量(潜在变量对每一个测量变量的影响都被设定为 1.0)。如果这个代表 ERS 的潜在因素的方差与零有显著差异,说明存在 ERS 上的个体差异(Holbrook et al.,2006)。将这种新的测量方法与前面描述的基于传统方法的测量相比较,这种测量 ERS 的方法在理论上表现出与人口统计学变量和人格变量之间存在更合理的联系。在文献中使用 SEM 来测量 ERS 是一种相对较新的方法,但是它显示了在跨文化背景下评估 ERS 的前景。

文化变量和极端反应

极端反应风格的跨文化差异

有几个研究证明了极端反应在美国境内的不同种族和民族群体间存在变化。Berg 和 Collier(1953)的早期研究报告了非裔美国男性大学生相较于白人男性大学生有着更高的 ERS 水平。然而,在非裔美国女性和白人女性之间,却没有发现差异。Bachman 和 O'Malley(1984)采用参与监测未来计划(the Monitoring the Future project)的几个具有全国代表性的青年样本,也证实了非裔美国青年相较于白人青年在几种不同的李克特量表中更可能选择极端反应类型。随后,Holbrook 等人(2006)在对 2004 年全国大选调查的数据进行分析时,报告称相较于非西班牙白人被试,非裔美国和拉美样本有更多的极端反应。Clarke(2001)也报告了相似的研究结果,即在美国的非裔美国大学生和拉美大学生相较于白人大学生有更高的 ERS 水平。Warnecke 等人(1997)对芝加哥成人样本的研究也报告了相对于非西班牙白人被试,墨西哥裔美国人和波多黎各人中有更高的 ERS 水平。研究者对患者评定的医疗服务等级进行比较也证实相较于非西班牙人,西班牙人有更多的极端反应(Weech-Maldonado et al.,2008)。另外,Hui 和 Triandis(1989)对西班牙裔和非西班牙裔的美国海军新兵进行比较,结果表明西班牙裔新兵有更高的 ERS 水平,但是这种情况只有回答五点量表时会出现,当使用十点量表时,没有发现极端反应的差异。

研究者在少数几个可获得的西亚和南亚样本之间进行的国际比较中也发现了 ERS 差异。Stening 和 Everett(1984)发现相对于美国被试,印度尼西亚、马来西亚、菲律宾和泰国被试有更多的极端反应。Marshall 和 Lee(1998)做的一项包括七个国家的研究也报告了跨国间的 ERS 差异,印度尼西亚和马来西亚的样本在 ERS 上的得分最高,澳大利亚、美国和新加坡样本在 ERS 上得分最低(新西兰和韩国得分居中)。但是,在菲律宾和美国大学生之间没有发现 ERS 得分上的差异(Grimm & Church,1999)。

相比之下,在西方和东方以及亚洲样本之间的比较普遍揭示了西方被试有更高的 ERS 水平。例如,Chun 等人(1974)发现在相较于类似的韩国学生样本,美国大学生样本中有更多的 ERS。C.Lee 和 Green(1991)报告了相似的研究结果。C.Chen,Lee,和 Stevenson(1995)发现相较于中国和日本学生,美国学生更多地使用极端反应类型。Zax 和 Takahashi(1967),以及 Wang 等人(2008)报告了相似的研究结果。一项对四个国家的消费者样本进行比较的研究发现,相较于来自中国、韩国和泰国的消费者,那些来自美国的消费者更可能使用 9 点量表的全部等级(Yeh et al.,1998)。Dolnicar 和 Grun (2007)对澳大利亚和亚洲(主要是中国)样本进行比较发现,澳大利亚被试有更高的 ERS 得分。在美国也报告了与这些结果相一致的研究结果。Grandy(1996)的研究发现,相较于白人,亚裔美国大学生常常避开选择量表的极端点。Gibbons,Hamby 和 Dennis(1997)发现了相似的结果,即美国出生的大学生相较于同校的主要包括东亚留学生的样本,有更高的 ERS 得分。J.W.Lee,Jones,Mineyama 和 Zhang(2002)在对南加利福尼亚的高加索和东亚(中国和日本)消费者样本的比较中也发现了相似的结果。

　　Iwata,Roberts 和 Kawakami(1995)在一项研究中,比较日本和美国成年人样本对流行病学研究中心的抑郁量表(the Centers for Epidemiologic Studies Depression Scale, CES-D)的反应,报告了相似的研究结果。然而,这个研究发现美国被试只在积极项目上(如,感觉良好、幸福等症状)有更高的 ERS 得分。当被试对消极词汇描述的问题(如,感觉害怕或者失败)进行反应时,就没有发现选择极端值的差异。Iwata 和同事对这些研究结果的解释是由于日本的传统文化(以及集体主义)强调要谦虚的低估个人品质来维持社会和谐。因此,Iwata 等人的研究表明组间差异可能更多地由自我表征风格上的文化差异所驱动,而不是由对调查项目反应格式的熟悉性所驱动。与这些研究结果相一致的是,另一项研究发现美国华人对积极描述的项目更倾向于不做反应(Ying,1989)。

　　本节中我们所回顾的跨多种文化研究报告的结果形式与 Harzing(2006)最近实施的一个大规模研究所得的结果是一致的。Harzing 对 26 个国家的反应风格进行考察,她特别指出相较于来自中国台湾、日本、中国香港和中国大陆的东亚样本,美国被试有更多的 ERS。她还发现南亚的马来西亚和印度以及来自墨西哥和其他几个拉丁美洲国家的被试,相较于美国被试,有着更多的极端反应。

　　Harzing(2006)对欧洲不同区域进行研究发现,相较于北欧、西欧和东欧各国,在南欧和说拉丁语的国家有着更高水平的 ERS。这些研究结果也支持了几项包括欧洲国家样本的研究所得的结果。在这些研究中,有一项研究是由 Brengelmann(1959)实施的最早对 ERS 进行的比较研究,他对英国和德国样本的反应风格进行了比较。结果表明,相较于英国被试,德国被试系统地做出更多极端反应。Triandis 和 Triandis(1962)做了另一项早期的跨国研究,结果发现相较于美国学生,希腊学生有更多极端反应。一个比较新的研究对六个欧洲国家的调查数据进行检验(Van Herk 等,2004)得出的结论是,相较于法国、德国和英国这些欧洲西北部的国家,ERS 在希腊、意大利和西班牙这些地中海国家中更加普遍。然而,也有研究发现法国学生比澳大利亚学生有更多极端反应(Clarke,2001)。

　　为数不多的研究调查了非洲和中东人口的 ERS 模式。Moors(2003)报告称比利时的摩洛哥籍移民相较于那些土耳其背景的人更可能选择极端反应(Moors,2003)。这两个少数民族群体中那些在口语或阅读能力上（或者两者皆有）精通一种比利时语言的人更可能认可极端反应选项。相反的，Shapiro, Rosenblood, Berlyne 和 Finberg（1976）在以色列的一项研究表明，相较于摩洛哥的阿拉伯同龄人，贝都因青年有更高的 ERS 水平（这些人被认为有更多的西方取向）。人们认为这些研究结果是由于接触英语的程度不同而造成的。在缺少来自相似总体的其他实证研究证据的情况下，这些矛盾的研究结果很难调和。

文化过程和极端反应风格

人们提出了几个机制来揭示文化因素和 ERS 之间的联系。Chen 等人（1995）提出在调查问卷中东亚被试较低倾向地选择极端反应选项可能是因为东亚人受儒家哲学所强调的中庸概念的影响，以及受个体不应该在社会群体中脱颖而出这些信念影响的结果。Si 和 Cullen（1998）提出了类似的观点，认为亚洲文化强调中立和避免极端。这与东亚强调相互依赖（Markus & Kitayama, 1991）、不评判（Riordan & Vandenberg, 1994）、害羞（Hoy, 1993）、谦虚的自我表征（Farh, Dobbins, & Cheng, 1991；Kitayama, Markus, Matsumoto, & Norasakkunit, 1997）相一致。有研究者还提出，对极端反应选项有高反应倾向的文化是那些强调真诚和信念的文化（Arce-Ferrer & Ketterer, 2003；Clarke, 2001；Gibbons et al., 1999），以及那些有着较高的紧张水平和相应的对模糊性不容忍的文化（Soueif, 1958）。研究者还探讨了用东西方文化在辩证思维上的差异来解释极端反应上的差异。

对文化适应过程的考察也许有助于我们深入理解文化是如何影响 ERS 的。例如，英语—西班牙双语者在接受西班牙语采访时比用英语采访表现出更多的极端反应偏好（Gibbons et al., 1999）。Marin 等人（1992）得出了与此一致的结果，报告称拉美裔美国人的 ERS 与他们的文化适应水平存在负相关。也就是说，拉美移民越适应美国社会，他们认可极端反应的倾向越少。Marin 和他的同事对这些研究结果的解释是认为这些结果符合众所周知的同情（simpatia）这一基本的拉丁文化脚本（Triandis et al., 1984），即他们认为"当个体使用反映他们非中性感受的极端反应时，可以使人际互动更加流畅并能够对群体的需要作出更多的反应"（Marin et al., 1992, p. 508）。Wang 等人（2008）报告了相似的趋势，即发现在美国出生的亚洲学生相较于其他国家出生的亚洲学生更经常选择量表的极端值。

Arce-Ferrer（2006）进一步假设拉美人更高的 ERS 偏好也许是强调高语境信息的集体主义交流模式与潜藏在调查问题结构中的更直接的个体主义原则之间不一致的结果。事实上，常见的调查问题设计建议都强调了清晰明确地描述调查问题的重要性（Bradburn 等, 2004），并且在高语境文化群体中收集调查数据时，假设直接沟通风格的共性可能是不合理的（Oyserman, Coon, & Kemmelmeier, 2002）。因此，Arce-Ferrer 提出在更集体主义的总体中，由于对西方风格的调查等级评定量表熟悉度较低，以及其脱离语境的格式中固有的模糊性都可能导致被试使用语言的精确度降低,以及运用顺序式李克特反应量表的熟练度降低。McQuiston,Larson,Parrado 和 Flaskerud(2002)也提供证据说明对于刚刚移民的墨西哥人来说,李克特式调查问题格式可能会令他们感到非常困惑。Flaskerud 也表达过相似的观点,在观察到中美洲移民和越南移民在使用李克特量表的反应选项时都存在困难后,他提出"李克特量表试图测量的差异程度对于一些文化群体来说是没有意义的"(1988,p.186)。

Hofstede 提出的几个文化维度也被实证证明与极端反应风格有关。例如,Naemi,Beal 和 Payne(2009)开发的对不确定性不容忍的个体差异测量,发现在美国大学生样本中,该个体差异与极端反应存在关联。Marshall 和 Lee(1998)报告了 ERS 与对三个项目测量的个人主义和六个项目测量的虔诚度的反应之间都存在正相关。C.Chen 等人(1995)对日本、中国台湾和美国学生的研究也发现了在个人主义测量与认可极端反应选项的可能性之间存在正相关。另一个证据还有 Gibbons 等人(1997)的研究,他们报告了 ERS 与对女性角色持有较少传统态度之间存在相关,这个发现与认为极端反应选项的使用与个人主义取向相关这一观点相一致。Lamm 和 Keller(2007)的研究中,运用量表测量了教养方式的文化模式,结果发现相较于那些生活在独立或自主取向的国家中的母亲,生活在相互依存取向的国家中的母亲有着更多的 ERS 反应。Lamm 和 Keller 把这个研究结果解释为这与将 ERS 理解为对"公理化的、规则化的、共同分享的信念"的表达相一致(2007,P.54)。DeJong 等人(2008)在对来自 26 个国家的样本进行多层次分析时,也报告了在 ERS 和个人主义之间存在正相关。然而,在一项更复杂的包括多层模型的研究中,P.B.Smith 和 Fisher(2008)报告了互依型个体不太可能选择极端反应,但当他们融入个人主义文化环境时,这种情况尤其明显。

研究发现与 ERS 存在正相关的还有国家层面上的不确定性回避(DeJong et al.,2008;Harzing,2006;van de Vijver et al.,2004)、权利距离(Johnson et al.,2005)和男子气概(masculinity)(DeJong et al.,2008;Johnson et al.,2005)。总体来讲,这些研究结果表明,极端反应是那些重视与众不同、独立、竞争、自信、果断和真诚行为以及对模糊性有低容忍度(Hamilton,1968;Marin et al.,1992)的文化所特有的。本章没有进行讨论的另一种反应风格,即对中间反应选项的偏好,可能在重视谦虚、节制、人际和谐和敏感的文化中更常见(Chia,Allred,& Jerzak,1997)。对中间反应风格文献的综述,请见 Yang,Harkness,Chin 和 Villar 等人写的论文(2010)。

反应风格中文化变异性的应对策略

人们已经提出了许多种策略,作为调整调查反应风格中的组间差异的可能方法。已经考虑到的有三套一般策略。第一套策略强调要仔细注意调查项目和量表的设计,希望能借此消除或者把反应风格的影响降到最小。第二套策略涉及解决收集调查数据的社会环境因素,这些因素可能鼓励个体作出 ARS 和 SDR。第三套策略包括几种分析策略,这些分析策略用来检测或者调整不同群体间反应风格的差异。在这里我们对这些推荐的策略进行简单回顾。我们建议那些关注反应风格中的文化变异性的研究者,在设计测量工具和收集数据时,除了使用分析解决方案之外,还要解决这个问题(即反应风格中的组间差异问题)。

问卷设计策略

有许多种问卷设计建议旨在把反应风格的跨群组差异降到最小。例如,为了把社会称许性反应降到最小,Jones(1963)建议避免使用那些可能会引起社会称许性反应的问题。T.W.Smith(2003)建议制定问题框架,把社会称许性反应的威胁和可能性降到最低。Mitchell(1973)建议在编制调查问题时不应该使用"道德的"词汇,因为这些词汇也可能鼓励个体作出社会称许性反应。更多详细的建议,也可以参阅 Bradburn 等人的论文(2004)。

为了避免 ARS,Converse 和 Presser(1986)建议在编制调查项目时,不要用"同意—不同意"的问题反应形式。Krosnick(1999)发现是—否和真—假反应形式也容易导致ARS,并且建议为了最大限度地降低默认反应,可以使用迫选反应形式。研究者们通常还建议为了消除或者把默认的影响减到最小,可以使用包含积极词汇和消极词汇描述的平衡问题集的测量量表(Cloud & Vaughan, 1970;Jackson, 1967;Javeline, 1999;Knowles & Nathan, 1997;Messick, 1991;Mirowsky & Ross, 1991;Ray, 1979;Watson, 1992)。然而,Triandis(1972)提醒到反向计分的项目可能在不同文化中会有不同的中性点(neutral points),这将进一步使分析和比较复杂化。Wong 等人(2003)使用一个编制好的美国消费者量表时发现,尽管在美国,正向描述的项目和反向描述的项目基本上是等值的(通过评估项目间的相关而获知),但是对于泰国、日本、新加坡和韩国的被试来说,它们似乎表征了不同的概念。因此,Wong 等人竭力主张跨文化使用混合描述的量表时要谨慎。

其他最大限度地减少 ERS 的建议还包括使用等级排序反应形式(ranking response format),而不是等级评定反应形式(rating response format)(Van Herk,2000),尽管被试在回答等级排序项目(ranking item)时可能有更多困难。Diamantooulos,Reynolds 和 Simintiras(2006)的研究还发现 ERS 差异与调查项目所使用的人称代词的类型有关,指出使用第三人称的项目相较于使用第一人称的项目,较少引起极端反应。另外一个由几位研究者提出的建议是把李克特式量表的长度缩减成二元格式(Cronbach,1946,1950;T.M.Smith,2003)。但是有趣的是,还有一些证据表明增加反应分类的数量,而不是减少其数量,可能是最小化 ERS 的最佳策略。Hui 和 Triandis(1989)的实验研究提出,把呈现给被试的反应选项数量从 5 个增加到 10 个时,不同文化群体间的 ERS 差异就会减少或完全消除。Clarke(2001)做了相似的研究,但是他的研究结果却表明,事实上,随着被试可做出的反应选择数量的增加,极端反应的跨国变异性可能会增加。

数据收集策略

有很多文献表明调查被试的民族和种族可能与研究者的民族与种族存在相互作用,从而产生默认或社会称许性反应,尤其是当研究问题侧重于与民族或者种族有关的主题的时候(Anderson, Silver, & Abramson, 1988; Schuman & Converse, 1971; Stokes - Brown, 2006)。对此可能的解释包括,被试在回答此类问题时,可能会遵从他感知到的来自不同文化背景的主试的思想、感受或观点(Lenski & Leggett, 1960);被试可能希望以一种积极的或者社会称许的方式表现自己(Crowne & Marlowe, 1960);可能因为种族刻板印象被主试的种族或者民族激活了(Davis & Silver, 2003);或者可能因为文化价值观规定了对陌生人要有礼貌(Jones, 1963)。为了解决这些问题,许多调查研究者有意地将被试与有着相似的种族或者民族背景的主试(Schaeffer, 1980; Vernon, Roberts, & Lee, 1982)或者与本土的主试(Bloom & Padilla, 1979)相匹配,希望被试可以更加自在,促使被试更坦白,从而把跨文化交流的不确定性降至最低(Brislin, 1986)。尽管这是一种常见的方法,但是一些人认为,在对隐私要求很强的社区进行研究时,使用外来的主试可能更可取些(Ferketich, Phillips, & Verran, 1993)。

另一种解决 SDR 的常用策略是在回答调查问题时,增加被试的隐私和匿名性;许多证据表明在更加隐私或匿名的情况下,社会称许性反应偏差会减小(e. g., Himmelfarb & Lickteig, 1982; Paulhus, 1984; Tourangeau & Smith, 1996; Warner, 1965)。有各种方法可以操纵被试回答问题的隐私性和匿名性,包括实施调查问题的方式、运用随机反应技术(randomized response technique, RRT; e.g. Warner, 1965)和项目计数技术(the item - count technique, ICT; e.g., Droitcour et al., 1991; Miller, Harrel, & Cisin, 1986),项目计数技术是让被试在主试或研究者不知道他们反应的情况下匿名地回答调查问题。有大量证据表明,自填问卷的调查会导致更多地报告不受欢迎的态度、信念和行为,而更少地报告受欢迎的态度、信念和行为(e. g., Aquilino, 1992; Aquilino & LoSciuto, 1990; Tourangeau & Smith, 1996;参阅 Bradburn et al., 2004,综述性文章)。同样地,还有像 RRT 和 ICT 等技术,研究表明相较于直接的自我报告,这些技术都能减少社会称许性反应(e. g., Buchman & Tracy, 1982; Dalton, Wimbush, & Daily, 1994; Franklin, 1989; Himmelfarb &Lickteig, 1982)。然而,在跨文化研究中却很少用这些技术解决 SDR 问题。

统计调整策略

40 多年前,D.H.Smith(1967)在分析调查数据时认识到,解决反应风格的跨文化变异性这一问题的重要性。如今，有几种统计方法可以用作调整不同群体间的 SDR、ARS 和 ERS 差异的策略，这几种统计方法中许多方法最初都是在单一文化背景中发展起来的。

对社会称许性（Middleton & Jones，2000；Paulhus，1981，1991；Pleck，Sonenstein，& Ku，1996）、ARS（Vernon et al.，1982）或者 ERS（Greenleaf，1992b）进行标准化测量的统计调整是一种简单又常用的方法，它试图弥补不同群体间的反应风格差异。然而，一些研究者发现这种统计调整方法是无效的（Dijkstra，Smit，& Comijs，2001；Ellingson，Sackett，& Hough，1999）。潜在建模法也被研究者所运用。Watson（1992）、Billiet 和 McClendon（2000），以及 Mirowsky 和 Ross（1991）都通过 SEM 确定了一个普遍的 ARS 维度，可以作为一个协变量纳入到实际分析中。Welkenhuysen-Gybels、Billiet 和 Cambre（2003）也提出了一个类似的方法，在评估跨文化群体的测量等值性时，对 ARS 进行控制。Moor（2003）使用一个相关潜类别因素法（related latent-class factor approach）来识别和调整 ERS.

另一种流行的方法是直接对被认为受反应风格偏差影响的测量进行修正。例如，Greenleaf（1992a）描述了一种方法用平均数对项目得分进行修正来调整 ARS。Leung 和 Bond（1989）、Hofstede（2001），以及 P.B.Smith（2004）使用了其他的项目形式和量表标准化形式。然而，Harzing（2006）提醒说这些方法也可能会消除了实际存在的真正的差异。其他研究者试图通过开发重新调整的自模（如等级排列）测量（ipsative measure）来避免默认和极端反应效应，因为自模测量被认为不太容易受这些偏差形式的影响（Cunningham，Cunningham，& Green，1977；Schuman & Presser，1981；Toner，1987）。Fischer（2004）、Hofstee、ten Berge 和 Hendriks（1998），并且 van de Vijver 和 Leung（1997）都对这些问题进行了深入的述评，并提供了额外的问卷评分程序，以便纠正默认和极端反应。

最新研究动向

尽管有关文化在调查反应风格中的作用已经很快积累了大量的证据，但是，许多证据都与个人主义和集体主义社会之间的广泛区别有关。这种区别有着深刻的重要意义，因此代表了跨文化比较中最广泛使用的文化变异性的维度（Gudykunst & Ting-Toomey，1988）。但是，任何广泛使用的维度所提供的深入了解都是有局限性的。进一步的精益求精可以激发新的见解，并对文化和消费者现象之间的联系提供更细致入微的理解（Maheswaran & Shavitt，2000）。

例如，最近有研究提出一个相对比较新的文化区别的重要意义。Triandis 和他的同事们（Singelis，Triandis，Bhawuk，& Gelfand，1995；Triandis，1995；Triandis，Chen，& Chan，1998；Triandis & Gelfand，1998）提出那些嵌套在每一种个人主义或集体主义文化类别

中的社会,一些社会是横向的(重视平等),而其他社会则是纵向的(强调等级制度)。这个区别类似于国家层面上的权利距离概念(Hofstede,1980,2001),但是两者在概念和结构上存在着重要的区别(参阅 Shavitt et al.,2006)。

尽管横向—纵向区别的重要作用有时会被把这种区别和其他维度混为一谈的方法所掩盖,但是,它产生的影响与那些和个人主义—集体主义有关的维度产生的影响截然不同。许多不同的研究得出的结果都支持对等级制度和地位动机的差异进行考察有助于理解个人和文化价值观、社会知觉以及自我表征模式(例如,Shavitt, Johnson, & Zhang,in press;Torelli & Shavitt,in press;还可参阅 Shavitt et al.,2006,所撰写的一篇综述)。例如,具有横向集体主义文化取向的人们强调社交能力(sociability)、仁爱和合作,多项调查结果显示其特点是倾向于从事印象管理。但是,纵向集体主义取向的人们强调地位、责任和遵从(conformity),尤其不可能关注印象管理(Lalwani et al.,2006)。有人可能会推测纵向集体主义取向反而更能预测可能包括默认反应的顺从反应,特别是当调查由被试感到对其有义务或责任的个人或组织参与的时候。

具有横向个人主义取向的人们强调自我胜任感(self competence)、自我指导和独立性,他们具有做出自欺性提升(SDE)的倾向性。与此相反,那些具有纵向个人主义取向的人们强调地位、成就和个人权利(Torelli & Shavitt,出版中),他们不太可能表现出SDE(Lalwani et al.,2006)。因此,人们可能会推测,纵向个人主义取向更能预测一个人的成就和竞争成功的称许性自我呈现,以及更大倾向于采用极端反应类型,而更小倾向于做出默认回答。

最近对"地位差异"(status differentiation)这个密切相关的概念的研究表明,这个维度除了解释集体主义等其他价值观的作用外,也解释了跨国家差异的独特变异。在这项研究中,研究者编制了一个 20 个项目的量表来考察个体如何根据自己与他人地位的不平等来区分自己的自我调节与自己对他人的自信行为。研究结果表明人们区别对待比自己地位低和高的人方面存在文化差异,日本被试比美国和韩国被试表现出更多的等级地位差异形式。因此,当被试感觉访谈者或调查机构的地位比自己高时,地位差异可能就与他们对访谈者或调查机构的默认反应倾向有关。而当被试感觉访谈者或调查机构的地位比自己低时,地位差异可能就与他们对访谈者或调查机构的自信和极端反应倾向有关。

总之,横向和纵向个人主义和集体主义概念,以及地位差异这一相关维度都有希望能够阐明权利和地位动机如何影响调查的反应风格。在不同文化中这些变量对调查反应风格的影响非常值得进一步研究。

讨 论

这一章综合讨论了大量日益增长的研究证据,这些证据表明在几个普遍认可的调查反应风格中,文化是一个重要的调节变量,这几个调查反应风格包括默认、极端反应和社会称许反应。这类研究吸取了不同学科领域的精华,产生了大体一致的结果模式,例如,广义上讲,社会称许反应(SDR)在社会中比较弱势的文化群体和不同国家间更传统的文化中(如集体主义文化)似乎更常见些。同样地,默认反应在国家内文化中的少数民族群体里和来自更集体主义和不确定性回避型的国家的被试中都更普遍些。在西方和东亚文化之间也表现出极端反应的系统差异。这些研究结果可能代表不同程度的个人主义和不确定性回避(但是,美国的白种人和少数民族群体间的极端反应风格上的差异还没有得到很好地理解)。

考虑到在研究实践中对每种反应风格采用的多种测量方法,这些研究结果基本上是一致的,这是非常值得关注的。但是,到目前为止,已经确定的反应风格中的一些文化变异性可能与基于文化的调查问题的解释方式差异或跨文化的实质性差异相混淆。此时,一个普遍的局限性是所回顾的大多数反应风格测量的跨文化比较都没有考察测量等值的作用。尽管这是一个一般都要考虑的问题,但是对社会称许性测量进行跨文化比较时,这个问题似乎特别令人质疑。未来研究要特别重视解决所忽视的这个问题。

几乎所有关于调查反应风格中文化变异性的研究在本质上都是机会主义的,研究者认识到这一点也是非常重要的。我们知道几乎很少有研究设计是为了明确地调查反应风格的跨文化变异性(c.f., Lalwani et al., 2006)。相反,大多数研究似乎包含了创造性地对实质性调查数据进行二次分析,而这些调查数据主要为了其他目的而收集的。尽管这些分析非常有用,能够提供大量的信息,但是如果不专门设计针对反应风格跨文化差异这些问题的研究,这些分析可能也很难取得进一步的进展。也许最重要的是研究清楚地记录了不能识别出或恰当地调整调查反应风格中的跨文化差异是如何会导致错误推论的。尽管文献中无疑是存在此类问题的,但是我们在这里评述的研究采用专门为测量某个或更多反应风格而设计的量表,仅仅只能成功地记录文化差异。而这些文化差异实际上改变了对实质性测量的解释的例子则相对较少(尽管在Iwata等人的研究中可以看到此类研究实例,1995)。

最后,我们应该承认还有其他几种与调查有关的反应风格在本章中没有提到。这些反应风格包括中等反应风格(middling response style)(Chia et al., 1997;Si & Cullen, 1998)、不默认(disacquiescence)(Baumgartner & Steenkamp, 2001)、无区别的(nondifferentiation)(Holbrook et al., 2003)和随机(random)或非一致性的(noncontingent)的反应(Watkins & Cheung, 1995)。迄今为止,相对地,这些反应风格很少受到注意,因此,人们几乎不知道这些调查反应模式中的文化作用。

参考文献

Abe, J. S., & Zane, N. W. S. (1990). Psychological maladjustment among Asian and White American college students: Controlling for confounds. *Journal of Counseling Psychology,37,*437-444.

Abramson, P.R., & Claggett, W. (1986). Race-related differences in self-reported and validated turnout in 1984. *Journal of Politics,48,*412-422.

Adams, S.A., Matthews, C.E., Ebbeling, C.B., Moore, C.G., Cunningham, J.E., Fulton, J., et al. (2005). The effect of social desirability and social approval on self-reports of physical activity. *American Journal of Epidemiology,161,*389-398.

Aday, L.A., Chiu, G.Y., & Andersen, R. (1980). Methodological issues in health care surveys of the Spanish heritage population. *American Journal of Public Health,70,*367-374.

Anderson, B.A., Silver, B.D., & Abramson, P.R. (1988). The effects of race of the interviewer on measures of electoral participation by blacks in SRC National Election Studies. *Public Opinion Quarterly,52,* 53-83.

Aneshensel, C.S., Frerichs, R.R., Clark, V.A., & Yokopenic, P.A. (1982). Measuring depression in the community: A comparison of telephone and personal interviews. *Public Opinion Quarterly,46,*110-121.

Aquilino, W.S. (1992). Telephone versus face-to-face interviewing for household drug use surveys. *International Journal of Addiction,27,*71-91.

Aquilino, W.S. (1998). Effects of interview mode on measuring depression in younger adults. *Journal of Official Statistics,14,*15-29.

Aquilino, W.S., & LoSciuto, L.A. (1990). Effects of interviewmode of self-reported drug use. *Public Opinion Quarterly,54,*362-395.

Arce-Ferrer, A.J. (2006). An investigation into the factors influencing extremeresponse style: Improving meaning of translated and culturally adapted rating scales. *Educational and Psychological Measurement,66,* 374-392.

Arce-Ferrer, A.J., & Ketterer, J.J. (2003). The effect of scale tailoring for crosscultural application on scale reliability and construct validity. *Educational and Psychological Measurement,63,*484-501.

Arkoff, A., Thaver, F., & Elkind, L. (1966). Mental health and counseling ideas of Asian and American students. *Journal of Counseling Psychology,13,*219-223.

Bachman, J.G., & O'Malley, P.M. (1984). Yea-saying, nay-saying, and going to extremes: Black-White differences in response style. *Public Opinion Quarterly,48,*491-509.

Banta, T.J. (1961). Social attitudes and response styles. *Educational and Psychological easurement,21,* 543-557.

Bass, B.M. (1955). Authoritarianism or acquiescence? *Journal of Abnormal and Social Psychology,51,* 616-623.

Baumgartner, H., & Steenkamp, J.-B.E.M. (2001). Response styles in marketing research: A cross-national investigation. *Journal of Marketing Research,38,*143-156.

Berg, I.A., & Collier, J.S. (1953). Personality and group differences in extreme response sets. *Educational and Psychological Measurement,13,*164-169.

Bernardi, R.A. (2006). Associations between Hofstede's cultural constructs and social desirability response bias. *Journal of Business Ethics,65,*43-53.

Biggs, J.B., & Das, J.P. (1973). Extreme response set, internality-externality, and performance. *British*

Journal of Social and Clinical Psychology,*12*,99-210.

Billiet,J.B.,& McClendon,M.J.(2000).Modeling acquiescence in measurement models for two balanced sets of items.*Structural Equation Modeling*,*7*,608-628.

Blair,E.,Sudman,S.,Bradburn,N.M.,& Stocking,C.(1977).How to ask questions about drinking and sex:Response effects in measuring consumer behavior.*Journal of Marketing Research*,*14*,316-321.

Bloom,D.,& Padilla,A.M.(1979).A peer interviewer model in conducting surveys among Mexican-American youth.*Journal of Community Psychology*,*7*,129-136.

Bond,R.,& Smith,P.B.(1996).Culture and conformity:A meta-analysis of studies using Asch's (1952b,1956)line judgment task.*Psychological Bulletin*,*119*,111-137.

Bradburn,N.M.,& Sudman,S.(1979).Reinterpreting theMarlowe-Crowne scale.In N.M.Bradburn & S. Sudman(Eds.), *Improving interview method and questionnaire design* (pp.85 - 106).San Francisco: Jossey-Bass.

Bradburn,N.,Sudman,S.,& Wansink,B.(2004).*Asking questions:The definitive guide to questionnaire design-For market research,political polls,and social and health questionnaires* (rev ed.).San Francisco: Jossey-Bass.

Brengelmann,J.C.(1959).Differences in questionnaire responses between English and German nationals. *Acta Psychologica*,*16*,339-355.

Brislin,R.W.(1986).The wording and translation of research instruments.In W.J.Lonner & J.W.Berry (Eds.),*Field methods in cross-cultural research* (pp.137-164).Beverly Hills,CA:Sage.

Buchman,T.A.,& Tracy,J.A.(1982).Obtaining responses to sensitive questions:Conventional questionnaire versus randomized response technique.*Journal of Accounting Research*,*20*,263-271.

Chen,C.,Lee,S.-Y.,& Stevenson,H.W.(1995).Response style and cross-cultural comparisons of rating scales among East Asian and North American students.*Psychological Science*,*6*,170-175.

Chen,G.-M.(1995).Differences in self-disclosure patterns among Americans versus Chinese:A comparative study.*Journal of Cross-Cultural Psychology*,*26*,84-91.

Cheung,G.W.,& Rensvold,R.B.(2000).Assessing extreme and acquiescence response sets in cross-cultural research using structural equations modeling.*Journal of Cross-Cultural Psychology*,*31*, 187-212.

Chia,R.C.,Allred,L.J.,& Jerzak,P.A.(1997).Attitudes toward women in Taiwan and China.*Psychology of Women Quarterly*,*21*,137-150.

Chun,K.-T.,Campbell,J.B.,& Yoo,J.H.(1974).Extreme response style in cross-cultural research:A reminder.*Journal of Cross-Cultural Psychology*,*5*,465-480.

Church,A.T.(1987).Personality research in a non-Western culture:The Philippines.*Psychological Bulletin*,*102*,272-292.

Clark,L.R.,Brasseux,C.,Richmond,D.,Getson,P.,& D'Angelo,L.J.(1997).Are adolescents accurate in self-report of frequencies of sexually transmitted diseases and pregnancies? *Journal of Adolescent Health*, *21*,91-96.

Clarke,I.,III.(2000).Extremeresponse style in cross-cultural research:An empirical investigation. *Journal of Social Behavior & Personality*,*15*,137-152.

Clarke, I., III. (2001). Extremeresponse style in cross-cultural research. *International Marketing Review*, *18*, 301–324.

Clausen, A.R. (1968). Response validity-Vote report. *Public Opinion Quarterly*, *32*, 588–606.

Cloud, J., & Vaughan, G. M. (1970). Using balanced scales to control acquiescence. *Sociometry*, *33*, 193–202.

Colon, H.M., Robles, R.R., & Sahai, H. (2001). The validity of drug use responses in a household survey in Puerto Rico: Comparison of survey responses of cocaine and heroin use with hair tests. *International Journal of Epidemiology*, *30*, 1042–1049.

Converse, J.M., &Presser, S. (1986). *Survey questions: Handcrafting the standardized questionnaire.* Thousand Oaks, CA: Sage.

Crandall, J.E. (1982). Social interest, extreme response style, and implications for adjustments. *Journal of Research in Personality*, *16*, 82–89.

Crandall, V.C., Crandall, V.J., & Katkovsky, W. (1965). A children's social desirability questionnaire. *Journal of Consulting Psychology*, *29*, 27–36.

Cronbach, L.J. (1942). Studies of acquiescence as a factor in the true-false test. *Journal of Educational Psychology*, *33*, 401–415.

Cronbach, L.J. (1946). Response sets and test validity. *Educational and Psychological Measurement*, *6*, 475–494.

Cronbach, L.J. (1950). Further evidence on response sets and test design. *Educational and Psychological Measurement*, *10*, 3–31.

Crowne, D.P., &Marlowe, D. (1960). A new scale of social desirability independent of pathology. *Journal of Consulting Psychology*, *24*, 349–354.

Cunningham, W., Cunningham, I.C., & Green, R.T. (1977). The ipsative process to reduce response set bias. *Public Opinion Quarterly*, *41*, 379–394.

Dalton, D.R., Wimbush, J.C., & Daily, C.M. (1994). Using the unmatched count technique(UCT) to estimate base rates for sensitive behavior. *Personnel Psychology*, *47*, 817–828.

Das, J.P., & Dutta, T. (1969). Some correlates of extreme response set. *Acta Psychologica*, *29*, 85–92.

Davis, D.W., & Silver, B.D. (2003). Stereotype threat and race of interviewer effects in a survey on political knowledge. *American Journal of Political Science*, *47*, 33–45.

DeJong, M.G., Steenkamp, J.-B.E.M., Fox, J.P., & Baumgartner, H. (2008). Using item response theory to measure extreme response style in marketing research: A global investigation. *Journal of Marketing Research*, *45*, 104–115.

Deutcher, I. (1973). Asking questions: Linguistic comparability. In D. Warwick & S. Osherson (Eds.), *Comparative researchmethods* (pp.163–186). Englewood Cliffs, NJ: Prentice-Hall.

Diamantopoulos, A., Reynolds, N.L., & Simintiras, A.C. (2006). The impact of response styles on the stability of cross-national comparisons. *Journal of Business Research*, *59*, 925–935.

Diers, C.J. (1965). Social-desirability ratings of personality items by three subcultural groups. *Journal of Social Psychology*, *67*, 97–104.

Dijkstra, W., Smit, J.H., & Comijs, H.C. (2001). Using social desirability scales in research among the elderly.*Quality & Quantity*,*35*,107-115.

Dohrenwend,B.(1966).Social status and psychological disorder:An issue of substance and an issue of method.*American Sociological Review*,*31*,14-34.

Dolnicar,S.,& Grun,B.(2007).Cross-cultural differences in survey response patterns.*International Marketing Review*,*24*,127-143.

Droitcour,J.,Caspar,R.A.,Hubbard,M.L.,Parsley,T.L.,Visscher,W.,& Ezzati,T.M.(1991).The item count technique as a method of indirect questioning:A review of its development and a case study application. In P.B.Biemer,R.M.Groves,L.E.Lyberg,N.A.Mathiowetz,& S.Sudman(Eds.),*Measurement errors in surveys* (pp.185-210).New York:Wiley.

Edwards,A.L.(1957).*The social desirability variable in personality assessment and research*.New York: Druiden Press.

Edwards,D.,& Riordan,S.(1994).Learned resourcefulness in Black and White South African university students.*Journal of Social Psychology*,*134*,665-675.

Ellingson,J.E.,Sackett,P.R.,& Hough,L.M.(1999).Social desirability corrections in personality measurement:Issues of applicant comparison and construct validity.*Journal of Applied Psychology*,*84*,155-166.

England,G.W.,& Harpaz,I.(1983).Some methodological and analytic considerations in cross-national comparative research.*Journal of International Business Studies*,*14*,49-59.

Evans,R.I.,Hansen,W.B.,& Mittlemark,M.B.(1977).Increasing the validity of self-reports of smoking behavior in children.*Journal of Applied Psychology*,*62*,521-523.

Eysenck,H.J.,& Eysenck,S.B.G.(1964).*The manual of the Eysenck Personality Inventory*.London:University of London Press.

Farh,J.,Dobbins,G.H.,& Cheng,B.(1991).Cultural relativity in action:A comparison of self-ratings made by Chinese and U.S.workers.*Personnel Psychology*,*44*,129-147.

Fendrich,M.,Johnson,T.P.,Hubbell,A.,& Spiehler,V.(2004).The utility of drug testing in epidemiological research:Results from an ACASI general population survey.*Addiction*,*99*,197-208.

Ferketich,S.,Phillips,L.,& Verran,J.(1993).Development and administration of a survey instrument for cross-cultural research.*Research in Nursing & Health*,*16*,227-230.

Fischer,R.(2004).Standardization to account for cross-cultural response bias:A classification of score adjustment procedures and review of research in JCCP.*Journal of Cross-Cultural Psychology*,*35*,263-282.

Fisher,G.(1967).The performance of male prisoners on the Marlowe-Crowne social desirability scale: II.Differences as a function of race and crime.*Journal of Clinical Psychology*,*23*,473-475.

Flaskerud,J.(1988).Is the Likert scale format culturally biased? *Nursing Research*,*37*,185-186.

Franklin,L.A.(1989).Randomized response sampling from dichotomous populations with continuous randomization.*Survey Methodology*,*15*,225-235.

Fritz,M.F.(1927).Guessing in a true-false test.*Journal of Educational Psychology*,*18*,558-561.

Gibbons,J.L.,Hamby,B.A.,& Dennis,W.D.(1997).Researching gender-role ideologies internationally and cross-culturally.*Psychology of Women Quarterly*,*21*,151-170.

Gibbons,J.L.,Zellner,J.A.,& Rudek,D.J.(1999).Effects of language and meaningfulness on the use of extreme response style by Spanish-English bilinguals.*Cross-Cultural Research:The Journal of Comparative*

Social Science,*33*,369-381.

Gold,B.(1975a).A comment on Shulman's"Comparison of two scales on extremity response bias."*Public Opinion Quarterly*,*39*,123-124.

Gold,B.(1975b).Reply to Art Shulman.*Public Opinion Quarterly*,*39*,126-127.

Gough,H.G.,& Heilbrun,A.B.(1980).*The adjective check list manual*.Palo Alto,CA:Consulting Psychologists Press.

Gove,W.R.,& Geerken,M.R.(1977).Response bias in surveys of mental health:An empirical investigation.*American Journal of Sociology*,*82*,1289-1317.

Grandy,J.(1996).*Differences in the survey responses of Asian American and White science and engineering students* (GRE Board Report No.93-25P).Princeton,NJ:Educational Testing Service.

Greenleaf,E.A.(1992a).Improving rating scale measures by detecting and correcting bias components in some response styles.*Journal of Marketing Research*,*29*,176-188.

Greenleaf,E.A.(1992b).Measuring extreme response style.*Public Opinion Quarterly*,*56*,328-351.

Grimm,S.D.,& Church,A.(1999).A cross-cultural study of response biases in personality measures.*Journal of Research in Personality*,*33*,415-441.

Groves,R.M.(1977).An experimental comparison of national telephone and personal interview surveys.In *Proceedings of the Section on Social Statistics:American Statistical Association* (pp.232-241).Washington,DC:American Statistical Association.

Groves,R.M.,& Kahn,R.L.(1979).*Surveys by telephone:A national comparison with personal interviews*.New York:Academic Press.

Gudykunst,W.B.,& Ting-Toomey,S.(1988).*Culture and interpersonal communication*.Newbury Park,CA:Sage.

Gur,R.C.,& Sackeim,H.A.(1979).Self-deception:A concept in search of a phenomenon.*Journal of Personality and Social Psychology*,*37*,147-169.

Hadaway,K.,Marler,P.,& Chaves,M.(1993).What the polls don't show:A closer look at U.S.church attendance.*American Sociological Review*,*58*,741-752.

Hamilton,D.L.(1968).Personality attributes associated with extreme response style.*Psychological Bulletin*,*69*,192-203.

Hamamura,T.,Heine,S.J.,& Paulhus,D.L.(2008).Cultural differences in response styles:The role of dialectical thinking.*Personality and Individual Differences*,*44*,932-942.

Harzing,A.W.(2006).Response styles in cross-national survey research:A 26-country study.*International Journal of Cross-Cultural Management*,*6*,243-266.

Heavan,P.C.L.(1983).Authoritarianism or acquiescence? South African findings.*Journal of Social Psychology*,*119*,11-15.

Heine,S.J.,& Lehman,D.R.(1995).Social desirability among Canadian and Japanese students.*Journal of Social Psychology*,*135*,777-779.

Himmelfarb,S.,& Lickteig,C.(1982).Social desirability and the randomized response technique.*Journal of Personality and Social Psychology*,*43*,710-717.

Hofstede,G.H.(1980).*Culture's consequences:International differences in workrelated values*.Newbury

Park: Sage.

Hofstede, G. H. (1998). *Masculinity and femininity: The taboo dimension of national cultures*. Thousand Oaks, CA: Sage.

Hofstede, G. H. (2001). *Culture's consequences: Comparing values, behaviors, institutions, and organizations across nations*. Thousand Oaks, CA: Sage.

Hofstee, W., ten Berge, J., & Hendriks, A. (1998). How to score questionnaires. *Personality and Individual Differences*, *25*, 897-909.

Holbrook, A. L., Green, M. C., & Krosnick, J. A. (2003). Telephone vs. face-to-face interviewing of national probability samples with long questionnaires: Comparisons of respondent satisficing and social desirability response bias. *Public Opinion Quarterly*, *67*, 79-125.

Holbrook, A. L., Johnson, T. P., & Cho, Y. I. (2006, May). *Extreme response style: Style or substance?* Paper presented at the 61st Annual Meeting of the American Association for Public Opinion Research, Montreal, Canada.

Hoy, R. R. (1993). A 'model minority' speaks out on cultural shyness. Science, *262*, 1117-1118.

Hui, C., & Triandis, H. C. (1989). Effects of culture and response format on extreme response style. *Journal of Cross-Cultural Psychology*, *20*, 296-309.

Iwata, N., Roberts, C. R., & Kawakami, N. (1995). Japan-U. S. comparison of responses to depression scale items among adult workers. *Psychiatry Research*, *58*, 237-245.

Iwawaki, S., & Cowen, E. L. (1964). The social desirability of trait-descriptive terms: Applications to a Japanese sample. *Journal of Social Psychology*, *63*, 199-205.

Iwawaki, S., Fukuhara, M., & Hidano, T. (1966). Probability of endorsement of items in the Yatabe-Guilford Personality Inventory: Replication. *Psychological Reports*, *19*, 249-250.

Jackson, D. N. (1967). Acquiescent response styles: Problems of identification and control. In I. A. Berg (Ed.), *Response set in personality assessment* (pp. 71-114). Chicago: Aldine.

Jackman, M. R. (1973). Education and prejudice or education and response set? *American Sociological Review*, *38*, 327-339.

Javeline, D. (1999). Response effects in polite cultures. *Public Opinion Quarterly*, *63*, 1-28.

Johnson, T. P., & Bowman, P. J. (2003). Cross-cultural sources of measurement error in substance use surveys. *Substance Use & Misuse*, *38*, 1447-1490.

Johnson, T. P., Kulesa, P., Cho, Y. I., & Shavitt, S. (2005). The relation between culture and response styles: Evidence from 19 countries. *Journal of Cross-Cultural Psychology*, *36*, 264-277.

Johnson, T. P., O'Rourke, D., Ch'avez, N., Sudman, S., Warnecke, R., Lacey, L., et al. (1997). Social cognition and responses to survey questions among culturally diverse populations. In L. Lyberg, P. Biemer, M. Collins, E. de Leeuw, C. Dippo, N. Schwarz, & D. Trewin (Eds.), *Survey measurement and process quality* (pp. 87-113). New York: Wiley.

Johnson, T. P., & Van de Vijver, F. J. (2003). Social desirability in cross-cultural research. In J. A. Harkness, F. J. Van de Vijver, & P. P. Mohler (Eds.), *Crosscultural survey methods* (pp. 195-204). New York: Wiley.

Jones, E. L. (1963). The courtesy bias in South-East Asian surveys. *International Social Science Journal*, *15*, 70-76.

Jones, E. L., & Forrest, J. D. (1992). Underreporting of abortion in surveys of U.S. women: 1976 to 1988. *Demography*, *29*, 113-126.

Katosh, J. P., & Traugott, M. W. (1981). The consequences of validated and selfreported voting measures. *Public Opinion Quarterly*, *45*, 519-535.

Keillor, B., Owens, D., & Pettijohn, C. (2001). A cross-cultural/cross-national study of influencing factors and socially desirable response biases. *International Journal of Market Research*, *43*, 63-84.

Kiesler, S., & Sproull, L. S. (1986). Response effects in the electronic survey. *Public Opinion Quarterly*, *50*, 402-413.

Kitayama, S., Markus, H. R., Matsumoto, H., & Norasakkunkit, V. (1997). Individual and collective processes in the construction of the self: Self-enhancement in the United States and self-criticism in Japan. *Journal of Personality and Social Psychology*, *72*, 1245-1267.

Klassen, D., Hornstra, R. K., & Anderson, P. B. (1975). Influence of social desirability on symptom and mood reporting in a community survey. *Journal of Consulting and Clinical Psychology*, *43*, 448-452.

Knowles, E. S., & Condon, C. A. (1999). Why people say "yes": A dual-process theory of acquiescence. *Journal of Personality and Social Psychology*, *77*, 379-386.

Knowles, E. S., & Nathan, K. T. (1997). Acquiescent responding in self-reports: Cognitive style or social concern? *Journal of Research in Personality*, *31*, 293-301.

Krosnick, J. A. (1991). The stability of political preferences: Comparisons of symbolic and non-symbolic attitudes. *American Journal of Political Science*, *35*, 547-576.

Krosnick, J. A. (1999). Survey research. *Annual Review of Psychology*, *50*, 537-567.

Lai, J., & Linden, W. (1993). The smile of Asia: Acculturation effects on symptom reporting. *Canadian Journal of Behavioural Science*, *25*, 303-313.

Lalwani, A. K., & Shavitt, S. (2009). The "me" I claim to be: Cultural self-construal elicits self-presentational goal pursuit. *Journal of Personality and Social Psychology*, *97*(1), 88-102.

Lalwani, A. K., Shavitt, S., & Johnson, T. (2006). What is the relation between cultural orientation and socially desirable responding? *Journal of Personality and Social Psychology*, *90*, 165-178.

Lamm, B., & Keller, H. (2007). Understanding cultural models of parenting: The role of intracultural variation and response style. *Journal of Cross-Cultural Psychology*, *38*, 50-57.

Leary, M. R., & Kowalski, R. M. (1990). Impression management: A literature review and two component model. *Psychological Bulletin*, *107*, 34-47.

Lee, C., & Green, R. T. (1991). Cross-cultural examination of the Fishbein behavioral intentions model. *Journal of International Business Studies*, *22*, 289-305.

Lee, J. W., Jones, P. S., Mineyama, Y., & Zhang, X. E. (2002). Cultural differences in responses to a Likert scale. *Research in Nursing & Health*, *25*, 295-306.

Leite, W. L., & Beretvas, S. N. (2005). Validation of scores on the Marlowe-Crowne Social Desirability Scale and the Balanced Inventory of Desirable Responding. *Educational and Psychological Measurement*, *65*, 140-154.

Lenski, G. E., & Leggett, J. C. (1960). Caste, class, and deference in the research interview. *American Journal of Sociology*, *65*, 463-467.

Lentz, T. (1938). Acquiescence as a factor in the measurement of personality. *Psychological Bulletin*, *35*, 659.

Leung, K., & Bond, M.H. (1980). On the empirical identification of dimensions for cross-cultural comparisons. *Journal of Cross-Cultural Psychology*, *20*, 133-151.

Locander, W., Sudman, S., & Bradburn, N. (1976). An investigation of interview method, threat, and response distortion. *Journal of the American Statistical Association*, *71*, 269-275.

Locke, J.D., & Baik, K.-D. (2009). Does an acquiescent response style explain why Koreans are less consistent than Americans? *Journal of Cross-Cultural Psychology*, *40*, 319-323.

Maheswaran, D., & Shavitt, S. (2000). Issues and new directions in global consumer psychology. *Journal of Consumer Psychology*, *9*, 59-66.

Mar'ın, G., Gamba, R.J., & Mar'ın, B.V. (1992). Extreme response style and acquiescence among Hispanics: The role of acculturation and education. *Journal of Cross-Cultural Psychology*, *23*, 498-509.

Markus, H.R., & Kitayama, S. (1991). Culture and the self: Implications for cognition, emotion, and motivation. *Psychological Review*, *98*, 224-253.

Marlowe, D. and Crowne, D.P. (1961). Social desirability and response to perceived situational demands. *Journal of Consulting Psychology*, *25*, 109-115.

Marshall, R., & Lee, C. (1998). A cross-cultural, between-gender study of extreme response style. *European Advances in Consumer Research*, *3*, 90-95.

Matsumoto, D. (2007). Individual and cultural differences on status differentiation: The status differentiation scale. *Journal of Cross-Cultural Psychology*, *38*, 413-431.

McClendon, M.J. (1991). Acquiescence and recency response-order effects in survey interviews. *Sociological Methods & Research*, *20*, 60-103.

McQuiston, C., Larson, K., Parrado, E.A., & Flaskerud, J.H. (2002). AIDS knowledge and measurement considerations with unacculturated Latinos. *Western Journal of Nursing Research*, *24*, 354-372.

Messick, S. (1991). Psychology and methodology of response styles. In R.E. Snow & D.E. Wiley (Eds.), *Improving inquiry in social science: A volume in honor of Lee J. Cronbach* (pp. 161-200). Hillsdale, NJ: Erlbaum.

Mick, D.G. (1996). Are studies of dark side variables confounded by socially desirable responding? The case of materialism. *Journal of Consumer Research*, *23*, 106-119.

Middleton, K.L., & Jones, J.L. (2000). Socially desirable response sets: The impact of country culture. *Psychology & Marketing*, *17*, 149-163.

Miller, J.D., Harrel, A.V., & Cisin, I.A. (1986, May). *A new technique for surveying deviant behavior: Item-count estimates of marijuana, cocaine, and heroin.* Paper presented at the annual meeting of the American Association for Public Opinion Research, St. Petersburg, FL.

Minkov, M. (2008). Self-enhancement and self-stability predict school achievement at the national level. *Cross-Cultural Research*, *42*, 172-196.

Minkov, M. (2009). Nations with more dialectical selves exhibit lower polarization in life quality judgments and social opinions. *Cross-Cultural Research*, *43*, 230-250.

Mirowsky, J., & Ross, C.E. (1991). Eliminating defense and agreement bias from measures of the sense of control：A 2× 2 index.*Social Psychology Quarterly*,*54*,127-145.

Mitchell,R.E.(1973).Survey materials collected in the developing countries：Sampling,measurement, and interviewing obstacles to intro-and inter-national comparisons.In D.P.Warwick & S.Osherson(Eds.), *Comparative research methods* (pp.204-226).Englewood Cliffs,NJ：Prentice-Hall.

Moor,G.(2003).Diagnosing response style behavior by means of a latent - class factor approach. Socio-demographic correlates of gender role attitudes and perceptions of ethnic discrimination reexamined. *Quality & Quantity：International Journal of Methodology*,*37*,277-302.

Moscovici,S.(1963).Attitudes and opinions.*Annual Review of Psychology*,*14*,231-260.

Mwamwenda,T.S.(1993).A comparison of two samples,South Africans and Canadians,on social desirability.*Psychological Reports*,*72*,965-966.

Naemi,B.D.,Beal,D.J.,& Payne,S.C.(2009).Personality predictors of extreme response style.*Journal of Personality*,*77*,261-286.

Narayan,S.,& Krosnick,J.A.(1996).Education moderates some response effects.*Public Opinion Quarterly*,*60*,89-105.

Nederhof,A.J.(1985).Methods of coping with social desirability bias：A review.*European Journal of Social Psychology*,*15*,263-280.

Okazaki,S.(2000).Asian American and White American differences on affective distress symptoms：Do symptom reports differ across reporting methods? *Journal of Cross-Cultural Psychology*,*31*,603-625.

Oyserman,D.,Coon,H.M.,& Kemmelmeier,M.(2002).Rethinking individualism and collectivism：Evaluation of theoretical assumptions and meta-analyses.*Psychological Bulletin*,*128*,3-72.

Paulhus,D.L.(1981).Control of social desirability in personality inventories：Principal-factor deletion. *Journal of Research in Personality*,*15*,383-388.

Paulhus,D.L.(1984).Two-component models of socially desirable responding.*Journal of Personality and Social Psychology*,*46*,598-609.

Paulhus,D.L.(1991).Measurement and control of response bias.In J.P.Robinson & P.R.Shaver(Eds.), *Measures of personality and social psychological attitudes*(pp.17-59).San Diego,CA：Academic Press.

Paulhus,D.L.(1998a).Interpersonal and intrapsychic adaptiveness of trait selfenhancement：A mixed blessing? *Journal of Personality and Social Psychology*,*74*,1197-1208.

Paulhus,D.L.(1998b).*Paulhus Deception Scales：User's manual*.North Tonawanda,NY：Multi-Health Systems.

Pavlos,A.J.(1972).Racial attitude and stereotype change with bogus pipeline paradigm.*Proceedings of the 80th Annual Convention of the American Psychological Association*,*7*,291-292.

Perera,M.,& Eysenck,S.B.G.(1984).A cross-cultural study of personality：Sri Lanka and England. *Journal of Cross-Cultural Psychology*,*15*,353-371.

Phillips,D.L.,& Clancy,K.J.(1970).Response biases in field studies of mental illness.*American Sociological Review*,*35*,503-515.

Pleck,J.H.,Sonenstein,F.L.,&Ku,L.(1996).Black-White differences in adolescent males' substance use：Are they explained by underreporting by Blacks? *Journal of Gender,Culture,andHealth*,*1*,247-265.

Podsakoff,P.M.,MacKenzie,S.M.,Lee,J.,& Podsakoff,N.P.(2003).Common method variance in behavioral research: A critical review of the literature and recommended remedies. *Journal of Applied Psychology*,*88*,879-903.

Puntoni,S.,& Tavassoli,N.T.(2007).Social context and advertising memory. *Journal of Marketing Research*,*44(2)*,284-96.

Ray,J.J.(1979).Is the acquiescent response style problem not so mythical after all? Some results from a successful balanced F scale. *Journal of Personality Assessment*,*4*,638-643.

Ray,J.J.(1983).Reviving the problem of acquiescent response bias. *Journal of Social Psychology*,*121*,81-96.

Riordan,C.,& Vandenberg,R.(1994).A central question in cross-cultural research: Do employees of different cultures interpret work-related measures in an equivalent manner? *Journal of Management*,*20*,643-671.

Ross,C.E.,&Mirowsky,J.(1984a).The worst place and the best face. *Social Forces*,*62*,529-536.

Ross,C.E.,& Mirowsky,J.(1984b).Socially-desirable response and acquiescence in a cross-cultural survey of mental health. *Journal of Health and Social Behavior*,*25*,189-197.

Rutten,A.,De Beuckelaer,A.,& Weijters,B.(2008,June).*Between-method convergent validity of three alternative methods to quantify response styles: A case-based comparison.*Paper presented at the International Conference on Survey Methods in Multinational,Multiregional and Multicultural Contexts,Berlin.

Sackeim,H.A.,& Gur,R.C.(1979).Self-deception,other-deception,and selfreported psychopathology. *Journal of Consulting and Clinical Psychology*,*47*,213-215.

Schaeffer,N.C.(1980).Evaluating race-of-interviewer effects in a national survey. *Sociological Methods & Research*,*8*,400-419.

Schlenker,B.R.,& Britt,T.W.(1999).Beneficial impression management: Strategically controlling information to help friends. *Journal of Personality and Social Psychology*,*76*,559-573.

Schlenker,B.R.,Britt,T.W.,& Pennington,J.(1996).Impression regulation and management: Highlights of a theory of self-identification.In R.M.Sorrentino & E.T.Higgins(Eds.),*Handbook of motivation and cognition*,Vol.3:*The foundations of social behavior.*New York:Guilford.

Schuman,H.,& Converse,J.(1971).The effects of black and white interviewers on black responses in 1968.*Public Opinion Quarterly*,*35*,44-68.

Schuman,H.,& Presser,S.(1981).*Questions and answers in attitude surveys: Experiments in question form,wording,and context.*New York:Academic Press.

Schwartz,S. H., Verkasalo, M., Antonovsky, A., & Sagiv, L. (1997). Value priorities and social desirability:Much substance,some style.*British Journal of Social Psychology*,*36*,3-18.

Shapiro,A.H.,Rosenblood,L.,Berlyne,G.M.,&Finberg,J.(1976).The relationship of test familiarity to extreme response styles in Bedouin and Moroccan boys.*Journal of Cross-Cultural Psychology*,*7*,357-364.

Shavitt,S.,Johnson,T.P.,& Zhang,J.(in press).Horizontal and vertical cultural differences in the content of advertising appeals.*Journal of International Consumer Marketing*.

Shavitt,S., Lalwani, A. K., Zhang, J., & Torelli, C. J. (2006). The horizontal/vertical distinction in cross-cultural consumer research.*Journal of Consumer Psychology*,*16*,325-356.

Si,S.X.,& Cullen,J.B.(1998).Response categories and potential cultural bias: Effects of an explicit middle point in cross-cultural surveys.*International Journal of Organizational Analysis,6,*218-230.

Sigall,H.,& Page,R.(1971).Current stereotypes:A little fading,a little faking.*International Journal of Psychology,25,*1-12.

Sigelman,L.(1982).The nonvoting voter in voting research.*Public Opinion Quarterly,26,*47-56.

Singelis,T.M.,Triandis,H.C.,Bhawuk,D.,& Gelfand,M.J.(1995).Horizontal and vertical dimensions of individualism and collectivism:A theoretical and measurement refinement.*Cross-Cultural Research:The Journal of Comparative Social Science,29,*240-275.

Smith,D.H.(1967).Correcting for social desirability response sets in opinion attitude survey research.*Public Opinion Quarterly,31,*87-94.

Smith,P.B.(2004).Acquiescent response bias as an aspect of cultural communication style.*Journal of Cross-Cultural Psychology,35,*50-61.

Smith,P.B.,&Bond,M.H.(1998).*Social psychology across cultures*(2nd ed.).Hemel Hempstead,England:HarvesterWheatsheaf.

Smith,P.B.,& Fisher,R.(2008).Acquiescence,extreme response bias and culture:Amultilevel analysis.In F.J.van de Vijver,D.A.vanHemert,& Y.H.Poortinga(Eds.),*Multilevel analysis of individuals and cultures*(pp.285-314).New York:Erlbaum.

Smith,T.W.(2003).Developing comparable questions in cross-national surveys.In J.A.Harkness,F.J.van de Vijver,& P.P.Mohler(Eds.),*Cross-cultural survey methods*(pp.69-91).New York:Wiley.

Soueif,M.I.(1958).Extreme response sets as a measure of intolerance of ambiguity.*British Journal of Psychology,49,*329-333.

Steenkamp,J.-B.E.M.,& Baumgartner,H.(1998).Assessing measurement invariance in cross-national consumer research.*Journal of Consumer Research,25,*78-90.

Stening,B.W.,& Everett,J.E.(1984).Response styles in a cross-cultural managerial study.*Journal of Social Psychology,122,*151-156.

St¨ober,J.(3002).The social desirability scale-17(SDS-17):Convergent validity,discriminant validity,and relationship with age.*European Journal of Psychological Assessment,17,*222-232.

Stokes-Brown,A.K.(2006).Racial identity and Latino vote choice.*American Politics Research,34,*627-652.

Stricker,L.J.(1963).Acquiescence and social desirability response styles,item characteristics,and conformity.*Psychological Reports,12,*319-341.

Sudman,S.,& Bradburn,N.M.(1974).*Response effects in surveys.*Chicago:Aldine.Torelli,C.,& Shavitt,S.(in press).Culture and concepts of power.*Journal of Personality and Social Psychology.*

Toner,B.(1987).The impact of agreement bias on the ranking of questionnaire response.*Journal of Social Psychology,127,*221-222.

Tourangeau,R.,Rips,L.,& Rasinski,K.(2000).*The psychology of survey response.*Cambridge:Cambridge University Press.

Tourangeau,R.,& Smith,T.W.(1996).Asking sensitive questions:The impact of data collection mode,question format,and question context.*Public Opinion Quarterly,60,*275-304.

Tourangeau,R.,& Yan,T.(2007).Sensitive questions in surveys.*Psychological Bulletin,133,*859-883.

Traugott,M.W.,& Katosh,J.P.(1979).Response validity in surveys of voting behavior.*Public Opinion Quarterly*,*43*,359-377.

Traugott,M.W.,Traugott,S.,& Presser,S.(1992).*Revalidation of self-reported vote* (ANES Technical Report Series,No.nes010160).Ann Arbor,MI:American National Election Studies.

Triandis,H.C.(1972).*The analysis of subjective culture*.New York:Wiley-Interscience.

Triandis,H.C.(1995).*Individualism and collectivism*.Boulder,CO:Westview Press.

Triandis,H.C.,Chen,X.P.,&Chan,D.K.S.(1998).Scenarios for the measurement of collectivism and individualism.*Journal of Cross-Cultural Psychology*,*29*,275-289.

Triandis,H.C.,& Gelfand,M.J.(1998).Converging measurement of horizontal and vertical individualism and collectivism.*Journal of Personality and Social Psychology*,*74*,118-128.

Triandis,H.C.,Mar'ın,G.,Lisanski,J.,& Betancourt,H.(1984).*Simpatia* as a cultural script of Hispanics.*Journal of Personality and Social Psychology*,*47*,1363-1375.

Triandis,H.C.,& Triandis,L.M.(1962).A cross-cultural study of social distance.*Psychological Monographs*,*76*(21,Whole No.540).

Tsushima,W.T.(1969).Responses of Irish and Italians of two social classes on the Marlowe-Crowne social desirability scale.*Journal of Social Psychology*,*77*,215-219.

Turk Smith,S.,Smith,K.D.,&Seymour,K.(1993).Social desirability of personality items as a predictor of endorsement:A cross-cultural analysis.*Journal of Social Psychology*,*133*,43-52.

Van de Vijver, F. J. R., &Leung, K. (1997). *Methods and data analysis for cross-cultural research*. Thousand Oaks,CA:Sage.

Van de Vijver,F.J.R.,Ploubidis,G.,& Van Hemert,D.A.(2004).*Toward an understanding of cross-cultural differences in acquiescence and extremity scoring*.Paper presented at the Sheth/Sudman Symposium on Cross-Cultural Survey Research Methodology,Urbana,IL.

Van Hemert, D. A., Van de Vijver, F. J. R., Poortinga, Y. H., & Georgas, J. (2002). Structural and functional equivalence of the Eysenck Personality Questionnaire within and between countries.*Personality and Individual Differences*,*33*,1229-1249.

Van Herk,H.(2000).*Equivalence in a cross-national context:Methodological & empirical issues inmarketing research*.Unpublished doctoral dissertation,Catholic University,Brabant,The Netherlands.

Van Herk,H.,Poortinga,Y.H.,& Verhallen,T.M.(2004).Response styles in rating scales:Evidence of method bias in data from six EU countries.*Journal of Cross-Cultural Psychology*,*35*,346-360.

Vernon,S.W.,Roberts,R.E.,& Lee,E.S.(1982).Response tendencies,ethnicity,and depression scores.*American Journal of Public Health*,*116*,482-495.

Wang,R.,Hempton,B.,Dugan,J.P.,& Komives,S.R.(2008).Cultural differences:Why do Asians avoid extreme responses? *Survey Practice* (published online at:http://surveypractice. org/2008/10/30/cultural-differences/).

Warnecke,R.B.,Johnson,T.P.,Ch'avez,N.,Sudman,S.,O'Rourke,D.,Lacey,L.,et al.(1997). Improving question wording in surveys of culturally diverse populations.*Annals of Epidemiology*,*7*,334-342.

Warner,S.L.(1965).Randomized response:A survey technique for eliminating evasive answer bias.*Journal of the American Statistical Association*,*60*,62-69.

Watkins, D., & Cheung, S. (1995). Culture, gender, and response bias: An analysis of responses to the self-description questionnaire. *Journal of Cross-Cultural Psychology*, *26*, 490-504.

Watson, D. (1992). Correcting for acquiescent response bias in the absence of a balanced scale: An application to class consciousness. *Sociological Methods & Research*, *21*, 52-88.

Weech-Maldonado, R., Elliott, M.N., Oluwole, A., Schiller, K.C., & Hays, R.D. (2008). Survey response style and differential use of CAHPS rating scales by Hispanics. *Medical Care*, *46*, 963-968.

Welkenhuysen- Gybels, J., Billiet, J., & Cambre, B. (2003). Adjustment for acquiescence in the assessment of the construct equivalence of Likert-type score items. *Journal of Cross-Cultural Psychology*, *34*, 702-722.

Wells, W.D. (1961). The influence of yea-saying response style. *Journal of Advertising Research*, *1*, 5-6.

Welte, J.W., & Russell, M. (1993). Influence of socially desirable responding in a study of stress and substance abuse. *Alcoholism: Clinical and Experimental Research*, *17*, 758-761.

Wiggins, J.S. (1959). Interrelationships among MMPI measures of dissimulation under standard and social desirability instructions. *Journal of Consulting Psychology*, *23*, 419-427.

Williams, J.E., Satterwhite, R.C., & Saiz, J.L. (1998). *The importance of psychological traits*. New York: Plenum Press.

Wong, N., Rindfleisch, A., & Burroughs, J.E. (2003). Do reverse-worded items confound measures in cross-cultural consumer research? The case of the Material Values Scale. *Journal of Consumer Research*, *30*, 72-91.

Yang, Y., Harkness, J.A., Chin T.-Y., & Villar, A. (2010). Response styles in culture. In J.A. Harkness, M. Braun, B. Edwards, T.P. Johnson, L. Lyberg, P. Ph. Mohler, B.-E. Pennell, & T.W. Smith (Eds.), *Survey methods in multinational, multiregional, and multicultural contexts* (pp. 203-223). New York: Wiley.

Yeh, L. L., Kim, K. O., Chompreeda, P., Rimkeeree, H., Yau, N. J. N., & Lundahl, D. S. (1998). Comparison in use of the 9-point hedonic scale between Americans, Chinese, Koreans, and Thai. *Food Quality and Preference*, *9*, 413-419.

Ying, Y. (1989). Nonresponse on the Center for Epidemiological Studies-Depression scale in Chinese Americans. *International Journal of Social Psychiatry*, *35*, 156-163.

Zax, M., & Takahashi, S. (1967). Cultural influences on response style: Comparisons of Japanese and American college students. *Journal of Social Psychology*, *71*, 3-10.

第二部分

数据分析与解释

第七章　考察结构等值的方法

Ronald Fischer, Johnny R. J. Fontaine

本章主要考察测量工具的内部结构在不同文化群体间是否等值的数据分析方法。例如,西方和远东各国指导个体生活价值观的结构是否相似? 不同文化群体中的员工是否使用相同的维度来评估他们的组织和上司? 美国和中国之间的人格结构是一样的吗? 还是存在文化特异的人格维度? 本章介绍了四种最常用的数据分析方法来探讨文化群体之间的内部结构的等值性,即多维标度法(multidimensional scaling,MDS)、主成分分析法(principal component analysis,PCA),探索性因素分析法(exploratory factor a-nalysis,EFA)和验证性因素分析法(confirmatory factor analysis,CFA)。在介绍这四种数据分析方法之前,先对结构等值的概念进行解释,并把结构等值归入等值性范畴内。此外,本章最后部分对两个关于样本量和分析前的数据转换的一般问题进行了讨论。

结构等值的概念

在对文化群体内测量工具进行验证的过程中,考察测量工具的内部结构是关键因素(e.g.,Messick,1989)。该问题就是被试对项目的反应是否充分体现了研究者想评估的领域的潜在维度或因素。例如,被试对大五人格量表项目的反应应该体现五个潜在因素,并且每个项目必须为其所构造的具体人格因素的评估作出贡献。因此,对内部结构进行探究回答了两个问题:(a)反映观测的项目反应之间相互关系的潜在维度或因素是什么;(b)各个项目是如何与这些潜在维度或因素有关? 从观察到的项目反应关系中显现的预期潜在维度越多,每个项目与预期潜在维度之间的关系就越大,就越多的证据表明了测量工具的结构效度。

从一个文化群体中收集的工具有效性的证据并不一定能概括到其他文化群体。方法上的人为因素,例如对评估背景的熟悉或社会称许性,可使该工具在其他文化环境下使用无效(e.g.,van de Vijver & Leung,1997)。此外,文化背景有可能塑造了一种方式,在这种方式中,普遍的潜在心理特征和过程出现在需要使用文化特定项目来进行测量的文化群体的所有组成部分中。潜在心理特征和过程甚至有可能是由文化建构起来的(e.g.,Berry et al,2002;Fontaine,2008)。在所有这些情况中,项目反应之间的相互关系在不同的文化群体之间将是不一样的。不同的文化群体间会显现出不同的潜在维度，并且具体项目和潜在维度之间的关系也有所变化。因此，研究者必须在要应用调查工具的每个新文化群体中对该工具的内部结构等值进行考察。这个考察的结果可以从内部结构的完全一致性（相同的维度构成了对工具的反应，并且相同的项目与这些维度存在显著的相关），到几个意义改变的项目，直至构成该研究领域各维度的根本差异。在后一种情况下，该工具测量的是每个文化群体中不同的心理构念。

对内部结构等值的考察无论从理论和应用的角度来说都有重要的意义。从理论的角度来看，关于心理特质和过程的普遍性以及它们在一个文化群体所有能力中的表现方式存在一个激烈的辩论。证明在两个或两个以上的文化群体中所观察到的项目间关系呈现了相同的内部结构，这有利于形成一个普遍性的观点，然而对不同潜在结构的观察有利于形成相对论的观点。从实用的角度来看，证明结构等值是在另一个文化环境中有效使用（翻译的）测量工具的必要条件。

结构等值是更大的等值框架中的一个重要方面。在该框架中，等值主要区分了四个不同的层次：功能等值（functional equivalence）、结构等值（structural equivalence）、度量等值（metric equivalence）和满分等值（full score equivalence）（e.g., Fontaine, 2005; van de Vijver & Leung, 1997）。功能①等值是指相同的构念存在于每个文化群体内。结构等值意味着可以用相同的指标来测量理论构念。度量等值可能需要在文化群体之间进行相对比较（例如，比较文化群体间男性和女性在攻击性上的相对差异）。满分等值是最高形式的等值，这意味着文化群体可以直接进行比较。

考察测量工具的内部结构为确定文化群体内测量工具的有效性提供了必要的但不充分的证据。证明测量工具的内容与研究者想要评估的领域有关，并且能够代表该领域是确定测量工具效度的先决条件（e.g., Messick, 1989）。因为文化群体之间的行为系统可能不同，因此，非常有必要在要应用该工具的每个文化群体内证明评估工具内容的相关性和代表性。分析内部结构可以发现不相关的项目（不相关的项目不能作为假设的潜在维度或因素的指标）。然而，分析内部结构并不能检测出缺乏代表性（也称为构念代表性不足，construct underrepresentation）。没有被包括在工具内的内容是不能进行分析和评估的。构念代表性不足不仅仅是一个理论上的威胁。因为行为系统在文化群体之间可能是不同的，工具在一个文化群体内的关联性和代表性不一定能推广到其他文化群体。例如，人们认为孝道这一构念在中国比在西方国家更具有延伸性（Ho, 1996）。在一个中国样本中考察翻译的西方孝道测量工具的内部结构，并不能揭示这个孝道构念在中国的代表性不足。要证明构念等值，就必须用在每个文化群体中该测

---

① van de Vijver 和 Leung（1997）使用的构念等值这个词，其中包括了功能和结构等值。我们更喜欢把结构等值的测量方面与对理论构念的功能等值进行的理论探讨区分开来（Fontaine, 2005）。功能等值是结构等值的一个先决条件。

量工具内容的关联性、尤其是代表性的证据来对结构等值的证明进行补充。

　　显然,在等值框架内,结构等值并不是文化群体之间可以进行间接的或直接比较的充分条件。结构等值只意味着在每个文化群体中出现了相同的潜在维度,并且项目反应与这些维度非常相关。它可以使测量工具除了在其编制的文化环境中可以有效使用外,在其他文化环境中也可以有效地使用。然而,这并不意味着潜在维度是以相同的量化尺度进行测量的。正如前面所提到的,对于间接或直接的跨文化比较来说,两个限定更严格的等值形式是非常有必要的:度量等值和满分等值(e.g,Fontaine,2005;van de Vijver & Leung,1997)。度量等值意味着量表数值之间的间隔在所有文化群体中具有相同的意义。这种类型的等值证明了文化群体之间进行间接比较是可行的。例如,如果在一个文化群体中用摄氏温标测量温度,而在另一个文化群体用开氏温标,那么两者间的温度是不能进行直接比较的。然而,两类温标的数值间隔具有相同的含义,因此可以对两组夏季和冬季平均温度之间的差异进行有效的比较。这样,用度量等值的攻击量表,就可以比较不同文化群体中男性与女性攻击性的平均差异。如果量表的潜在维度在两个文化群体之间存在相同的度量,并且具有相同的来源,那么就存在满分等值。然而,在后一种情况下,相同的观测分数是指每个文化群体中在潜在维度上的位置相同。读者可参阅第十章来更详细地了解对度量等值和满分等值的考察。

　　由此,我们可以得出这样的结论:结构等值在跨文化测量中有重要作用,因为它可以使我们开展普遍性—相对性的讨论,并可以使我们对测量工具在每个文化群体内使用的有效性进行检验,并且它是证明度量等值和满分等值的一个必要条件。

逐步数据分析法

　　在本节中,为了说明结构等值,我们将逐步呈现四种最常用的数据分析方法。我们首先简要介绍每种方法应用于单一文化时的主要特征,主要是对西方的研究。然后,我们根据数据分析方法和数据可能采用的预处理来介绍要分析的数据类型。我们在一个参照群内讨论本方法的应用。大多数跨文化研究一开始都是在一个文化群体内进行的,把这个文化群体作为参照群,然后再应用于其他文化群体中。在参照文化群体中,识别的结构适配良好并且能被很好地解释,这是结构等值的一个先决条件。如果在参照群体中无法找到这样的结构,那么结构等值的缺乏可以归因于测量方法缺乏有效性,而不是要评估的领域存在的文化差异造成的。图7.1揭示了这一决策过程。然后,我们将介绍数据分析方法如何用于评估文化群体之间的结构等值。最后,我们将讨论每种数据分析方法的优点和不足。

多维等级法

　　多维等级法(Multidimensional Scaling,MDS)是一种度量技术,即观测到的项目之间

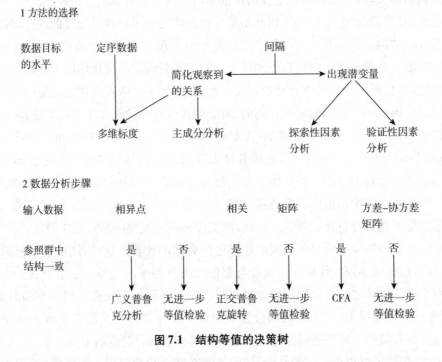

图7.1 结构等值的决策树

的关联用几何表征中点与点之间的距离表示,点与点之间的距离代表项目之间可能存在的关联(参阅 Borg & Groenen,2005;Kruskal &Wish,1978)。近距离代表比较大的正相关,远距离代表比较大的负相关。最近,读者可以参阅 Borg 和 Groenen 的研究以全面了解这方面的概况(2005)。

我们用最近 Fontaine 等人(2006)在秘鲁、匈牙利和比利时所做的关于内疚和羞愧的研究来举例说明这种方法的实践运用情况(图7.2)。Fontaine 等人在研究中构建了一个内疚和羞愧的情境,要求每个文化群体的被试对 24 种内疚和羞愧反应的概率进行评估(例如,想一想自己所造成的损害,感到内疚,或者想要自己消失)。在每个文化群体内,将每种情境下被试的评估进行平均。对这 24 种反应之间的差异进行多维标度分析得出一个二维结构。在第一个维度上,内疚和羞愧反应是相互对立的。在第二个维度上,人际之间的反应(例如,想一想自己所造成的损害)与个人内的反应(想要提高自己)是相对立的。例如,在这个二维表征中,内疚和遗憾的项目彼此表征的距离是彼此接近的,并且与羞愧和尴尬反应的表征相反。

第一步,准备数据

MDS 可以用来处理的数据范围很广泛。人们使用这种方法时,只需要有关成对的刺激或项目之间关联的顺序信息。这个顺序信息可以直接收集或者通过计算项目得分之间的顺序关系来获得。因为 MDS 是这里要介绍的四种技术中最灵活的,所以这种技术对跨文化研究有很大的吸引力。例如,情绪的内部结构可以通过让被试做一个简单的情绪术语相似性分类任务来进行研究(参阅 Fontaine,Poortinga,Setiadi,& Suprapti, 2002;Shaver,Wu,& Schwartz,1992)。相似的情绪术语被分为一类,不同的情绪术语分为不同类。

MDS 的录入包括成对刺激或项目之间的相似性(或差异性)。所有的相似性(或差异性)必须是非负数的(这可能需要一些转化)。在运用 MDS 之前,要为每个文化群体创建一个相似(差异)矩阵。在相似分类任务中,相似性可以根据把两对刺激归为同一类的被试人数来进行计算。如果数据由等级评定数据组成,相似性或差异性矩阵必须根据项目之间的关联来创建。以内疚和羞愧为例,差异性用这 24 种标准化的情绪反应之间的欧几里得距离来表示。标准化变量之间的欧几里得距离与这些变量之间的皮尔逊相关仅呈现负相关。

第二步,参照文化群体内的多维等级分析

为每一个文化群体都构建了相似(差异)的矩阵后,就要在参照文化群体内进行多维等级分析。首先要做好两个重要的决定:(a)是应用度量的多维等级分析,还是非度量的;(b)结构中必须呈现的维度个数。关于第一个决定,如果相似性(或差异性)只包含刺激之间关联情况的顺序信息,那么就用非度量的多维等级法。例如,从相似性分类任务中获得的相似性就是这种情况。如果这个相似性(差异性)是在一个区间水平上测量的,如欧几里得距离,那么就可以用有度量的多维等级法。关于第二个决定,在每个群体内选择呈现的维度主要有四个标准,即先验的理论预期(a priori theoretical expectation)、结构压力(the stress of the configuration)、碎石图(the scree plot),以及结构的解释力(the interpretability of the configuration)。如果研究者对项目的维度和位置有一个先验的假设,那么就应该首先选用几何方法来解决。如果没有或无法确定理论假设,那么研究者可以运用三个数据驱动的程序(压力、碎石检验和解释力)。Borg 和Groenen(2005)深入探讨了这些问题。以内疚和羞愧研究为例(Fontaine et al.,2006),该研究把讲荷兰语的比利时样本作为一个参照点。由于差异性是在一个区间水平上测量的(这些差异性计算成欧几里得距离),因此进行度量的多维等级分析。碎石图表明二维解决方案非常适合。

多维等级分析结构可以用两种方法进行解释。第一种是多维等级分析结构的区域解释。这是直观地考察概念上属于一起的项目在几何表征中是否也可以表征到同一个区域。例如,在内疚和羞愧的研究中,与人际之间的内疚相关的情绪特征(如关注造成的损害并想要修复)在二维结构中被表征在同一区域(见图 7.1)。第二种解释形式主要关注跨越几何表征的维度。在内疚和羞愧的例子中,第一个维度可以解释为内疚VS.羞愧,第二个维度可以解释为人际间的 VS.个人内的维度。

我们注意到,所有坐标系上的转换都保留了点和点之间的相对距离,因而不影响几何表征的适配性。这意味着坐标系的旋转(Rotation)、反射(reflection)、收缩(shrinkage)或者扩大(dilation),以及转置(transposing)都会导致数学上的等值结构。例如,对 MDS 来说,第一或第二维度是否充分体现了内疚和羞愧的区别,或者内疚是否定位在正向或负向的维度,这些都不重要,只要刺激的相对位置保持不变就可以了。因此,对于结构维度的解释来说,没有必要使用由 MDS 程序生成的主轴旋转的坐标系。坐标系的旋转、反射、收缩或扩大,以及转置都可用于产生最佳的解释维度。

第三步,广义普式分析法评估结构等值

MDS 结构在其余文化群体内的计算与在参照文化群体一样采用相同的维度进行。然而,由此产生的坐标系在群体间并不一定具有可比性。抽样波动和表征中的刺激的一点变化都可能导致产生非常不同的坐标系。因此,必须排除显著的差异是由于坐标系的旋转、反射、收缩或扩大,以及转置所致的可能性。这可以通过应用广义普式分析法(a generalized procrustes analysis,GPA)来进行探究。目前有两款免费软件程序可以执行 GPA。第一种程序是 Commandeur 开发的 GPA 程序(1991)。[①] 这个程序对来自不同文化群体的 MDS 结构进行旋转、反射、转置和扩大或收缩,以便让坐标彼此之间最大限度的相似。

GPA 还创建了一个质心结构(centroid configuration),这是个跨群体的平均几何结构。GPA 提供了一个合适的度量——即在文化特异的结构中质心结构所解释的平方距离的比例。进行 GPA 以后,个别刺激的坐标和位置就可以直接相互进行比较了。各维度的坐标可能彼此相关,从而获得更经典的一致性衡量。例如,Fontaine 等人(2006)将 GPA 处理后的情绪维度的坐标与质心(平均)结构的坐标进行相关。这三个群体中,每个群体内的相关性都高于 0.90,最高的甚至高于 0.95。这清楚地表明,质心结构充分反映了文化特异的结构。

第二个 GPA 免费软件程序是 Barrett(2005)开发的 Orthosim2。Orthosim2 只能处理两个结构(一个目标结构和一个比较结构)。该程序可以探究几何结构(MDS)和因素结构(PCA/EFA)的一致性问题。

如果结构在不同的文化群体中的适配性不充分,或者 GPA 揭示出大多数或所有项目在各维度上的位置存在实质性的文化差异,则建议在每个文化群体内分别分析其内部结构。

替代方法

我们还可以用来自不同文化群体的数据,用重复的 MDS 计算出一个所有样本共识的几何结构,而不是先计算一个文化特异的结构,然后再进行 GPA 处理(e.g.,Fontaine,2003)。这种方法的优点是,对于每个文化群体的不同数据,研究者可以直接对共识结

---

① GPA 程序可以从作者 Professor Dr. J. J. F. Commandeur, Faculteit der Economische Wetenschappen en Bedrijfskunde, Econometrie, De Boelelaan 1105, 1081 HV Amsterdam, the Netherlands 处获得。

构进行适配衡量。Fontaine、Poortinga、Delbeke 和 Schwartz（2008），Fischer、Milfont 和 Gouveia（出版中）用这种方法来考察人类价值观结构的稳定性。然后他们使用适配度量来识别不同文化群体的价值观结构偏离一个共识结构的程度。他们发现在欠发达的国家或州,共识价值结构的适配性较低。

如果研究者对预期结构有一个明确的假设,假设结构的坐标可以作为计算几何结构的起始值。这克服了样本特有的局部最小值的问题,并且应该可以对不同文化群体间的结构进行更直接的比较（参阅 Bilsky,Janik,& Schwartz,出版中）。

扩展

MDS 没有必要在每个文化群体内都使用完全相同的刺激或项目。重复的 MDS 和 GPA 可以很容易地处理刺激间只有部分重叠的数据结构。这个特性对跨文化心理学来说尤其有吸引力,因为在跨文化心理学中,经常有很好的理由来增加文化特异的刺激。用 MDS 有可能探究这些文化特异的刺激是否能最好地表征为通用空间中的文化特异的点,或者这些刺激是否需要额外的文化特异的维度（e.g.,Fontaine,2003）。

优点和不足

MDS 的优势是,它可以处理各种数据（从相似性数据到传统问卷数据）,它几乎没有限制（顺序数据就足够了）,它可以处理部分重叠的数据集（这对于跨文化心理学尤其有吸引力）,而且它可以形成易于解释的结构（用距离代表心理联系）。MDS 的主要缺点是,它没有为测量个体差异提供测量模型。这就意味着个体是否可以以及如何按照这些维度排列,MDS 没有给出相关信息。它只在几何空间里把观察到的相似（差异）表征成距离。为了避免这个问题,先根据 MDS 结果建构量表,然后通过经典测验理论进一步考察量表（e.g.,Schwartz,1992）。另一个缺点是,它是一种描述性技术。它生成一个内部结构,这个内部结构最好地表征了给定所选维度所观察到的联系。此外,GPA 仅提供了结构之间差异的描述性信息。它对于所观察到的不同文化群体之间的结构差异没有提供任何统计检验。

主成分分析和探索性因素分析

在这一章我们将把主成分分析（Principal Component Analysis,PCA）和探索性因素分析（Exploratory Factor Analysis,EFA）放在一起来讨论。PCA 是一种简化技术。它把新变量计算成观察项目的线性组合,这些新变量被称为成分,通过这种方式,这些成分尽可能多地保留了原始项目反应中的总体变异。EFA 是一个把项目视为潜在结构指标的测量模型。它假设所观察到的项目之间的关系必须归因于潜在变量。EFA 探究性地寻找能够最大限度地解释项目之间共同变异的潜在变量。尽管 PCA 和 EFA 的概念存在差异,主成分分析是简化技术而 EFA 是一个测量模型（e.g.,Borsboom,2006; Tabachnick & Fidell,2007）,但这些数据分析方法有很多共同之处。这两种方法都是将项目反应之间的皮尔森相关作为输入信息,将成分或因子负荷矩阵作为最重要的输出。后者包括观测项目和成分(缩减的变量)或因子(潜变量)之间的相关。此外,这两种方法都是用 SPSS 和 SAS 之类的软件包实现的。最后,这两种方法经常会产生类似的结果,但也有可能,成分或因子的数量及组成会不同,尤其是对于那些较小的因子来说。SPSS 等程序用 PCA 作为默认选项,用 PCA 做探索性分析通常是一种安全的选择。在以下内容中,*因子*一词既表示 PCA 中的成分也表示 EFA 中的因子。这些方法更详细的描述可以从 Field(2009)以及 Tabachnick 和 Fidell(2007)等人的论文中看到。

在下面的内容中,我们用了组织研究中的一个例子(Fischer,2004a;还可参阅 Fischer et al.,2007)。组织中的管理者会使用各种原则来决定如何给员工分配奖励(加薪、晋升、奖金等)。核心标准是公平(工作表现,更努力工作的员工获得更多的奖励)、平等(所有人都有平等的回报)、需要(有需要的人将获得更多的奖金、金钱等),或者资历(在组织中工作得越久、年龄越大将获得奖励越多)。研究要求员工指出他们的管理者最近做决策时在多大程度上使用了这些标准。研究者用 PCA 找出需要多少因子来表征这些标准之间的共同变异。

第一步,准备数据

PCA 和 EFA 都要用连续性数据,或者至少是等距数据。在李克特量表中,问题的等级常被视为等距数据。这些方法采用项目之间的皮尔逊积差相关。[①] 在 SPSS 和 SAS 之类的重要统计软件包中,皮尔森积差相关的计算在因素分析时是默认的。在我们的例子中,员工完成一项调查,要求他们指出他们的管理者在作出加薪、晋升或解雇决定时多大程度上使用了公平、平等、需要或资历等标准。在默认情况下计算这些答案的相关矩阵,并把这个相关矩阵作为一种数据输入。

第二步,参照群体内的主成分分析和探索性因素分析

与 MDS 一样,研究者必须决定在参照群体内应该提取多少因子,以及应如何解释这些因子。仍与 MDS 一样,选择因子数目的标准主要有四个:先验理论预期、因子结构所解释的变异、碎石图和因子结构的可解释性。这些标准更深入的描述可以在 Field(2009)以及 Tabachnick 和 Fidell(2007)等人的研究中找到。

在决定了应该提取多少因子后,就需要对解决方案进行解释。解释建立在因子负荷矩阵的基础上。根据经验,对负荷值小于 0.30 的单个因子不做解释。然而,更精确的因子负荷值的截取常常反映了研究者的偏好。交叉的负荷可能表明,一个项目不止与一种结构或因子(项目的复杂性)相关密切,出现这种情况可能是数据结构有问题,或者是环状结构,又或者表明了因子或成分的重叠(参阅 Field,2009;Tabachnick & Fidell,2007)。

---

① 虽然很少被用到,但 PCA(和 EFA)也可以采用方差—协方差矩阵。

如果已经确定了不止一个成分或因子,那么就有无数个在数学上完全相同的解决方案。这些解决方案可以用一个坐标系的旋转生动地表现出来,其中维度代表因子,点代表项目在这些因子上的负荷值。所有这些解决方案解释总变异(PCA)或共同变异(EFA)的百分比相同。

如果对该因子结构有一个强大的理论预期,那么可以朝着该理论预期结构进行旋转。这种理论结构可能以 0 和 1(表明某一项目的负荷在某个因子上)的形式呈现。这种旋转被称为普鲁克旋转(Procrustean rotation)。McCrae 等人(1996)提出,这种技术是复杂数据集进行验证性因素分析的一个备选方法。

如果对因子结构没有一个强大的理论预期,通常人们更首选的因子结构的特点是一个简单的结构,其中每个项目都在一个因子上有高(正向或负向)负荷而在其他因子上负荷为零;每个因子的特点是具有零或高(正向或负向)负荷,并且负荷的方面不同。为了获得一个简单的结构,通常运用最大方差法或斜交转轴法。前一种方法假设各因子是独立的(正交旋转),后一种方法允许各因子互相关联(斜交旋转)。因为所有的旋转对总变异或共同变异的解释量相同,因此,不存在哪一种旋转方式比其他旋转方式更优。因此,最优旋转有时会引起严重的争议。例如,在当前的情感测量中,存在一个非常激烈的争论,即究竟是效价—唤醒(valance-arousal)旋转还是正向情感—负向情感旋转最能表征潜在的心理机制。(e.g., Russell & Carroll, 1999;Watson, Wiese, Vaidya, & Tellegen, 1999)。

在我们所举的例子中,实验文献把这四个分配标准看作是独立的来进行处理(请参阅 Fischer 所写的综述,2008;Fischer & Smith,2003,Leung,1997,2005)。同时,可能会有一些重叠。资历可以看作是一个平等的原则(每个人只要他们仍在组织内都可以获得奖励)或一个差别原则(因为它在员工之间有区别)。因此,使用斜交旋转的探索性分析,并在决定提取多少因子时同时考虑碎石图和结构的可解释性(Fischer,2004a;Fischer et al.,2007)。得出的四个因子与公平、平等、需要和资历等标准相符合。

表 7.1 最常使用的因子一致性系数的计算方法

系 数	计算方法
恒等	$e_{xy} = \dfrac{2\sum x_i y_i}{\sum x_i^2 + \sum y_i^2}$
相加性	$a_{xy} = \dfrac{2s_{xy}}{s_x^2 + s_y^2}$
比例性(Tucker 系数)	$p_{xy} = \dfrac{\sum x_i y_i}{\sqrt{\sum x_i^2 + \sum y_i^2}}$

续表

系　　数	计算方法
线性	$r_{xy} = \dfrac{s_{xy}}{s_x s_y}$

注：s_x代表 x 的标准差，s_y代表 y 的标准差，s_{xy}代表 x 和 y 的协方差。

第三步，通过普鲁克正交旋转评估结构等值

在其余的文化群体内，每个文化群体的因子结构产生的因子数目都与参照群体相同。因为存在旋转自由，这就意味着结构上等值的因子结构可能乍一看非常不同。抽样波动或具体项目意义的微小变化都会导致与参照群体不同的因子负荷矩阵。这种情况通过把该因子结构朝着参照文化群体的因子结构进行正交普鲁克旋转来克服。经过正交普鲁克旋转后的因子结构可以直接在文化群体之间比较。SPSS 中比较两个样本的技术过程将在 Box 7.1 中进行更详细的说明。

一旦解决方案被旋转，就可以计算成对文化群体的因子负荷值之间的一致性。文献中提出了四种一致性的测量：线性（the linearity）、比例性（the proportionality，Tucker's φ）、可加性（the additivity）和恒等系数（the identity coefficient）（见 Box7.1）。最宽松的系数是线性系数，它是第一个文化群体和第二个文化群体的因子模式之间简单的积差相关系数。它不受因子负荷的加法或乘法的影响。最常用的程序如 Box7.1 中的内容所示。这是 SPSS 中一种进行目标旋转的程序（改编自 van de Vijver & Leung，1997）。

Box7.1 一个进行目标旋转的 SPSS 程序（改编自 van de Vijver & Leung，1997）

以下程序用于进行目标旋转，以及评估初始因子负荷与目标旋转后的因子负荷之间的相似性。指定一个文化群体为源文化群体（在下面的负荷矩阵中插入表格中的条目），第二个文化群体为目标文化群体（在下面的标准矩阵中插入表格中的条目）。必须插入两个群组中所获得的至少两个因子的旋转或未旋转的因子负荷值。需要插入因子负荷，中间用逗号分隔，每行以分号结束，除了最后一行以括号（ ｝）结束。没有注意这个问题将导致一个错误信息，将不能进行旋转。Fischer 和 Smith（2006）在英国和东德样本中测量自我报告的角色外行为（extra-role behavior）。角色外行为与公民行为相关，角色外行为是指超出了预期的员工自愿行为和自由意志行为，但是能帮助更大的组织生存和繁荣。这些项目是用来测量一个更被动的成分（因子 1）和一个更主动的成分（因子 2）。目标解决方案的选择是任意的；在这个例子中，我们将民主德国的数据朝向英国矩阵进行了旋转。

表 1

	英国		德国	
	因子 1	因子 2	因子 1	因子 2
我总是很守时。	0.783	−0.163	0.778	−0.066
我不额外休息。	0.811	0.202	0.875	0.081
我非常谨慎地遵守工作规则和指令。	0.724	0.209	0.751	0.079
我的午餐或休息从不花费很多时间。	0.850	0.064	0.739	0.092
我寻找某些事不能很好发挥作用的原因。	−0.031	0.592	0.195	0.574

续表

	英国		德国	
	因子 1	因子 2	因子 1	因子 2
我经常激发他人表达自己的想法和意见。	-0.028	0.723	-0.030	0.807
去年我让我的工作有所改变。	0.388	0.434	-0.135	0.717
我鼓励他人在会上发言。	0.141	0.808	0.125	0.738
我不断地提出改进工作的建议。	0.215	0.709	0.060	0.691

输入的 SPSS 语法如下：

```
Matrix.
compute LOADINGS = {
0.778,-0.066;
0.875,0.081;
0.751,0.079;
0.739,0.092;
0.195,0.574;
-0.030,0.807;
-0.135,0.717;
0.125,0.738;
0.060,0.691  }.
compute NORMs = {
0.783,-0.163;
0.811,0.202;
0.724,0.209;
0.850,0.064;
-0.031,0.592;
-0.028,0.723;
0.388,0.434;
0.141,0.808;
0.215,0.709}.
compute s = t(loadings) * norms.
compute w1 = s * t(s).
compute v1 = t(s) * s.
call eigen(w1,w,evalw1).
call eigen(v1,v,evalv1).
compute o = t(w) * s * v.
compute q1 = o &/abs(o).
compute k1 = diag(q1).
compute k = mdiag(k1).
compute ww = w * k.
compute t1 = ww * t(v).
compute procrust = loadings * t1.
compute cmlm2 = t(procrust) * norms.
compute ca = diag(cmlm2).
compute csum2m1 = cssq(procrust).
compute csum2m2 = cssq(norms).
compute csqrtl1 = sqrt(csum2m1).
compute csqrtl2 = sqrt(csum2m2).
```

```
compute cb = t( csqrtl1) ∗ csqrtl2.
compute cc = diag( cb).
compute cd = ca&/cc.
compute faccongc = t( cd).
compute rm1m2 = procrust ∗ t( norms).
compute ra = diag( rm1m2).
compute rsum2m1 = rssq( procrust).
compute rsum2m2 = rssq( norms).
compute rsqrtl1 = sqrt( rsum2m1).
compute rsqrtl2 = sqrt( rsum2m2).
compute rb = rsqrtl1 ∗ t( rsqrtl2).
compute rc = diag( rb).
compute faccongr = ra&/rc.
compute cross1 = procrust& ∗ norms.
compute sumcross = csum( cross1).
compute mssqproc = cssq( procrust)/nrow( procrust).
compute mssqnorm = cssq( norms)/nrow( norms).
compute prop = sumcross/( sqrt( mssqproc& ∗ mssqnorm)).
compute cross2 = sumcross/nrow( procrust).
compute meanproc = csum( procrust)/nrow( procrust)).
compute sdproc = sqrt( mssqproc-meanproc& ∗ meanproc).
compute meannorm = csum( norms)/nrow( norms)).
compute sdnorm = sqrt( mssqnorm- meannorm& ∗ meannorm).
compute covar = sumcross/nrow( procrust) -meannorm& ∗ meanproc.
computecorrel = covar/( sdproc& ∗ sdnorm).
compute addit = 2 ∗ covar/( sdnorm& ∗ sdnorm + sdproc& ∗ sdproc).
compute idcoef = 2 ∗ sumcross/( cssq( procrust)+cssq( norms)).
compute rowsqdif = sqrt( rssq( procrust-norms)/ncol( procrust)).
compute colsqdif = sqrt( cssq( procrust-norms)/nrow( procrust)).
compute dif = { procrust-norms}.
print procrust /title = "FACTOR LOADINGS AFTER TARGET
ROTATION"/ format f5.2.
print dif /title = "DIFFERENCE IN LOADINGS AFTER TARGET
ROTATION"/format f5.2.
∗ the following two vectors express the difference between source loadings
∗ and target-rotated loadings.In the first the difference is taken between
∗ the loadings of two corresponding loadings and the difference is
squared.
∗ For each item the squared differences are summed across all factors.
The square
∗ root of these differences is then taken.The second vectors adds the
squared
∗ differences across variables for each variable.
print rowsqdif /title = "Square Root of the Mean Squared Difference"
+"per Variable( Item)"/format f5.2.
print colsqdif/title = "Square Root of the Mean Squared Difference"
+"per Factor"/ format f5.2.
print idcoef/title = "IDENTITY COEFFICIENT per Factor"/format f5.2.
print addit/title = "ADDITIVITY COEFFICIENT per Factor"/format f5.2.
print faccongc/title = "PROPORTIONALITY COEFFICIENT per Factor"
/format f5.2.
print correl/title = "CORRELATION COEFFICIENT per Factor"
```

续表

```
/format f5.2.
end matrix.
```
这个例子编辑后的结果是：
```
Run MATRIX procedure：
FACTOR LOADINGS AFTER TARGET ROTATION
0.77 -0.10
0.88 0.04
0.75 0.05
0.74 0.06
0.22 0.57
0.00 0.81
-0.10 0.72
0.16 0.73
0.09 0.69
DIFFERENCE IN LOADINGS AFTER TARGET ROTATION
-0.01 0.06
0.07 -0.16
0.03 -0.16
-0.11 0.00
0.25 -0.03
0.03 0.08
-0.49 0.29
0.02 -0.08
-0.13 -0.02
Square Root of the Mean Squared Difference per Variable(Item)
0.05
0.12
0.12
0.08
0.18
0.06
0.40
0.05
0.09
Square Root of the Mean Squared Difference per Factor
0.19 0.13
IDENTITY COEFFICIENT per Factor
0.94 0.97
ADDITIVITY COEFFICIENT per Factor
0.86 0.92
PROPORTIONALITY COEFFICIENT per Factor
0.94 0.97
CORRELATION COEFFICIENT per Factor
0.86 0.93
```
　　输出内容呈现了旋转后的因子负荷、初始结构和旋转后结构的负荷差异，以及每个负荷平方差异，然后将全部因子的因子负荷进行平均（每一列变量均方差异的平方根）。数值越小说明一致性越高。

　　最后四行报告了重要的信息——即各种一致性系数。可以看到，值都在0.85以上，并且基本都在一般可接受的0.90以上。还值得注意的是第一个因子表现出较低的一致性。对负荷之间差异的考察表明一个特别的项目（去年我让我的工作有所改变。）表现了稍微不同的负荷。在英国的样本中，这个项目在两个因子上都是中等程度的负荷值，然而德国样本中该项目在主动因子上的负荷值很高。因此，在英国被试中，在他们的工作场所做一些改变是一种相对日常的、被动的任务，而对于德国被试来说，这是一种和主动性、自发性更相关的行为（e.g.，Frese et al.，1996）。

最常用的程序是 Tucker'一致性系数或 Tucker'φ(Tucker,1951;引自 van de Vijver & Leung,1997)。这个系数并不受因子负荷值乘积的影响(例如,一个群体中的因子负荷值乘以一个常数),却对加法很敏感(例如,一个群体中的因子负荷值加一个常数)。可加性系数类似于 Tucker'φ,只是这个系数不受一个群体中加一个常数的影响;该系数对乘积很敏感。恒等系数是最严格的,它同时受这两种转换(加法和乘法)的影响。这些一致性系数最大为1。这里提出一些经验法则来判别相似性。通常,值大于 0.95 的被视为表现了可接受的因子相似性(van de Vijver & Leung,1997),而值低于 0.85 (ten Berge,1986)则表示不一致。然而,这些排除标准可能因工具的不同而不同,并且没有与这些指标相关的统计检验。

Tucker'φ是最常用的指标,但要是报告所有的指标并比较它们的值可能更有启发性。这可能会提供一个比单一指标更详细、更全面的信息。不同指标间的高分值表明因子结构是相似的。如果分值较低或者各指标之间的差异较大(如指标越严格实质上表明值越低),则因子结构的相似性和可复制性就是令人质疑的。因此非常有必要考察因子负荷值中的差异以及对这些差异做出的可能的解释。

在我们的例子中,分析发现对于公平、平等、需求和资历等分配因子来说,一致性系数一般都在一个表示足够相似性的范围里。

备选方法

另一种备选方法是进行同时成分分析(simultaneous component analysis,SCA)。采用 SCA,可以同时对所有文化群体进行成分分析(Kiers,1990;Kiers & ten Berge,1989)。这是一种简化技术,成分就是观测项目的线性组合,通过这种方式最大程度地获得所有文化群体中的变异。因此,SCA 为所有文化群体生成了一个内部结构。通过把每个文化群体由 SCA 结构解释的变异量和由 PCA 结构解释的变异量进行比较,来考察 SCA 结构代表每个文化群体结构的程度。在跨文化研究中,这种方法的应用可以在 Caprara 等人(Caprara,Barbaranelli,Berm'undez,Maslach,and Ruch,2000)的研究中看到。

扩展

有研究者(Chan,Ho,Leung,Chan,and Yun,1999)提出一种 bootstrap 程序来统计评估因子的不变性。采用这种方法,计算一致性系数的分布,然后可以利用该分布求出一个关键的临界值。这种实证方法绕过了对 Tucker'φ 以及其他一致性测量的充分经验法则的要求。

优点与不足

这些技术的最大优点是它们易于使用,并且众所周知。SPSS 和 SAS 中 Procrustean 旋转的实施需要运行一个简短的语法文件(见 Box 7.1)。一致性系数在跨文化群体里被广泛地接受与应用。此外，PCA 和 EFA 都对个体在因子上的位置进行了计算和估计。并且，可以保存个体的因子得分。

该方法的一个缺点是，这个程序侧重于因子水平上的一致性，回答在每个群体中是否发现了与参照群体相似的结构。个别项目可能仍然显示出很大的负荷差异，而且整体的因子相似性可能具有误导性。关于艾森克人格问卷结构的研究表明这个问题是有争议的(Bijnen & Poortinga，1988；Bijnen，van der Net，& Poortinga，1986；Eysenck，1986)。除了检验一致性系数之外，检验目标负荷与旋转后负荷，以及考察目标负荷与常模群体中的负荷之间的差异，以此来识别潜在的异常现象，这也是可能并且总是有用的。这可能揭示了跨文化相似性和差异性重要而有用的信息(请参阅 Box 7.1)。

验证性因素分析

验证性因素分析(Confirmatory factor analysis，CFA)是一种和 EFA 一样，将项目视为潜在构念的指标测量模型。CFA 是一种理论导向的方法(e.g.，Bollen，1988；Long，1983)。研究者预先指出哪些项目是哪些潜在变量的指标。然后统计检验预先指定的测量模型在多大程度上代表了观测到的项目反应之间的协方差。例如，Beirens 和 Fontaine(2010)用 18 个躯体疾病项目验证 5 个相关但不同的躯体疾病因子。一个测量模型，如果其中的每个项目都看作只是一个躯体疾病因子的指标，那么这个测量模型就能很好地代表观测到的项目之间的协方差。Fischer 等人(2009)检验了 Triandis(1995)提出的个人主义—集体主义标准的四成分模型是否能在 11 个国家的样本中进行测量。Triandis 认为个人主义—集体主义的定义属性是：(1)人们把自己看作是独立的还是一个更大群体的一部分；(2)他们的目标结构是否与群体目标相一致；(3)个体是更多地受自身态度的引导还是更多地受群体规范的引导；(4)人们是强调群体成员的理性方面还是感觉在关系上更附属于群体。Fischer 等人(2009)编制了测量这四个属性的项目，然后就能够检验实证数据是否符合他们的理论预测。

前文讨论的三种技术都假设的是连续数据，至少是等距数据。此外，CFA 还假设数据的多元常态分布(虽然已经开发了程序来校正不符合假设的情况)。在跨文化研究中，分数的分布情况在不同文化间是系统性地变化的，因此这个多元常态分布问题尤其有问题(Au，1997)。

CFA 是在一个样本中将理论模型与观察到的结构进行比较的模型检验技术。待检验的模型(例如，观测项目和潜在因子之间的关系)可以用图表表示(见图 7.3 一个文化群体的验证性因素分析的例子)。CFA 模型习惯上用希腊字母表示。像 EQS、AMOS 和 LISREL 等有图形界面的程序就不需要这种符号；然而，LISREL 仍然在它的输出结果中运用这种符号，并且多群组选择(后文将讨论)需要对希腊符号有基本的了解。由于这个原因，我们将介绍最重要的符号。例如，研究者在一个随机的学生样本中测量了六个项目。研究者预期前三个项目测量自我建构(观测变量标记为拉丁字母,例如 x1 至 x3),而另外三个项目测量个体的目标结构(x4 至 x6)。这些项目被认为是 Triandis 提出的个人主义—集体主义的四个定义属性中的两个属性的指标。研究者预期这两个潜在的、无法观测的因子(叫做 Ksi：ξ_1, ξ_2)导致了观测变量之间的关系。因为这两个因子都与个人主义—集体主义有关,因而预期这两个因子是共变的,而期望独特因子或残差(测量误差)是独立的。在一个包含两个文化群体的跨文化研究中,研究者要建构两个模型,即每个文化群体建构一个模型。

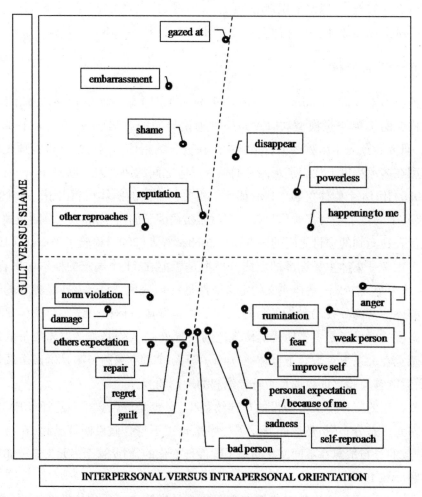

图 7.2　秘鲁、比利时和匈牙利内疚和羞耻反应的二维表征

第一步,准备数据

　　CFA 可以处理许多输入格式。标准 CFA 程序如 LISREL、EQS 和 AMOS 现在可以接受来自其他程序如 SPSS 或 Excel 的原始数据文件。如 Mplus 之类的一些程序需要 SPSS 之类程序所创建的文本文件。建立 CFA 模型,最好是运用方差—协方差矩阵

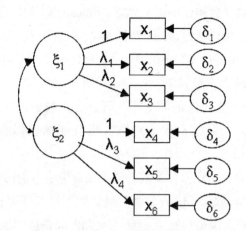

图 7.3　验证性因素分析模型结构示例

图 7.3　验证性因素分析模型的例子。潜在的和非观测变量用圆形或椭圆表示,而显变量(又称观测变量)用正方形或长方形表示。变量之间的关系用线条表示。用一个箭头指向一个具体变量的线条代表假设的直接关系,其中箭头指向的变量是因变量。用双向箭头连接的变量表示变量之间存在简单的共变关系,没有隐含方向的效应。潜在变量用 ξ(ksi)表示;观测变量用 x 表示,观测变量在潜在变量上的负荷用 λ(lambda)表示,测量误差、独特因子或残差用 δ(delta)表示。每个潜在变量上有一个项目的负荷限制为 1。这是识别潜在因子最常用的方法。

(Cudeck,1989)。对于跨文化分析来说,平均数—方差—协方差矩阵的分析尤其有趣(Cheung & Rensvold,2000)。不要用相关矩阵,尤其在跨文化比较中不要用,因为为了各组统一而标准化方差可能遮掩了跨文化差异或相似的重要信息。Fischer 等人(2009)对每个文化群体用平均数—方差—协方差矩阵来进行分析。他们仿照 Cheung 和 Rensvold(2000)所提供的语法样例,这要求他们在 SPSS 中创建一个包括平均数、方差和协方差的文本文件。

第二步,参照群体内的 CFA

第二步涉及检验提出的理论模型。在 CFA 中,在参照群体中评估模型很重要。如果该模型在参照群体中执行不好,程序将停止,也不可能再进行进一步的跨文化等值性检验。Fischer 等人(2009)随机选取了一个文化群体并先在这个文化群体(新西兰)中检验了该模型。

用来评估模型适配性的拟合指数很多。最早并且最常用的指数是卡方值。卡方值越小,模型对样本协方差矩阵的偏离越小;因此,有时称之为精确拟合检验(exact fit test)(见 Barrett,2007)。好的模型的卡方值应该不显著,然而,用卡方来评估模型的拟合度是有问题的。在社会科学中,假设模型和总体之间没有显著差异的虚无假设为真,这是不太可能的。显然,个人主义—集体主义标准不可能被缩减到三或四个项目,每个项目都负荷到四个潜在因子上。检验的模型只是接近实际情况,对一个先验已知为假的模型进行检验是违背常理的(Browne & Cudeck,1992)。如果样本量足够大,会拒绝与协方差矩阵非常接近的模型(Bentler & Bonnett,1980;Bollen,1989)。违背了以卡方统计值为基础的假设,将导致错误的概率水平(Ullman,2007)。因此,许多研究者提出了各种替代拟合指数,并讨论了其临界标准以及局限性(Bollen,1989;Browne & Cudeck,1992;Hu & Bentler,1998,1999;Marsh,Balla,& McDonald,1988;Marsh,Hau & Wen,2004,Tanaka,1993)。

大多数拟合指数是卡方统计值的变式。研究者一般报告这些所谓的近似拟合指数,这些拟合指数可归为两类:(1)增值拟合指数或比较拟合指数,(2)失拟指数(lack-of-fit indices)。

首先,增值拟合指数或比较拟合指数的假设是有很多可能的模型都是彼此的子集。在一端,有一个独立模型,假设其中的观测变量之间不存在任何相关。在另一端,有一个自由度为0的饱和或全模型(the saturated or full model)(所有变量彼此都是相关的)。预期要估计的模型会落在这两端之间的某一位置。因此,会将该模型的拟合性与备择模型(大多是独立模型)相比较。更常用的两种拟合指数是Tucker-Lewis指数(Tucker-Lewis Index,TLI)或非规准拟合指数(nonnormed fit index,NNFI)和比较拟合指数(comparative fit index,CFI;Bentler,1990)。习惯上将分值在0.80至0.90视作良好拟合度的指标(Marsh et al.,1988)。Hu和Bentler(1998,1999)提倡采用更严格的界限,建议0.95的临界界限才是可接受的。

第二类是失拟指数(lack-of-fit indices)。例如,标准化残差均方和平方根(standardized root mean square residual,SRMR;Bollen,1989)是把预设模型隐含的样本矩阵和预设模型隐含的要估计的总体矩阵之间的差值进行比较。差值越小表示拟合越好,在最近的模拟研究中,SRMR值低于0.08视为是可接受的(Hu & Bentler,1998)。Hu和Bentler(1998,1999)推荐了这个拟合指数,因为它稳健并对模型误设(misspecification)很敏感。渐进残差均方和平方根(root mean square error of approximation,RMSEA;Browne & Cudeck,1992)与SRMR相似,但仍要考虑自由度,并且排斥质量较差的模型(即比较复杂的模型)。RMSEA值低于0.05是理想的,介于0.06和0.08之间的值是可接受的,高于0.10的值表示拟合较差。在模拟分析的基础之上,Hu和Bentler提出这些界限太宽松,并提倡将0.06作为合适的标准。

关于合适的拟合指数临界值的问题是非常有争议的,并仍在讨论之中。文献中建议的大多数临界值是基于直觉,很少有统计学理由(Marsh et al.,2004)。Marsh等人也指出了盲目采用Hu和Bentler(1998,1999)的模拟研究中提出的临界值的不足。Marsh(在2001年的一个专门介绍结构方程模型的电子邮件网络上发的帖子,SEMNET @ UA1vm.ua.edu;也可见于2007年的《人格与个体差异》专刊)发帖声明,当至少有5至10个项目负荷在中等数目(5个及以上)的因子上,对多因子等级评定的工具在项目水平上进行验证性因素分析时,几乎是不可能获得这些拟合指数的。尽管邀请了1500个会员来提出反例,但是没有一个人能够提供这样一个例证,充分说明大多数传统的人格测量工具即使在单一文化的研究中都无法达到这些严格的标准。

　　跨文化研究中存在的潜在代表性不足问题可能使研究者在他们的测量中包括更多的项目,从而加剧了单一文化研究中遇到的问题。跨文化比较中适当拟合的问题在文献中一直没有提出,这一问题一直是在单一文化研究中讨论。不加批判地应用这些标准可能导致对跨文化研究中的模型的错误拒绝。跨文化研究者在每个样本中对残差和参数估计进行检验,以此来识别出那些在文化群体内和文化跨群体间作用不同的变量,这是个很好的实践活动。另外,所有这些拟合度指数在和嵌套模型比较时都可能表现良好。对大量可能的理论模型进行比较,然后比较它们各自的拟合性,这应该是标准的做法。因此,必须根据实质性和理论性问题来评估拟合最佳的模型(MacCallum & Austin,2000;Marsh et al.,2004)。《人格与个体差异》专刊对拟合指数的各种问题进行了详细的讨论(http://www.elsevier.com/wps/find/journaldescription.cws_home/603/description#description)。

　　在我们关于个人主义—集体主义的例子中,Fischer 等人(2009)在新西兰样本中评估了该结构(在后面的多群组 CFA 中新西兰样本作为参照群体)。模型的拟合指数是可以接受的(除了一个项目表现出很大的残差,提示了一个不同的负荷模式外),因此该模型可以进行跨文化检验。在进行 CFA 之前,先在各群体中分别检验该模型,这是个明智的做法。这样做可以对数据有个初步的了解,并可能让潜在的问题突显出来。正如在新西兰样本中已经提到的,一个项目在所有样本中较之其预期负荷显示出不同的负荷方式,因此,这一项目可以负荷在另一因子上。这一修订模型在所有样本中提供了可接受的拟合性。然而,这些在各文化群体中分别进行的分析并没有涉及这些负荷是否具有跨所有样本的可比性。因此,多群组分析是必要的。

第三步,多群组验证性因素分析

　　模型在参照组中拟合度可以接受后,就可以检验该模型结构在不同群组间的相似程度。在这种情况下,参照组作为一种标准(如新西兰样本),其他群组的拟合性都将与参照组的结构相比较。这通常可以在 LISREL、EQS 和 AMOS 等标准 CFA 程序中完成。然后参数限制逐渐增加来评估跨文化群体间模型拟合程度如何。在本节中,我们讨论最低水平的不变性,它相当于对 MDS、PCA 和 EFA 的检验,并且通常作为估计全测量等值性(full measurement equivalence)的第一步(e.g.,Cheung & Rensvold,2000;Meredith,1993)。

　　形式不变性(form invariance)(Cheung & Rensvold,2000)或构形不变性(configural invariance)(Byrne,Shavelson & Muth'en,1989)假设相同的指标(项目)负荷在相同的潜在因子上。这只是检验在不同的文化间相同的项目是否与潜在因子有相同重要的关系。如果这个检验失败了(呈现出拟合指数不佳或大的残差),那么建议在每个群体中分别进行 CFA 来确定问题所在(如果之前没有这样做的话)。Fischer 等人(2009)已经证明在修订后的模型中,所有项目都负载在各自的因子上。因此,负荷形式或模式在所有群体中都是相似的。但是,CFA 和多群组 CFA 真正的功用是可以使用其他限制条件,这些限制条件超出了本章要讨论的核心内容(即结构等值或形式不变性)。实际上,大多数研究者都对形式不变性不感兴趣,只是用这种模型作为检验限制更多的模型的拟合性的基线。我们在下一节对此将作简要讨论。

扩展

以上描述的程序其适用范围可以扩展到给予数据更进一步的限制,进行更复杂、更翔实的分析。不变性的第二个水平是因子不变性(factorial invariance)(Cheung & Rensvold,2000)或度量不变性(metric invariance)(Byrne et al.,1989)。在此,限制因子负荷在不同群体间都是相等的。当因子不变性被拒绝时,研究者必须决定接下来要怎么做。也许可以找出因子负荷不同的原因。这可能表明存在有意义的文化差异,但是会妨碍跨文化间结构的可比性。很可能要删除这些项目(假设只有几个项目要删除,并且删除项目并不会威胁到该领域的代表性不足)。第三种选择可能是继续进行部分不变性检验(Byrne et al.,1989),并且只限制那些没有发现变化的项目。显示差异的项目仍然保持不同,研究可以继续进行实质性假设检验。

接下来更高水平的限制条件是限制项目的截距相等(Cheung & Rensvold,2000;Vandenberg & Lance,2000),即所谓的标量不变性(scalar invariance)(Vandenberg & Lance,2000)或截距不变性(intercept invariance)(Cheung & Rensvold,2000)。在有关等值和偏差的文献中,这种不变性通常被称为截距或满分等值(scalar or full score equivalence)(Fontaine,2005;van de Vijver & Leung,1997)。如果这些限制模型没有被拒绝,那么就表示是满分等值的,并且分数可以在不同群体间进行直接比较。例如,如果两个群体间(中国人和美国人)在自我建构水平上存在一个群体差异,并且发现了标量不变性,那么自我建构分数可以在两个样本间进行直接的、毫无疑问的比较。

和从前一样,我们需要对这些模型的相对拟合性进行评估。由于限制条件的增加,对模型拟合性变差的程度进行评估是非常重要的。模型拟合性变差是非常有可能的,因为我们正在处理的是嵌套模型,在嵌套模型中,每个后面检验的模型都是比前面检验的模型限制更多的模型(Anderson & Gerbig,1989)。最常用的统计方法是卡方差异检验。从前面模型的卡方中把限制更多的模型的卡方分离出来。采用不同的自由度,得到的卡方遵循一般卡方分布。卡方显著表明限制更多的模型拟合显著地差(Anderson & Gerbig,1989)。和前面讨论的一样,卡方检验是有问题的,人们一直建议还是考虑其他拟合指标的变化(Cheung & Rensvold,2000;Little,1997)。Little(1997)指出 NNFI/TLI 的差异小于 0.05 则表明等值。近来,NNFI/TLI 差异制定了更严格的标准,超过

0.01 就表明不同文化群体间不等值（Cheung & Rensvold,2000）。因此差异等于或小于 0.01 表明模型间的拟合并没有实质性地变差。Little 等人（Little, Card, Slegers, & Ledford,2007）建议如果限制更多的模型的 RMSEA 是在更宽泛模型的 RMSEA 的 90% 的置信区间以内,那么就可以选择这个限制更多的模型。Selig 等人（Selig, Card, & Little,2008）对这一组跨文化研究技术进行了概括。

还是回到我们的例子来,Fischer 等人（2009）表明了他们研究中所包括的所有 11 个样本间,个人主义—集体主义标准表现出满分等值。因此,在不同样本间分数是可以直接比较的。能够在不同文化群体间直接比较分数,并可以根据潜在的基本构念（如智力、动机模式、自我建构、个人主义—集体主义标准）来解释这些差异,这如果不是大多数跨文化研究的目的的话,显然也是许多跨文化研究的目的。因此,这个选择对于跨文化研究者来说都是很有理论吸引力的。Little（1997）、Cheung 和 Rensvold（2000）对这一选择进行了讨论,并且为如何在 LISREL 中运用这一选择提供了实例。但是,这些扩展方法已经用来处理水平定向的测验（level-oriented test）,这在第十章中将会进行更彻底的讨论。

这些方法实施的标准顺序是先限制负荷的模式,然后是因子负荷,最后是项目截距。其他令人感兴趣的选择还包括对因子相互关系的限制（这是一种对构念等值的间接检验）、误差项（检验误差在跨文化间是否是不变的）和潜在平均数（检验潜在构念的平均值跨文化群体间是否是不同的）。Vandenberg 和 Lance（2000）对跨文化组织研究中的这些各种限制进行了概述和讨论。一般来说,这些方法的逐步程序都可以直接用于跨文化研究。

优点与不足

CFA 是一种理论驱动的方法。研究者应该有一个观测变量如何受一个或多个潜在变量影响的理论。因此,研究者必须根据经验先确定哪些项目测量哪些因子。在缺乏理论的情况下,CFA 就不能运行。CFA 还吸引人的是因为它可以同时很好地处理所有的测量问题（在一个综合模型中既有水平定向的也有结构定向的问题）。

但是,人们应该清楚的是,用 CFA 检验模型更具有技术性,特别是关于如何评估模型拟合性,以及模型拟合性由哪些组成等问题文献中都进行了激烈的争论。除了对 PCA 和 EFA 的讨论中提出的假设外,还必须表现多元正态性。而且,明显缺乏拟合性可能是由于技术问题（如样本量、违反正态、缺失数据等）,这些技术问题对理解要研究的构念几乎没有什么帮助。考虑到主要国际杂志的编辑政策,在跨文化研究中运用 CFA 变得越来越流行,但是由于在此提到的问题,每个文化群体的样本量应该很大（相对武断的数目是建议 N>200,如 Barrett,2007）,并且应该检验文化群体内和跨文化群体间的非正态性和缺失数据。流行的软件像 LISREL、EQS、AMOS 和 Mplus 通常都可以适用于许多模型,使跨文化 CFA 更容易计算和评估。因此,对于跨文化研究来说,这是个非常吸引人的技术。但是它对心理学研究的最终效用仍需要进行批判性的检验（如Borsboom，2006）。

内部结构分析前对样本量与数据转换的注意

研究者应该考虑样本量，或者也许更重要的是要考虑被试与要测变量之间的比率。关于样本大小，指南差别很大，一般建议要获得一个稳定的因子结果，样本量要包括200（Barrett，2007）、300或更多的被试（Tabachnick & Fidell，2007），或者每个变量至少有10—15个被试（Field，2009）。显然，对于许多基于小样本的跨文化比较来说，这是个主要限制因素。因子结构可能会出现差异，这是因为由于样本量小，个别样本的研究结果不稳定。对于跨文化研究者来说，最重要的是要获得稳定的、可以检验等值性的因子结构，就要有足够大的样本。

另一个问题是我们在前几节中假设研究者采用的是原始数据。但是，跨文化研究经常受到跨文化间反应风格差异的威胁。这导致有人建议分析前要进行分数转换，其基于的是这样一个假设，即文化反应风格在需要删除的数据中引入了特别的偏差（e.g.，Leung & Bond，1989；Schwartz，1992）。最常见、最典型的两种情况是自比化（ipsatization）和双重标准化（double standardization）（Fischer，2004b）。对于自比（ipsatized）的分数来说，从一个特定个体的特定变量的原始分数中减去其所有变量的平均数（Hofstede，1980）。分数只能用平均数或者平均数与方差进行校正。在后一种情况下，平均数校正的分数除以每个个体的方差。用平均数进行自比化的基本原理是它可以删除默认反应。如果自比化过程考虑了测量的变异，那么也可以认为分数对极端反应进行了校正。由此产生的校正分数可以解释为该项目的相对认可或者是个体在一个变量上与其他分数相比较的相对位置（Hicks，1970）。然后，通过从每个个体的分数中减去群体平均分数，继续进行双重标准化（Leung & Bond，1989）。在跨文化文献中一直推荐研究者采用双重标准化分数来检测所谓的文化中立（culture-free）（Hasegawa & Gudykunst，1998；Leung & Bond，1989；Singelis，Bond，Sharkey，& Lai，1999）或者客位（etic dimensions）（Yamaguchi，Kuhlman，& Sugimori，1995）。

问题是对于大多数常用的多元统计技术来说，这些技术有些不好的特性，并且在数据中引入了相关性（Hicks，1970），这妨碍了大多数多元技术的运用。MDS是唯一可以在没有问题的情况下充分处理自比分数的技术。如果最初的尺度（the original scales）是高度负相关的，那么自比化就会导致很大的距离，也有可能环状结构更明显。但是，整体结构应该不受影响。

PCA可以处理自比化，因为成分是观测变量的线性组合。不过，由自比化引入的数据集中的相关性将导致双极因子，这类因子可能没有实质性的含义。基于原始数据的 PCA 和基于自比数据的 PCA 之间的因子一致性可能很低,尤其对于那些较小的因子来说(e.g.,Fischer,2004b)。因此,跨文化研究的结果可能会导致矛盾的结论,这取决于采用的是自比数据还是非自比数据。

EFA 不应该用自比数据。这与潜在理论不一致,并且数据的相关性产生了因子提取问题(Chan,2003)。分析结果可能没有实质性意义。

采用自比分数进行的标准 CFA 面临着与 EFA 相似的问题。Chan(2003)提出了一个可以采用自比数据矩阵的方法。这个程序涉及在因子负荷和误差协方差矩阵上设置许多限制条件。Chan 报告了初始因子结构的充分恢复;但是拟合指数在原始矩阵和标准化矩阵之间存在很大的差异。这个程序相当复杂,但是,该程序可能是处理自比矩阵的一个好的选择。

处理默认反应的另一种方法是采用标准 CFA,但是要建构一个独立的方法因子(Welkenhuysen-Gybels,Billiet,& Cambre,2003)。这种技术可以有效地控制任何默认反应,并且不会涉及到任何与自比化有关的问题。

人们较少使用其他标准化程序(Fischer,2004b),而这些标准化程序并没有和自比分数一样的令人质疑的统计特性。把每个群体内不同项目之间的群体平均数进行趋中或 Z-转换可用来删除反应模式的影响(e.g.,Leung & Bond,1989;参阅 Chapter 10)。一些程序(如 Mplus)通常进行这样的趋中。EFA、PCA、CFA 和 MDS 都可以处理趋中的数据。

结 论

这一章介绍了在两个或几个文化群体中比较内部结构的技术。这就意味着在研究设计中,文化可以被当做一个固定效应(a fixed effect)。

文中所讨论的步骤对于让跨文化比较具有意义是必不可少的。但是,人们错误地把这些技术只与一种测量观点联系在一起。结构等值问题本身就是一个研究主题。相对主义者经常提出心理构念不能进行跨文化群体的比较,而普遍性主义者则认为不论文化如何,结构是保持不变的。采用本章所概述的技术,就可能采用实证的方法解决这些基本问题。首先,需要评估测验是否包括了任何特定构念的所有与文化有关的指标。因此,构建的测验和工具可以检验文化等值,这将解决人类普遍性 VS.文化确定性的问题。有关情绪的研究就是一个很好的例子。研究表明情绪结构是相似的,即使在特定语言群体中没有描述某些情绪的词汇的情况下(e.g.,Breugelmans & Poortinga,2006)。因此,这些技术可以大大解决了文化人类学家、文化心理学家与主流心理学家之间正在进行的争论。

参考文献

Anderson,J.C.,& Gerbig,D.W.(1988).Structural equation modelling in practice:A review and recommended two-step approach.*Psychological Bulletin*,*103*,411-423.

Au,K.Y.(1997).Another consequence of culture-intra-cultural variation.*International Journal of Human Resource Management*,*8*,743-755.

Barrett,P.(2005).Orthosim 2 [statistical software].Retrieved September 9,2009,from http://www.pbarrett.net/orthosim2.htm.

Barrett,P.(2007).Structural equation modeling:Adjudging model fit.*Personality and Individual Difference:Special Issue on Structural Equation Modeling*,*42*,815-824.

Beirens,K.& Fontaine,J.R.J.(2010).Development of the Ghent Multidimensional Somatic Complaints Scale.*Assessment*,*17*,70-80.

Bentler,P.M.(1990).Comparative fit indexes in structural models.*Psychological Bulletin*,*107*,238-246.

Bentler,P.M.,& Bonnett,D.G.(1980).Significance tests and goodness of fit in the analysis of covariance structures.*Psychological Bulletin*,*88*,588-606.

Berry,J.W.,Poortinga,J.H.,Segall,M.H.,& Dasen,P.R.(2002).*Cross-cultural psychology:Research and applications*(2nded.).Cambridge:Cambridge University Press.

Bijnen,E.J.,&Poortinga,Y.H.(1988).The questionable value of cross-cultural comparisons with the Eysenck Personality Questionnaire.*Journal of Cross-Cultural Psychology*,*19*,193-202.

Bijnen,E.J.,Van Der Net,T.Z.J.,& Poortinga,Y.H.(1986).On cross-cultural comparative studies with the Eysenck Personality Questionnaire.*Journal of Cross-Cultural Psychology*,*17*,3-16.

Bilsky,W.,Janik,M.,& Schwartz,S.H.(2010).The structural organization of human values.*Journal of Cross-Cultural Psychology*.

Bollen,K.A.(1989).*Structural equations with latent variables*.New York:Wiley.

Borg,I.,& Groenen,P.(2005).*Modern multidimensional scaling:Theory and applications*(2nd ed.).New York:Springer.

Borsboom,D.(2006).The attack of the psychometricians.*Psychometrika*,*71*,425-440.

Breugelmans,S.M.,& Poortinga,Y.H.(2006).Emotion without a word:Shame and guilt among Rar'amuri Indians and rural Javanese.*Journal of Personality and Social Psychology*,*91*,1111-1122.

Browne,M.W.,& Cudeck,R.(1992).Alternative ways of assessing model fit.*Sociological Methods and Research*,*21*,230-258.

Byrne,B.M.,Shavelson,R.J.,& Muth'en,B.(1989).Testing for the equivalence of factor covariance and mean structures:The issue of partial measurement invariance.*Psychological Bulletin*,*105*,456-466.

Caprara,G.V.,Barbaranelli,C.,Berm' undez,J.,Maslach,C.,& Ruch,W.(2000).Multivariate methods for the comparison of factor structures in cross-cultural research:An illustrationwith the Big Five Questionnaire.*Journal of Cross-Cultural Psychology*,*31*,437-464.

Chan,W.(2003).Analyzing ipsative data in psychological research.*Behaviormetrika*,*30*,99-121.

Chan,W.,Ho,R.,Leung,K.,Chan,D.K.,& Yung,F.(1999).An alternative method for evaluating congruence coefficients with Procrustes rotation.*Psychological Methods*,*4*,378−402.

Cheung, G. W., & Rensvold, R. B. (2000). Assessing extreme and acquiescence response sets in cross−cultural research using structural equations modeling. *Journal of Cross − Cultural Psychology*, *31*, 160−186.

Commandeur, J.J. F. (1991). *Matching configurations*. Leiden, the Netherlands: DSWO Press. Retrieved from http://three−mode.leidenuniv.nl/bibliogr/commandeurjjf thesis/front.pdf. Last accessed May 10, 2010.

Cudeck, R. (1989). Analysis of correlation matrices using covariance structure model.*Psychological Bulletin*, *705*, 317−327.

Eysenck, H.J. (1986). Cross−cultural comparisons: The validity of assessment by indices of factor comparison.*Journal of Cross−Cultural Psychology*, *17*, 506−515.

Field, A. (2009). *Discovering statistics using SPSS* (3rd ed.). Thousand Oaks, CA: Sage.

Fischer, R. (2004a). Organizational reward allocation principles: Testing organizational and cross − cultural differences.*International Journal for Intercultural Relations*, *28*, 151−164.

Fischer, R. (2004b). Standardization to account for cross−cultural response bias: A classification of score adjustment procedures and review of research in *JCCP*.*Journal of Cross−Cultural Psychology*, *35*, 263−282.

Fischer, R. (2008). Organizational justice and reward allocation. In P. B. Smith, M. Peterson, & D. Thomas (Eds.), *Handbook of cross−cultural management* (pp.135−150). Thousand Oaks, CA: Sage.

Fischer, R., Ferreira, M. C., Assmar, E., Redford, P., Harb, C., Glazer, S., et al. (2009). Individualism−collectivism as descriptive norms: Development of a subjective normapproach to culture measurement.*Journal of Cross−Cultural Psychology*, *40*, 187−213.

Fischer, R., Milfont, T., & Gouveia, V.V. (in press). Does social context affect value structures? Testing the intra−cultural stability of value structures with a functional theory of values.*Journal of Cross−Cultural Psychology*.

Fischer, R., & Smith, P. B. (2003). Reward allocation and culture: A meta−analysis. *Journal of Cross−Cultural Psychology*, *34*, 251−268.

Fischer, R., & Smith, P.B. (2006). Justice criteria in the work place: The importance of values for perceptions of justice.*Applied Psychology: International Review*, *55*, 541−562.

Fischer, R., Smith, P.B., Richey, B.E., Ferreira, M.C., Assmar, E.M.L., Maes, J., & Stumpf, S. (2007). Organizational reward allocation principles: Testing organizational and cross−cultural differences.*Journal of-Cross−CulturalPsychology*, *38*, 1−16.

Fontaine, J.R.J. (2003). Multidimensional scaling. In J. Harkness, F.J.R. van de Vijve, & P.Ph. Mohler (Eds.), *Cross−cultural survey methods* (pp.235−246). Hoboken, NJ: Wiley.

Fontaine, J.R.J. (2005). Equivalence. In K. Kempf−Leonard(Ed.), *Encyclopedia of social measurement* (Vol.1, pp.803−813). New York: Academic Press.

Fontaine, J.R.J. (2008). Traditional and multilevel approaches in cross−cultural research: An integration of methodological frameworks. In F.J.R. van de Vijver, D.A. van Hemert & Y.Poortinga(Eds.), *Individuals and cultures in multi−level analysis*, pp.65−92. Mahwah, NJ: Erlbaum.

Fontaine, J. R. J., Luyten, P., De Boeck, P., Corveleyn, J., Fernandez, M., Herrera, D., et al. (2006). Untying the Gordian knot of guilt and shame: The structure of guilt and shame reactions based on situation and person variation in Belgium, Hungary, and Peru. *Journal of Cross-Cultural Psychology*, *37*, 273-292.

Fontaine, J.R.J., Poortinga, Y.H., Delbeke, L., & Schwartz, S.H. (2008). Structural equivalence of the values domain across cultures: Distinguishing sampling fluctuations from meaningful variation. *Journal of Cross-Cultural Psychology*, *39*, 345-365.

Fontaine, J.R.J., Poortinga, Y.H., Setiadi, B., & Suprapti, S.M. (2002). Cognitive structure of emotion terms in Indonesia and The Netherlands. *Cognition and Emotion*, *16*, 61-86.

Frese, M., Kring, W., Soose, A.& Zempel, J. (1996). Personal initiative at work: Differences between East and West Germany. *Academy of Management Journal*, *39*, 37-63.

Hasegawa, T., & Gudykunst, W.B. (1998). Silence in Japan and the United States. *Journal of Cross-Cultural Psychology*, *29*, 668-684.

Hicks, L.E. (1970). Some properties of ipsative, normative and forced-choice normative measures. *Psychological Bulletin*, *74*, 167-184.

Ho, D.Y.F. (1996). Filial piety and its psychological consequences. In M.H.Bond (Ed.), *Handbook of Chinese psychology* (pp.155-165). Hong Kong: Oxford University Press.

Hofstede, G. (1980). *Culture's consequences: International differences in work-related values*. Beverly Hills, CA: Sage.

Hu, L.T., & Bentler, P.M. (1998). Fit indices in covariance structure modeling: Sensitivity to under parameterized model misspecification. *Psychological Methods*, *3*, 424-453.

Hu, L., & Bentler, P.M. (1999). Cutoff criteria for fit indexes in covariance structure analysis: Conventional criteria versus new alternatives. *Structural Equation Modeling*, *6*, 1-55.

Kline, R.B. (2005). *Principles and practice of structural equation modeling*. NewYork: Guilford Press.

Kiers, H.A.L. (1990). *SCA: A program for simultaneous components analysis of variables measured in two or more populations*. Groningen, the Netherlands: ProGAMMA.

Kiers, H.A.L., & Ten Berge, J.M.F. (1989). Alternating least squares algorithms for simultaneous component analysis with equal weight matrices in two or more populations. *Psychometrica*, *54*, 467-473.

Kruskal, J.B., & Wish, M. (1978). *Multidimensional scaling* (Sage University Paper No.07). London: Sage.

Leung, K. (2005). How generalizable are justice effects across cultures? In J.Greenberg & J.A.Colquitt (Eds.), *Handbook of organizational justice* (pp.555-588). Mahwah, NJ: Erlbaum.

Leung, K. (1997). Negotiation and reward allocation across cultures. In P.C.Earley & M.Erez (Eds.), *New perspectives on international industrial/organizational psychology* (pp.640-675). San Francisco: New Lexington.

Leung, K., & Bond, M.H. (1989). On the empirical identification of dimensions for cross-cultural comparisons. *Journal of Cross-Cultural Psychology*, *20*, 133-151.

Little, T.D. (1997). Mean and covariance structures (MACS) analysis of crosscultural data: Practical and theoretical issues. *Multivariate Behavioral Research*, *32*, 53-76.

Little, T.D., Card, N.A., Slegers, D.W., & Ledford, E.C. (2007). Representing contextual effects in multiple-group MACS models. In T.D.Little, J.A.Bovaird, & N.A.Card (Eds.), *Modeling contextual effects in longitudinal studies* (pp.121-148). Mahwah, NJ: Erlbaum.

Long,J.S.(1983).*Confirmatory factor analysis* (Sage University Paper No.33).Newbury Park,CA:Sage.

MacCallum,R.C.,& Austin,J.T.(2000).Applications of structural equation modelling in psychological research.*Annual Review of Psychology*,*51*,201-226.

Marsh,H.W.,Balla,J.R.,& McDonald,R.P.(1988).Goodness of fit indexes in confirmatory factor analysis:The effect of sample size.*Psychological Bulletin*,*103*,391-410.

Marsh,H.W.,Hau,K.T.,&Wen,Z.L.(2004).In search of golden rules:Comment on hypothesis testing approaches to setting cut off values for fit indexes and dangers in overgeneralising Hu & Bentler(1999)findings.*Structural Equation Modeling*,*11*,320-341.

McCrae,R.R.,Zonderman,A.B.,Costa,P.T.,Jr.,Bond,M.H.,& Paunonen,S.V.(1996).Evaluating replicability of factors in the Revised NEO Personality Inventory:Confirmatory factor analysis versus Procrustes rotation.*Journal of Personality and Social Psychology*,*70*,552-566.

Meredith,W.(1993).Measurement invariance,factor analysis and factorial invariance.*Psychometrika*,*58*,525-543.

Messick,S.(1989).Validity.In R.L.Linn(Ed.),*Educational measurement* (3rd ed.,pp.13-103).New York:Macmillan Publishing Company.

Russell,J.A.,& Carroll,J.M.(1999).On the bipolarity of positive and negative affect.*Psychological Bulletin*,*125*,3-30.

Schwartz,S.H.(1992).Universals in the content and structure of values:Theoretical advances and empirical tests in 20 countries.*Advances in Experimental Social Psychology*,*25*,1-65.

Selig,J.P.,Card,N.A.,& Little,T.D.(2008).Latent variable structural equation modeling in cross-cultural research:Multigroup and multilevel approaches.In F.J.R.van de Vijver,D.A.van Hemert,& Y.H.Poortinga(Eds.),*Individuals and cultures in multilevel analysis* (pp.93-120).Mahwah,NJ:Erlbaum.

Shaver,P.R.,Wu,S.,& Schwartz,J.C.(1992).Cross-cultural similarities and differences in emotion and its representation:A prototype approach.In M.S.Clark(Ed.),*Review of personality and social psychology:Vol.13.Emotion* (pp.175-212).Newbury Park,CA:Sage.

Singelis,T.M.,Bond,M.H.,Sharkey,W.F.,& Lai,C.S.Y.(1999).Unpackaging cultures's influence on self-esteem and embarrassability.*Journal of Cross-Cultural Psychology*,*30*,315-341.

Tabachnick,B.G.,& Fidell,L.S.(2007).*Using multivariate statistics* (5th ed.).Boston:Allyn & Bacon.

Ten Berge,J.M.F.(1986).Some relationships between descriptive comparisons of components from different studies.*Multivariate Behavioral Research*,*21*,29-40.

Triandis,H.C.(1995).*Individualism & collectivism*.Boulder,CO:Westview Press.

Ullman,J.B.(2007).Structural equation modeling.In B.G.Tabachnick & L.Fidell(Eds.),*Using multivariate statistics* (5th ed.,pp.676-781).Boston:Allyn & Bacon.

Van de Vijver,F.J.R.,&Leung,K.(1997).*Methods and data analysis for cross - cultural research*.London:Sage.

Vandenberg,R.J.,&Lance,C.E.(2000).A review and synthesis of the measurement invariance literature:Suggestions,practices,and recommendations for organizational research.*Organizational Research Methods*,*3*,4-70.

Watson,D.,Wiese,D.,Vaidya,J.,& Tellegen,A.(1999).The two general activation systems of affect:

Structural findings, evolutionary considerations, and psychobiological evidence. *Journal of Personality and Social Psychology*, *76*, 820-838.

Welkenhuysen- Gybels, J., Billiet, J., & Cambre, B. (2003). Adjustment for acquiescence in the assessment of the construct equivalence of Likert-type score items. *Journal of Cross-Cultural Psychology*, *34*, 702-722.

Yamaguchi, S., Kuhlman, D.M., & Sugimori, S.(1995).Personality correlates of allocentric tendencies in individualist and collectivist cultures.*Journal of Cross-Cultural Psychology*, *26*, 658-672.

第八章　跨语言和文化评估测验与调查项目偏差

Stephen G. Sireci

引　言

在快速发展的 21 世纪,世界变得越来越小,难怪人们对跨文化研究的兴趣和活动正处于鼎盛时期。跨文化研究的例子包括教育成就的跨国比较、对人格结构的跨文化探索,以及对跨国公司员工的意见、态度和技能的调查。即使并非全部,在很多例子中,研究包括对具有不同文化背景,并且经常使用不同语言的人们的心理特性进行测量。这种文化和语言的多样性给那些力求在不同研究被试间进行标准化测量的研究者带来了重大的挑战。事实上,如果测量工具没有考虑到语言和文化差异,那么,心理学科学研究的支柱—测量的标准化—可能导致对结果的解释产生重大的偏差。

国际测验委员会(The International Test Commission,ITC)很早就指出了进行跨语言和跨文化的测量教育及心理结构时存在的问题。这些问题也很好地记录在了《教育和心理测试标准》[美国教育研究协会(American Educational Research Association,AERA),美国心理协会和全国教育测量委员会,1999]中。例如,对测量工具进行改编以便可以用于不同语言中时,《教育和心理测验改编指南》(Hambleton,2005;ITC,2001)为核查测量工具的质量提供了大量的指南。这些指南包括对翻译过程的仔细评估、对测验和项目反应数据进行统计分析以便评估测验和项目的可比性。这些指南中有很多指南都与上述的标准相符合。

表 8.1　与跨语言评估有关的专业指南部分摘录

教育和心理学测试标准 （AERA et al.,1999）	测验改编指南 （Hambleton,2005）
对于任何声称不同形式的测验得分可以互换使用的说法,都应该提供明确的原理和支持性证据。(p.57)	工具开发者/发布者应该汇编语言和心理方面的判断性证据,以提高改编过程的准确性,并汇编所有语言版本等值的证据。(p.22)
当对测验进行实质性的改动时,应该修改、增补或修订测验文件,以使用户了解最新信息,并提供有用的附加信息及注意事项。(p.70)	当改编某一测验用于另一总体时,应该提供更改的文档,并提供测验改编版等值的支持性证据。(p.23)

续表

教育和心理学测试标准 （AERA et al.，1999）	测验改编指南 （Hambleton，2005）
当一个测验从一种语言翻译为另一种语言时，应该描述确定翻译是否充分的方法，并且应该为翻译后的测验得分推论的信度和效度提供实证和逻辑的证据，以便用于要施测的语言群体中。（p.99）	测验开发者/发布者应该确保改编过程充分考虑到准备施测的总体的语言和文化差异。（p.22）
当一个测验的多种语言版本要具有可比性时，测验开发者应该报告测验可比性的证据。（p.99）	测验开发者/发布者应该运用适当的统计技术来：（1）确定测验语言版本的等值性，（2）找出可能在某一或多个预期总体中不充分的测验有问题的组成和方面。（p.22）
当有可靠证据表明原测验与修订后的测验之间的分数具有可比性时，分数上不应该有任何标识。当缺乏这种证据时，应该提供关于修改性质的详细信息。（p.98）	不同总体间的比较只能在为报告分数的量表所确立的不变性水平上进行。（p.23）

注：AERA＝美国教育研究协会

　　表8.1呈现了从《指南和标准》中节选的一些内容，这些内容涉及在排除测量偏差问题时，如何最大限度地实现跨语言和文化之间的测量等值。从表8.1可以看出，指南建议同时使用定性和定量程序来全面评估跨语言测验的可比性。定性程序包括对不同语言版本的测验要进行仔细的翻译、改编设计和全面评估。定量程序包括使用维度分析来评估不同测验版本间的构念等值、运用不同的预测效度来评估跨版本间的测验标准关系一致性，以及采用不同的项目功能程序来评估潜在的项目偏差。

跨文化评估中的偏差和等值

　　ITC的指南和AERA的标准警告我们当测量工具用于不同的语言和文化时，要谨防由此产生的推论有效性存在重大的威胁。许多跨文化研究者也指出了这些威胁，他们倾向于根据偏差和等值性对这些威胁进行分类。例如，Van de Vijver及其同事在跨语言评估中确定了一般存在的三种潜在偏差：方法偏差、构念偏差和项目偏差（e.g.，van de Vijver & Leung, this volume；van de Vijver & Poortinga，2005；van de Vijver & Tanzer，1997）。从等值性的角度，这些威胁可以通过评估语言等值、结构等值、构念等值、度量等值或标量等值来进行考察（e.g.，Geisinger，1994；Hambleton，1993；Sireci，2005）。我将对这些术语进行简要的描述，但要注意的是，不同的研究者对其定义有所差别。

　　Van de Vijver及其同事把方法偏差描述为影响分数的系统误差，是由测量过程中的固有偏差所致。跨文化评估中测量偏差的例子包括测验实施者偏差（例如，当一个测验由一位双语翻译员口头实施时产生的调查者偏差和翻译者偏差）、对项目格式的熟悉度不同(例如,多项选择项目、李克特式项目)、不同的社会称许性(例如,社会称许性与文化的交互作用),以及其他反应定势,如默认可能在一个文化群体中比在另一个文化群体更普遍。隐藏在方法偏差之后的关键概念是那个对评估中的所有项目具有典型影响的概念。

与方法偏差不同,构念偏差是指在不同群体间被测量的属性的不一致性。这一概念既指用单一语言对不同文化群体进行测验时,不同文化群体之间测量的概念是统一的(例如,在美国用英语对亚裔美国人和欧裔美国人进行测验),也指测验的不同改编版本之间测量的是相同的构念(例如,在加拿大,说法语和英语的人完成法语版或英语版的测验)。Van de Vijver 及其他人指出,一个构念在一个文化群体中可能是合理的,而在另一个文化群体中却是不合理。因此,在跨文化评估开始之前,研究者必须先确定构念是否存在于要测量的所有群体中,并且在所有群体间以相同的方式使其概念化。在教育测试中,当各国或其他行政辖区间的课程不同时,就可以看出违背构念等值的情况(例如,在一个课程设置中 8 年级数学包括代数,而另一个课程设置中则不包括)。

考虑项目偏差时,我们要从测验总分水平转移到项目水平上。项目偏差是指特定测验项目的问题,如一个项目翻译得不恰当或是为某个特定的语言或文化群体成员提供了某类优势或劣势。与项目相关的偏差产生的原因必须与要测量的构念无关。例如,一个用板球比赛作为参照系的算术测验题目,可能使不熟悉这项运动的测验者困惑,从而影响他们的成绩。这个题目的语境(板球比赛)与要测量的构念(算术知识或技能)无关。然而,在一个有高内容效度的项目上表现的差异可能反映了真实的差异而非偏差。因此,当研究者采用统计分析的方法来鉴别潜在的偏差项目时,必须记住的是,偏差涉及一种主观决定,即导致在一个项目上不同表现的原因是与构念无关的因素。项目偏差的统计评估是这一章的重点。

偏差还可以从等值的视角来评估。Van de Vijver 和 Poortinga(1997)将语言等值与心理等值做了区分。当测试项目从一种语言翻译成另一种语言时,研究者可能会获得语言等值(每一个要翻译的词语都与它的译文恰当匹配)而没有获得心理等值(不同语言之间含义的一致性)。Hambleton(1993)针对这种差异描述了一个突出的例子,将习语"out of sight,out of mind(眼不见心不烦)"翻译成"invisible,insane 看不见就发疯"。显然,直译固然成立,但翻译中却失去了习语的本意。

关于等值的一个更全面的观点是构念等值。当由语言、文化或残疾定义的不同群体之间存在构念等值时,所有群体之间要用相同的精度来测量相同的构念。因此,构念等值包括要测量构念的统一定义(例如,完全一致的构念定义和测验规范)和构念的一致测量。这些标准表明,构念存在于所有研究群体中,在所有群体中以同样的方式对其进行概念化,并且这个构念在所有群体中都是以同样的方式表现出来的。在不同群体之间建立构念等值是一项艰巨又复杂的工作,因此常有人研究构念等值的不同方面。

构念等值最常研究的方面是结构等值(*structural equivalence*),结构等值是指测验维度在不同群体被试间的一致性。评估结构等值的方法包括探索性因素分析、验证性因素分析,以及我个人最喜欢的多维等级分析法(multidimensional scaling)(参阅 Day & Rounds,1998;Robin,Sireci,& Hambleton,2003;Sireci,Harter,Yang,& Bhola,2003)。结构等值是评估构念等值最常见的方法,因为分析所需的数据——被试的项目反应矩阵——很容易得到。然而,研究者应该记住的是对不同测验形式或被试子群体间的常用维度进行研究只是一个视角,我们通过它来观察构念等值。要对构念等值进行更全面的评估还包括有关标准的研究,如围绕要评估的构念对不同预测效度进行分析和对关系网进行更复杂的比较。很遗憾的是,这种对构念等值的全面评估很少被用到,因为获取有效的标准数据的难度较大。

当对使用不同测验版本的被试进行比较时,如不同语言的测验版本,最严格的等值类型是标量等值(*scalar equivalence*)。标量等值意味着不同版本测验的测量尺度完全一致。例如,一个测验的弗兰德语(Flemish)和法语版本的标量等值意味着弗兰德语版本测验中的 55 分与法语版本测验中的 55 分"意味着相同的事物"(例如,它们都代表着构念连续体上相同的位置)。

建立项目、构念以及标量等值(或排除上述偏差)可能是在跨文化研究中,当代心理测量学家要面对的最大挑战。在本章余下的部分,我将集中讨论用于评估项目偏差的统计方法。然而,对于跨文化研究者来说,非常重要的是要认识到,对由一个测验的多种形式或不同文化群体的被试产生的各分数之间的等值性或可比性进行评估时,只评估项目偏差是远远不够的。分析项目水平上的偏差和等值必须首先排除测验总分水平上的系统偏差,因为测验总分(或其推测,如潜在特质的估计)常用作分析项目功能差异时的匹配变量。因此,结构等值分析是证明之后的项目功能差异和项目偏差分析合理的重要方式。评估结构等值的方法可以在许多研究者(Reise,Widaman,& Pugh,1993;Robin et al.,2003;Sireci,Bastari,& Allalouf,1998;Sireci et al.,2003;Sireci,Patsula,& Hambleton,2005)的研究中看到。

评估项目偏差的方法

定义项目偏差

在描述评估项目偏差的方法之前,我们必须将这个术语与其他两个术语相区分——项目影响(*item impact*)和项目功能差异(*differential item functioning*,DIF)。项目影响是指在一个项目上显著的组间差异,例如,在一个项目上一组学生回答正确的比例要高于另一组学生①。这种差异并不必然导致偏差,因为它们有可能反映了要测量的特质存在"真正的"组间差异。DIF 是一种统计观测,包括对不同组的测验被试在被测量特征上进行匹配,然后考察他们在同一项目上的成绩差异。这种匹配的逻辑基础是来自不同群体的、具有相似熟练度的测验被试(例如,配对的被试),他们应该对特定测验项目做出相似的反应。如果他们的反应不同的话,那么就可以说项目在不同群体之间"功能不同"。然而,这种功能差异并不一定意味着存在项目偏差。它只标志着项目存在统计学差异;它并没有解释引起差异的原因②。当一个项目存在统计显著的 DIF,并且 DIF 显著的原因是与测验要测量的构念不相关的因素造成的时,就存在了项目偏差。因此,为了证明项目偏差是否存在,研究者必须要确认一个项目特征对一个或多个群体来说是不公平的(与构念无关)。DIF 是项目偏差的必要不充分条件。

表 8.2 评估项目功能差异的一般方法

方法	描述	来源	跨语言应用
散点图法	转化项目难度的散点图	Angoff(1972)	Angoff & Modu(1973);Muniz et al.(2001);Robin et al.(2003)
标准化指数	加权假定的 p 值差异	Dorans & Kulick(1986);Dorans & Holland(1993)	Muniz et al.(2001);Sireci, Fitzgerald, & Xing(1998)
M - H 法(Mantel - Haenszel)	列联表法	Holland & Thayer(1988)Dorans & Holland(1993)	Allalouf et al.(1999);Budgell, Raju, & Quartetti(1995);Muniz et al.(2001)
Lord 卡方方法	基于项目反应理论的方法	Lord(1980)	Angoff & Cook(1988)
IRT 似然比检验法	嵌套测验的项目反应模型	Thissen et al.(1988,1993)	Sireci & Berberoglu(2000)
IRT 区域法(IRT area)	组内相关系数(ICC)之间的测试区域	Raju(1988,1990)	Budgell et al.(1995)
logistic 回归法	检验假定的组间差异	Swaminathan & Rogers(1990)	Allalouf et al.(1999);Hauger &Sireci(2008)
SIBTEST 法	加权假定的 p 值;不同项目间可以加和	Shealy & Stout(1993)	Gierl & Khaliq(2001)

注:ICC=组内相关系数;IRT=项目反应理论;SIBTEST=同时性项目偏差检验。

---

① 或者,在态度、观点或人格研究的背景下,等级评定量表上一个或多个等级的较高选择比例可以代替较高比例的正确率。

② DIF 分析的逻辑与协方差分析相似(ANCOVA;例如,控制一个变量观察因变量的差异),因此,就像其他非实验设计一样,DIF 分析不能推断出原因。本章中提到的 DIF 程序是特地用于分析二分数据和顺序数据(如,李克特式)的,因为这一领域 ANCOVA 的应用常常是用于推翻模型的潜在假设的,如方差非齐性和连续水平数据。

项目功能差异检验方法分类

评估 DIF 的方法有很多(其他关于 DIF 方法的全面讨论,参阅 Camilli & Shepard, 1994;Clauser & Mazor,1998;Holland &Wainer,1993;Millsap & Everson,1993;or Potenza & Dorans,1995)。这些方法中有很多是用于评估不同翻译版或改编版的测量工具之间的项目可比性的。表 8.2 列出了 8 种比较常见的方法,并且每一种方法都提供了引文。列出的第一个引文是该程序的经典参考之一。第二个引文给出了该方法的一个或多个应用,用于评估适合跨语言使用的项目。这些方法可以分为图表的(散点图法)、基于列联表的(标准化法、M-H 法、SIBTEST 法)、基于项目反应理论(IRT)的(Lord 卡方法、IRT 似然比法、IRT 区域法),或基于回归分析的(logistic 回归法)。

本章中,我将主要讨论 5 种评估 DIF 的方法:散点图法、标准化法、M-H 法、IRT 似然比法和 logistic 回归法。这 5 种方法为评估 DIF 提供了多种选择,选择哪种方法取决于以下几个因素:样本大小、测验项目的类型(二分的或多分的),以及 DIF 的类型。介绍散点图法是因为它简单及其在 DIF 方法史中的地位。介绍 M-H 法是因为它是教育测试程序中最流行的方法之一,并且很多文献都讨论到它。IRT 似然比法可能是检验 DIF 最有效的方法,但是它在模型假设和样本容量方面有更严格的要求。logistic 回归法对其他方法的优势和局限进行了较好的折中,是当前最流行的方法之一。

DIF 方法主要应用于两组或多组被试之间的比较。在任一种情况下,常常选取一组被试作为"参照组",通常是某种类型的多数组(如,白种人)。当把一个测验从一种语言翻译为另一种语言时,参照组通常是采用原语言测验版本进行测验的组。研究的其他组被称为"焦点"组,它常常代表少数群体的被试或一个测验的目标语言版本。

散点图法

评估 DIF 的散点图法(Angoff,1972;Angoff & Modu,1973)为项目难度统计提供了一种直观的比较,借此可以识别出在群体间功能不同的项目。这种相对早期的方法用于鉴别可能存在偏差的二分法计分(如,正确或错误)的教育测验项目。这种检验过程首先计算参照群体和焦点群体正确回答项目的被试比例。这些比例通常被称为"p值"。Angoff(1972)认识到,这些特定群体的 p 值并不能解释跨群体间的全部差异,他建议将其转化为一种共同的度量,该度量被教育考试服务机构(the Educational Testing Service,ETS)称为 delta 度量(delta metric)。Delta 度量是这些 p 值的正态转换,这些 p 值被转换成均值为 13、标准差为 4 的一个标量(scale),尽管也可以使用任何其他方便的均值和标准差。转换后的 p 值通常被称为**转换项目 delta** (*transformed item deltas*)。散点图将特定群体的 delta 值彼此对应地进行绘制,其中参照组处于横轴上,焦点组处于纵轴上。如果项目的相对难度(或选择比例)在各群体间是一致,则它们将落在

45 度的直线上。如果在这两个群体中,任意一项的难度不同,则该项目将偏离这条
直线。

研究者制作 delta 值的散点图时,贯穿于该图的回归线的截距反映了各组之间在熟
练度方面的整体差异。如果截距为 0,这两组分布相同。如果焦点组轴线上的截距偏
离了 0(例如,1),则意味着焦点组能力分布的平均数比参照组的平均数低 1 个 delta
(例如,1/4 个标准差)。散点图中落在一个狭小椭圆中的项目反映了该项目在两种文
化中有近乎相等的难度,因此可视作该项目在两种文化中是等值的。明显偏离这条直
线的项目即显示了存在 DIF。

图 8.1 中呈现了一个散点图的样例,该图呈现了从英文原版译成目标语言版后的
100 个项目的 delta 值(在 Robin et al.,2003 的研究中有详细描述)。45 度直线并不是
从原点发出的,这一事实反映了两组在熟练度上的整体差异,在这个例子中,两组被试
在熟练度上的差异为 4.0(有利于英语组)。围绕着这条直线画出一个置信带,可以看
到,很多项目落在置信带以外。这些就是标示着存在 DIF 的项目。在这个例子中,置信
带是由从英语样本中随机抽取的被试回答的项目的 delta 值而得到的。然而,其他程序
也很常见,如基于标准误形成的区间。

散点图法的绘制和解释都相对容易些。但是,如果项目的区分能力较低的话,很可
能漏掉组间存在功能差异的项目,如果项目的区分能力较高的话,就可能会错误地标示
出存在 DIF 的项目(Dorans & Holland,1993)。因为这些原因,虽然散点图法具有历史
价值,但并不被广为推荐,除非在进行更全面的 DIF 分析之前,散点图法主要作为一种
预检验(例如,在更全面的 DIF 分析中,识别要从匹配变量中剔除的项目)。

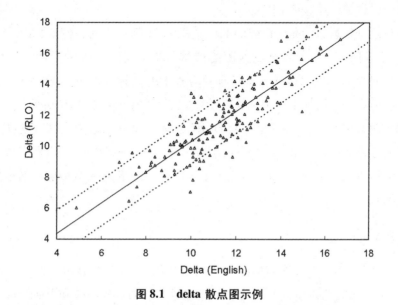

图 8.1 delta 散点图示例

标准化法

Dorans 和 Kulick(1986)建议用传统的标准化法来构造一个检测 DIF 的指数。这种标准化方法是一种条件 p 值的过程,其中以测验总分为条件,每个项目单独计算 p 值。在参照组和焦点组之间计算这些估计值之间的差异,并按照参照组的得分分布来进行加权,将这些估计值之间的差异加和计算总的统计值。在实际计算中,进行计算的测验分数区间要与被试相匹配[如,密集匹配(thick matching)],这样每个测验分数区间的样本容量就不至于太小。Dorans 和 Kulick 提出的标准化指数(STD-P)用以下公式计算:

$$STD - P = \frac{\sum_m w_m (E_{fm} - E_{rm})}{\sum_m w_m} \qquad (8.1)$$

其中 W_m 是参照组在 m 分数水平上的相对频数,E_{fm} 和 E_{rm} 分别是焦点组和参照组在 m 分数水平上正确回答该项目的测验者比例。方程式 8.1 被称为该统计的"有正负之分的"版本(the "signed" version),因为刻度的一个点上的正向差异可以被另一个点上的负向差异所抵消。该统计的"无正负之分的"版本的计算公式是:

$$STD - P = \frac{\sum_m |w_m (E_{fm} - E_{rm})|}{\sum_m w_m} \qquad (8.2)$$

这个公式可以用来识别"不一致的"DIF(例如,DIF 在各匹配变量之间不一致,本章后面部分将详细描述这种 DIF)。

有正负之分版本的标准化指数的取值范围在-1 到 1 之间。例如,如果 STD-P 为 0.10,则表示参照组与焦点组被试匹配的被试平均有大于 10% 的可能正确回答该项目。STD-P 值为±0.10,已被用作标记项目存在 DIF 的标准(Sireci,Fitzgerald,& Xing,1998)。使用这一标准,如果一个测验有 10 个项目被标记存在 DIF,并且这 10 个项目全部有利于两组中的一组,那么该测验的 DIF 总体水平在原始测验总分刻度上有利于参照组的程度可能接近 1 个点。Muniz、Hambleton 和 Xing(2001)运用真实数据和模拟数据进行分析得出的结论是:当样本容量小于 100 时,标准化指数能够有效地标记改编版本的 DIF 项目。

M-H 法

用于识别 DIF 的 M-H 法与标准化指数法相似,因为都是将两组被试在熟练度上进行匹配,并对组间在该项目上成功的可能性进行比较。Mantel 和 Haenszel(1959)把独立卡方检验扩展到用于考察癌症治疗的疗效。依据病情严重程度把患者分成不同的等级,在每种严重程度上建一个 $2*2$ 的频次表。表格的一个因素为"治疗"或"控制",另一个因素为"存活"(存活 vs.死亡)。Mantel 和 Haenszel 推导出一种巧妙的加权方案,将不同严重等级间所有 $2*2$ 表格的结果以一种统计上的最佳方式结合在一起。由此产生的汇总统计值以他们的名字命名为 Mantel-Haenszel 统计量(Wainer & Sireci, 2005)。

Holland 和 Thayer(1988)用 MH 统计量来解决二分类计分项目的 DIF 估计问题,并且最近将这种方法扩展到多分类计分的项目上(e.g.,Potenza & Dorans, 1995;Zwick, Donoghue, & Grima, 1993)。M-H 法与标准化指数法相似,因为都是将两组被试在熟练度上进行匹配,再比较组间在该项目上成功的可能性。然而也有不同,M-H 法是着眼于每个项目上成功的优势比(the odds ratio)而不是成功比例上的差异。计算 MH 统计量时,需要在条件变量的每个水平上计算下列频率:各组的被试总数、各组正确回答该项目的人数以及该项目回答错误的人数。表 8.3 中呈现了仅在二分法的条件变量的一个水平(用下标的 m 表示)上的必要数据示例。

表 8.3 计算条件变量每个水平上的 M-H 统计量所需要的频率

组别	正确回答的频率	错误回答的频率	总计
参照组	A_j	B_j	N_{rj}
焦点组	C_j	D_j	N_{fj}
总计	M_{1j}	M_{0j}	T_j

注:j 表示匹配标准的一个水平,大写字母表示单元格、行或列的频次。

待检验的虚无假设是,每个组正确回答和错误回答之间的比率相等。用表 8.3 中的符号,共同优势比(the common odds ratio)α_{MH} 用以下等式计算:

$$\alpha MH = \frac{\sum_j \dfrac{A_j D_j}{T_j}}{\sum_t \dfrac{B_j C_j}{T_j}} \tag{8.3}$$

当 $\alpha_{MH}=1$ 时,焦点组和参照组在不同的 j 分数水平上正确回答该项目的可能性相等。MH 统计量偏差是否显著是由如下的自由度为 1 的卡方统计量决定的:

$$MH - \chi^2 = \frac{\left[\left|\sum_j A_j - \sum_j E(A_j)\right| - 0.5\right]^2}{\sum_j Var(A_j)} \tag{8.4}$$

其中,

$$Var(A_j) = \frac{N_{rj} N_{fj} M_{1j} M_{0j}}{T_j^2 (T_{j-1})} \tag{8.5}$$

除了进行统计显著性检验,还可以计算效果量,并且存在将这些效果量区分成小、中、大的 DIF 的经验法则(Dorans & Holland,1993)。假设 MH-χ^2 显著(p<.05),那么,如果 MH-χ^2 的绝对值≥1.5,则项目被定义为 DIF 较大,如果 MH-χ^2 的绝对值处于 1.0 和 1.5 之间,那么项目被定义为中等程度的 DIF,其他绝对值的话,项目则定义为 DIF 较小。归为较小 DIF 的项目不被标记为跨组间存在显著的功能差异。

MH 法在检测 DIF 方面具有很强的应用价值。因此,在比较 DIF 检测方法的二分类项目的研究中,它常被用作比较标准。MH 统计通过将所有证据集中在一个单一的参数(因此,是单一的自由度)的检测上来实现其功能,这是所有不同层级间(across all strata)的对数优势比(the log odds ratio)始终不同于 1 的程度。它通常能成功地检测到所谓的一致 DIF。然而,它并不能成功地检测出不同层级之间系统变化的更复杂的 DIF 类型(如,"不一致的"DIF)。与标准化法一样,确定匹配被试的分数间隔(例如,匹配的分数间隔应该大或小)是该方法的另一个局限性①。

项目反应理论似然比(likelihood ratio)

前面描述的三种检测 DIF 的方法都使用观测到的测验分数来匹配不同组的被试,因此,这三种方法并没有假定一个很强的项目反应模型。有几种基于项目反应理论(Item Response Theory,IRT)模型的 DIF 检测方法。基本上,所有基于 IRT 的 DIF 检测方法都检验是否可以用一组共同的项目参数来描述每个文化群体中一个项目的功能。如果需要不同的参数来描述每个群体中该项目的功能,那么该项目则标记为 DIF。

在用于评估 DIF 的 IRT 似然比方法中(Thissen,Steinberg,& Wainer,1988,1993),有两个 IRT 模型要与被试的反应数据相拟合,并对这两个模型与数据的拟合度之间的差异进行统计显著性评估。第一个拟合数据的模型是一个"无 DIF(no-DIF)"(简约)模型,其中用相同的项目参数来校正每个群体中的项目。第二个拟合数据的模型是一个"DIF"(扩展的)模型,其中用各自不同的项目参数来校正每个群体中的项目。每个模型都有一个相关的似然性(likelihood)。用这些似然性之间的差异来检验扩展模型中由附加参数带来的拟合度的提高是否达到统计显著水平(Thissen et al.,1988)。每个模型的似然性之间的差异服从卡方分布②,这个卡方检验的自由度与每个模型要估计的参数数量不同。

如果一个项目的似然比值的检验显示显著与 0 不同,那么就认为该项目存在功能差异,在这种情况下,对每个项目参数进行额外的独立似然比检验来确定哪个(些)参

---

① Fischer(1993)对 MH 统计量和其他 Rasch 提出的基于卡方的 IRT 模型的指数之间的关系进行了有趣的说明

② 具体来说,它是似然性的对数,并以卡方的形式分布,在实践中,2 乘以似然性的对数用来比较模型之间的拟合度。

数导致了 DIF。

IRT 似然比检验已被广泛应用于对不同被试亚组间采用二分类和多分类的 IRT 模型进行 DIF 的考察(Thissen et al.,1988;Wainer,Sireci,& Thissen,1991)。在检测测验改编中的缺陷等问题中,这种方法有一定的应用(e.g.,Sireci & Berberoglu,2000)。这种方法的优势在于其统计检验力、处理二分类和多分类数据时的灵活性,以及能够同时对多个组进行检验。传统上,该检验程序有一个主要的缺陷:应用起来非常耗时。对于每个项目,多个 IRT 模型都必须要拟合数据。当评估中包含大量项目,并且无 DIF 模型被拒绝时,区分出特定的 DIF 项目将是一个费力的过程。然而,幸好 Thissen(2001)开发了 Multilog IRT 软件的宏版本使这项工作变得简单。他的 IRTLRDIF 软件在本章的附录中有所描述。IRTLRDIF 先检验无 DIF 模型,如果差异具有统计学意义,则依次对 DIF 的所有模型参数进行检验。把这个程序推荐给那些有兴趣采用 IRT 似然比方法考察 DIF 的文化研究者们。

IRT 似然比程序既有检验力又有灵活性。它检验力强是因为其具有最大似然估计法的所有最优性。很灵活是因为它可以以模型所描述的任何方式评估项目行为的差异。例如,和评估 DIF 的 logistic 回归法(后文将讨论)一样,基于 IRT 的方法可以区分一致和不一致的 DIF。如果在整个熟练程度范围内,一个群体相对于另一个群体中与其相匹配的成员,在一个项目上的表现不同,那么就出现了一致的 DIF。当不同匹配群体之间的表现存在系统性差异时,则出现了不一致性 DIF,但这种差异的方向随着熟练度的不同而变化。一致性 DIF 与主效应相似,例如,当女性在一个测验项目上的表现系统性地超过与其匹配的男性时。不一致 DIF 代表了跨群组的熟练度和表现差异之间的交互作用——例如,当高熟练度男性的表现超过高熟练度女性时,而低熟练度女性的表现则超过低熟练度男性(参阅 Jodoin & Gierl,2001;Swaminathan & Rogers,1990;或者 Zumbo,1999,这些研究有对一致的和不一致的 DIF 进一步的讨论)。

尽管 IRT 似然比程序有检验强并且灵活等特点,但是它仍有不足之处。第一,为了对项目参数进行精确的估计,IRT 模型要求相对较大的样本量。因此,运用基于 IRT 的方法时,最简单的 IRT 模型需要所有被研究组的样本容量不得少于 200(e.g.,Rasch model),更复杂的模型可能需要 1000 及以上的样本量。并且,现在所使用的大多数 IRT 模型都假定该检验是在测量单维的构念,因此该模型不适用于多维数据。判定一个 IRT 模型是否恰当拟合数据也是一个不足之处,因为需要 IRT 方面的专业知识。进行基于 IRT 的 DIF 分析时,运行复杂的软件同样需要这种专业知识。IRT 方法的另一个局限性是缺乏效果量(effect size)指标来帮助我们区分具有统计意义的 DIF 和实质性的 DIF。

Logistic 回归

Logistic 回归被广泛认为是评估 DIF 的最好的统计方法之一(Rogers & Swaminathan, 1993; Swaminathan & Rogers, 1990; Zumbo, 1999)。和基于 IRT 的方法一样，Logistic 回归法比标准化法和 MH 法等基于列联表的方法具有优势，因为它不需要将连续分数量表划分为多个类别，并且它对一致和不一致的 DIF 都可以进行检测。与基于 IRT 方法还有一点相同的是，Logistic 回归法在 DIF 的模拟和应用性研究中都取得了很好的效果(e.g., Jodoin & Geirl, 2001; Sireci et al., 2003)，并且它可以用于检测二分类和多分类测验项目(Zumbo, 1999)。此外，因为 Logistic 回归法是基于观测到的分数而非"真实的"(潜在特质)分数，所以模型的基础假设较少，并且相对于基于 IRT 的模型来说，Logistic 回归法可采用较小的样本量。

使用 Logistic 回归法检测 DIF 时，分析是逐步进行的，类似于分层多元回归(hierarchical multiple regression)分析。项目得分是回归方程中的标准变量，总熟练度(通常为测验总分)是条件变量(协变量)，群体成员身份是预测变量。这种分析通常有三步，代表三个独立的分析。首先，将条件变量输入到预测方程中，然后输入代表群体成员身份的变量，最后，输入一个代表群体成员身份—条件变量交互作用的变量。一致性 DIF 是通过考察第二步中群体变量回归系数的统计显著性来评估的。不一致性 DIF 是通过考察与群体—条件变量交互作用相关的斜率的显著性来评估的。对于二元(二分类)项目，第三步分析的 Logistic 回归公式为：

$$\ln\left[\frac{p_i}{(1-p_i)}\right] = b_0 + b_{tot} + b_{group} + b_{tot*group} \tag{8.6}$$

其中，p_i 指正确回答项目 i 的概率，$1-p_i$ 指错误回答项目 i 的概率，b_{tot} 是条件变量(如总分)的回归系数，b_{group} 是群体成员身份的回归系数，$b_{tot*group}$ 是群体成员身份—条件变量交互作用的系数。

效果量也可用于 Logistic 回归进行的 DIF 分析。Zumbo(1999)根据群体成员身份和交互作用项所解释的方差比例(R^2)提出了效果量。Jodoin 和 Gierl(2001)细化了 Zumbo 的效果量标准，并且建立的标准相当于 MH 法中 ETS(教育考试服务机构)所用的标准(Dorans & Holland, 1993)。Jodoin 和 Gierl 提出的 DIF 效果量分类标准如下：

$R^2 < 0.035$：可以忽略不计或很小的 DIF

统计显著并且 $0.035 <= R^2 <= 0.070$：中等的 DIF

统计显著并且 $R^2 > 0.070$：较大或 C 水平的 DIF

需要注意的是，一致 DIF 的效果量要计算第一步分析和第二步分析之间的 R^2 增值量，不一致 DIF 的效果量要计算第一步分析和第三步分析之间的 R^2 增值量。

数据收集设计和效度问题

在前一节中，讨论了评估 DIF 的 5 种方法。在这一节中，我们将考虑 DIF 分析在跨语言评估中的局限性,并讨论评估 DIF 的数据收集设计。

从一开始我们就应该理解,评估跨语言翻译或改编项目的等值性在技术上是一个无法解决的问题。当一个项目从一种语言翻译成另一种语言,并且两种不同的版本对不同群体的被试进行施测时,这时并没有可以将两个独立群体间的数据联系起来的东西。我们不能假设这两个群体的被试是等值的,因为他们来自不同的背景;因此根据随机等值群组的假设进行的等同或关联通常是不合理的。同样,我们不能认为这些项目是等值的,因为它们是改编过的。实际上,DIF 分析的目的是检验这些项目的等值性。因此,在这种情况下,基于共同项目的等同或关联设计也是不合理的(Sireci,1997)。

由于这个原因,需要强调的是,DIF 方法在翻译的测验项目中的应用与设计 DIF 方法来解决问题是不一样的。在典型的 DIF 检测法的应用中,把不同群体的被试(如欧裔美国人和亚裔美国人)在同一组测验项目上进行比较。在跨语言的 DIF 评估中,来自不同群体的被试是在不同项目上进行比较。

前面对这个问题的讨论中,我建议可以识别出仔细选择的定锚项目(anchor item),以在语言不同的被试群体之间形成一个匹配的变量。在 Sireci(1997)的研究中,我建议用非语言项目或带有很少语言负载的项目。在 Sireci 的另一项研究(2005)中,我提议用双语设计来识别跨语言功能不同的项目。我相信,即使任何方法都不能明确保证可比性,但这两种方法都能有助于实现跨语言间评估的可比性。

关于使用双语被试来评估测验和项目可比性问题,很有必要简要地讨论一下。跨文化研究中常见的一种情况是用一种语言开发的测验要改编用于另一种语言。如果研究者能获取精通两种语言的被试群体,那么可以对这些被试使用不同语言版本的测验,来评估项目和测验分数。这种分析可以用重复测量设计(其中双语被试以平衡的方式接受两种语言版本的评估)或随机等组设计(其中评估的语言版本随机分配给每个被试)。在这些设计中,可进行 DIF 分析和测验总分比较,组别变量由所接受的测验语言版本决定。虚无假设的预期是等值的。也就是说,可以认为这些组是随机等值的,因此,不同语言间的项目或测验成绩应该没有差异。

虽然,双语被试的使用为评估翻译版的测验和项目提供了良好的实验方法,但该方法的致命弱点是,双语被试可能并不代表测验结果通常要概括到的被试群体。也就是说,这些被试可能不代表研究感兴趣的两个单语言群体的测验行为。另外,真正的双语被试的想法可能并不现实,不同被试对一种或两种语言的熟练程度肯定存在差异,以及他们在哪种语言中最占优势也存在差异。因此,双语被试并不能*解决*不同语言版本测验之间的可比性进行评估的问题。然而,这样的被试至少代表了研究感兴趣的总体中的一部分人,并且他们可以用于识别有问题的项目。总之,当使用双语者时,如果不同语言版本的项目功能有差异,那么很可能该项目的心理意义在不同语言中是不同的。

总结及未来研究方向

本章中,我简要谈及了跨文化评估中的偏差和等值问题,描述了评估潜在项目偏差的方法,并讨论了这些方法在跨语言评估中的适用性。对这些方法的描述中既提出了乐观的看法也提出了悲观的看法。悲观的看法是,严格地判定一个翻译或改编后的项目是等值的这是不可能的。然而,乐观的看法是,有几种统计的、定性的和数据收集技术可以用来评估跨语言测验中的项目等值和项目偏差,这样我们就可以对我们做出的有关跨语言等值和非等值的结论有适当的信心。在这一节中,我会详细描述这一积极的看法。

根据在跨语言研究中以及从文献中所学到的经验,我认为跨文化研究者可以采取几个步骤来最大程度地提高跨语言测验项目的可比性,包括应用 DIF 检测方法来评估翻译或改编后的测验项目。这些步骤包括以下内容。

采用谨慎且全面的翻译和改编程序

正如 ITC *指南* 中所指出的,通过采用谨慎和全面的改编程序有可能最大限度地提高跨语言的测验和项目等值。有研究者讨论过将测验从一种语言改编成另一种语言的不同模式的利弊(e.g., Brislin, 1970; Hambleton, 1994; Hambleton, Sireci, & Robin, 199; van de Vijver & Tanzer, 1997)。这些模式包括正译(forward-translation)、回译(back-translation)、随后进行审核和修订的正译(迭代正译,iterative forward translation)和平行测验的开发,虽然其中没有某个单一的模式被推荐为最优的。通常建议测验改编包括使用分别独立进行翻译和审查的双语翻译者团队,并且讨论解决关于翻译等值的任何意见分歧(如,不同语言间心理意义的不变性)。

用项目功能差异检测法对改编项目进行统计评估

虽然 DIF 检测方法并不能明确地判定项目在不同语言间的不变性,但它们能用于评估不同语言版本的项目,并且当跨语言和文化的系统性偏差已被排除时(例如,通过维度分析),它们能为识别项目在不同语言间具有不同的心理意义提供有用的手段。尤其是当 DIF 分析应用于从双语被试那儿获得的数据时,它有助于识别跨语言间可能变化或不变的一组项目。当在这样的 DIF 分析中用到双语设计时,应该考虑到双语被试的不同类型(Sireci, 2005)。

测验及项目分数可比性的其他分析

进行项目偏差评估只是评估跨文化测验中的偏差和等值的一种统计分析。还可以并且应该进行其他研究,包括分析评估来自不同被试群体的项目反映数据的共同结构(如,前文提及的结构分析),评估不同群体间的分数变异性和测量精度(如,信度估计、标准误、测验信息函数等),以及差异预测效度研究(在适用的情况下)。在进行 DIF 研究之前,应该先进行高质量的翻译和改编程序,以及构念等值研究来排除系统性偏差。

用目标分析来支持从测验分数中得出的推论类型

在很多测验翻译和改编的例子中,把一个测验从一种语言改编成另一种语言来应用,但并没有对不同语言间的个体进行比较。在这种情况下,比较推论的效度不是问题,不需要标量等值。因此,相对于原始工具,实证分析应该侧重于要改编的测量工具的心理测量属性的分析(如,维度分析、测量精度分析等)。当对接受不同语言版本的测验的被试进行比较时——例如,教育成就或国际认证测试的国际比较时——实证分析应将分数可比性作为分析目标。这些分析除了已经提到的其他分析外,应该还包括 DIF 考察。也就是,应该评估构念等值和项目等值。

用定性分析跟进项目功能差异分析

本章主要关注对测验和项目的统计评估。显然,统计评估只是这个过程的一部分。正如前文所提到的,DIF 技术是用于标记项目的,但对 DIF 进行主观评估的原因应该是为了确定是否存在项目偏差。从跨语言 DIF 分析中学到的一个重要教训是,被标记为项目功能差异的原因往往是可以获知的,但在单一语言中进行的 DIF 分析并不总是如此。这些解释通常源自一个项目被标记后才注意到的翻译问题,或者源自跨语言间有差异的文化熟悉性(Allalouf, Hambleton, & Sireci, 1999)。建议将 DIF 的主观评估结果传达给测验的开发者和翻译者,以便这些问题可以有益于将来测验的开发和改编工作。

选择最适合情况的项目功能差异检测方法

本章中介绍了几种具体的 DIF 检测方法,但对于特定的情境哪种方法最合适,并不十分清楚。影响 DIF 检测方法选择的因素包括项目类型(二分或多分)、样本容量、统计软件和心理测量专业知识。考虑到这些因素以及其他因素,logistic 回归法似乎适用于最广泛的各种情况。大多数统计软件包都包括 logistic 回归法、二进制(binary)和序数法(ordinal method),并且可用于样本容量小于每组 200 人的研究中(Zumbo, 1999)。样本容量更小的情况下可以考虑散点图法和标准化法(Muniz et al., 2001)。

结 论

世界变得越来越小,但是,没有什么比语言更能将不同文化背景的人区分开来的了。对于跨文化研究者来说,跨语言评估具有很大的挑战性,因为很难保证在所有不同的研究被试间测量了相同的构念。在大多数跨语言评估中,采用的都是翻译或改编的评估工具。研究和专业指南建议:(a)要采用谨慎且全面的翻译过程以确保两种语言具有相同的心理意义,(b)翻译的项目要经过双语翻译者的几轮审查,并且(c)被试回答完项目后,要用统计程序评估项目和测验分数的统计学特征。通过进行这些定性和统计分析,研究者能更好地评估跨文化间的测量偏差和等值,这将导致对不同文化间的被试和测量构念差异做出更有效的推论。

参考文献

Allalouf,A.,Hambleton,R.K.,& Sireci,S.G.(1999).Identifying the sources of differential item functioning in translated verbal items.*Journal of Educational Measurement*,*36*,185-198.

American Educational Research Association,American Psychological Association,& National Council on Measurement in Education.(1999).*Standards for educational and psychological testing*.Washington,DC:American Educational Research Association.

Angoff,W.H.(1972).Use of difficulty and discrimination indices for detecting item bias.In R.A.Berk(Ed.),*Handbook of methods for detecting test bias*(pp.96-116).Baltimore:Johns Hopkins University Press.

Angoff,W.H.,& Cook,L.L.(1988).*Equating the scores of the Prueba de Aptitud Academica and the Scholastic Aptitude Test*(Report No.88-2).New York:College Entrance Examination Board.

Angoff,W.H.,& Modu,C.C.(1973).*Equating the scores of the Prueba de Aptitud Academica and the Scholastic Aptitude Test*(Research Report No.3).New York:College Entrance Examination Board.

Brislin,R.W.(1970).Back-translation for cross-cultural research.*Journal of Cross-Cultural Psychology*,*1*,185-216.

Budgell,G.,Raju,N.,& Quartetti,D.(1995).Analysis of differential item functioning in translated assessment instruments.*Applied Psychological Measurement*,*19*,309-321.

Camilli,G.,& Shepard,L.A.(1994).*Methods for identifying biased test items*.Thousand Oaks,CA:Sage.

Clauser,B.E.,& Mazor,K.M.(1998).Using statistical procedures to identify differentially functioning test items.*Educational Measurement:Issues and Practice*,*17*,31-44.

Cronbach,L.J.,& Meehl,P.E.(1955).Construct validity in psychological tests.*Psychological Bulletin*,*52*,281-302.

Day,S.X.,& Rounds,J.(1998).Universality of vocational interest structure among racial and ethnic minorities.*American Psychologist*,*53*,728-736.

Dorans,N.J.,& Holland,P.W.(1993).DIF detection and description:Mantel-Haenszel and standardization.In P.W.Holland & H.Wainer(Eds.),*Differential item functioning*(pp.35-66).Hillsdale,NJ:Erlbaum.

Dorans,N.J.,& Kulick,E.(1986).Demonstrating the utility of the standardization approach to assessing unexpected differential item performance on the Scholastic Aptitude Test.*Journal of Educational Measurement*,*23*,355-368.

Fischer,G.(1993).Notes on the Mantel-Haenszel procedure and another chisquared test for the assessment of DIF.*Methodika*,*7*,88-100.

Geisinger, K. F. (1994). Cross – cultural normative assessment: Translation and adaptation issues influencing the normative interpretation of assessment instruments.*Psychological Assessment*,*6*,304-312.

Gierl,M.J.,& Khaliq,S.N.(2001).Identifying sources of differential item and bundle functioning on translated achievement tests:A confirmatory analysis.*Journal of Educational Measurement*,*38*,164-187.

Hambleton,R. K. (1993). Translating achievement tests for use in cross – national studies. *European Journal of Psychological Assessment*,*9*,57-68.

Hambleton,R.K.(1994).Guidelines for adapting educational and psychological tests:A progress report. *European Journal of Psychological Assessment*,*10*,229-244.

Hambleton,R.K.(2005).Issues,designs,and technical guidelines for adapting tests into multiple langua-ges and cultures.In R.K.Hambleton,P.Merenda,& C.Spielberger(Eds.),*Adapting educational and psycholog-ical tests for cross-cultural assessment* (pp.3-38).Hillsdale,NJ:Erlbaum.

Hambleton,R.K.,Sireci,S.G.,& Robin,F.(1999).Adapting credentialing exams for use in multiple lan-guages.*CLEAR Exam Review*,*10*,24-28.

Hauger,J.B.,& Sireci,S.G.(2008).Detecting differential item functioning across examinees tested in their dominant language and examinees tested in a second language. *International Journal of Testing*,*8*, 237-250.

Holland,P.W.,& Thayer,D.T.(1988).Differential item functioning and the Mantel-Haenszel procedure. In H.Wainer & H.I.Braun(Eds.),*Test validity* (pp.129-145).Hillsdale,NJ:Erlbaum.

Holland,P.W.,&Wainer,H.(Eds.).(1993).*Differential item functioning*.Hillsdale,NJ:Erlbaum.

International Test Commission.(2001).*International Test Commission guidelines for test adaptation*.Lon-don:Author.Jodoin,M.G.,& Gierl,M.J.(2001).Evaluating power and Type I error rates using an effect size with the logistic regression procedure for DIF.*Applied Measurement in Education*,*14*,329-349.

Lord,F.M.(1980).*Applications of item response theory to practical testing problems*.Hillsdale,NJ:Erl-baum.

Mantel,N.,& Haenszel,W.(1959).Statistical aspects of the analysis of data from retrospective studies of disease.*Journal of the National Cancer Institute*,*22*,19-48.

Millsap,R.E.,& Everson,H.T.(1993).Methodology review:Statistical approaches for assessing measure-ment bias.*Applied Psychological Measurement*,*17*,297-334.

Muniz,J.,Hambleton,R.K.,& Xing,D.(2001).Small sample studies to detect flaws in test translation. *International Journal of Testing*,*1*,115-135.

Penfield,R.D.(2005).DIFAS:Differential item functioning analysis system.*Applied Psychological Meas-urement*,*29*,150-151.

Potenza,M.T.,& Dorans,N.J.(1995).DIF assessment for polytomously scored items:A framework for classification and evaluation.*Applied Psychological Measurement*,*19*,23-37.

Raju,N.S.(1988).The area between two item characteristic curves.*Psychometrika*,*53*,495-502.

Raju,N.S.(1990).Determining the significance of estimated signed and unsigned areas between two item response functions.*Applied Psychological Measurement*,*14*,197-207.

Reise,S. P., Widaman, K. F., &Pugh, R. H. (1993). Confirmatory factor analysis and item response theory: Two approaches for exploring measurement invariance. *Psychological Bulletin*, *114*, 552-566.

Robin, F. (1999). *SDDIF: Standardization and delta DIF analyses* [computer program]. Amherst: University of Massachusetts, Laboratory of Psychometric and Evaluative Research.

Robin, F., Sireci, S.G., & Hambleton, R.K. (2003). Evaluating the equivalence of different language versions of a credentialing exam. *International Journal of Testing*, *3*, 1-20.

Rogers, H.J., & Swaminathan, H. (1993). A comparison of logistic regression and Mantel-Haenszel procedures for detecting differential item functioning. *Applied Psychological Measurement*, *17*, 105-116.

Shealy, R., & Stout, W. (1993). A model-based standardization differences and detects test bias/DTF as well as item bias/DIF. *Psychometrika*, *58*, 159-194.

Sireci, S.G. (1997). Problems and issues in linking tests across languages. *Educational Measurement: Issues and Practice*, 16, 12-19.

Sireci, S.G. (2005). Using bilinguals to evaluate the comparability of different language versions of a test. In R.K Hambleton, P. Merenda, & C. Spielberger (Eds.), *Adapting educational and psychological tests for cross-cultural assessment* (pp.117-138). Hillsdale, NJ: Erlbaum.

Sireci, S.G., Bastari, B., & Allalouf, A. (1998, August). *Evaluating construct equivalence across adapted tests*. Invited paper presented at the annual meeting of the American Psychological Association (Division 5), San Francisco, CA. Sireci, S.G., & Berberoglu, G. (2000). Evaluating translation DIF using bilinguals. *Applied Measurement in Education*, *13*, 229-248.

Sireci, S. G., Fitzgerald, C., & Xing, D. (1998). Adapting credentialing examinations for international uses. *Laboratory of Psychometric and Evaluative Research Report No.* 329. Amherst, MA: University of Massachusetts, School of Education.

Sireci, S.G., Harter, J., Yang, Y., & Bhola, D. (2003). Evaluating the equivalence of an employee attitude survey across languages, cultures, and administration formats. *International Journal of Testing*, *3*, 129-150.

Sireci, S.G., Patsula, L., & Hambleton, R.K. (2005). Statistical methods for identifying flawed items in the test adaptations process. In R.K. Hambleton, P. Merenda, & C. Spielberger (Eds.), *Adapting educational and psychological tests for cross-cultural assessment* (pp.93-115). Hillsdale, NJ: Erlbaum.

Swaminathan, H., & Rogers, H.J. (1990). Detecting differential item functioning using logistic regression procedures. *Journal of Educational Measurement*, *27*, 361-370.

Thissen, D. (2001). *IRTLRDIF v2. 0b: Software for the computation of the statistics involved in item response theory likelihood-ratio tests for differential item functioning*. Retrieved from http://www.unc.edu/~dthissen/dl.html.

Thissen, D., Steinberg, L., &Wainer, H. (1988). Use of item response theory in the study of group differences in trace lines. In H.Wainer & H.I.Braun (Eds.), *Test validity* (pp.147-169). Hillsdale, NJ: Erlbaum.

Thissen, D., Steinberg, L., & Wainer, H. (1993). Detection of differential item functioning using the parameters of item response models. In P. W. Holland & H. Wainer (Eds.), *Differential item functioning* (pp. 67-114). Mahwah, NJ: Erlbaum.

Van de Vijver, F.J.R., & Poortinga, Y.H. (1997). Towards an integrated analysis of bias in cross-cultural assessment. *European Journal of Psychological Assessment*, *13*, 29-37.

Van de Vijver, F.J.R., & Poortinga, Y.H. (2005). Conceptual and methodological issues in adapting tests.

In R. K. Hambleton, P. Merenda, & C. Spielberger (Eds.) , *Adapting educational and psychological tests for cross-cultural assessment* (pp.39-63). Hillsdale, NJ: Erlbaum.

Van de Vijver, F. , & Tanzer, N. K. (1997). Bias and equivalence in cross-cultural assessment. *European Review of Applied Psychology* , 47 , 263-279.

Wainer, H. , & Sireci, S. G. (2005). Itemand test bias. *Encyclopedia of social measurement* (Vol. 2, pp. 365-371). San Diego, CA: Elsevier.

Wainer, H. , Sireci, S. G. , & Thissen, D. (1991). Differential testlet functioning: Definitions and detection. *Journal of Educational Measurement* , 28 , 197-219.

Waller, N. G. (1998). EZDIF: The detection of uniformand non-uniform differential item functioning with the Mantel-Haenszel and logistic regression procedures. *Applied Psychological Measurement* , 22 , 391.

Zumbo, B. D. (1999). *A handbook on the theory and methods of differential item functioning (DIF)* : *Logistic regression modeling as a unitary framework for binary and Likert-type (ordinal) item scores*. Ottawa, Canada: Directorate of Human Resources Research and Evaluation, Department of National Defense.

Zwick, R. , Donoghue, J. R. , & Grima, A. (1993). Assessment of differential item functioning for performance tasks. *Journal of Educational Measurement* , 30 , 233-251.

附　录

项目功能差异分析的统计软件

有几个软件包可以用来进行项目功能差异(DIF)分析,并且许多分析都可以用 SAS 或 SPSS 这些统计软件包进行。Camilli 和 Shepard(1994)以及 Zumbo(1999)为用 SPSS 进行 DIF 分析提供了一些编码,并且附录里还提供了用 SPSS 进行 logistic 回归 DIF 分析的一些编码。另外,在写本文的时候,还可以在网上免费获得几个 DIF 软件包。在此我列出几个软件包。我非常感谢这些程序的作者同意免费试用这些软件包。这些软件包有助于我们这些希望进行 DIF 调查的人,我们非常感谢他们。

网上免费的项目功能差异软件

1. 项目反应理论似然比 DIF 软件

Dave Thissen 创建了一款非常优秀的软件,该软件可以使项目反应理论(IRT)似然比 DIF 分析更容易些。我真的很喜欢这个软件包。在撰写本文的同时,windows 版的 IRTLRDIF v.2 可以在以下网站上下载: http://www. unc. edu/~ dthissen/dl/irtlrdif201. zip, and for MAC at http://www. unc. edu/~ dthissen/dl/IRTLRDIF201.sit.

2. Logistic 回归

Bruno Zumbo(1999)编写了一本有关理解和解释 DIF 的非常好的手册,在这本手册中他集中讨论了 Logistic 回归程序。该手册可以从以下网页中下载: http://educ. ubc. ca/faculty/zumbo/DIF. It includes some code for running logistic regression analyses in SPSS.尽管书中的编码可以用,但是有点过时了。以下是在 SPSS 中对二分类计分的项目进行 Logistic 回归分析的编码:

```
LOGISTIC REGRESSION VAR=item5
/METHOD=ENTER tot
/CRITERIA PIN( 0. 05 ) POUT( 0. 10 ) ITERATE( 20 ) CUT( 0. 5 ).
```

LOGISTIC REGRESSION VAR = item5

/METHOD = ENTER tot group

/CRITERIA PIN(0.05)POUT(0.10)ITERATE(20)CUT(0.5).

LOGISTIC REGRESSION VAR = item5

/METHOD = ENTER tot group group * tot

/CRITERIA PIN(0.05)POUT(0.10)ITERATE(20)CUT(0.5).

正如本章中所描述的,该分析实际上包括三个独立的 Logistic 回归。在以上的例子中,"项目 5"是要进行 DIF 分析的项目,"tot"是总分,"group"是二分变量,是指参照或焦点组。第一个分析给出一个基线,用来估计第二和第三个分析解释的变异的增加。第二个分析增加分组变量(检验一致 DIF),第三个分析增加组别—总分的交互作用,来检验非一致 DIF。需要注意的是编码中的包含标准与排除标准以及迭代次数采用了默认值。为分析多分项目(如李克特式)的 DIF 进行的编码采用多元逻辑斯蒂回归,如下:

PLUM

Item5 BY groupWITH tot

/CRITERIA = CIN(95)DELTA(0)LCONVERGE(0)MXITER(100)

MXSTEP(5)

PCONVERGE(1.0E−6)SINGULAR(1.0E−8)

/LINK = LOGIT

/PRINT = FIT PARAMETER SUMMARY.

再次使用了默认的包含—排除与迭代标准,并且"项目 5"是指感兴趣的项目,但是,这次这个项目的反应分类可能超过 2 个。

3. 多元 DIF 程序

a)多年来,马萨诸塞大学阿姆赫斯特分校(the University of Massachusetts Amherst, UMASS)的各类教师和学生已经开发了许多有用的包含 DIF 软件的心理测量软件程序。DIF 软件可以从 UMASS 获得,包括 SDDIF(Robin,1999),该软件包括标准化程序和 delta 绘图程序。UMASS 开发的软件可以从如下网站下载:http://www.umass.edu/remp/main software.html.

b)美国迈阿密大学的兰德尔·彭菲尔德(Randall Penfield)开发了一款基于 Windows 的 DIFAS 程序(Penfield,2005),该程序非常全面并且界面友好。DIFAS 包括多种 DIF 检测方面,有 Mantel−Haenszel 程序、用来检测多分项目的一般化 Mantel−Haenszel 以及非参数方法。在撰写本文的同时,可以通过邮件联系作者获得 DIFAS,作者邮箱是:penfield@ miami.edu.

c)EZDIF:这款软件由 Niels Waller(1998)开发,Mantel−Haenszel 和逻辑斯蒂 DIF 分析都可以运行。在撰写本文的同时,在如下网站可以下载该软件:http://www.psych.umn.edu/faculty/waller/downloads/dif/dif.zip.

第九章　跨文化研究的效果量[①]

David Matsumoto, John J. Kim, Robert J. Grissom, Dale I. Dinnel

跨文化研究的效果量

比较是跨文化研究的基础。实施这些比较时标准的方法是从选择要测量的心理学概念开始的。这些心理学概念的数据资料来自两个或更多的文化或国家。对来自两个文化的数据通常采用的统计分析是检验与研究假设相冲突的虚无假设(H_0),这个虚无假设要么假定在一个总体中两个变量间的相关为 0,要么假设两个总体的平均数间没有差异。研究者通常使用 t 检验或 F 检验的方法,通过对文化平均数中的变化与各文化内平均数的变化进行比较来检验差异性是否存在。当获得的 t 值或 F 值的机率(the chance probability)显著低时($\leqslant 5\%$),这个结果就被认为是具有统计显著意义的。p 水平代表了如果 H_0 为真,至少和所得结果一样极端的结果会发生的概率。所得到的这个 p 值主要表示了 H_0 为假时的证据的强度(但是 p 值自己并不表明 H_0 为假的显著程度)。

但是,统计显著性并不一定就反映了不同文化的人们存在着差异。只计算 t 值(ts)或 F 值(Fs)妨碍了我们解释人与人之间的有意义差异的能力,因为 p 值仅仅表示反对总体平均数之间没有差异的虚无假设的证据的强度。假设没有 I 类错误,统计显著性只反映了总体平均数之间存在某种未知的、非零的差异。而且,样本量越大,较小的差异性也越容易变得具有统计显著性。因此,一个统计上的显著差异可能实际上反映了总体平均数之间非常小的差异。根据"统计上显著的"研究结果做出的人们存在文化差异的解释可能是基于平均数间"实际上不显著的"差异。"实际上不显著"的意思是文化平均数之间的非零差异太小了,以至于没有多少或根本没有实际意义。同义的短语就是"实质上不显著"。

$$t = \frac{\overline{Y}_a - \overline{Y}_b}{\left[\dfrac{s_a^2}{n_a} + \dfrac{s_b^2}{n_b}\right]^{1/2}} \tag{9.1}$$

例如,公式 9.1 中,对于公式中的 t 来说,研究者感兴趣的通常是整个分子,即平均

[①]　这章的部分内容在 Matsumoto、Grissom 和 Dinnel(2001)以及 Grissom 和 Kim(2005)的文章中出现过。

数之间的差异。但是，公式 9.1 揭示了 t 值是否大得足以达到统计显著性，这不仅仅是函数的分子要大，而且还取决于这个分子相对于整个分母来说也要够大。对于平均数间任何特定的差异来说，样本量的增加将会提高 t 的绝对值，从而减小 p 的大小。因此，一个统计上显著的 t 可能表示平均数间存在很大的差异，或者可能因为研究者有办法获得比较大的样本，而使得不太重要的小的差异被提高到统计上显著的情况。鼓励研究采用大样本量是因为它们更可能代表总体，更可能产生可重复的结果，提高统计检验力，但是也可能提高违背统计假设的程度。这些观点也同样适用于 F 比率和它对应的 p 值的计算。

然而，短语"统计上显著(*statistically significant*)"很可能会令人误解，因为英语中 *significant* 的同义词是"重要的"和"大的"，与统计语言中的含义不同，并且一个统计上具有显著意义的结果可能不是一个大的或重要的结果。在短语"统计上显著"中，*significant* 的意思是"有意义的"，表示有充足的证据反对没有差异的虚无假设。在短语"实际意义(*practically significant*)"中，*significant* 的意思是"大的"或"重要的"。一个例子就是男孩和女孩之间有统计显著性差异，但是差异很小，不能成为教学时对男孩、女孩进行不同的教育实践的依据。

因此，在跨文化研究中，显著的 t 值或 F 值并不一定意味着一个文化的大多数人的分数明显地更高于另一个文化的大多数人的分数，也不意味着一个文化的人们平均比另一个文化的人们的得分实质上更高些，也不意味着从一个文化中随机选择的个体比从另一个文化中随机选择的个体可能有更高的分数。总之，统计显著性可能对于预测个体水平上的差异没有任何意义，而那些认为统计显著性就表示存在此类有意义差异的人们也许实际上却造成或保持了对那些人和文化的刻板印象。尽管大多数研究者都意识到显著性检验的这些局限性，但是大部分研究报告都只是仅仅依赖显著性检验，基本上忽视了研究结果的实际意义。

这些可能存在的错误有几个含义。理论上，它们可能导致基于刻板印象来建构知识。那么，研究者设计研究检验这种偏差，由于继续使用了有限的数据分析技术从而使这种偏差保持了下来。实际上，不同文化间的敏感性、培养、能力和调整等等的程序都是基于文化刻板印象的，因此，提供给他人错误的的指导可能更有害而非有益。

研究者想要考查跨文化研究数据在不同文化群体的个体之间存在的有意义的差异，说明正确的程度，需要进一步分析估计两个或更多文化总体之间其他未知的差异程度。众所周知，这些技术都用于效果量的测量，当把效果量用到跨文化研究中时，我们称它们为文化效果量。尽管长期以来人们一直认可文化效果量的重要性，但是把它们运用到跨文化研究中仍然很有限。我们主张将其与跨文化研究相结合，我们这一观点与美国心理学会统计推论的特别小组的建议是一致的(Wilkinson et al., 1999)。

在本章余下的部分，我们首先定义效果量、对围绕传统虚无假设显著性检验

（NHST）展开的争论进行讨论,并且描述一些关于效果量的假说。我们描述信度区间的使用情况,尽管从技术上说信度区间不是效果量(effect size,ES),但是可以用效果量对研究结果的解释进行补充。然后介绍几种我们认为最适合跨文化研究的效果量测量方法。我们之所以选择它们是因为它们易于计算和解释,以及它们彼此的相关性。采用这些测量方法,我们对最近的一个研究数据进行分析来证明这些测量方法的功效。最后,我们认为应该把效果量的统计方法纳入跨文化研究中来补充传统虚无假设检验。

引　言

效果量的定义

我们假设变量之间没有影响或没有关系的典型的虚无假设。然而统计显著性的检验提供了强有力的量化证据(所获得的 p 水平)证明虚无假设是错误的,效果量是一个用来测量虚无假设错误程度的统计量。效果量测量通常包括某种相关形式或它的平方、平均数之间某种形式的标准化差异或分布重叠的程度;但是,有许多效果量的测量并不适合这些分类。我们再次使用效果量这个词来测量结果不同于典型的虚无假设上的差异程度。尽管效果量与实际意义(practical significance)并不是同义的,但是知道了一个结果的效果量可以了解对实践意义的判断。

通常,检验统计量的数值和效果量的估计值之间的关系是:

效果量估计值(ES_{EST})＝检验统计量/f(N)

其中,f(N)是总样本量的某个函数,如自由度。这个公式的特殊形式用于许多检验统计量,包括 t、F 和卡方,因此,一篇研究报告的读者可以不需要直接估计效果量需要的原始数据,就可以把检验统计量近似地转换成效果量的间接估计值。然而,用自己的原始数据工作的研究者,和那些用多套以前报告过的检验统计量(元分析)工作的研究者不同,他们可以直接估计效果量,因此他们不需要使用近似转换公式。

人们可以获得许多效果量的测量方法(Cohen,1988;Feingold,1992,1995;Feingold & Mazzella,1998;Hedges & Olkin,1985;Rosenthal,1991;Wilcox,1997),还有翔实的综述和它们的摘要(e.g.,Grissom & Kim,2005;Rosenthal,Rosnow,& Rubin,2000)。一些综述提供了与跨文化研究非常有关的信息。在跨文化研究中,研究者关心的是群体水平上的文化差异在个体水平上的表征。通过个体水平,我们暗示了这样一个事实,即显著性检验只是告诉我们 t 或 F 的分布比例超过了由我们的 t 或 F 结果所获得的值。在此所推荐的效果量测量并不能解决这些分布的比例问题;相反地,它们告诉我们和另一个文化成员的比例相比较,以一个文化成员的比例或一个文化成员的平均成绩为单位的结果。

关于虚无假设显著性检验的争论

现在并不是讨论 t、F 和虚无假设显著性检验(NHSTs)的局限性。关于 NHST,首先要关心的一个问题是它对样本量的依赖,这也与跨文化研究有重要关联。此外,Cohen(1962)提出在心理学研究中功效分析(power analysis)的作用,并且强调了通常与 NHST 联系在一起的高的错误率。通常被引证的错误包括当虚无假设未能被拒绝时就接受它,自动把被拒绝的虚无假设解释成在理论或实践上是有意义的,以及没有考虑 II 类错误的可能性(Loftus,1996;Shrout,1997;还可参阅 Wilcox,1998)。一些作者(e.g.,Hunter,1997)一直推荐完全禁止 NHST,提出 NHST 的错误率高达 60%,而不是传统认为的 5%。① 其他作者主张除了纳入效果量统计量和置信区间外,继续使用 NHST(e.g.,Abelson,1997;Harris,1997)。

统计学家长期以来一直鼓励研究者报告效果量,但是研究者总是很迟钝地作出反应。Fisher(1925)是一位早期的、很大程度上被忽视的这种估计的提倡者。甚至人们会认为当读者阅读一篇包括控制组或安慰剂组、或者包括费用不同的疗法的应用研究报告时,有权看到效果量的估计。有些人甚至可能认为没有用可以理解的方式把这些估计量报告给那些可能会用到这些研究结果的人们(如教育家、卫生官员、培训生项目的管理者、临床医生、政府官员),这可能是一种证据的保留。发表研究的杂志编辑们也越来越多地建议或要求报告效果量的估计值。例如,美国心理学会建议报告这些估计值,《教育与心理测量杂志》和至少 22 家其他的杂志在我撰写这篇文章时也要求报告这些统计值。

关于什么时候报告效果量的估计值有一个专业意见。一方面认为 NHST 是毫无意义的,因为从字面意思来看,任何虚无假设都不会是真的。例如,根据这个观点,任何两个或更多总体平均数都不会精确相等到许多小数点的地步。因此,从这个观点来看,研究者的任务是估计这个"明显"非零效应的大小。与之相反的观点是显著性检验是最重要的,并且只有当发现结果是统计上显著的,才要报告效果量。

许多效果量的评估者常常高估了总体中的效果量[称之为"正向的"或"上偏误"("positive"or"upward bias")],由此问题产生了,即当虚无假设是真(如在总体中实际上是零影响)并且结果是统计不显著的时候,效果量评估者的这个上偏误是否大得足

① 这样的争论是基于这样的事实:如果虚无假设是假的话,那么就不可能犯 I 类错误;唯一有可能犯的错误是 II 类错误。这样,显著性检验最大的潜在错误率在双侧检验是 97.5%,单侧检验是 95%。Hunter(1997)引用了在主要的心理学杂志中计算了统计显著性检验的错误率的研究,得出的结论是那时的研究的错误率大概是 60%。想了解更多的信息请参阅 Hunter(1997)的论文。

以使一个基于偏差的非零效果量估计值的报告会严重抬高一个研究领域的总体效果量的估计值。那些不关心这种偏差的人们极力主张报告所有的效果量,不管是显著的还是不显著的,来提高元分析的准确性。他们的理由是这样的报告将避免出现元分析提高效果量的总体估计值的问题,之所以出现这样的问题是由于最初的研究没有获得统计显著性的结果,从而就不包括较小的效果量。

有些人的观点是效果量在应用研究中更重要。在应用研究中,人们感兴趣的可能是被估计的效果量是否大到足以能够满足实际用途。相比之下,在理论研究中,人们可能不仅对结果是否支持理论预测感兴趣,还对支持到什么程度感兴趣。要回答后面的这些问题都需要效果量。

检验统计量和效果量的假设

当统计学家创造了一种新的效果量检验统计或测量方法时,他们经常这样做的目的是为了具有某种特征的总体。对于 t、F 和一些效果量的常用例子来说,这些假定特征中的两个特征,即假设抽取样本的总体是正态分布的并且方差相等。后一个假设被称为方差齐性(homogeneity of variance 或 homoscedasticity)。当数据实际上是来自方差不相等的总体时,这种违背假设被称为方差异质性(heterogeneity of variance)或方差不齐(heteroscedasticity)。通常一个研究者声称包括两个平均数间差异程度的效果量与零是显著不同的,因为当通过 t 检验(或在分子中带有一个自由度的 F 检验)比较这两个平均数时,可以获得显著性。然而,非正态和方差不齐可能导致检验统计量的实际抽样分布的形态十分偏离 t 或 F 的理论抽样分布,却并不被研究者所知道,所以,研究结果的实际 p 值与表格中或打印出的材料中观察到的 p 值不一样。例如,一个观察到的 $p<.05$ 可能实际上代表的是真正的 $p>.05$,夸大了 I 类错误。同样,违背假设可能致使统计检验力降低。这类假设的违背还会影响效果量的估计和解释。

不幸的是,经常组合在一起的对假设的违背在现实数据中很常见。Grissom(2000)在一篇文献综述中指出有理论原因可以预期,并且有实验结果可以证明方差不齐遍布研究的各个领域,并且完全有理由怀疑跨文化数据也是这样的。具有较大平均数分布的样本通常比那些具有较小平均数分布的样本有更大的方差,这就有可能导致方差不齐。因为抽样方差的变异性很高,因此,对这些总体中抽取的样本方差进行比较就准确地反映了这些特征。并且,有更大正偏态的样本分布常常有更大的平均数和方差,再次表明了可能存在方差不齐。

方差不齐也可能由天花板或地板效应引起,因为这些效应导致更大地减少了变量测量中的变异性,因为测量不可能像变量存在于样本中的那样覆盖变量的全部范围。方差不齐还可能由异常值引起——非典型地高或低的分数。异常值可能仅仅反映了记录错误或其他类型的研究错误,但它们很常见,并且当这些异常值可能反映了处理对少数被试的重要影响或者可能指示了极少数被试的一个重要特征时,应该被报告。[①]

理解方差不齐很重要,因为它可能使某些效果量测量方法的运用成问题。对这些问题的充分讨论超出了本章的范围;有兴趣的读者可以参考 Grissom 和 Kim(2005)对这一问题更加全面的讨论。

跨文化比较的置信区间

尽管置信区间并不是效果量,但是两者之间有联系,并且两者都有助于观察数据。在此讨论的置信区间提供了关于两个总体平均数之间差异的信息。当因变量是用熟悉的单位测量的普通的、能理解的变量时,置信区间和效果量可以提供有关结果的有用的和互补的信息。

对于检验关于两个总体平均数的常见虚无假设的 t 统计量来说,这个公式最重要的部分是分子,$\bar{Y}_a - \bar{Y}_b$。采用 $\bar{Y}_a - \bar{Y}_b$ 来估计 μ_a 和 μ_b 之间差异的大小可以提供内容翔实的结果。建构置信区间的程序采用来自 a 和 b 两个群体的数据来估计可能在其中包含 $\mu_a - \mu_b$ 的值的一个数值范围,在这个估计中,有一个指定的置信程度。

理论上,尽管任何指定总体的得分都有一个恒定的平均数,但来自同一个总体的相同大小的随机样本的平均数却是变化的(抽样的变异性)。因此,$\bar{Y}_a$ 和 $\bar{Y}_b$ 每个可能要么高估了,要么低估了它们各自的总体平均数。因此,$\bar{Y}_a - \bar{Y}_b$ 很可能会比 $\mu_a - \mu_b$ 更大或者更小。换句话说,当采用 $\bar{Y}_a - \bar{Y}_b$ 来估计 $\mu_a - \mu_b$ 时,有一个误差范围。如果有这样的一个误差范围,那么它可能是正向的($\bar{Y}_a - \bar{Y}_b$) > ($\mu_a - \mu_b$),或者是负向的($\bar{Y}_a - \bar{Y}_b$) < ($\mu_a - \mu_b$)。样本量越大、总体的原始分数变异越小,误差范围的绝对值就越小。也就是说,正如公式 9.2 中所反映出来的,误差范围是标准误的一个函数。在目前的情况中,标准误是两个总体样本的平均数之间差异分布的标准差。

影响误差范围数量的另一个因素是希望在估计值的范围内可能包括 $\mu_a - \mu_b$ 的置信水平。越确信在这个估计区间内,误差范围就会越大。因此,能够大大减小误差范围,而没有过分降低研究结果真实性的置信水平的程序将会是非常有用的。惯例是采用称为 95%(或 0.95)的置信水平,0.95 的置信水平导致的估计值范围有 0.95 的可能性包括值 $\mu_a - \mu_b$。当以小数值表达时(如 0.95),一个准确计算的置信区间的置信水平又被称为置信区间的概率范围(the probability coverage of a confidence interval)。在

---

① 检测异常值的精确定义和规则改变了(Brant, 1990; Davies & Gather, 1993; Staudte & Sheather, 1990)。Wilcox(2001,2003)讨论了检测异常值的一种简单方法,并还为这种检测提供了一个 S-PLUS 软件功能(Wilcox,2003)。

这个意义上来说,建构置信区间的方法是不准确的,实际的概率范围将偏离预期的范围和显示的范围(如偏离名义上的0.95)。尽管95%的置信对于一些读者来说似乎只是比100%的置信稍微少了一点,但是这样的程序通常导致精确的、包含大量信息的区间。

为了简单起见,我们假设正态的、方差齐性的和独立的群体。(除了95%的水平,这个程序很容易概括到其他置信水平。)(在跨文化研究中,我们通常不得不违背随机取样的假设。)为了我们的研究目的,独立群体可以大致地定义为群体内任何一个个体在因变量上的得分与另一个群体中的任何个体的得分都不相关或都不可以从另个群体中的任何个体的得分中预测出来。如果不管另一个群体中的个体产生的分数是多少,一个群体中的个体产生某个分数的可能性保持不变,那么各个群体就是独立的。(采用不独立群体的研究要求建构置信区间的方法与研究独立群体的方法不同。)如果正态的、方差齐性的和独立的假设都满足了,并且可以应用常见的(主要的)t分布,那么为$\mu_a - \mu_b$建构置信区间,误差范围(ME)可以通过以下公式确定:

$$ME = t^* \left[s_p^2 \left(\frac{1}{n_a} + \frac{1}{n_b} \right) \right]^{1/2} \tag{9.2}$$

当采用公式9.2来建构95%的置信区间时,t^*是t的绝对值,是t检验中,在0.05的双侧水平上(或者0.025的单侧水平上)获得统计显著性的t的临界值。对于95%或任何其他的置信水平来说,s_p^2是两个总体假设的共同方差的联合估计值,σ^2。作t表的自由度(df)行用,$df = n_a + n_b - 2$。因为目前我们假设方差齐性,σ^2的最佳估计值是通过集合两个样本的数据来计算两个样本的σ^2估计值的普通加权平均数而获得的(加权是通过各自样本的dfs由样本大小进行的)。

$$s_p^2 = \frac{(n_a - 1)s_a^2 + (n_b - 1)s_b^2}{n_a + n_b - 2} \tag{9.3}$$

因为建构这样的置信区间的概率大约是95%,在目前的情况中,$\bar{Y}_a - \bar{Y}_b$的值可能由于$ME_{.95}$而高估或低估了$\mu_a - \mu_b$,人们会说以下的取值区间大约有95%的机会会包括$\mu_a - \mu_b$的值:

$$(\bar{Y}_a - \bar{Y}_b) \pm ME_{.95}. \tag{9.4}$$

值$(\bar{Y}_a - \bar{Y}_b -) — ME_{.95}$被称为95%置信区间的下限,值$(\bar{Y}_a - \bar{Y}_b) + ME_{.95}$被称作95%置信区间的上限。一个置信区间(对于我们目前的目的而言)是介于下限和上限之间的值的区间。

要建构除0.95置信区间之外的置信区间,一般是$(1 - \alpha)$的置信区间,在公式9.2中采用的t^*值是t的绝对值,是t表格中要求在α显著性水平上双侧统计显著的指标(与单侧检验的$\alpha/2$的t相同)。然而,人们可能会发现0.99的置信区间导致了一个非常宽泛的、较少信息量的区间。对于指定的一套数据来说,置信水平越低,区间越窄。

95%的置信区间又叫 0.95 置信区间。这样的一个置信区间通常被错误地解释成 $\mu_a - \mu_b$ 有 0.95 的可能性是所计算的区间中的某个值,仿佛 $\mu_a - \mu_b$ 是一个变量。而实际上,在任何一对具体的总体中,$\mu_a - \mu_b$ 都是一个常数(一个未知的常数),而每个置信界限实际上是变化的。理论上,因为抽样的可变性,通过从两个总体中重复随机抽取相同大小的两个样本来重复一个具体的研究实例,将会产生变化了的 $\overline{Y}_a - \overline{Y}_b$ 值,而对于一对具体的总体来说,通过它们样本的平均数来对这两个总体进行多次比较,$\mu_a - \mu_b$ 的实际值则保持不变。换句话说,尽管研究者实际上代表性地只抽取了总体 a 和 b 各一次,对于 $\overline{Y}_a$ 和 $\overline{Y}_b$ 来说,结果可能是变化的,并且由此在任何一个研究实例中 $\overline{Y}_a - \overline{Y}_b$ 都是变化的。相似地,一个总体的样本方差随着研究的实例不同而变化,这样误差范围也是一个变量。因此,与其说有 0.95 的可能性 $\mu_a - \mu_b$ 值在所计算的区间内,更恰当的翻译是所计算的区间包括 $\mu_a - \mu_b$ 值的可能性是 0.95。理论上规定,如果研究无限定地被重复,重复的次数接近无限,那么计算 0.95 置信区间的次数百分比将包括总体间的真正差异将接近95%(如果所有假设是满足的话)。读者应该在这个意义上来解释任何置信区间建构结果的说明。

比较两个群体文化效果量的测量

两个样本平均数间的标准差

当对两个或多个群体进行研究时,就比较两个群体间的平均数来说,我们首先考虑的测量是众所周知的两个总体平均数之间的标准差(公式 9.5)。这个估计值假设方差齐性,因为它集合了所有方差来获得 s_p 或者 $\sqrt{MS_w}$(Hedges & Olkin, 1985),并且就一个文化群体中其他人的分数分布来说,是根据文化群体中平均成员的百分数来解释正态性。这使得研究者可以估计一个文化中有百分之多少的人的分数要高于一个得分统计显著较低的文化中的普通成员。

$$g = \frac{\overline{Y}_a - \overline{Y}_b}{s_p}, \text{where } s_p = \sqrt{\frac{(n_a - 1)s_a^2 + (n_b - 1)s_b^2}{n_a - n_b - 2}} \qquad (9.5)$$

例如,如果文化 A 的平均分统计上显著高于文化 B 的平均分,并且 $g = +1.00$,那么文化 A 的成员平均分比文化 B 成员的平均分高一个标准差。+1.00 的一个标准分位于第百分之八十四位。因此,我们可以得出结论:文化 A 平均成员的得分超过 84% 的文化 B 的平均成员。g 值只是比 0 稍微高一点,但是却表明统计上显著地得分较高的文化成员的平均得分可能只比得分较低的文化的 50% 的成员高了一点。因此,统计上显著的差异可能与个体水平上可察觉的差异联系很小，或者实际上就没有可察觉到的差异。Cohen(1988)建议 .20、.50 和 .80 的近似值分别反映了微弱的、中等的和大的差异。(Cohen's d 采用的是假设的一般总体(常模)的标准差，用 σ 代替分母中的 s_p。)

反虚拟效果量(Counternull effect size)

让我们回顾关于 μ_a 和 μ_b 的典型的虚拟假设，$H_0: \mu_a - \mu_b = 0$。这个 H_0 暗含着另一个假设，即 $H_0: \triangle = 0$。在传统的显著性检验中，如果获得的 t 并不比 0 大很多，人们就决定不能拒绝 H_0，并且暗示着人们可以得出结论，即 t 检验结果没有为 $\triangle$ 不同于 0 提供充足的证据。然而，这样的推理是有片面性的。例如，假如样本的 g 大于 0，但是为了获得统计显著性这是远远不够的。按照惯例，这个结果可以被解释成总体的 $\triangle$ 实际上是 0，样本的 g 在这个研究实例中偶然地(取样的可变性)高估了 $\triangle$。然而，这个结果同样看上去有道理的一个解释是 $\triangle$ 实际上比 0 大，并且超过 g 与 0 之间的差距，所以在这个研究实例中，g 偶然地低估了 $\triangle$。因此，根据这个推理，g 的值超过 0 大于或小于 0 一定的数量，所提供的证明 $\triangle = 2g$ 的证据与它提供的证明 $\triangle = 0$ 的证据一样多，因为 g 更接近 $2\triangle$($1g$ 到 $2\triangle$ 的距离)，而不是更接近 0($1g$ 到 0 的距离)。例如，如果 g 是 $+0.60$，那么这个结果与 $\triangle = +1.20$ 和 $\triangle = 0$ 是一样的，因为 $+0.60$ 与 $+1.20$ 之间的距离和与 0 的距离是一样近的。样本的 g 在一定数值上低估 $\triangle$ 和它在一定数值上高估 $\triangle$ 是一样的(除了下面要讨论的正偏差以外)。在这个样本中，假设 t 检验的结果为 t，则意味着 g 统计上显著不同于 0，那么就有理由得出结论 g 与 $+1.20$ 没有显著的差异，同样也有理由得出结论 g 与 0 没有显著的差异。(然而我们必须注意本节中的推论只是近似真实，因为标准差的估计值有高估效果量的偏差。如果采用前面讨论过的调整偏差后的估计值，ns 越大，这个推论越准确。)

这个推论导致了称之为效果量的*反虚拟值*(counternull value of an ES)的效果量测量，(Rosenthal, Rosnow, & Rubin, 2000；Rosenthal & Rubin, 1994)。在此我们将把这个测量简称为反虚拟效果量(counternull ES, ES_{cn})。就标准差 ES_s 来说，并且就 ES_s 的一些其他类型(而不是全部)来说，从 t 检验的暗示看，如果人们正在检验 $H_0: ES_{pop} = 0$，那么

$$ES_{cn} = 2ES \tag{9.6}$$

当虚拟假设 ES_{pop} 的值不同于 0 时，更一般的公式是

$$ES_{cn} = 2ES - ES_{null} \tag{9.7}$$

公式 9.7 中的 ES_{null} 是 ES_{pop} 虚无假设的值。在我们的例子中，效果量的估计值(如 g) $= +0.60$，运用公式 9.6 产生估计值 $ES_{cn} = 2(+0.60) = +1.20$。因此，虚无—反虚无区间范围从 0 到 $+1.20$。换句话说，结果与 $\triangle = +1.20$ 的关系和它们与 $\triangle = 0$ 的关系大约是一致的。

针对为效果量建构的置信区间有益而不实用的情况,一个研究者可以考虑报告 ES_{null} 和 ES_{cn} 作为一个虚无—反虚无区间的界限。在目前的例子中,虚无—反虚无区间的下限是 0,而估计的上限是 +1.20。[①] 一个虚无—反虚无区间所提供的信息与所提供的置信区间的信息相比,只是在概念上有点相似,而在数字上可能并不一样。这两个区间把所获得的效果量的估计值都包括在内,但是和置信区间的下限不同,当 $ES_{null} = 0$ 时,虚无—反虚无区间的下限将总是 0。置信区间和虚无—反虚无区间不能直接进行比较或者合并。

点二列相关

另一个测量是文化群体之间的点二列相关,把两个文化二分编码成任意两个值(相关的正负号取决于哪个文化有更高的得分,而值则不受影响),并且因变量是 Y。当 Y 是连续变量,而 X 是二分变量时,这是简单的皮尔逊相关 r。这个测量很容易解释,因为它采用熟悉的度量 r,取值从 0 到 1。值越接近 1 表示文化间存在实质性的差异,值越接近 0 表示差异极小或者甚至可以忽略不计,无论统计是否显著。

尽管 r_{pb} 的值并不依赖方差齐性,但是检验 r_{pb} 是否显著地与 0 不同的 t 检验的结果则会受方差不齐的影响。当平方和(SS)的值是基于两个大小相等的群体时,$r_{pb} = \sqrt{SS_B/SS_T}$。样本量不相等会使 r_{pb} 变小。衰减矫正的 r_{pb} 用 r_c 表示,它的计算公式是 $r_c = ar_{pb}/\sqrt{(a^2-1)r_{pb}^2+1}$,公式中的 $a = \sqrt{0.25/pq}$,p 和 q 是每个群体中所有被试的比例(Hunter & Schmidt,2004)。

点二列相关比其他对要解释的变异比例进行估计的效果量的相关测量更好,如 η^2,因为后者平方的属性导致无方向的测量,并且会产生 ESs 比它们小的印象(Rosenthal & Rubin,1982)。例如,一个人可以从 r_{pb}^2 是 0.01 中得出结论,文化不是因变量的一个重要预测因素,因为文化"只解释了"因变量变异中的 10%。但是,在这个例子中,$r_{pb} = (0.10)^{1/2} = 0.32$,在简化假设的情况下,这个值大概相当于 $g = 0.68$,根据 Cohen(1988)的标准是个中等大小的文化效果量。正如前面所提到的,Cohen(1988)把 0.20、0.50 和 ≥0.80 的效果量的标准化差异测量分别分类成小的、中等的和大的效果。

可以类似地对 $r_{pb} \leq 0.10,0.243$,和 ≥0.371 的效果量测量进行分类(Cohen,1988)。而且,采用 Rosenthal 和 Rubin(1982)的二项式效果量陈列(binomial ES display,BESD),这种技术可以把效果量转换成对群体成员的预测,在一个数据集中,把文化所解释的 10% 的变异解释成一个文化样本的 66% 的成员具有所测量的因变量特征,然而其他文

[①] 请注意公式 9.6 和 9.7 只适用于对称抽样分布的估计值,如 g(或 d);适用于非对称分布的估计值(如相关系数)的公式请参阅 Rosenthal 等人(Rosenthal,Rosnow,& Rubin,2000)的文章,他们还为虚无—反虚无区间讨论了一种置信水平。

化的 34% 的成员没有被这样分类。因此,当我们以文化的单个成员作为单位考查这些数据时,我们发现比较小的 $r_{pb}^2 = 0.10$ 可以解释成一个文化成员属于一个分类的人数几乎是另一个文化成员的两倍。

不仅仅比较两个中心

优势效果量(Superiority Effect Size)测量的概率

研究者可以从他们的数据中获得不仅仅只是比较两个平均数所得的信息。一个是从总体 a 中随机抽取的成员的成绩比从总体 b 中随机抽取的成员高的概率,即 $Pr(Xa > Xb)$。如果两个分布之间没有差异,则 $Pr(Xa > Xb) = 0.50$。a 分布比 b 分布越好,$Pr(Xa > Xb)$ 离 0.5 越远,离 1 越近。(如果文化 a 是一个得分较低的文化,那么这些统计量的计算可能会导致值小于 0.50)。

来自一个指定样本的分数比配对的另一个样本的分数高(如样本比例的分子用来估计优势概率,the probability of superiority,PS)的次数被称为统计量 U(Mann & Whitney,1947)。两个样本间可能比较(配对)的总数是 $n_a n_b$,并且采用 $\hat{p}a > b$ 来表示估计 PS 的样本比例。

现在我们可以定义:

$$\hat{p}a > b = \frac{U}{n_a n_b} \tag{9.8}$$

换句话说,在公式 9.8 中,分子是指定样本"赢"的数目,分母是指定样本成员的每个得分与另一个样本成员的每个得分面对面比较时赢的机会的数目。U 值可以用手计算,但是除非样本非常小,否则这样做会很费力。尽管目前主要的统计软件包并不计算 $\hat{p}a > b$,但是许多统计软件包计算曼—惠特尼 U(Mann-Whitney U)统计量或与之等值的 W_m 统计量。如果 U 值要通过使用软件来获得,那么用这个 U 除以 $n_a n_b$ 得到统计量 $\hat{p}a > b$。如果软件提供了与之等值的威尔科克森(Wilcoxon)(1945)W_m 等级—合计(rank-sum)统计量来代替 U 统计量,如果没有任何关联,通过计算 $U = W_m - [n_s(n_s + 1)]/2$ 获得 U,公式中的 n_s 是较小的样本量,或者如果样本量相等,n_s 就是一个样本的大小。

例如,假如 $n_a = n_b = 10$(尽管样本量不需要相等),并且样本 n_a 每个成员得到的分数与样本 n_b 每个成员得到的分数相比较,导致要进行 $n_a n_b = 10 \times 10 = 100$ 次这样的比较。再者,假如比较 70 次就致使样本 n_a 的成员的分数比样本 n_b 成员的分数更高。那么 $U/(n_a n_b) = 70/100 = 0.70$,这是样本 n_a 成员的分数比样本 n_b 成员的分数高的次数的比例。样本的比例估计总体的比例。在这个例子中,估计值是 $Pr(Xa > Xb) = 0.70$。

当原始数据不能用的时候,$Pr(X_a > X_b)$ 可以用共同语言(common language,CL)效果量的估计值来估计(McGraw &Wong,1992),CL 是假设正态和方差齐性。它是基于 z 分数,$z_{c1} = (\overline{X}_a - \overline{X}_b) / \sqrt{s_a^2 + s_b^2}$,并且它是标准化正态曲线下面的面积比例,是低于 z_{c1} 值的部分。例如,如果 $z_{c1} = -1.00$ 或者 $+1.00$,$Pr(Xa > Xb)$ 被分别近似地估计为 0.16 或 0.84。0.84 表明有百分之八十四次文化 A 随机抽取的成员得分超过文化 B 随机抽取的成员。但是,z_{c1} 越接近 0,两个分布的差异越小;也就是说,文化 A 随机抽取的成员得分超过文化 B 随机抽取的成员的机会接近 0.50。PS 比 CL 优越之处在于不用假设正态或方差齐性。[1]

Cohen's U1

另一个测量是 Cohen's(1988)$U1$,是指两个分布不重叠的百分比。假设了正态、方差齐性和相同大小的总体,$U1$ 可以采用 Cohen(1988)表中的 d 值(或 Hedge's g)来估计。例如,如果 $d=0$,那么估计值 $U1 = 0\%$,两个文化得分之间有 0% 不重叠,100%重叠。如果 $d = +1.00$,那么估计有 55.4% 不重叠,44.6%重叠。尽管 Cohen's $U1$ 假设相等的总体大小,人们可以采用这些值来比较理论上有相同大小的两个文化总体。

单因素设计的效果量

Eta 平方(η^2)

由自变量的变异来解释总体中变异的比例的参数是 η^2(η 是希腊字母"eta"的小写字母)。它的一个传统但有时有些问题的估计量是 $\hat{\eta}^2$;

$$\hat{\eta}^2 = \frac{SS_b}{SS_{tot}} \tag{9.9}$$

η 本身最初的名字是相关比率(*correlation ratio*),但是大约也是因为 η^2,这个名字才被使用。当自变量是数值型的,η 代表自变量和因变量之间的相关,但是和 r_{pop} 不一样,η 反映的是两者之间的曲线和线性关系。当有两个群体时,η 有和 r_{pop} 一样的绝对大小。

$\hat{\eta}^2$ 作为关联强度(*strength of association*)的一个估计值,它的一个主要缺点是它是正斜的;也就是说,它总是常常高估 η^2。这个估计值常常高估是因为它的分子 SS_b 是随着一些误差变化而扩大的。如果样本量较大和 η^2 值较大,偏差会较小些。

---

① 要了解更多 PS 的信息,请参阅 Grissom(1994)的研究;要了解为 $Pr(Xa > Xb)$ 建构置信区间的信息,请参阅 Wilcox(1996)的研究。还有,$Pr(Xa > Xb)$ 可以由 Grissom 论文(1994)中表格的 g 值估计;g 在 Grissom 文中(1994)用"delta"表示,假设方差齐性。

Epsilon 平方(ε^2)和 Omega 平方(ω^2)

一个可以代替 η^2 的偏差稍微小点的估计值是 $\hat{\varepsilon}^2$(希腊字母"epsilon"的小写字母),一个几乎无偏的估计值是 $\hat{\omega}^2$(希腊字母"omega"的小写字母);参见 Keselman(1975)。公式是(Ezekiel,1930):

$$\hat{\varepsilon}^2 = \frac{SS_b - (k-1)MS_w}{SS_{tot}} \tag{9.10}$$

以及 Hays 提出的(1994):

$$\hat{\omega}^2 = \frac{SS_b - (k-1)MS_w}{SS_{tot} + MS_w} \tag{9.11}$$

这些公式假设相等的样本量和方差齐性。方差分析 F 检验的软件输出结果应该包括 $\hat{\varepsilon}^2$,$\hat{\omega}^2$,或者两个都包括。但是,即使这些统计量不是软件输出的,用手计算也很容易,因为 SS 和 MS_w 值是可以得到的。

观察公式 9.10 和 9.11,这两个公式是为了补偿由于 $(k-1)MS_w$ 减小了估计值的分子而使 $\hat{\eta}^2$ 常常高估了 η^2。公式 9.11 甚至进一步试图通过也给分母增加 MS_w 来减小高估。现在估计值 $\hat{\omega}^2$ 比 $\hat{\varepsilon}^2$ 使用的更广泛。

总的来说,一个统计上显著的 F 可以被看做是 $\hat{\omega}^2$ 显著大于 0 的证据。然而,在此置信区间尤其重要,是因为估计值的高的抽样可变性(Maxwell, Camp, & Arvey, 1981)。[1] 出于粗略估计的目的,基于 $\hat{\omega}^2$ 的 η^2 的大概的置信界限可以采用曲线图(称作单一曲线图,在 Abu Libdeh1984 的研究中可以看到)获得。假设正态,特别是方差齐性,为建构这样的置信区间采用偏分布(noncentral distributions)是合适的。

请注意,作为一个(由自变量的变化造成的因变量的总变异)比例的测量,η^2 的值不能低于 0,但是检查公式 9.10 和 9.11 显示估计值 $\hat{\varepsilon}^2$ 和 $\hat{\omega}^2$ 的值能比 0 低。Hays(1994)较早地提出 $\hat{\omega}^2$,推荐当这个估计值低于 0 时,这个值应该报告成 0。但是,一些元分析家担心的是用 0 代替负的估计可能引起元分析中以平均估计为基础的估计中另外的正偏差。相似地,Fidler 和 Thompson(2001)坚决主张获得的任何负值都应该据实报告而不是把它转换成 0,以便置信区间的全宽都可以被报告。当然,当报告一个负值时,一篇研究报告的读者有条件把它解释成 0,如果他或她选择这样做的话。

因素设计的效果量

关联强度(Strength of Association):解释变异的比例

---

[1]　例如,Carroll 和 Nordholm(1975)发现即使当 $N=90$,$k=3$ 时,抽样变异性仍然很大。当然,大的抽样变异性导致估计值常常比要估计的 ES 大得多或小得多。

η_{pop}^2 的估计,就因素设计来说,与自变量变化有关的因变量分数的变异比例比一元设计的情况更复杂。即使在最简单的设计中也是这样的,在此我们假设研究设计中所有样本大小都相等。一般而言,为了某个因素的效应或者为了交互作用的效应,当外部因素是本身就有的,人们可以采用以下公式估计变异的比例:

$$\hat{\omega}^2 = \frac{SS_{effect} - (df_{effect}MS_w)}{SS_{tot} + MS_w} \tag{9.12}$$

所有的 MS、SS 和 df 值都是可以获得的,或者从单因素方差分析的 F 检验的软件输出部分中计算出来。关于因素 A 的主效应,$SS_{effect} = SS_A$ 和 $df_{effect} = a - 1$,a 是因素 A 的水平数目。关于因素 B 的主效应,在 $SS_{effect} = SS_A$ 和 $df_{effect} = a - 1$ 中,用 B 和 b(如因素 B 的水平数目)代替 A 和 a,设计中任何其他因素的主效应都这样计算。关于两因素设计的交互作用,$SS_{effect} = SS_{AB}$ 和 $df_{effect} = (a-1)(b-1)$。

公式 9.12 和为单因素设计(the one-way design)服务的公式 9.11 一样,提供了由自变量解释的(或在因素设计中作为由相互作用解释的另一个例子)因变量测量的总变异比例的估计。然而,在现在的因素设计实例中,因为由一个或更多的额外因素和交互作用对总变异的贡献,所以变异的来源比单因素设计更多。例如,如果是在单因素设计中对因素 A 进行研究,而不是在一个会有更多变异来源解释总变异的因素设计中,那么因素 A 的效应可能产生一个不同的 $\hat{\omega}^2$ 值。如前所述,效果量的估计必须是在产生该估计的设计结果的情况下进行解释。

偏 $\hat{\omega}^2$

对因素设计的变异比例做出估计的一个替代概念修改了公式 9.12,试图消除任何外在次要因素对总变异的贡献。由此产生的测量被称为变异的偏 比例(partial proportion of variance)。变异比例测量的是与来自误差和来自所有效应的总变异有关的效应的强度,而变异偏比例测量的是与不能由其他效应引起的变化性有关的效应的强度。不包括的效应是那些如果目标因素的水平在单因素设计中被研究了,就不再出现的因素效应。出于这个目的,偏 η^2 和偏 ω^2 传统上都在使用,后者更少偏差。偏 ω^2,$\hat{\omega}_{partial}^2$ 的计算公式如下:

$$\hat{\omega}_{partial}^2 = \frac{SS_{effect} - (df_{effect}MS_w)}{SS_{effect} + (N - df_{effect})MS_w} \tag{9.13}$$

N 是总样本量,计算又是个简单的算术,因为所有需要的值都可以从单因素方差分析的 F 检验的结果中获得。

一篇研究报告必须要弄明白所报告的变异比例的估计是基于全部的 $\hat{\omega}^2$ 还是 $\hat{\omega}_{partial}^2$。不幸的是,因为变异全部的估计值和偏比例的估计值可能是不同的——越是这样,设计越复杂——一些教科书和软件可能对它们所讨论或输出的两个估计值并不清楚或理解的不正确(Levine & Hullett,2002)。这种混淆不清的一个严重结果就是元分析家不知不觉地把这两种估计合并在一起而误导了元分析。如果一篇最初研究的报告为变异比例的估计提供了公式,那么读者应该检查分母来观察用的是公式9.12还是9.13。

通过检查两个因素的效果量的估计比率来确定两个因素的相对重要性时,人们应该谨慎些。对于两个因素来说,$\hat{\omega}^2$值的比率可能与这两个因素的标准化的差异效果量的两个估计比率非常不同。因此,这两种估计值可以对两个因素的相关效果量提供不同的看法。有研究者(Maxwell,Camp,and Arvey,1981)提供了一个例子,其中两个$\hat{\omega}^2$值的比例大约是4比1,这可以得出某个结论:一个因素大概比另一个因素重要四倍。这样的一个解释没有考虑两个因素操纵的相对力量或两个估计可能很大的抽样变异性。而且,在这个例子中,那些作者发现相同的那两个因素两个标准差估计的比率大概不是4比1,而是2比1,因此,关于这两个因素的相对重要性定量地而不是定性地提供了有些不同的观点。

总 结

有几个研究者(e.g., Cohen, 1988; Dunlap, 1999; Grissom, 1994; Grissom & Kim, 2005)描述了所推荐的测量之间的关系。通过g和r_{pb}的符号和编码为1的文化平均数或文化平均数是计算中产生的第一个平均数,对g和r_{pb}进行的测量显示了文化差异的方向。通过PS和CL是低于.50还是高于.50,以及指定哪个文化是文化a,PS和CL反映了差异的方向。根据$U1$的值和哪个文化有较高的平均数,$U1$的测量显示了差异的方向。最后,用所有来自单因素和因素设计的效果量来估计自变量对因变量所产生的变异的贡献比例。

尽管从群体到个体水平解释的转变在跨文化研究中是非常重要的,但是关于效应多大才必须认为是"有意义的"还没有普遍接受的客观标准。Cohen(1988)根据g(和d)的值确定的小、中等和大的效应标准提供了一些粗略的参照。因为在此介绍的效果量的测量可以很方便地转换成d、r_{pb}、CL或PS,如果想要的话,跨文化研究的任何作者或读者都可以把我们推荐的测量转换成小的、中等的或大的效果或者涉及个体比例估计的众多分类中的一种。

如果作者们报告了恰当的效果量统计值让读者自己进行意义的解释,无论如何我们的观点是作者怎样把他们的效果描述成小的、中等的或大的(或者有意义的、或者没有意义的)都是不恰当的。F、t或p并不能给读者提供信息使他们能够确定他们是否获得了关于文化间有意义的差异的自己的标准;报告效果量的测量使读者可以根据他们自己的意义感来评估效果。在前面给出的例子中,$r_{pb}=0.32$可以转换成二项式效果量表明一个文化的66%是集体主义的,而另一个文化的34%是集体主义的。一个读者可能解释这个结果是有意义的,而另一个读者则可能认为它是没有意义的。我们宁愿不为解释提供这样的指导原则。相反,我们极力建议的只是诸如在此推荐的那些测量应该被估计和报告,以便读者可以做出自己的评估。在一定程度上,报告效果量"民主化了"意义的评估。[1]

实 例

最近,Matsumoto 和同事(Matsumoto et al.,2008)做了一个文化表达规则(Cultural display rules)的大规模调查,包括33 个国家大约6000 名被试。文化表达规则是指示一个人根据社会情况来管理和改变自己的情绪表达行为的规则(Ekman & Friesen,1969)。在人生的早期人们大概就是非常博学的;研究证明早在学龄前儿童就会掩饰他们的情绪((Cole,1986;Cole,Bruschi,& Tamang,2002),并且此后不久,学龄儿童就具有了表达规则的言语知识(Saarni,1979,1988)。

在 Matsumoto 等人(2006)的一个研究中,被试完成了一份修订过的《表达规则评定问卷》(Display Rule Assessment Inventory, DRAI; Matsumoto, Takeuchi, Andayani, Kouznetsova,& Krupp,1998;Matsumoto,Yoo,Hirayama,& Petrova,2005),如果在不同的情境中他们感到了七种情绪中的每种情绪,要求被试选择他们认为自己应该有的行为反应。情境包括两种情境(公开和私人)与七种情绪之间 21 种相互作用的组合,这七种情绪是那些明显在面部表现出来的普遍的情绪表达——愤怒、轻视、厌恶、害怕、高兴、悲伤和惊奇。所提供的反应类型是 Ekman 和 Friesen(1969)首先提出的被认为是全部表达规则反应一部分的六种行为反应:夸张(amplification)(表达的情绪比感受到的要多)、表达(expression)(感受到情绪时就表达出来)、衰减(deamplification)(表达的情绪比感受到的小)、中立(neutralization)(什么情绪都不表达)、限制(qualification)(和他人一起表达情绪)和掩饰(masking)(使原有的情绪失效而表现另一种情绪)。根据每个反应类型的全部频数的多维等级法(multidimensional scaling,MDS)把称名(或分类)数据(nominal data)转换成标量值。多维等级法产生一个普遍的、两维的答案,其中一个维度的答案标示为表情。然后根据这个维度上每个反应类型的值对原始的称名数据进行重新编码。

为了举例说明在本章中所讨论的大多数效果量统计值,我们选择了四个在情绪表达规则上可能存在一些差异的国家——美国、澳大利亚、韩国和日本。为了证明效果量对两个群体比较的功效,我们比较了美国和其他三个国家之间、日本和韩国之间在表达性总分上的差异(表达性总分就是计算每种情绪和情境中所有评定等级的平均分)。

---

[1]　作者可能比读者更希望把他们的研究发现解释成有意义的。正如我们认为的基于效果量的意义解释上的差异可能是这些评估民主化的结果,而这种情况在 NHST 中一般不会发生,这是由于研究者采用的统计检验的标准一样。

每次比较中,我们都进行了一元单因素方差分析,估计了平均数之间差异的置信区间,计算了 Hedge's g 值、反虚拟效果量(the counternull ES)、点二列相关(对不等样本量一般都进行了校正)和 PS(表9.1)。

美国和澳大利亚之间的比较没有统计显著性。两个平均数之间的差异是 0.009。误差范围是 0.034,这意味着两个平均数之间差异的 95% 的置信区间是从 -0.025 到 0.043。因为这个区间包括 0,所以我们可以相当自信地认为两个总体平均数之间没有差异。Hedge's g 值是 0.049,表明了一个非常小的差异。然而,反虚拟效果量是 0.097,同样表明在美国和澳大利亚之间存在非常小的差异(大约 $g = 0.10$)。点二列相关的两个估计值都是可以忽略的,并且 PS 值表明美国人平均分高于澳大利亚平均分的概率是 51.6%,也是一个可以忽略的效应。

其他三个比较都是统计上显著的。日本和韩国两国平均数之间差异的 95% 的置信区间是 0.035 ± 0.033;美国和日本两国平均数之间差异的 95% 的置信区间是 0.088 ± 0.022;美国和韩国之间的差异 95% 的置信区间是 0.123 ± 0.032。这些置信区间中每一个都不包括 0,因此我们完全可以确信它们总体平均数之间存在真实的差异。这三个比较的 Hedge's g 值分别是 0.200、0.492 和 0.678,分别表示小的、中等的和大的效应。点二列相关也反映了这些结果;尤其要注意的是美国—韩国比较的点二列相关尽管在绝对值上并不显著,但是却有一个非常大的 Hedge's g 值。PS 值表明日本平均分高于韩国平均分的概率是 55%,美国平均分高于日本平均分的概率是 63.4%;美国平均分高于韩国平均分的概率是 67.8%。

表9.1 松本等人的(2006)文化表达规则研究国家两两比较总结

比较	Mean 国家1	SD 国家1	n 国家1	Mean 国家2	SD 国家2	n 国家2	F	ME[a]	g	ES$_{cn}$	r$_{pb}$	rc	PS
美国—澳大利亚	0.042	0.180	691	0.033	0.178	128	$F(1,817) = 0.25, ns$	0.034	0.049	0.097	0.018	0.024	0.516
日本—韩国	-0.046	0.173	377	-0.081	0.185	152	$F(1,527) = 4.35, p=0.037$	0.033	0.200	0.401	0.091	0.100	0.550
美国—日本	0.042	0.180	691	-0.046	0.173	377	$F(1,1066) = 59.07, p<0.001$	0.022	0.492	0.984	0.235	0.246	0.634
美国—韩国	0.042	0.180	691	-0.081	0.185	152	$F(1,842) = 57.29, p<0.001$	0.032	0.678	1.356	0.261	0.332	0.678

注:$EScn$ = 反虚拟效果量(counternull effect size);ME = 平均数差异的误差范围(margin of error of the difference between the means);PS = 优势概率(probability of superiority);rc = 衰减-校正(attenuation-corrected);r_{pb} = 点二列相关(point-biserial correlation)。

一点都不意外的是,把所有四个国家当作一个自变量的各水平,所有表达性成绩的单因素方差分析(one-way ANOVA)都得出了统计上显著的结果,$F(3,1344)=32.65$,$p<0.001$。η^2计算时用国家效应的平方和除以总的平方和,结果是 0.068,。$\hat{\varepsilon}^2$ 和 $\hat{\omega}^2$ 分别是 0.066 和 0.066,稍微比国家效果量的估计值小一些。因此,在这个例子中,鉴于$\hat{\varepsilon}^2$ 和 $\hat{\omega}^2$ 产生了和预期一样的较小的效果量,这些差异可以忽略不计。

为了更好地举例说明,我们还计算了详细的五因素混合设计的单因素方差分析,采用国家(4)和性别(2)为被试间变量,七种情绪之间相互作用的组合(interactant)(21)、情境(2,公开的和不公开的)和情绪(7)是被试内变量。单因素方差分析显示国家主效应显著,$F(3,1213)=39.39$,$p<0.001$(由于缺失数据,样本量上有差异)。$\hat{\omega}^2$ 是 0.086;偏 η^2 由 SPSS 提供,是 0.089;偏 $\hat{\omega}^2$ 是 0.086。情境主效应也显著,$F(1,1213)=1152.91$,$p<0.001$,$\hat{\omega}^2$,偏 $\hat{\omega}^2$,和偏 η^2 分别是 0.479,0.485 和 0.487。国家和情境的交互作用也显著,$F(1,1213)=6.42$,$p<0.001$;$\hat{\omega}^2$,偏 $\hat{\omega}^2$,和偏 η^2 分别是 0.008,0.015,和 0.016。

首先需要注意的是刚才描述的三个单因素方差分析效应中的每个都是完全不同的效果量。每个都是统计上显著的,p 值都是三个小数位的;但是,每个都非常不同。国家主效应表明因变量(整体表达性)中大约9%的总变异是由四个国家中的国家间差异做出唯一解释的。(在报告国家主效应之前,直接报告的涉及国家的单因素方差分析结果中的差异和来自全因素模型的国家主效应可能是几个因素造成的结果,包括缺失数据、凭借全因素模型检验得到更好的误差估计,或者凭借偏 η^2 和偏 $\hat{\omega}^2$ 得到更好的效果量检验)。情境主效应表明表达性中48%的总变异由公开情境或不公开情境之间的差异来解释;这是一个相当大的效应。最后,尽管情境效应受到国家的调节,但是这个交互作用只解释了大约1%的因变量总变异,是一个相当小的可以忽略不计的效应。

结 论

和心理学其他领域一样,在跨文化研究中,统计量如 t 值和 F 值也是最重要的数据分析。它们的确有自己的地位,并且产生了许多重要的结果。采用 t 检验和 F 检验来证明文化差异的研究是跨文化心理学的基础。但是,当我们把统计显著性解释成反映了个体间有意义的差异时,问题就出现了。如我们所坚决主张的那样,t 检验和 F 检验并不能告诉我们民族水平上的有意义的差异,在这种情况下,继续单独使用它们将只能造成研究、理论和实践中的刻板印象,因为群体差异总是被用来推论民族间的差异。

幸运的是,分析数据还存在其他可供选择的方法,正如我们在此所讨论的一些方法。它们为我们提供了很难从 t 检验和 F 检验中获得的重要的有价值的文化差异信息。它们使我们能够更好地估计观测到的群体差异在个体水平上表现的程度。它们使理论家们能够更建设性地、更现实地思考概念性问题,迫使他们超越纯粹全体的、刻板的观念,即假设对一个文化的全体成员都是正确的、真实的。最后,关于文化差异的应用,它们提供了重要的指导原则。

一些人可能假设任何跨文化比较领域的文化差异在个体水平上是重要的或大的,因为以前的研究证明了文化平均数之间存在统计上显著的差异,关于此类文化差异的丰富知识我们暂时先不考虑。这些差异有多少确实反映了个体水平上有意义的差异呢?不幸的是,答案无人知道,除非群体平均数的差异检验和这里提到的那些如文化效果量的测量同时进行。如果可能应用于个体的理论、研究和实践活动是以这样有局限的群体差异比较为基础的,那么基于这些文化差异的理论、研究和应用程序可能就是不可靠的空中楼阁。跨文化心理学的未来理论以及心理学的所有领域都应该建立在一个更好的基础之上。

当然,这个基础要以更好的研究方法为开端,我们提出的观点并不是打算建议统计方法可以弥补跨文化研究中的设计局限性,特别是当早已存在的文化群体被用来当作自变量的时候(请看 Wilkinson et al.,1999)。显然地,跨文化研究面临的最大的挑战之一是,需要用特定的、可测量的、假设能够解释文化差异的心理学变量来代替文化。在任何跨文化研究中,纳入这样的"上下文(context)"变量是超越了各数据分析方法的方法上的一个重要改进(Bond & Tedeschi,2001;Poortinga,van de Vijver,Joe,& van de Koppel,1987;van de Vijver & Leung,1997)。

但是,数据分析和统计推论仍然是方法的重要部分,并且本章解决的正是这些问题。在个体水平上解释、理解和预测行为的能力是心理学奠基石之一。尽管对于研究者来说考查许多社会类型对人类行为的影响很重要,如性别、文化、社会经济地位等等。但是,最终我们的目标是理解心理现象上的个体差异,以及社会结构对那些个体差异的影响。因此,我们鼓励研究者在他们未来的实证研究中考虑采用这些方法和其他测量,并且我们鼓励杂志的编辑要求作者们报告这些统计量。只有在跨文化研究中持续地发展和改善方法,才能有助于提高跨文化心理学对全球心理学的贡献。

参考文献

Abelson,R.P.(1997).On the surprising longevity of flogged horses:Why there is a case for the significance test.*Psychological Science*,*8*,12–15.

Abu Libdeh,O.(1984).*Strength of association in the simple general linear model:A comparative study of Hays' omega-squared.*Unpublished doctoral dissertation,University of Chicago,Chicago.

Bond,M.H.,& Tedeschi,J.T.(2001).Polishing the jade:A modest proposal for improving the study of social psychology across cultures.In D.Matsumoto(Ed.),*Handbook of culture and psychology*(pp.309–324).New York:Oxford University Press.

Brant, R. (1990). Comparing classical and resistant outlier rules. *Journal of the American Statistical Association*, *85*, 1083–1090.

Carroll, R. M., & Nordholm, L. A. (1975). Sampling characteristics of Kelley's ε^2 and Hays' $\hat{\omega}^2$. *Educational and Psychological Measurement*, *35*, 541–554.

Cohen, J. (1962). The statistical power of abnormal–social psychological research. *Journal of Abnormal and Social Psychology*, *65*, 145–153.

Cohen, J. (1988). *Statistical power analysis for the behavioral sciences* (2nd ed.). New York: Academic Press.

Cole, P. M. (1986). Children's spontaneous control of facial expression. *Child Development*, *57*, 1309 –1321.

Cole, P.M., Bruschi, C.J., & Tamang, B.L. (2002). Cultural differences in children's emotional reactions to difficult situations. *Child Development*, *73*, 983–996.

Dunlap, W.P. (1999). A program to compute McGraw and Wong's common language effect size indicator. *Behavior Research Methods, Instruments, and Computers*, *31*, 706–709.

Ekman, P., & Friesen, W. (1969). The repertoire of nonverbal behavior: Categories, origins, usage, and coding. *Semiotica*, *1*, 49–98.

Ezekiel, M. (1930). *Methods of correlational analysis*. New York: Wiley.

Feingold, A. (1992). Sex differences in variability in intellectual abilities: A new look at an old controversy. *Review of Educational Research*, *62*, 61–84.

Feingold, A. (1995). The additive effects of differences in central tendency and variability are important in comparisons between groups. *American Psychologist*, *50*, 5–13.

Feingold, A., & Mazzella, R. (1998). Gender differences in body image are increasing. *Psychological Science*, *9*, 190–195.

Fidler, F., & Thompson, B. (2001). Computing correct confidence intervals for ANOVA fixed – and random–effects effect sizes. *Educational and Psychological Measurement*, *61*, 575–604.

Fisher, R.A. (1925). *Statistical methods for research workers*. London: Oliver & Boyd.

Grissom, R. J. (1994). Probability of the superior outcome of one treatment over another. *Journal of Applied Psychology*, *79*, 314–316.

Grissom, R.J. (2000). Heterogeneity of variance in clinical data. *Journal of Consulting and Clinical Psychology*, *68*, 155–165.

Grissom, R., & Kim, J.J. (2005). *Effect sizes for research: A broad practical approach*. Mahwah, NJ: Erlbaum.

Harris, R.J. (1997). Significance tests have their place. *Psychological Science*, *8*, 8–11.

Hays, W.L. (1994). *Statistics for psychologists* (5th ed.). Fort Worth, TX: Hartcourt Brace.

Hedges, L.V., & Olkin, L. (1985). *Statistical methods for meta–analysis*. San Diego, CA: Academic Press.

Hunter, J.E. (1997). Needed: A ban on the significance test. *Psychological Science*, *8*, 3–7.

Hunter, J.E., & Schmidt, F.L. (2004). *Methods and meta–analysis* (2nd ed.). Thousand Oaks, CA: Sage.

Keselman, H. (1975). A Monte Carlo investigation of three estimates of treatment magnitude: Epsilon squared, eta squared, and omega squared. *Canadian Psychological Review*, *16*, 44–48.

Levine, T.R., & Hullett, C.R. (2002). Eta squared, partial eta squared, and misreporting of effect size in communication research. *Human Communication Research*, *28*, 612–625.

Loftus, G.R. (1996). Psychology will be a much better science when we change the way we analyze data. *Current Directions in Psychological Science*, *5*, 161–170.

Mann, H.B., & Whitney, D.R. (1947). On a test of whether one of two random variables is stochastically larger than the other. *Annals of Mathematical Statistics*, *18*, 50–60.

Matsumoto, D., Grissom, R., & Dinnel, D. (2001). Do between – culture differences really mean that people are different? A look at some measures of cultural effect size. *Journal of Cross–Cultural Psychology*, *32*, 478–490.

Matsumoto, D., Takeuchi, S., Andayani, S., Kouznetsova, N., & Krupp, D. (1998). The contribution of in-dividualism–collectivism to cross–national differences in display rules. *Asian Journal of Social Psychology*, *1*, 147–165.

Matsumoto, D., Yoo, S. H., Fontaine, J., Anguas – Wong, A. M., Arriola, M., Ataca, B., Bond, M. H., Boratav, H. B., Breugelmans, S. M., Cabecinhas, R., Chae, J., Chin, W. H., Comunian, A. L., DeGere, D. N., Djunaidi, A., Fok, H. K., Friedlmeier, W., Ghosh, A., Glamcevski, M., Granskaya, J. V., Groenvynck, H., Harb, C., Haron, F., Joshi, R., Kakai, H., Kashima, E., Khan, W., Kurman, J., Kwantes, C.T., Mahmud, S.H., Mandaric, M., Nizharadze, G., Odusanya, J.O.T., Ostrosky–Solis, F., Palaniappan, A.K., Papastylianou, D., Safdar, S., Setiono, K., Shigemasu, E., Singelis, T.M., Iva, P.S., Spieb, E., Sterkowicz, S., Sunar, D., Szarota, P., Vishnivetz, B., Vohra, N., Ward, C., Wong, S., Wu, R., Zebian, S., Zengeya, A. (2008). Mapping expressive differences around the world: The relationship between emotional display rules and Individualism v. Collectivism. *Journal of Cross–Cultural Psychology*, *39*, 55–74.

Matsumoto, D., Yoo, S.H., Hirayama, S., & Petrova, G. (2005). Validation of an individual–level measure of display rules: The Display Rule Assessment Inventory (DRAI). *Emotion*, *5*, 23–40.

Maxwell, S.E., Camp, C.C., & Arvey, R.D. (1981). Measures of strength of association: A comparative examination. *Journal of Applied Psychology*, *66*, 525–534.

McGraw, K.O., & Wong, S.P. (1992). A common language effect size statistic. *Psychological Bulletin*, *111*, 361–365.

Poortinga, Y.H., Van de Vijver, F.J.R., Joe, R.C., & Van de Koppel, J.M.H. (1987). Peeling the onion called culture: A synopsis. In C. Kagitcibasi (Ed.), *Growth and progress in cross – cultural psychology* (pp. 22–34). Berwyn, PA: Swets North America.

Rosenthal, R. (1991). *Meta–analytic procedures for social research*. Newbury Park, CA: Sage.

Rosenthal, R., Rosnow, R.L., & Rubin, D.B. (2000). *Contrasts and effect sizes in behavioral research: A correlational approach*. Cambridge: Cambridge University Press.

Rosenthal, R., & Rubin, D.B. (1982). A simple, general purpose display of magnitude of experimental effect. *Journal of Educational Psychology*, *74*, 166–169.

Rosenthal, R., & Rubin, D. B. (1994). The counternull value of an effect size: A new statistic. *Psychological Science*, *5*, 329–334.

Saarni, C. (1979). Children's understanding of display rules for expressive behavior. *Developmental Psychology*, *15*, 424–429.

Saarni, C. (1988). Children's understanding of the interpersonal consequences of nonverbal emotional-expressive behavior. *Journal of Nonverbal Behavior*, *3-4*, 275-295.

Shrout, P.E. (1997). Should significance tests be banned? Introduction to a special section exploring the pros and cons. *Psychological Science*, *8*, 1-2.

Staudte, R.G., & Sheather, S.J. (1990). *Robust estimation and testing*. New York: Wiley.

Van deVijver, F. J. R., & Leung, K. (1997). *Methods and data analysis for cross-cultural research*. Newbury Park, CA: Sage.

Wilcox, R.R. (1997). *Introduction to robust estimation and hypothesis testing*. San Diego, CA: Academic Press.

Wilcox, R.R. (1998). How many discoveries have been lost by ignoring modern statistical methods? *American Psychologist*, *53*, 300-314.

Wilcox, R.R. (2001). *Fundamentals of modern statistical methods: Substantially improving power and accuracy*. New York: Springer-Verlag.

Wilcox, R.R. (2003). *Applying contemporary statistical techniques*. San Diego, CA: Academic Press.

Wilcoxon, F. (1945). Individual comparisons by ranking methods. *Biometrics*, *1*, 80-83.

Wilkinson, L., and the Task Force on Statistical Inference, APA Board of Scientific Affairs. (1999). Statistical methods in psychology journals: Guidelines and explanations. *American Psychologist*, *54*, 594-604.

第十章 考察个体水平和文化水平内部 结构间同构的数据分析方法

Johnny R. J. Fontaine, Ronald Fischer

在跨文化心理研究中,标准惯例就是把心理学研究工具应用到不同的文化群体,并在工具的尺度上定量地对不同的文化群体进行比较。这样的跨文化比较可能令人误解的原因有三个:构念的文化特异性、方法偏差的扭曲效应(the distorting effects)和不能把个体水平的构念概括到文化水平上。

根据文化相对论者的观点,心理特征和过程是由赋予它们意义的文化系统建构的(e.g., Miller, 1997)。这就意味着对文化群体进行定量比较是毫无意义的,因为这就等同于把苹果和桔子进行比较。例如,人们一直声称 amae① 不仅是一个很难翻译的日本情绪术语,而且还是一种日本特有的情绪过程(e.g., Doi, 1971)。因为这个情绪过程与日本文化联系密切,那么比较两个文化群体的甘元特点就是毫无意义的。

对具体项目会产生影响的方法偏差(如由于翻译错误造成的方法偏差),或者可能会对整个调查工具产生影响的方法偏差(如由于文化不同而造成的反应风格上的差异)是人们普遍认可的第二个可能会使跨文化比较被人误解的原因。迄今为止这些偏差一直在传统的偏差和等值范围内被广泛地探讨着(e.g., Fontaine, 2005; Poortinga, 1989; van de Vijver & Leung, 1997a, 1997b)。例如,测验内容、翻译错误、反应风格、不熟悉测验程序等问题会造成构念方面的低代表性。这些方法偏差违背了结构的、度量的和满分的等等值的条件。它们扭曲了文化群体间定量比较的意义(请看第二章)。

但是,扭曲跨文化比较还有第三个原因,即用来描述个体的心理构念并不构成有意义的文化群体特征。当人们在心理学量表的基础上进行跨文化比较时,就发生了从个体水平到文化水平的概念转换。在各文化群体内部,一个心理学工具评估的是个体特征。当在各文化群体之间对心理学量表的平均成绩进行比较时,这些平均成绩就成为

---

① 译者注:"甘え"(amae)是日语特有的一个词汇,它的大体含义是指一种类似儿童对母亲撒娇的特殊的依赖感情或行为。日本学者土居健郎认为"amae"是日本文化心理最突出的特点。这种心理普遍反映在日本人的人际关系的各个方面,如在家里孩子对母亲的依赖、在公司下级对上司的依赖、学校里学生对老师以及低年级学生对高生的依赖,正常状态下,日本文化中的上下级关系等级森严,近似不可逾越;但在私下场合,上级可以允许下级用某种放浪形骸的方式来宣泄长期被上级压制的心理压力。

那些文化群体的特性。例如,当在一个文化群体内使用大五人格测量工具时,成绩指的是个体特征。当比较各文化群体的大五人格特质的平均分时,这些特质就被当作文化群体的特征。于是就假定各文化群体在外向性、神经质、尽责性(conscientiousness)、宜人性和开放性上是有差异的(e.g.,McCrae & Terracciano,2008)。

现在的问题是把个体水平的特征归属于文化群体可能是不合理的。当从个体水平转向文化水平时,心理评估的意义会发生戏剧性的变化。Schwartz(e.g.,1992,1994,2006)的跨文化价值观研究就是一个典型的例子。他一直对个体水平和文化水平的价值观进行研究。在个体水平上,他证实了价值领域可以被10个价值观类型来代表,这10个价值观类型(半)圆形地排列成一个二维的几何图形中。自我超越(self-transcendent)(仁慈、普遍主义)与自我提升(权力、成就)的价值观相对立,以及对改变持开放的(自我定向和激励)与保守的(安全、遵从、传统)价值观相对立,这些对立代表了个体水平上的两个主要价值观的冲突。当把每个国家的价值观分数平均后,再考察文化水平的价值观结构时,他观察到了一个不一样的结构。在文化水平上,他围绕着三个文化水平的冲突确定了7个文化水平的价值观类型:支配 VS 和谐、自主 VS 嵌入性,以及等级制度 VS 平等主义。价值观项目在个体水平和文化水平之间观察到的最显著的差异是"谦虚"和"社会权利"。在个体水平上,这两个价值观项目是不相关的,或者甚至是负相关的。争取社会权利的个体通常不看重谦虚,反之亦然,谦虚的个体通常不看重社会权力。因此,在个体水平上,这两个价值观项目反映了两类价值观:分别是权利和传统。而在文化水平上,Schwartz观察到"社会权利"的平均分和"谦虚"的平均分是正相关的。而且,它们表征在文化水平价值观结构的相同区域内。根据 Schwartz 的观点(1994),文化水平上的"社会权利"和"谦虚"的这些项目表明了文化体系对等级制度重视的程度。在等级制的文化中,不平等的权利等级分配(社会权利)的重要性和尊重这些等级结构(谦虚)的重要性都被逐渐灌输给他们的成员。因为 Schwartz 注意到与文化水平的价值观领域相比较,个人水平的价值观领域的结构有所不同,因此,根据个体水平的价值观量表来对各文化群体进行比较是不合理的。反过来也是一样,根据文化水平的价值观量表来比较文化群体内的个体也是不合理的。因为两个水平上的价值观领域的结构是不同的,这样的比较是误导性的。

总的来说,要证明心理学量表的结构和解释合理的一个必要的途径是调查那些量表的内部结构①(e.g.,Messick,1989)。当一个工具应用于一个人类样本时,可以计算这个工具项目之间的关联。问题是所观测的关联能否被预期的潜在维度所代表或解释,以及代表和解释的程度如何。一个工具的内部结构包括这些潜在维度,以及它们与

---

① 其他重要的来源是证明工具内容上对要测量概念领域的相关性和代表性(这在每个要使用该工具的文化群体中必须加以证明),以及证明与其他构念和应用标准的以前的、当前的以及以后的关系的预测网络(e.g.,Messick,1989)。

工具各项目的关系构成。一个工具要有效,项目必须与它们想要测量的维度有重要的关联,并且不能与其他它们不打算测量的维度有关系。例如,所有考查外向性的人格题项都应该互为正相关,并且都应该负荷在外向性因子上。而且,它们不应该负荷在其他四个人格因子上。预期的内部结构代表的项目间观测到的关联越好,越证明了工具的效度。

本章讨论的是对个体水平和文化水平分析之间的内部结构的可比性和非可比性进行考察的问题。首先,要求所呈现的研究设计是调查两个水平上的内部结构。其次,讨论用来指称个体水平和文化水平的分析之间可比性的术语。随后,提出跨文化心理学中内部结构可比性的三种典型情况。然后,介绍证明可比性合理的逐步数据分析方法。最后,通过文献中的三个例子来演示逐步数据分析方法。

多层次研究设计

尽管 Hofstede 在他开创性的作品《文化的重要地位》(*Culture's Consequences*)一书中提出,个体水平和文化水平的分析应该按照不同的原则加以区分和组织,但是,人们仍然对跨文化心理学方法中这两个分析水平之间可能存在的意义转换缺乏关注(然而 Leung 和 Bond 1989 年的研究是个例外)。最重要的原因大概是由于跨文化心理学常用的研究设计导致的。文化多半被当做固定设计因素(fixed design factor)来对待。这意味着人们只是有目地地选择出两个或少数几个文化群体进行研究,并与另一个文化进行比较。这样的研究设计不可能考察文化水平上的内部结构。因为文化群体太少(通常只有两个),并且各文化群体不是随机选取的。这就意味着不可能把区分各特定文化群体的变异来源概括到文化群体的总体中。正如不可能通过研究两个或少量的特定个人来探究人格特质的结构一样,文化水平的结构也不能通过研究两个或少量的特定文化群体来确定。

在一个多层次研究设计中,文化水平的结构只能与个体水平的结构进行比较来进行识别。这样的研究设计至少有四个基本特征(e.g., Goldstein, 2003; Hox, 2002, Raudenbush & Bryk, 2002)。首先,要先验地区别分析的不同水平,诸如课堂和学生、个体和情绪事件、文化群体和个人。第二,把这些不同的分析水平分等级排序;例如,学生是嵌套在课堂中的,情绪事件是嵌套在个体中的,个体是嵌套在文化群体中的。第三,采用多级抽样(a multistage sampling)程序,在多级抽样法的每一级,每个单位的随机样本是从上一级中抽取出来的。例如,先抽取一个班级的随机样本,然后在这些班级内抽取一个学生的随机样本;或者先抽一个个体的随机样本,然后从那些个体中抽取一个他们经历过的情绪事件的随机样本;或者抽取一个文化群体的随机样本,然后从这些文化群体中再抽取一个个体的随机样本。最后,对每个水平进行分析。例如,在课堂和学生水平上,或者在个人和情绪事件水平上,或者在文化和个体水平上,来考察各关系。第四个特征是多级抽样程序具有一个特别的结果。在分等级排序的分析水平之间各变量中的关联在统计上是独立的、没有关联的。因此,可以把总的方差—协方差矩阵分解成个体水平的(集中在文化内的)和文化水平(文化间的)的方差—协方差矩阵(Muthén,1994)。① 从统计上来说,在一个分析水平上观测的关联并不限制在另一个分析水平上可能观测的关联。因此,只有在多层级研究设计中,研究者才能够独立于个体水平的内部结构来对文化水平的内部结构进行考察。

在人们能够广泛地获得信息和交流技术之前,这些多层级设计还很难应用于跨文化心理学中,因此它们是很不一般的研究设计。但是如今,人们很容易就能获得这些技术,处理文化群体随机抽样的数据库的数目迅速增加。因此,采用实证的方法考察个体水平和文化水平上的内部结构是否具有可比性就越来越可行了。

内部结构同构

人们提出不同的术语来描述个体水平的关联和文化水平的关联是否是相似的,以及相似的程度,诸如同构(isomorphism)(e.g.,Bliese,Chan,& Ployhart,2007)、异体同形(homology)(e.g.,Chen,Bliese,& Mathieu,2005)和构形的(configural)、度量的(metric)、标量的(scalar)相似性(e.g.,Widaman,2000)等等。这章所用的术语是以 van de Vijver 等人(van de Vijver,van Hemert,and Poortinga,2008)编写的跨文化心理学多层次分析的书中引言章节中提到的术语为基础。他们提出同构概念来表示在个体水平和文化水平上共享相同的、无变化的的关系的现象。这意味着构念在两个分析水平上具有相同的含义。那么非同构是指两个水平没有共享相同的、无变化的关系的现象。与个体分析水平相比较,文化分析水平上的现象非常有必要用其他的构念来说明。

在本章中,讨论的焦点只是集中在一种多层次现象:即考察相同构念的测量指标之间的关联。问题就是是否能在文化和个体水平上观测到那些相同构念的测量指标之间同样无变化的关系。更明确的问题是:一个可以加以比较的内部结构是否能够代表两个分析水平上的这些关系。因此,内部结构同构(*internal structure isomorphism*)这个术语是用来表示两个分析水平上的变量(或测量指标)和潜在维度(或因素)之间存在着相同重要的关系。例如,如果相同的大五人格因素在个体和文化水平上都表现出负荷到各自因素上的内容相同,那么就属于内部结构同构(McCrae & Terracciano,2005)。

我们可能要注意的是内部结构同构和内部结构等值这两个概念是类似的。这两个

---

① 对于总体方差—协方差矩阵和样本方差—协方差矩阵都可以这样。合并在文化内的样本方差—协方差矩阵是合并在文化内的总体方差—协方差矩阵的无偏估计。然而,文化间样本的方差—协方差矩阵则是总体个体水平(合并在文化内的)和总体文化水平(文化间的)两个方差—协方差矩阵的线性组合。

概念都意味着内部结构的相似性或可比性(comparability),意思就是观测到各变量和潜在维度[验证性因素分析(CFA)中的术语,构形恒定性(configural invariance)]之间具有类似的、重要的关联。但是,要比较什么,这两个概念是有差异的。内部结构等值这个概念是比较各文化群体之间的个体水平的内部结构。例如,把大五人格问卷应用于不同的文化群体,考察每个文化群体中是否能用相同的五因素结构来解释人格项目上的反应模式(McCrae,Zonderman,Costa,Bond,& Paunonen,1996)。如果在每个文化群体中出现了相同的五个因素,那么就存在内部结构等值。采用内部结构等值这个概念,分析单位总是个体。而在内部结构同构这个概念中,要把"平均的"个体水平的内部结构与文化水平的内部结构进行比较。因此,采用内部结构同构这个概念时,分析单位从个体变成了文化群体。

对于研究者来说,注意到有关内部结构等值和内部结构同构的问题是等级相关的非常重要。要对各文化群体进行比较的话,内部结构等值是个必要非充分的条件。内部结构等值意味着相同的潜在维度说明了每个文化群体内所观测到的关联(结构等值在第七章中进行了讨论)。缺乏内部结构等值可能表明存在方法偏差(如社会赞许性反应的不同影响),或者表明存在心理构念的文化特异性(从相对论的观点出发,研究所预期的是什么)。无论是什么样的解释,如果内部结构在每个文化群体之间不等值,那么要对各文化群体进行任何进一步的直接比较都可能是不合理的。这就等于大家都知道的把苹果和桔子进行比较一样。但是,如果证明了内部结构等值,这并不一定意味着对各文化群体可以直接进行比较。要比较各文化群体,必须另外证明相同的内部结构既适用于文化水平又适用于个体水平。例如,只有用相同的大五人格维度说明了所调查的每个文化群体内人格项目之间的关联,这才证明了考察人格项目上的定量文化差异是合理的。

跨文化视野下内部结构的三种典型情况

因为内部结构等值和内部结构同构等问题是按等级排列的,所以可以为跨文化视野下的内部结构确认三种典型情况(Fontaine,2008):(a)不存在内部结构等值和内部结构同构,(b)内部结构等值而没有内部结构同构,(c)内部结构等值和内部结构同构都存在。

第一种情况:不存在内部结构等值和同构。正如前面已经提到的,根据相对论的观点,这种情况是意料之中的。这意味着一个心理学调查工具的个体水平上的内部结构在不同的文化群体之间不具有可比性。因此,在每个文化群体内部这个工具测量的不是相同的心理概念。直接把各文化群体与另一个文化群体进行比较是没有意义的。那么必须把这个工具分别在每个文化群体内部进行进一步的研究。我们可以考察这个工具是如何被产生它的特定文化情境塑造的,以及哪些方法因素可能使得这个工具的内部结构出现了偏差。

第二种情况:内部结构等值和内部结构不同构。内部结构等值是在个体水平上进行考察的,这是确保所涉及的每个不同文化群体有效地使用调查工具的一个关键条件。但是,平均的个体水平的结构和文化水平的结构是不一样的。文化水平的结构是按照与个体水平不同的原则来组织的。在这种情况下,评估工具可以在每个文化群体内有效地加以运用。但是,因为不存在内部结构同构,个体水平的心理构念就不能用来描述文化差异(反之亦然)。在文化水平上,需要用不同的构念和量表。Schwartz 分别提出的个体水平的价值观量表(e.g.,Schwartz,1992)和文化水平的价值观量表(Schwartz,1994)就是这种情况。

在此应该注意的是内部结构等值和内部结构非同构对考察满分等值有影响。内部结构非同构在逻辑上不包括满分等值,因为内部结构非同构意味着文化变异不能由个体水平的潜在维度来解释。因此,项目得分更高或更低,与个体水平维度上的个体立场无关。

第三种情况:内部结构等值和内部结构同构。在第三种情况中,调查工具对相同的构念在个体水平和文化水平上都进行了测量。在每个文化群体内部,都测量了相同的构念,并且文化水平的变异也根据相同的构念来构成。

同构并不一定意味着工具的满分等值性,注意到这点非常重要。很有可能存在项目含义的随机变动,而这些随机变动会引起一致的或不一致的偏差(或两者都有)。但是,如果这些变动是随机的,那么它们就并不一定影响文化水平上项目之间关联的模式。当采用一个测量模型来分析内部结构等值和内部结构同构时,这些随机变动就会成为文化水平误差项的一部分。因此,对满分等值的考察是内部结构等值和内部结构同构情况的一个特例。

考察内部结构等值和内部结构同构的逐步方法

为了说明工具的内部结构我们区分出三种典型情况的概念框架,根据这个概念框架,我们介绍一种逐步数据分析方法来分析由多层次研究设计收集到的数据。因此,这个多层次设计首先抽取一个随机的文化群体样本,然后在每个文化群体中随机选取一个被试样本。正如在第七章中对内部结构等值的讨论一样,在文献中,考察研究工具的内部结构经常采用四种数据分析的方法,即多维等级法(multidimensional scaling,MDS)、主成分分析(principal component analysis,PCA)、探索性因素分析(exploratory factor analysis,EFA)和验证性因素分析(confirmatory factor analysis,CFA)。在第七章中,关于内部结构等值,介绍了如何用这些方法来考察两个或几个文化群体间的个体水平的内部结构等值。本章的内容更是建立在第七章内容的基础之上。关于对这些方法之间的差异和相似性的介绍，以及如何用它们来考察内部结构的相似性，请读者参阅第七章的内容。在此，我们介绍在一个多层次研究设计中，如何用这些方法来考察个体水平上的内部结构等值，以及个体水平和文化水平之间的内部结构同构。

根据我们提出的，以及 Muthén(1994)、van de Vijver 和 Poortinga)(2002)在他们的研究中提出的概念模型，我们提出的逐步方法可以用于四种数据分析方法中的每一种。这并不意味着逐步方法必须以一种严格的方式来使用。根据这个逐步数据分析方法，还有其他既详实又适当的、可以替代的方法。逐步方法是围绕着两个基本步骤来组织的，第一步是考察内部结构等值，第二步是考察内部结构同构。[①] 以下将详细介绍这两个步骤。

第一步：考察内部结构等值

从概念上来说，在一个有目的地选择两个或几个文化群体的固定效应设计中（见第七章），内部结构等值的考察类似于随机抽取文化群体的多层次设计中对内部结构等值的考察。两者的主要差异在于选择的参照点不同。在固定效应的设计中，把一个文化群体当作参照点是非常合理的。跨文化研究经常是在一个文化群体中开始的，并且提出该文化群体与其他文化群体存在差异的特定假设。在一个随机效应的设计中，没有任何参照群体，因为各文化群体是被随机选取的。而且，任意选取一个参照群体可能导致低估内部结构等值。非常有可能任意选取的参照群体产生一个异常的案例。合理的解决办法是把每个文化群体都当作一个参照点来对待，并且成对地考察结构等值。但是，如果有很多个文化群体，这会因为大量的两两比较而导致机会资本化(chance capitalization)。[②] 这个方法很可能由此确定了不存在的差异。由选取一个参照文化或者考虑所有两两比较所引起的问题，可以根据项目间的平均相关计算一个跨所有文化群体的内部结构加以避免。然后这个结构可以作为所有比较的参照点来使用。

实际上，第一步可以归纳为三个分步骤：计算平均关联矩阵，确定平均内部结构，把

---

① 开始分析内部结构等值之前，文献一直建议要以探索的方式对所有个体和文化群体间的总相关矩阵进行分析(Cheung & Au,2005；Muthén,1994；van de Vijver & Poortinga,2002)。但是，我们再次建议这样做。一方面，如果存在内部结构同构，这一过程的验证力就没有了。因为个体和文化水平在统计上是独立的，对于文化水平的结构来说，一般个体水平的结构可以当做参照的独立点来用。这就意味着可以把内部结构同构的考察看作是一个验证的过程。但是如果是第一次考察总结构，那么个体水平与文化水平结构的比较在第一次对总体相关矩阵分析的结果上就是统计上独立的。另一方面，如果这两个水平没有证明同构，那么总体结构可能就很难做出解释。那么总体结构的分析就阻碍了而不是有利于两个水平上不同的解释力度。

② 例如，有 20 个文化群体的话，这种方法就要一共进行 190 次内部结构比较，如果有 40 个文化群体的话，就要进行 780 次内部结构比较。

每个文化群体的内部结构与平均内部结构进行比较(请见图10.1,这个过程的图解表示)。

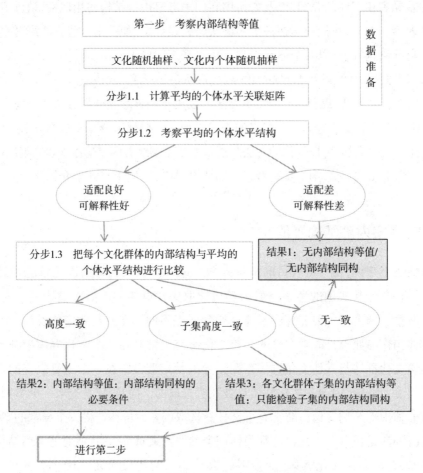

图 10.1　步骤一　考察内部结构等值

分步 1.1.计算平均的个体水平关联矩阵

如果数据包括人们对被视为定距数据(interval-level data)的一组项目进行的等级评定,那么"平均"关联矩阵最好可以计算为合并的(the pooled-within)相关矩阵或协方差矩阵。这个合并的相关矩阵或协方差矩阵要考虑不同文化群体的样本量。而且,它分别产生总体个体水平上的相关和方差—协方差矩阵的无偏估计值(e.g.,Muthén,1994,Hox,2002)。合并的方差—协方差矩阵可以用主要的统计软件包如 SAS 和 SPSS 很容易地计算(如请见 Box10.1,在 SPSS 中用判别函数(discriminant function)计算合并的相关或协方差矩阵)。

对于 MDS 来说,必须把合并的相关矩阵转换成相异性矩阵(dissimilarity matrix)。例如,可以把相关转换成标准化变异之间的平均欧几里得距离(average Euclidean distances)($d_{ij}=\sqrt{2-2r_{ij}}$)。如果数据不能在间隔水平上进行处理,即非定距数据,那么就要进行一系列按文化分组计算并平均的其他相异性测量(请见 Borg & Groenen 的研究, 2005)。PCA 和 EFA 是在合并的相关矩阵中运行的。CFA 是在合并的方差—协方差矩阵中运算的,观察值的数目等于 N-G(观察值的总数减去文化群体的数目)。

Box10.1　计算个体水平的(合并的)相关和协方差矩阵

> 想用 SPSS 获得合并的相关和协方差矩阵,可以用"分类"选项下(在"分析"的下拉菜单中)的差异分析法。必须指定组成员(包括可能的取值范围),并且所有感兴趣的变量都必须转移到自变量栏。在"统计量"菜单中矩阵函数给出了许多选项,需要勾选组内相关矩阵或组内协方差矩阵。在输出文档中将显示合并的相关矩阵或协方差矩阵的结果,并且用作因素分析语法表述的一个输入语法。

分步 1.2.平均的个体水平结构的考察

为了能够区分开假设的内部结构效度缺乏和内部结构等值缺乏,考察平均内部结构是非常重要的。因为世界范围内进行的跨文化研究都是在一个或少数几个已经有支持的理论和量表结构的文化群体内进行的大量研究,所以通常对"平均"内部结构有了明确的假设。采用 MDS,可以运用广义普氏分析法(generalized Procrustes analysis, GPA,请见第七章)来考察与先验预期结构的一致性。运用 PCA 和 EFA,可以对先验预期的结构进行正交普氏旋转。CFA 的核心特点是它的验证本质。因此必须先指定一个先验预期的结构来进行分析。这意味着通常考察的是"平均"结构如何很好地验证了先验的理论预期和以前的研究结果(e.g.,Leung & Bond,2004)。也有可能以探索的方式考察平均内部结构。不管采用哪种方法,平均内部结构都应该拟合很好,并且能很好地解释。只有这样内部结构才可以用作参照点来考察步骤一中的内部结构等值和步骤二中的内部结构同构。如果确定内部结构拟合不好并且不能很好地解释,这个过程就终止。那么,就缺乏了个体水平上测量工具"平均"效度的核心证据。这意味着对内部结构的分析和进一步的探索就不得不在每个文化群体内部独立地进行。

分步 1.3.比较每个文化群体的内部结构与平均的个体水平结构

如果平均结构拟合得很好,并且能够做出有意义的解释,就可以考察每个特定文化群体的个体水平结构和平均的个体水平结构之间的内部结构等值。

对于 MDS 来说,以平均内部结构为目标的每个文化群体都可以运用 GPA(Barrett, 2005),在 MDS 中一个替代的方法是运用 Commandeur(1991)编制的 GPA 程序。这个程序首先计算包括所有样本的质心结构(centroid structure),然后旋转、翻转、缩小或放大样本特定的结构,并且对其进行换位调整使其最大限度地与质心结构相一致。在这个方法中,分步 1.1 和 1.2 是多余的。质心结构的作用是充当参照点。[1]

---

[1] 还有另外一种方法是运用重复的 MDS(RMDS)。运用 RMDS 来直接计算最大限度地与观察到的每个群体的差异相适配的一致的构形(e.g.,Fontaine,2003)。

对每个文化样本的相关矩阵执行 PCA 或 EFA,每个文化样本的因子数与建立平均因子结构的因子数目相同。然后,这些特定样本的内部结构经过正交普氏旋转成平均内部结构。这在概念上与第七章中概述的两两比较相似,并且采用的步骤也相同。

如果采用 CFA,情况有些更复杂。在一个典型的多层次设计中,文化群体太多①就要采用多群组 CFA 来考察个体水平上的内部结构。一种可能的做法是分别为每个文化群体检验与平均的个体水平关联矩阵相拟合的模型。另一个策略是把总样本分成不同的子样本,然后用多群组 CFA 检验每个子样本的内部结构等值(Selig,Card,& Little,2008)。还有另一个属于 CFA 框架的策略,就是跨文化群体的相关矩阵齐性(homogeneity)检验(Cheung &Au,2005)。如果文化群体之间存在相关矩阵齐性,那也就意味着相同的构念可以解释观测到的与这些指示之间的相互关系。

在步骤 1 的最后,有三种可能的结果。第一种可能的结果是平均结构不具有很好的可解释性,或者在各文化群体之间存在许多结构差异(或者两者兼有)。这些研究结果可能既有方法上的原因(如工具偏差)也有实质性的原因[如文化建构(cultural construction)等]。无论如何,都妨碍了进一步进行定量的跨文化比较。就默认为不存在任何的内部结构同构。这与前面图 10.1 中讨论过的结果 1 相符合。第二种可能的结果是对包括的所有文化群体都观测到了内部结构等值;那么就满足了考察内部结构同构的必要条件。如果内部结构不等值,研究者(Welkenhuysen-Gybels,Van deVijver & Cambre,2007;Cheung & Chan,2005)建议的策略是找到共用等值的内部结构的文化群体子集。一个中间结果是只观测到文化群体子集或项目子集的内部结构等值。

正如前面讨论的,内部结构同构并不一定意味着满分等值。如果分析目的是对特定的文化群体进行比较,或者是对来自特定文化群体的个体进行比较,那么就必须进一步考察那些群体的度量和满分等值。

第二步:内部结构同构的考察

第二步关注的是个体水平和文化水平之间内部结构的可比性。第二步可以分解成三个具体的分步骤:(a)估计文化变异的大小,(b)计算文化水平的关联矩阵,(c)计算并比较文化水平的结构与个体水平的结构(见图 10.2,这些步骤的概览)。

分步骤2.1 文化水平变异性(Variability)的估计

发现一个文化水平结构的必要条件是各文化群体之间的这些指标实质上是不同的。只有有足够的跨文化变异,考察这个变异是如何构成的才有意义。文化间变异的

---

① 有研究者(Selig,Card,& Little,2008)建议如果研究包括 20 个或更多的文化群体,就采用多层次 CFA 方法。应用多层方法所要求的文化群体的数目一直是个争论的问题。有模拟研究指出在最高层次上需要至少 100 个分析单位(Hox & Maas,2001)。

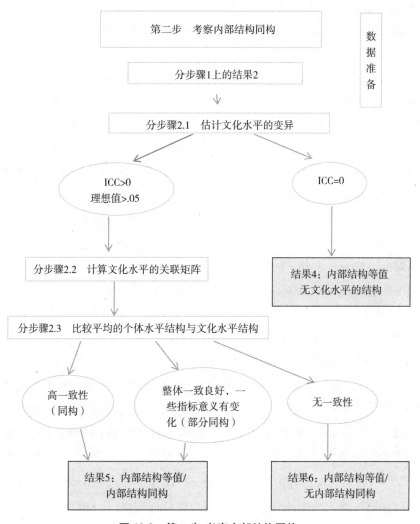

图 10.2　第二步 考察内部结构同构

大小可以通过组内相关（intraclass correlations）（ICC［1］）来计算。例如,把文化群体当作一个随机变量进行单因素方差分析（ANOVA）（e.g.,van de Vijver & Poortinga,2002）,或者在 HLM 或 Mplus 中运算一个随机系数模型（random coefficient model）。[1] 一般来说,人们一直建议文化应该至少解释一个指标的 5%（e.g.,Muthen,1994;van de Vijver & Poortinga,2002）。如果组内相关是 0 或者接近 0,这就意味着并不存在一个更高的水平

————————

　　① 被估计的方差成分中可能有些不同。HLM 和 Mplus 中采用的随机系数模型把负的组内方差设置为 0,但是这些负的组内方差值在随机效应单因素方差分析的计算中则是可以的。因此,ICC 的取值范围在 ANOVA 模型中是-1 到 1,而在随机系数模型中是 0-1。根据作者的经验,大多数跨文化数据集中的差异都很小。例如,对超过 70 个国家的学生和教师样本进行施瓦茨价值观调查时,通过 ANOVA 和 HLM 方法获得的其中 57 个样本的价值观的 ICC 值之间的相关是 0.98。想更详细地了解负 ICC（1）系数请参阅 Bliese（2000）的研究。

或层次,所有的数据并不能当作来自同一个总体来进行分析。因此,如果在各指标上没有文化差异,那么内部结构同构的问题就成为毫不相干的问题了。

分步骤 2.2　计算文化水平的关联矩阵

基于每个文化群体的项目平均成绩计算文化水平的关联矩阵是惯例(e.g.,Bond et al.,2004;Schwartz,1994)。这个惯例可能是有问题的,有两个原因。第一,项目的平均成绩是以来自每个文化群体的一个样本为基础的。项目平均成绩所包含的信息不仅有关于文化群体的,而且还有关于包括在样本内的特定个体的。因此它们既包括了文化水平的信息也包括了个体水平的信息。然而,每个文化群体的样本量越大,个体水平的变异对项目平均成绩的影响越有限。因为在跨文化心理研究中,每个文化群体有 100 个被试或更多被试的样本量是很常见的,所以个体水平的变异产生的偏差是有限的。第二,通过采用项目平均成绩,每个文化群体都被相等地加权。这只在每个文化群体的样本量相同的平衡设计中是足够了。对于不平衡设计来说,文化水平的关联矩阵可以根据解集平均数(geometrical representation)来计算[①](Hox,2002)。

对于 MDS 来说,相异性矩阵可以被计算为文化水平上的标准化平均分之间的欧几米德距离(或者通过任何其他的包含各项目间关联的序列信息的相异性测量)。对于 EFA 或者 PCA 来说,相关矩阵可以根据每个文化群体的平均项目成绩进行计算(如果是一个平衡设计的话)或者根据解集平均数来计算(如果是个不平衡设计的话)。对于 CFA 来说,是计算一个文化水平上的比例方差—协方差矩阵(*scaled variance-covariance matrix*)[②]。就一个平衡设计来说,可以通过基于解集平均数的大统计包来计算这个比例方差—协方差矩阵。首先,计算相关。然后计算标准差。这些标准差乘以 $\sqrt{(N-1/G-1)}$ 对其进行校正(N 是总样本量,G 是文化群体的数量)。比例方差—协方差矩阵的另一种可能的计算方法是采用免费软件程序,如 SPLIT2(Hox,1994)。还有结构方程模型的主要程序,如 LISREL、EQS 和 Mplus,都可以产生比例方差—协方差矩阵。

分步骤 2.3　比较平均的个体水平结构与文化水平结构

在最后一步,内部结构是根据文化水平的关联矩阵来计算的,并且和平均的个体水平内部结构进行比较。可以采用第七章所讨论的相似的程序来确定结构的相似性。

在 MDS 中,几何表示法可以用和个体水平结构一样的维度来计算。采用 GPA,可以考察个体水平的结构和文化水平的结构之间的一致性。

采用 EFA 或者 PCA 的话,采用和个体水平一样的因子数目来计算因子结构。那么就把文化水平的因子结构正交普氏旋转到个体水平的结构。

---

① 这意味着每个个体的每个成绩都用样本特定平均数来取代。
② 比例方差—协方差矩阵是基于文化群体样本量的加权的方差—协方差矩阵。

采用 CFA 的话,把个体水平看做是一个群组,把文化水平看做是另一个群组,进行多群组 CFA 运算(multigroup CFA)。然后,在多群组 CFA 中,检验相同的因子模式(构形恒定性,configural invariance)是否适用于两个分析水平。

不论是在 PCA 或 EFA 领域内,还是在 CFA 领域内,开发的数学模型和统计软件都允许在个体水平和文化水平上联合考察结构。采用这些方法,不需要分别计算个体水平和文化水平的关联矩阵。已经研发了在一个模型内既能计算个体水平的结构又能计算文化水平的结构的多层次主成分模型(MLCA)(Timmerman,2006)。采用这种新的模型,不用必须分别计算个体和文化水平的相关矩阵。Kuppens 等人(Kuppens,Ceulemans,Timmerman,Diener,& Kim-Prieto,2006)用 MLCA 证明了在个体和文化水平上都可以确定积极和消极两个维度的影响。而且,采用最新版本的主要 SEM 程序,如 LIS-REL、EQS 和 Mplus,不再需要分别计算个体水平(合并内的)和比例的文化水平(scaled cultural-level)(之间)的方差—协方差矩阵,然后运行多群组 CFA。它们可以联合检验个体水平和文化水平的模型。与在此提到的软件相比,这些软件的发展为建构多层次模型提供了其他的策略(请见 Selig,Card,& Little,2008)。

这个研究过程有三种可能的结果:非同构、同构和部分同构。如果结构是有差异的(个体和文化水平之间内部结构相似性的估计不满足先验的特定的一致性或拟合标准),那么就是非同构。非同构对跨文化研究具有深远的影响。它意味着在个体水平的构念上比较各文化群体是没有意义的。它还表示通过统计检验这些文化群体的个体之间的平均差异来考察特定文化群体之间的差异性是没有意义的。它还意味着这两个水平都必须在各自的方面进行研究。如果这两个水平上的结构是一致的,那么就是存在同构:心理构念在个体和文化水平上都适用。也可能一些指标在个体水平上适用,但在文化水平上不适用(或者反之亦然),那么就是部分同构。这意味着潜在维度在两个水平上是相同的,但是个别指标在意义上有变化。一旦存在部分同构,相同的构念和(可能是简化的)量表就可以在个体和文化两个水平上使用了。

无论如何,内部结构同构并没有证明在个体水平的因子上各特定文化群体的可比性是合理的。文化水平的结构等值并不排斥在文化水平上出现随机测量误差。这些文化水平上随机测量误差(例如,由于翻译词汇表达的强度的微小变化)将会造成各文化群体内个体成绩的系统偏差和特定文化群体之间比较的系统偏差。因此,即使观测到了文化水平的和个体水平的结构之间的高一致性,在个体水平上核查度量和满分等值对于比较各特定文化群体仍然是必不可少的。

研究文献中的三个例证

为了举例说明本章中提到的问题和数据分析的步骤,我们简略地呈现了跨文化文献中三个最近的研究,这三个研究主要关注内部结构同构问题。第一个研究采用多维度比例分析技术(multidimensional scaling techniques)验证 Schwartz(1994)的主张,即价值结构在个体和文化水平分析之间是有差异的(Fischer, Vauclair, Fontaine, & Schwartz, 2010)。第二个研究采用探索性因素分析的方法,考察主观幸福感在文化水平上是否也和在个体水平上所发现的一样,能够将积极和消极情感区分开(Lucas & Diener, 2008)。第三个研究采用验证性因素分析的方法,考察社会公理(social axioms)的内部结构是否和采用探索性因素分析所观察到的一样,在个体和文化水平之间的确是不同的(Cheung, Leung, & Au, 2006)。

采用多维等级技术考察价值观的内部结构等值和内部结构同构

正如我们已经讨论过的,根据 Schwartz 提出的理论,价值观领域在分析的个体和文化水平上是不同组织的(Schwartz, 1992, 1994)。但是在过去,从来没有定量地考察过内部结构同构缺乏的问题。而且,也没有考察过结构上的差异是否能够归因于一些项目在两个分析水平之间意义的变化。

Fischer 等人(2010)最先开始计算合并的文化相关矩阵,这个相关矩阵被转变成欧几米德距离(分步骤1.1)。随后,他们计算了个体水平价值观领域的两维几何表示法(geometrical representation)(分步骤1.2)。结果获得的结构证实了关于个体水平的理论预期——即可以识别出 10 个半圆形整齐排列的区域,代表 10 个价值观类型。前人的一个研究考察了文化特定的价值观结构和平均的个体水平价值观结构之间的一致性(Fontaine, Poortinga, Delbeke, & Schwartz, 2008)。一方面,Fontaine 等人(2008)观测到随机抽样波动(random sampling fluctuation)是各文化群体之间内部结构差异的主要原因。另一方面,他们发现一个系统化的趋势,即在更社会化的发达国家(如国内生产总值更高,更工业化的国家),安全和权利价值观(保护价值观)与普遍主义和自我定向价值观(成长价值观,growth values)之间的对立更明显。Fontaine 等人(2008)还用分半程序证明了平均个体水平的价值观结构是非常强健的,并且能够用于作为内部结构比较的参照点。

接着,价值观的项目显示了足够的跨文化变异性来证明内部结构同构调查的合理性(分步骤2.1)。平均而言,组内相关系数(intraclass correlation coefficient)在教师样本中是 0.12,而在学生样本中是 0.11。用平均标准化的价值观得分之间的欧几里得距离来计算文化水平的差异(分步骤2.2)。然后在文化水平上运算一个两维的结构,平均个体水平和文化水平的结构都应用 GPA(分步骤2.3)。GPA 后,在学生样本和教师样本中,个体水平的结构和文化水平结构在第一个维度上坐标的相关系数分别是 0.79 和 0.65,在第二个维度上坐标的相关系数分别是 0.76 和 0.68。这些一致性测量明显低于 0.85 的标准,表明结构存在差异。

最后,Fischer 等人(2010)考察了在个体和文化水平之间,一些价值观项目意义的变化对这两个水平之间差异的影响程度。移除了意义变化的项目并不导致教师和学生样本的一致性水平达到可接受的程度。因此,Fischer 等人(2010)的研究结果进一步支持了个体和文化水平之间在价值观领域存在结构差异的观点。

采用探索性因素分析或主成分分析探讨幸福感的内部结构等值和内部结构同构

文献中提出采用生活满意度量表(the Satisfaction With Life Scale,SWLS)测量的主观幸福感在个体和文化水平之间有不同的意义。Kahneman 和 Riis(2005)声称尽管该量表测量的是个体水平上的幸福感,但是它测量的却是通常由文化决定的文化水平上的积极性。因此,这就意味着意义从个体水平向文化水平转变。Lucas 和 Diener(2008)从 40 个国家收集了生活满意度、消极情绪和积极情绪的大规模数据集调查了这个假设。初期研究发现这三个构念在个体水平上是明显不同的。但是,如果由文化决定的积极性可以解释文化水平上的分数,在文化水平上应该发现的是一个维度而不是三个维度。

研究者计算了跨 40 个国家的合并的文化相关矩阵(分步骤 1.1)。然后运用方差极大旋转的探索性因素分析方法(分步骤 1.2)。结果发现在个体水平上,明显地出现了生活满意度、积极情感和消极情感这三个预期的因子结构。随后,每个样本的因子结构都向着平均个体水平的结构进行了正交普氏旋转(分步骤 1.3)。结果显示对于大多数国家来说,一致性测量系数超过了 0.90,甚至 0.95。这个研究结果支持了内部结构等值。

测量生活满意度、消极情感和积极情感的个别项目在各文化群体之间变化很大。组内相关系数的变化范围从 0.06 到 0.13。采用 Mplus 计算了文化间的相关矩阵(Muth'en & Muth'en,2007;分步骤 2.2)。对文化间相关矩阵的探索性因素分析再次揭示了三个因子在个体和文化水平之间是高度一致的(一致性测量系数超过了 0.90;分步骤 2.3)。因此,在文化水平上没有发现存在普遍的积极性因子的任何证据。相反,却发现了内部结构同构的强有力证据。

采用验证性因素分析探讨社会公理的内部结构等值和内部结构同构

社会公理(social axiom)被定义为帮助人们理解环境并指导其行动过程的一般信念(Leung & Bond,2008)。在第一个研究中,Leung 等人(2002)基于广泛的文献研究以及在中国香港和委内瑞拉进行的定性研究,开发了一个测量社会公理的工具。随后,他们在五个国家实施了这个工具,并确定了一个五因素的结构,包括社会犬儒主义(social cynicism)、社会复杂性(social complexity)、劳酬相宜(reward for application)、宗教性(religiosity)和命运控制(fate control)。然后这个研究扩展到 40 个文化群体。Leung 和 Bond(2004)考察了平均的个体水平内部结构,然后把文化特定的个体水平结构向平均的个体水平结构进行了旋转,通过这种方法首次调查并确定了社会公理的内部结构等值。Bond 等人(2004)在每个文化群体平均成绩的基础上分别考察了文化水平的内部结构。在文化水平上,他们只能确定两个因素,他们把这两个因素命名为社会犬儒主义

和 动态外向性(*dynamic externality*)。负荷在个体水平的社会犬儒主义上的项目也负荷在文化水平的社会犬儒主义上。但是,动态外向性的特点是它的项目来自其他四个个体水平的因素——社会复杂性、劳酬相宜、宗教性和命运控制。

Cheung 等人(2006)重新分析了这些数据,并运用 CFA 方法以一种更严格的方式来考察在个体和文化这两个分析水平之间,一个分析水平上的结构是不是确实和另一个分析水平上的结构有差异。这些作者统计检验的是相关矩阵的齐性,而不是考察内部结构等值。如果相关矩阵是齐性的,那么相同的内部结构就可以被应用于这些群体的所有相关矩阵上(代替步骤 1)。

分析结果显示平均组内相关是 0.12,社会公理显示了足够的文化差异来证明同时考察文化水平的结构是合理的。他们还采用 Mplus 共同分析了个体水平和文化水平的社会公理(代替步骤 2),而不是分别计算了个体水平和文化水平的结构,以及在每个方差—协方差矩阵上分别运用 CFA。作者提出的三个先验的特定模型,模型一在个体和文化水平上都有 5 个因素,模型二在个体水平上有 5 个因素,在文化水平上有 2 个因素,模型三在个体水平上有 5 个因素,在文化水平上一阶有 5 个因素,更高阶有 2 个因素。总的来说,这些结果证实了前人分析的结果:第一个模型与数据拟合的并不好,第二个和第三个模型与数据拟合得一样好。这些分析证实了 5 因素可以代表个体水平的结构,而相同的模型却不适合代表文化水平的结构。考察关系网(nomological network)用来阐明两个水平之间因素结构差异的意义。根据 Leung 和 Bond(2008)的观点,心理逻辑运用于个体水平上,而环境逻辑(eco-logic)则运用在文化水平上。在个体水平上,社会公理的功能是为了发展在社会交往、问题解决和指导人们选择的能力。在文化水平上,社会公理的功能与社会贫困(societal poverty)(动态外向性)以及经济的、政治的和社会混乱(社会大儒主义)有关。

结 论

由内部结构同构产生的问题是跨文化研究的核心问题。正如在本章的开始提到的,基于心理评估工具进行各文化群体的定量比较是跨文化心理学中的惯例。

运用多层次方法解释这样的惯例意味着把心理特征归因于各文化群体。但是,正如统计学多层次建模已经证明的,个体水平和文化水平在统计上是独立的。因此,把个体特征归因于文化,或者把文化特征归因于个体,都不能只是假设的。它们是跨文化研究的关键假设,必须有实证研究的证实。目前,对一个包括全世界各文化群体的随机样本进行调查的机会日益增多,以及统计和方法上的多层次理论的发展,这些都使得实证地检验这些关键假设成为可能。因此,内部结构同构的研究将对跨文化心理学领域的未来发展做出重大贡献。

参考文献

Barrett, P. (2005). Orthosim 2 [statistical software]. Retrieved September 9, 2009, from http://www. pbarrett.net/orthosim2.htm.

Bliese, P. D. (2000). Within-group agreement, non-independence and reliability: Implications for data aggregation and analyses. In J. K. Klein & S. W. J. Kozlowski (Eds.), *Multilevel theory, research and methods in organizations. Foundations, extensions, and new directions* (pp.349-381). San Francisco: Josey Bass.

Bliese, P. D., Chan, D., & Ployhart, R. E. (2007). Multilevel methods: Future directions in measurement, longitudinal analyses and nonnormal outcomes. *Organizational Research Methods, 10*, 551-563.

Bond, M. H., Leung, K., Au, A., Tong, K. K., Reimel de Carrasquel, S., Murakami, F., et al. (2004). Culture-level dimensions of social axioms and their societal correlates across 41 cultures. *Journal of Cross-Cultural Psychology, 35*, 548-570.

Borg, I., & Groenen, P. (2005). *Modern multidimensional scaling: Theory and applications* (2nd ed.). New York: Springer.

Chen, G., Bliese, P. D., & Mathieu, J. E. (2005). Conceptual framework and statistical procedures for delineating and testing multilevel theories of homology. *Organizational Research Methods, 8*, 375-409.

Cheung, M. W. L., & Au, K. (2005). Applications of multilevel structural equation modeling to cross-cultural research. *Structural Equation Modeling, 12*, 589-619.

Cheung, M. W.-L., & Chan, W. (2005). Classifying correlation matrices into relatively homogeneous subgroups: A cluster analytic approach. *Educational and Psychological Measurement, 65*, 954-979.

Cheung, M. W. L., Leung, K., & Au, K. (2006). Evaluating multilevel models in crosscultural research: An illustration with social axioms. *Journal of Cross-Cultural Psychology, 37*, 522-541.

Commandeur, J. J. F. (1991). *Matching configurations.* Leiden, the Netherlands: DSWO Press. Retrieved on May 20, 2010, from http://three-mode.leidenuniv.nl/bibliogr/commandeurjjf thesis/front.pdf.

Doi, T. (1971). *Amae no kozo [The anatomy of dependence].* Tokyo: Kobundo.

Fischer, R., Vauclair, C-M., Fontaine, J. R. J., & Schwartz, S. H. (2010). Are individual-level and country-level value structures different? Testing Hofstede's legacy with the Schwartz Value Survey. *Journal of Cross-Cultural Psychology, 41*, 135-151.

Fontaine, J. R. J. (2003). Multidimensional scaling. In J. Harkness, F. J. R. Van de Vijver, & P. Ph. Mohler (Eds.), *Cross-cultural survey methods* (pp.235-246). Hoboken, NJ: Wiley.

Fontaine, J. R. J. (2005). *Equivalence.* In K. Kempf-Leonard (Ed.), *Encyclopedia of social measurement* (Vol.1, pp.803-813). New York: Academic Press.

Fontaine, J. R. J. (2008). Traditional and multilevel approaches in cross-cultural research: An integration of methodological frameworks. In F. R. J. Van de Vijver, D. A. Van Hemert, & Y. H. Poortinga (Eds.), *Multilevel analysis of individuals and cultures* (pp.65-92). New York: Erlbaum.

Fontaine, J. R. J., Poortinga, Y. H., Delbeke, L., & Schwartz, S. H. (2008). Structural equivalence of the values domain across cultures: Distinguishing sampling fluctuations from meaningful variation. *Journal of Cross-Cultural Psychology, 39*, 345-365.

Goldstein, H. (2003). *Multilevel statistical models* (3rd ed.). London: Arnold.

Hofstede, G. (1980). *Culture's consequences: International differences in work-related values*. BeverlyHills, CA: Sage.

Hox, J.J. (2002). *Multilevel analysis: Techniques and applications*. Mahwah, NJ: Erlbaum.

Hox, J.J. (1994, revised 2000). *Split2* [computer software]. Retrieved on May 20, 2010, from http://www.geocities.com/joophox/papers/papers.htm.

Hox, J.J., & Maas, C.J.M. (2001). The accuracy of multilevel structural equitation modeling with pseudo-balanced groups and small samples. *Structural Equation Modeling, 8*, 157-174.

Kahneman, D., & Riis, J. (2005). Living and thinking about it: Two perspectives on life. In F.A. Huppert, N. Baylis, & B. Keverne (Eds.), *The science of well-being* (pp.285-304). New York: Oxford University Press.

Kuppens, P., Ceulemans, E., Timmerman, M.E., Diener, E., & Kim-Prieto, C. (2006). Universal intracultural and intercultural dimensions of the recalled frequency of emotional experience. *Journal of Cross-Cultural Psychology, 37*, 491-515.

Leung, K., & Bond, M.H. (1989). On the empirical identification of dimensions for cross-cultural comparisons. *Journal of Cross-Cultural Psychology, 20*, 133-151.

Leung, K., & Bond, M.H. (2004). Social axioms: A model for social beliefs in multi-cultural perspective. *Advances in Experimental Social Psychology, 36*, 119-197.

Leung, K., & Bond, M.H. (2008). Psycho-logic and eco-logic: Insights from social axiom dimensions. In F.R.J. Van de Vijver, D.A. Van Hemert, & Y.H. Poortinga (Eds.), *Multilevel analysis of individuals and cultures* (pp.199-221). New York: Erlbaum.

Leung, K., Bond, M.H., Reimel de Carrasquel, S., Munoz, C., Hernandez, M., Murakami, F., et al. (2002). Social axioms: The search for universal dimensions of general beliefs about how the world functions. *Journal of Cross-Cultural Psychology, 33*, 286-302.

Lucas, R.E., & Diener, E. (2008). Can we learn about national differences in happiness from individual responses? A multilevel approach. In F.R.J. Van de Vijver, D.A. Van Hemert, & Y.H. Poortinga (Eds.), *Multilevel analysis of individuals and cultures* (pp.65-92). New York: Erlbaum.

McCrae, R.R., & Terracciano, A. (2008). The five-factor model and its correlates in individuals and cultures. In F.R.J. Van de Vijver, D.A. Van Hemert, & Y.H. Poortinga (Eds.), *Multilevel analysis of individuals and cultures* (pp.249-283). New York: Erlbaum.

McCrae, R.R., Terracciano, A., & 78 Members of the Personality Profiles of Cultures Project. (2005). Universal features of personality traits from the observer's perspective: Data from 50 cultures. *Journal of Personality and Social Psychology, 88*, 3, 547-561.

McCrae, R.R., Zonderman, A.B., Costa, P.T., Jr., Bond, M.H., & Paunonen, S.V. (1996). Evaluating replicability of factors in the Revised NEO Personality Inventory: Confirmatory factor analysis versus Procrustes rotation. *Journal of Personality and Social Psychology, 70*, 552-566.

Messick, S. (1989). Validity. In R.L. Linn (Ed.), *Educational measurement* (3rd ed., pp.13-103). New York: Macmillan.

Miller, J.G. (1997). Theoretical issues in cultural psychology. In J.W. Berry, Y.H. Poortinga, & J. Pandey (Eds.), *Handbook of cross-cultural psychology: Vol. I. Theory and method* (2nd ed., pp.85-128). Boston:

Allyn & Bacon.

Muthén, B.O. (1994). Multilevel covariance structure analysis. *Sociological Methods and Research*, *22*, 376-398.

Muthén, L.K., &Muthén, B.O. (1998-2007). *Mplus statistical software*. LosAngeles: Muthén & Muthén.

Poortinga, Y.H. (1989). Equivalence in cross-cultural data: An overview of basic issues. *International Journal of Psychology*, *24*, 737-756.

Raudenbuch, S.W., & Bryk, A.S. (2002). *Hierarchical linear models: Applications and data analysis methods* (2nd ed.). Thousand Oaks, CA: Sage.

Schwartz, S.H. (1992). Universals in the content and structure of values: Theoretical advances and empirical tests in 20 countries. *Advances in Experimental Social Psychology*, *25*, 1-65.

Schwartz, S.H. (1994). Beyond individualism-collectivism: New cultural dimensions of values. In U.Kim, H.C.Triandis, C.Kagitcibasi, S.C.Choi, & G.Yoon(Eds.), *Individualism and collectivism: Theory, method and applications*(pp.85-119). Thousand Oaks, CA: Sage.

Schwartz, S.H. (2006). A theory of cultural value orientations: Explication and applications. *Comparative Sociology*, *5*, 136-182.

Selig, J.P., Card, N.A., & Little, T.D. (2008). Latent variable structural equation modeling in cross-cultural research: Multigroup and multilevel approaches. In F.J.R.Van de Vijver, D.A.Van Hemert, & Y.H.Poortinga(Eds.), *Individuals and cultures in multilevel analysis* (pp.93-120). New York: Erlbaum.

Timmerman, M.E. (2006). Multilevel component analysis. *British Journal of Mathematical and Statistical Psychology*, *59*, 301-320.

Van de Vijver, F.J.R., & Leung, K. (1997a). *Methods and data analysis for crosscultural research*. London: Sage.

Van deVijver, F.J.R., &Leung, K. (1997b). Methods and data analysis of comparative research. In J.W.Berry, Y.H.Poortinga, & J.Pandey(Eds.), *Handbook of crosscultural psychology: Theory and method* (Vol.1, pp.85-128). Needham Heights, MA: Allyn & Bacon.

Van de Vijver, F.J.R., & Poortinga, Y.H. (2002). Internal structure equivalence in multilevel research. *Journal of Cross-Cultural Psychology*, *33*, 141-156.

Van de Vijver, F.J.R., Van Hemert, D.A., & Poortinga, Y.H. (2008). Conceptual issues in multilevel models. In F.R.J.Van de Vijver, D.A.Van Hemert, & Y.H.Poortinga(Eds.), *Multilevel analysis of individuals and cultures* (pp.3-26). New York: Erlbaum.

Welkenhuysen-Gybels, J., Van de Vijver, F.J.R., & Cambre, B. (2007). A comparison of method for the evaluation of construct equivalence in a multigroup setting. In G.Loosveldt, M.Swyngedouw, & B.Cambre (Eds.), *Measuring meaningful data in social research* (pp.357-371). Leuven/Voorburg: Acco.

Widaman, K.F. (2000). Testing cross-group and cross-time constraints on parameters using the general linear model. In T.D.Little, K.U.Schnabel, & J.Baumert(Eds.), *Modeling longitudinal and multilevel data: Practical issues, applied approaches and specific examples* (pp.163-186). Mahwah, NJ: Erlbaum.

第十一章 多层建模和跨文化研究

John B. Nezlek

那些对文化水平和个体水平构念的联合效应感兴趣的跨文化心理学家和其他学者,他们经常收集数据并同时对包括多层次分析的假设感兴趣。例如,在跨文化研究中,从许多国家(或文化)的大量个体中收集数据是很常见的[①]。因为数据中一个分析水平上(如个体水平)的观察值嵌套在另一个分析水平(如文化水平)的观察值中,这样的数据结构往往被称为多层或分层嵌套数据结构,或者仅仅称作嵌套数据结构。在一个多层结构中,研究者感兴趣的问题可能要按照个体水平的测量平均数的文化差异,如生活满意度,个体水平测量之间的文化内关系,如生活满意度和个人主义之间的关系;以及这样的文化内关系中的文化间差异的方式来表达。

研究者分析这样的嵌套数据结构时,必须要考虑构念之间的关系会在分析的不同水平之间变化的可能性。即国家水平的两个变量之间的关系(如国家水平的总分之间的关系有时被称为生态相关)可能和国家内这两个变量之间的关系(如个体水平的相关)一样或者不一样。实际上,文化(或国家)内和文化(或国家)间这两个分析水平上的关系在算术上是独立的(e.g.,Nezlek,2001),并且由文化间的分析得出有关文化内关系的结论也是不恰当的。这种不恰当会由于国家内(如个体水平)的关系可能在不同国家间存在变化的可能性而显得更突出,从而逐渐削弱了对这个个体水平关系的任何估计的效度,仅仅是因为可能不是只有一个单一的、一模一样的个体水平的关系。

在表 11.1—表 11.4 中列举了一些这样的可能性。每个实例都假定研究是从三个国家中的每个国家选取 5 个被试测量他们的生活满意度和个人主义。表 11.1 中的数据显示,满意度和个人主义之间的关系在三个国家中都是正向的。一个变量数值增大,另一个变量的数据也增大。与之相反,国家水平的平均数之间的关系是负向的。满意度的平均分越高,个人主义的平均分越低。要回答"满意度和个人主义之间的关系是怎样的?"这个问题,答案应该是:"它取决于你感兴趣的分析水平。"正向或负向的关系可能都是正确的。

其他表格显示了其他的可能性。表 11.2 中,三个国家中每个国家的满意度和个人

[①] 本章中的术语"国家"和"文化"交替地用来指称有意义的分析单位。为了建模,区别国家和文化并不重要,尽管这种区分可能实际上很关键。

主义之间的关系都是负向的,而在国家水平上,两个变量之间的关系则是正向的。在表
11.3 中,任何国家中这两个变量之间都没有关系,因为每个国家内的个人主义都没有
任何变化,但是国家水平的总分之间的关系是正向的。最后,在表 11.4 中,对于所有三
个国家来说,满意度和个人主义之间的关系都是不同的(一个正向、一个没有关系、一
个负向),尽管国家水平的总分之间的关系是正向的。

　　显然,这些例子并不能列举出国家内和国家间关系所有可能的组合。呈现这些表
格的目的是为了举例说明不同分析水平上的关系是独立的——任何关系类型可以存在
于一种分析水平中,同时也可以存在于另一种分析水平中。而且,正如表 11.4 所显示
的,变量之间的国家内关系很可能在不同国家之间是变化的。

　　大家一致同意这样的多层、嵌套数据结构应该用多层随机系数模型(*multilevel random coefficient models*,简写为 MRCM)来分析,有时这种模型被称为 MLM(multilevel modeling,多层建模)。本章中,我对多层分析的分析策略进行简短的回顾,包括运用
MRCM 的基本原理,以及简短讨论了其他方法的缺点,尤其是某类普通最小二乘分析
法(ordinary least squares analysis,OLS)。我还为实施和解释 MRCM 分析、报告结果、设
计研究提供了指南,并讨论了 MRCM 的局限性。也就是说,在有些情况下,从概念上讲
运用 MRCM 可能是令人满意的,但是考虑到手上的数据资料,运用 MRCM 可能就是不
实用的或者是不合适的。有关 MRCM 的概述可以在 Kreft 等人(Kreft & de Leeuw,
1998;Raudenbush&Bryk,2002;Snijders&Bosker,1999)的研究中找到。

表 11.1　国家内水平的积极关系和国家间水平的消极关系

	国家 1		国家 2		国家 3	
	满意度	个人主义	满意度	个人主义	满意度	个人主义
	6	11	9	9	11	6
	7	12	10	10	12	7
	8	13	11	11	13	8
	9	14	12	12	14	9
	10	15	13	13	15	10
平均数	8	13	11	11	13	8

表 11.2　国家内水平的消极关系和国家间水平的积极关系

	国家 1		国家 2		国家 3	
	满意度	个人主义	满意度	个人主义	满意度	个人主义
	1	8	9	9	9	18
	2	7	10	10	10	17

续表

	国家 1		国家 2		国家 3	
	满意度	个人主义	满意度	个人主义	满意度	个人主义
	3	6	11	11	11	16
	4	5	12	12	12	15
	5	4	13	13	13	14
平均数	3	6	11	11	11	6

表 11.3 国家内水平没有任何关系和国家间水平的积极关系

	国家 1		国家 2		国家 3	
	满意度	个人主义	满意度	个人主义	满意度	个人主义
	1	8	4	10	9	15
	2	8	5	10	10	15
	3	8	6	10	11	15
	4	8	7	10	12	15
	5	8	8	10	13	15
平均数	3	8	6	10	11	15

表 11.4 国家内水平的关系变化和国家间水平的积极关系

	国家 1		国家 2		国家 3	
	满意度	个人主义	满意度	个人主义	满意度	个人主义
	1	10	4	10	9	13
	2	9	5	10	10	14
	3	8	6	10	11	15
	4	7	7	10	12	16
	5	6	8	10	13	17
平均数	3	8	6	10	11	15

多层数据结构的普通最小二乘分析

多层数据结构除了运用 MRCM 外,还可以用各类分析方法来分析,在描述 MRCM 之前,先讨论一下这些分析方法及其缺点是非常有用的。这些分析方法一般分成两类,聚类程序(*aggregation* procedures)和解聚程序(*disaggregation* procedures),并且它们一般都依赖于某类 OLS 分析。

　　我们在前面的章节中已经对聚类分析(aggregation analyses)进行了简单的描述。跨文化数据集的聚类分析先要计算国家水平的总的统计数字,然后再进行分析。例如,先计算每个国家的平均生活满意度和平均个人主义,然后计算两者的相关(生态相关)。正如前面所讨论过的,从概念上来说,不能用这样的总分之间的关系来描述个体水平上的关系。这样的总分之间的关系在算术上是独立于个体水平上的关系的,并且个体水平的关系在不同国家之间可能是变化的。

　　此外,如果不按照各样本的大小和一致性做调整来反映不同样本之间的差异,那么基于总分的平均数它们的信度可能会发生变化。例如,从大样本得来的平均数会比从较小样本得来的平均数更准确(更有代表性)。相似地,一个平均数的代表性会随着一组观察值的变化而变化。例如,假设两组观察值的 5 个数值分别是 1、1、5、9、9 和 4、4、5、6、6。对于这两组观察值来说,平均数都是 5,但是,显然 5 对第二组观察值的代表性要比对第一组观察值的代表性更好些。正如后面我们要解释的,在 MRCM 分析中要考虑这样的因素。①

　　在解聚分析中,分析是在个体水平上进行的,通常采用某种 OLS 回归分析的方法。在这样的分析中,国家水平的变量通常被包括在个体水平的分析中。例如,要调查一个国家水平变量(如也许根据国家基础建设的状况定义的现代化)和一个个体水平变量(如生活满意度)之间的关系,就要把每个国家的现代化得分分配给本国的个体,然后计算生活满意度和现代化之间的相关。这样的分析从根本上说是有缺陷的,因为现代化和生活满意度之间不可能存在完全个体水平的关系。由定义可知,现代化只存在于国家水平上,任何估计现代化和生活满意度之间关系的分析如果不考虑这一点的话,就混淆了分析的这两个水平——例如,个体水平关系的估计被国家水平的差异所混淆。这个问题一个显而易见的解决办法是先计算每个国家的平均生活满意度,然后计算这些平均数和现代化之间的相关。但是,正如前面所提到的,不能用这样的分析方法来估计个体水平的关系。

　　真正存在于个体水平上的两个变量之间的关系(例如生活满意度和个人主义)也可以用解聚分析的方法来分析。在这样的分析中,个人是分析的单位,采用 n-1 个虚拟编码的自变量来排除国家水平的得分差异的影响,其中 n 代表国家数量,然后就可以考察生活满意度和个人主义之间的关系。有时,这样的分析被称为最小二乘虚拟变量分析(least squares dummy variable,简写为 LSDV)。这种分析方法的一个主要缺点是它们假设一个分析水平上的变量之间的关系(如生活满意度和个人主义之间的关系)在另一个分析水平上的不同单位间(如国家)是完全相同的。这些关系的相似性是需要

---

　　①　对于主要或只是国家水平的概念,如政府形式和地理特征,在国家水平上进行分析是非常恰当的。只有一个分析水平的观察值,如国家,这样的多层分时是不恰当的。

检验的,而不是假设的。

LSDV 方法的提倡者们声称关系上的差异可以由包含预测变量和虚拟变量之间的交互作用项来进行检验;但是,这样的分析既产生了实用性问题的同时又产生了技术(统计)问题。从实用性上来说,这个分析有些繁琐。例如,一个研究包括 25 个国家的两个预测变量,如果可能的话,需要用 72 个自变量进行回归分析,并且要确定哪些国家有相似的关系可能很困难。从技术上来说,更重要的是,这样的分析并不能恰当地界定误差。例如我一直讨论的一个假设的研究,有两个误差来源——与每个国家抽取个体有关的误差和与抽取国家有关的误差。一个 LSDV 分析估计只有一个误差项,并且这个误差项代表来自两个分析水平的误差的不恰当的组合。具备同时估计两个误差项的能力是 MRCM 优越于 OLS 技术的一个重要的优点。而且,正如在固定效应和随机效应章节中所做的解释,MRCM 分析把真正变异率和随机变异率(true and random variability)分离开,从而导致了更精确的显著性检验。

尽管 OLS 分析方法存在缺点,但是这些分析方法能够考虑到跨文化数据集的多层次的性质,即个体嵌套在国家之中。例如,研究者在跨文化研究中会计算每个国家内的两个变量之间的相关,然后把这个相关当作分析中[如在国家水平上的方差分析(单因素方差分析或回归分析)]的一个因变量来用。更正规的一种分析技术就是众所周知的分组回归(regression by groups)技术。在分组回归分析中,要计算每个组(如国家)各自的回归方程。然后用 F 检验来比较这些方程的相似性,这和在单因素方差分析中(ANOVA)检验平均数相似性的 F 检验很像。尽管如此,这些分析方法并不如 MRCM 一样好用(例如它们并不能产生和 Monte Carlo 的研究一样精确的关系估计)。这是因为它们并不同时考虑每个国家内与抽样有关的误差和从国家总体中与抽取国家样本有关的误差。

大多数研究者对于选取被试样本有关的误差非常熟悉。在大多数研究中,除了考虑样本在重要方面(如性别、年龄、种族等)与总体的相似程度问题之外,很少重视所收集数据中的具体个人。人们假设样本是从要抽样的总体中随机抽取的、具有代表性的。而且,正如大多数研究者所了解的,从同一总体中抽取的不同样本中得来的统计资料会是相似的,但并不是完全一样。例如,平均数的标准误描述的就是样本平均数的变异情况。

选取国家样本时,以及在这些国家中选取个体样本时产生的问题,大多数研究者可能并不熟悉。大多数研究很少重视收集数据的具体国家(大概除了要考虑某些文化的代表性问题以外,如第三世界国家的代表国家)。他们的研究假设是这些国家是从所有合适的国家总体中抽取出来的。从一组国家获得的参数估计和从另一组国家获得的参数估计应该是相似的,尽管这两组系数不可能会完全一样。也就是说,存在某个与国家抽样有关的误差。至于超出了本章讨论范围的技术原因,OLS 分析方法(例如

ANOVA 的变式和回归)并不能说明两类抽样误差(与抽取国家有关的误差和与抽取个体有关的误差)的原因。但是,最大似然法法则可以,这是 MRCM 的基础分析。

多层随机系数建模

在本节中,根据目前讨论的双层次数据集的类型来讨论 MRCM 的基本原则:嵌套在国家中的个人与嵌套在文化中的个人。多层模型很可能有两个以上的层级或水平,但是为了方便介绍和举例说明,两个层级或水平就足够了。现在,我们根据许多跨文化心理学家可能感兴趣的三类研究问题对 MRCM 进行描述。

1. 文化水平的变量是如何解释个体水平的变量平均数的跨文化差异的?

2. 控制了个体水平变量平均数的文化水平的差异,个体水平变量之间的文化内(或者个体水平)关系是怎样的?

3. 控制了个体水平变量平均数的文化水平差异,文化水平变量如何解释个体水平变量之间的关系的跨文化差异性?

对 MRCM 分析的一种观点是把它们看作是一系列分层嵌套回归方程,其中一个分析层级的系数成为下一个分析层级的因变量。回归方程实质上是对每个分析单位(国家)的估计,并且这些方程的系数成为下一个分析层级的回归方程中的因变量。我们需要注意的是尽管"两阶"的 OLS 回归分析可能概念上在某些方面和 MRCM 相似,但是,两阶 OLS 回归和 MRCM 是不一样的,并且采用这两种技术估计的关系存在差异可能是有意义的。

关系估计中的这种差异反映了估计参数方式的不同,并且与 OLS 分析相比,数据越"不规则",MRCM 分析就越精确。在这个例子中,不规则是指就观察值(如个体)的数目来说,不同分析单位(在本例中是指国家)之间的相似性,不同国家间测量方差的相似性,并且最重要的,不规则是指不同国家间多个测量中协方差的相似性(例如个体水平的关系的相似性)。Monte Carlo 的大量研究已经证明 MRCM 分析要比 OLS 分析准确得多,这些研究中的随机样本都是从已知参数的总体中抽取出来的。那么在这种情况下,与由 OLS 分析提供的参数估计相比,由本章所讨论的 MRCM 技术提供的参数估计在意义上要更接近总体参数。

我们通过分析附录中所呈现的假设的数据集举例说明如何进行 MRCM 分析。这个数据集概念上符合一个跨文化研究,有 10 个国家(水平 2 的分析单位),每个国家有 8—13 个人(水平 1 的分析单位)。每个国家都测量了人均 GDP(取值范围在 8—16),并且每个人都测量了生活满意度(取值在 10—20)、个人主义(取值 1—10)和工会会员,工会会员这个变量以不同的方式来表示,在后面会有所讨论。有些额外变量在其他章节中会讨论。

这部分所描述的分析技术在 HLM 程序中都可以用(Raudenbush,Byrk,Cheong,and Congdon,第六版,2004),并且本章中描述的分析方法也可以用 HLM 程序来实施。这些分析方法还可以用其他多层程序来实施,例如 MLwiN(Rabash,et al.,2000)(LISREL 中的一种多层模块)、SAS PROC MIXED(e.g.,Singer,1998),以及其他程序等。一些术语和符号可能在不同的程序间有变化,但是本文使用的术语应该可以给读者提供很好的入门介绍。最后,HLM 运用的许多分析惯例同样也被其他程序所采用。也就是说,当对同一个模型进行详细说明时,不同的程序应该给出相同的分析结果。本文所描述的研究结果来自 HLM 分析方法,因为 HLM 是一种流行的多层分析程序。HLM6 产生两组结果,一组是强估计(robust estimates),另一组是非强估计(nonrobust estimates)。讨论是基于非强估计进行的,因为强估计需要的水平 2 的分析单位要比测验数据集中包括的单位数多。在 HLM 中,每个分析结果都会表明强估计是否合适。

在 MRCM 分析中,每个系数都是用(或可以用)两个参数来估计,牢记这一点非常重要。第一个参数被称为固定效应,是对一个系数趋中趋势(平均数)的估计。大多数跨文化心理学家提出的问题都涉及固定效应的检验。例如,一个系数,如生活满意度和个人主义之间的关系,平均起来是否显著不同于 0?(请注意这并不是要检验所有系数都和 0 有差异或者所有系数都小于或大于 0 的假设。)第二个估计的参数是与该系数有关的随机误差项,并且它也是要检验的。该系数的随机误差是不是显著不同于 0?在建立模型的文献中通常会根据随机误差项是否显著(随机效应)或不显著(固定效应)来讨论系数是随机的还是固定的。随机误差项会在后面进行讨论。

在本章中,我们将采用相当标准的多层分析命名法来描述 MRCM 模型和分析方法。这个命名法包括特定术语(如水平 1,而不是"较低的水平")和特定字母(如 β,而不是 b 或者 B)。尽管开始可能繁琐些,但是使用这些惯例方便交流。多层分析本来就比许多单一水平的分析更复杂,并且不同的作者使用不同的术语和符号来指称相同的实体可能会增加读者的困惑。在标准的 MRCM 命名中,对于有 2 个水平的模型来说,水平 1 的系数用 βs 代表(下标 0 表示截距,1 表示第一个预测变量,2 表示第二个,以此类推),水平 2 的系数用 γs 表示。正如后面要讨论到的,每个水平 1 的系数都有各自不同的水平 2 的方程。

为了适宜于教学,在这章中我效仿 Bryk 和 Raudenbush(1992)的方法,分别呈现每个水平的方程。实际上,在 MRCM 分析中,所有方程中的参数(包括误差项)都是同时估计的。而且,正是这个同时性把 MRCM 和可与之比较的 OLS 技术(如两阶最小二乘法)区分开来。OLS 分析中,一个单一方程式一次估计的误差项不能超过 1 个。

任何 MRCM 分析的第一步都应该运行被称为虚拟或完全无限制模型(null or totally unconditional model)。使用这些术语是因为两个分析水平都没有预测因子。这样的一个模型如下所示:

个体的,水平 1:$y_{ij} = \beta_{0j} + r_{ij}$

文化的,水平 2:$\beta_{0j} = \gamma_{00} + u_{0j}$

在水平 1(个体水平)的模型中,在变量 y 上,j 个国家有 i 个人。这些观察值是根据每个国家的截距(β_{0j},是 y 的平均数)和国家中的每个人偏离国家平均数的偏差(r_{ij})来建立模型的。R_{ij}的方差是水平 1(或个体水平,或国家内)的方差。对于不同国家间样本大小的相似性没有任何限制。在水平 2(国家水平)的模型中,对于 j 个国家中的每个国家来说,y 的平均数(β_{0j})是根据总平均数(γ_{00}是指平均数的平均数),和每个国家偏离总平均数的偏差(u_{0j})来建立模型的。u_{0j}的方差是水平 2(或国家水平,或国家间)的方差。这样的模型被称为无限制模型是因为 y 不是根据水平 1 或水平 2 上的不同的变量来建构模型的。

尽管无限制模型通常并不检验假设,但是它们可以提供有用的信息。例如,它们描述了在每个分析水平上 y 的总方差是多少。在一个 2-水平的模型中,总方差是 r_{ij} 和 u_{0j} 的方差之和,y 的总方差的分布表明进一步分析哪个水平可能会有成效。例如,如果一个测量的所有方差都是在个体水平上的(水平 1),可能就很难检验这些平均数在国家水平上的差异。由无限制模型提供的方差估计还提供了可以用于估计效果量的基线,这些内容将在随后进行讨论。生活满意度的无限制模型产生了如下的分析结果(保留两位小数):$\gamma_{00} = 15.04$,水平 1 的方差 = 3.05,水平 2 的方差 = 0.65。

分析文化水平的平均数差异

以无限制模型为基础做一个简单的延伸是在水平 2 上增加一个预测因子。例如,研究者可能对一个国家的平均生活满意度(y)和国家人均国民生产总值(GDP)之间的关系感兴趣。基本上,生活在比较富裕国家的人们是不是对他们的生活更满意呢?这个模型的方程如下所示:

水平 1:$y_{ij} = \beta_{0j} + r_{ij}$

水平 2:$\beta_{0j} = \gamma_{00} + \gamma_{01}(GDP) + u_{0j}$

在这个模型中,对每个国家都估计了国家水平的生活满意度平均数(β_{0j}),并且在水平 2 的方程中,系数 γ_{01} 代表的是这些平均数和每个国家的 GDP 之间的关系。如果系数 γ_{01} 与 0 有显著的差异,那么生活满意度和 GDP 之间的关系就是统计上显著的。对样本数据集的分析产生了下列的估计:$\gamma_{01} = 0.027, t = 0.30, ns$。这些分析结果表明一个国家的平均生活满意度与国家的 GDP 之间没有关系。在测验数据集中,生活满意度的总变异大约有 15%(0.65/3.70)是国家之间的,这与许多实际的跨文化研究案例相比,在国家水平上可能是一个比较大的比例。在这点上,我们需要牢记的是:尽管一个分析水平上较小的变异总量表明在这个分析水平上可能不存在关系——但是它们并不能完全排除这种关系存在的可能性。

请注意在 MRCM 分析中所有的系数都是非标准化的。也就是说,*GDP* 的系数 γ_{01} 表示随着 *GDP* 变化了一个单位,生活满意度预期变化的程度。系数 γ_{00} 和 γ_{01} 的准确含义也取决于 *GDP* 是如何趋中的。在这个分析中,*GDP* 是总平均数趋中的。对系数的解释,包括趋中选择和标准化,这将在后面的章节中讨论。[①]

尽管概念上相似,但是刚才所描述的多层分析方法还是与 OLS 分析方法不同,采用 OLS 分析方法时,回归分析是把国家作为分析单元来检验 *GDP* 和总的生活满意度之间的关系。两者本质的不同是 MRCM 分析考虑的是生活满意度截距(平均数)的信度在不同国家间的差异。这些差异主要是每个国家中观察值(个体)的数量和它们反应一致性的函数。在 MRCM 中,方差估计反映了所谓的贝叶斯收缩(*Bayes shrinkage*),是指不可靠的系数(例如,那些基于少量不一致反应而计算来的系数)向平均系数"收缩"的过程。关于这个问题更详细的讨论请见 Raudenbush 和 Bryk(2002)的研究。

估计国家内关系

预测因子还可以加到水平 1 上,国家内的模型中。例如,生活满意度和个人主义之间的国家内关系可以用如下的模型来检验:

水平 1:$y_{ij} = \beta_{0j} + \beta_{1j}(\text{个人主义}) + r_{ij}$

水平 2:$\beta_{0j} = \gamma_{00} + u_{0j}$

$\beta_{1j} = \gamma_{10} + u_{1j}$

在水平 1(国家内或个体水平)的模型中,β_{1j} 是一个系数,被称为斜率,与截距相区分,表示个人主义和生活满意度之间的关系,并且斜率对每个国家都要估计。水平 2 上用系数 γ_{10} 来表征假设这个平均关系(平均斜率)不同于 0。如果这个系数显著不同于 0,那么平均斜率就是不同于 0 的。

测验数据集包括一个个人主义(*Individ*)的测量,并且个人主义是组平均数趋中的(随后会讨论趋中问题)。对该测验数据集的分析产生如下结果:

对于截距来说,$\gamma_{00} = 15.02$,水平 1 的方差 $= 0.30$,水平 2 的方差 $= 0.94$,

对于斜率来说,$\gamma_{10} = 0.85$,$t = 5.13$,$p < 0.001$。

生活满意度和个人主义普遍存在显著相关。和前面的例子相似,这些系数都是非标准化的。这就意味着系数 γ_{10} 表示个人主义每增加 1.0 个单位,生活满意度的变化情况。在本例子中,γ_{10} 的意思是个人主义每增加 1.0 个单位,生活满意度平均增加 0.85 个单位。请注意在这个分析中水平 1 的方差大大低于无限制模型中水平 1 的方差

---

① 从技术上说,任何类型的测量都可以包括水平 2 国家水平的总分、分类变量等等。研究者需要决定采用何种测量方法使他们感兴趣的问题有意义。

(0.30 vs.3.05)。这些方差估计的差异可以用来估计效果量(并且可以延伸为国家内的平均数相关),这个问题在后面会进行讨论。最后,这个斜率和截距更详细的解释依如何趋中个人主义而定。

检验国家内部关系中的国家间差异

在前面章节所提到的分析中,要检验的假设是生活满意度和个人主义之间的一般的或平均的关系。生活满意度和个人主义之间的关系完全有可能在不同国家之间是变化的。生活满意度和个人主义之间关系在国家间的差异可以用如下的模型来检验。和第一个例子一样,研究感兴趣的国家水平变量是 GDP。

水平 $1: y_{ij} = \beta_{0j} + \beta_{1j}($个人主义$) + r_{ij}$

水平 $2: \beta_{0j} = \gamma_{00} + \gamma_{11}(GDP) + u_{0j}$

$\beta_{1j} = \gamma_{10} + \gamma_{21}(GDP) + u_{1j}$

请注意 GDP 在两个方程中都有。在多层模型学者中广泛同意至少在一开始,相同的预测因子应该包括在所有水平 2 的方程中。这样做的主要原因是 MRCM 分析依赖的是协方差矩阵。如果一个变量没有包括在一个方程中,那么默认的假设就是它不显著,并且不同方程的系数之间没有任何有意义的共变关系。尽管如此,分析者需要自己决定最终的模型中要保留的系数。

测验数据集的分析产生如下结果:$\gamma_{21} = -0.15, t = -2.83, p < 0.05$。显著的系数 γ_{21} 表示生活满意度和个人主义之间的关系根据 GDP 的变化而变化,是 GDP 的一个函数。因为一个分析水平上的关系改变了另一个分析水平上的变量,或者该关系受到另一个分析水平上的变量调节,这种情况有时被称为跨水平的相互作用(cross-level interaction)或者是调节关系。

解释这样的关系要借助计算估计值的大力帮助才能完成。在目前的例子中,平均斜率(生活满意度和个人主义之间的平均系数)是 0.85。代表 GDP 调节关系强度的系数是-0.15。因此,对于一个国家来说,GDP 高于平均数+1.0 的话,估计的斜率就是 $0.85 + 1 \times (-0.15) = 0.70$。与此相反,一个国家如果 GDP 低于平均数-1.0 的话,估计的斜率就是 $0.85 - 1 \times (-0.15) = 0.90$。请注意,对于这些分析来说,GDP 是总平均数趋中的。

趋中(centering)

趋中是指从预测因子的偏差中获得的参考值,并且分析者需要谨慎地选择趋中的方法。趋中改变了系数的意义,并能够改变固定效应和随机效应的估计值和显著性检验。对于那些主要采用 OLS 回归的分析者来说,一开始要理解并领会多层建模中趋中的重要性可能有些困难。OLS 回归分析几乎总是采用的平均数趋中——对于一个观察值来说,截距代表一个预测因子或一组预测因子平均的预期分数。在 MRCM 中还有其他的选择。在水平 2 上(在我们的例子中是国家水平),有两个选择:不趋中(又称为 0 平均数趋中)和总平均数趋中。在水平 1 上(国家内水平),有三个选择:不趋中(或 0 平均数趋中)、组平均数趋中和总平均数趋中。不管是水平 1 还是水平 2,或趋中的类型如何,我们都坚决鼓励分析者计算预测值来解释分析中所估计的系数①。

水平 2 的总平均数趋中在概念上和 OLS 回归中所做的趋中是相似的。截距代表水平 2 一个单位(在我们的案例中就是国家)的因变量测量的预测值(可能是截距或斜率),是一个预测值或一组预测值的平均,这和 OLS 回归一样。

当水平 2 的预测值没有趋中的时候,截距代表当一个预测值是 0 时,因变量测量的预期值。例如,假设根据国家政府的性质对国家进行分类,0 = 两党制度,1 = 多党制度。如果这个变量(我们称之为政党制度,简称 *MParty*)不趋中,那么截距将代表 *MParty* = 0 时,国家的预期值,并且 *MParty* 的系数将代表两类国家间的差异。如果 *MParty* 的系数显著不同于 0,那么这两类政治制度的国家间的*生活满意度*就存在差异。把 *MParty* 作为一个不趋中的水平 2 的预测值,如此,*生活满意度*的分析表示如下:

水平 1:$y_{ij} = \beta_{0j} + r_{ij}$

水平 2:$\beta_{0j} = \gamma_{00} + \gamma_{01}(MParty) + u_{0j}$

测验数据集的这个分析提供了如下的估计:$\gamma_{00} = 14.69, \gamma_{01} = 0.71, t = 1.32, ns$。系数 γ_{00} 代表具有两党体系的国家的平均数,即当 *MParty* = 0 时,这些结果表示一个国家的平均生活满意度并不随着国家 *MParty* 制度的变化而变化。如果 *MParty* 的系数是显著的,那么两党国家的平均生活满意度估计值(估计值是 14.69 + 0×0.71 = 14.69)和多党国家的平均生活满意度估计值(估计值是 14.69 + 1×0.71 = 15.40)之间的差异将是显著的。

水平 1 的趋中按照和水平 2 趋中相同的逻辑进行,但是务必牢记对于水平 2 分析的内容来说,水平 1 趋中的意义是什么。这是因为水平 1 所估计的系数是"要累积到"(至少在概念上)水平 2 的,并且水平 1 上正确估计的系数将根据预测值如何趋中的而变化。和水平 2 相似,当水平 1 的预测值没有被趋中的时候,要建构因变量测量和预测值偏离 0 之间的关系的模型。截距代表当一个预测值是 0 时所预期的分数,并且这个分数正是水平 2 上要分析的。

对于一个预测变量来说,当 0 不是一个有效的值时,建构不趋中的预测变量的模型

---

① 在不同的软件包间变量趋中的方法相当不同。例如,HLM 趋中变量的程序是自动的——分析者并不需要创建任何转换变量。相反,采用 SAS PROC MIXED 时,在一些情况下分析者需要在分析前创建趋中的变量。鼓励分析者要参阅他们打算用的软件的指南,从而决定他们要用的软件中变量是如何趋中的。

是毫无意义的。例如,采用没有0点的1—10点的里克特量表测量一个预测因子的时候。相比之下,如果预测变量是编码的变量,对编码的变量来说0是一个有效的值(例如分类变量),或者预测变量是一个连续变量,对此类变量来说0也是一个有效的值,那么建构预测变量是不趋中的模型可能是明智的。而且,对于可能没有自然0点的连续变量来说,通过减去一个常数,0可以成为一个有效的值。例如,如果年龄是个预测变量,分析者可以减去一定的年数,结果某个年龄由0所代表。如果这样的一个变量后来不进行趋中的话,那么截距就代表对一个处于那个年龄的人所预期的成绩。这是纵向研究中的一个常见程序,在特定年龄是最重要的年龄的时候。

水平1上的另一个选择是组平均数趋中。当预测变量是趋中的组平均数时,模型建构的是因变量测量和预测变量偏离每组平均数(对于许多跨文化研究来说,是水平2的单位或国家)之间的关系。在这种情况下,截距代表的是当预测变量是每组的平均数时所预期的(因变量)成绩。除了四舍五入误差(或舍入误差,rounding error)外,当预测变量是趋中的组平均数时,截距和没有预测变量时的情况一样。在早先提出的例子中,当生活满意度 由 个人主义 预测时,个人主义 是组平均数趋中的,平均截距是15.02,而在无限制分析中平均截距是15.04。在概念上,组平均数趋中是和对每组(本案例中是每个国家)进行回归分析最接近的选择,然后在另一个分析中把这些分析得到的系数当作因变量测量,有时把这个分析过程称为二阶回归分析(two-stage regression)。正如前面请大家注意的,尽管组平均数趋中的MRCM和二阶回归分析在概念上是相似的,但是,因为这两种技术在参数估计(包括误差)的方法上不同,两者还是不一样的。

实质上,水平1上组平均数趋中的(个体水平)预测变量有助于减小人们对平均反应中的文化差异的担心。例如,如果一位研究者担心存在默认在国家水平上的差异,从而想消除这种差异对结果的影响,那么组平均数趋中预测变量将会消除这种影响。平均默认上的国家间的差异将不会影响代表国家内关系的截距或系数的估计。请注意这和在每个国家内对测量变量进行标准化(这个问题将在后面进行讨论)是不一样的——国家内标准化测量变量只是一种控制预测变量平均数在水平2上(国家水平)差异的方法。

水平1的预测变量最后的趋中选择是总平均数趋中。当预测变量是趋中的总平均数时,模型建构的是因变量测量和预测变量偏离所有观察值的总平均数之间的关系。在这种情况下,截距表示当预测变量是总平均数时所期望的因变量成绩。实质上,当预测变量是趋中的总平均数时,每个组的截距在功能上是与校正平均数等值的。在这种情况下,校正是指校正预测变量平均数的国家间差异。

可能有时分析者都想做这样的校正。例如,在众所周知的大鱼小池效应的研究中(e.g.,Marsh&Hau,2003),只有当学生的能力(个体水平的预测变量)被总平均数趋中时,才会出现自我概念和平均的班级水平的能力(classroom level ability)之间消极的班级水平的关系。可能还有其他时候分析者想做这样的校正。无论如何,分析者需要注意他们趋中预测变量方式的意义。

分析中对预测变量进行组平均数趋中和总平均数趋中得出的截距,这两个截距的相似性将有赖于预测变量的群组水平的平均数(在我们的例子中是国家)变化了多少。采用测验数据集,用个人主义预测生活满意度,其中个人主义采用趋中的总平均数,产生如下结果:对于截距来说,$\gamma_{00} = 15.37$,水平 1 的方差 = 0.30,水平 2 的方差 = 4.20;对于斜率来说,$\gamma_{10} = 0.85$,$t = 5.18$,$p < 0.001$。要注意这个分析和组平均数趋中的分析在水平 2(国家水平)的截距的方差中存在着巨大的差异(0.94 vs.4.20)。这个差距是由于水平 2(国家水平)的个人主义的方差被引入了模型,并且由个人主义的无条件分析所估计的国家水平的个人主义方差 2.01 是有意义的。国家水平的个人主义方差还能从附录 A 提供的水平 2 的数据中看到。

事实上,组平均数趋中是为了控制水平 1 的预测变量在水平 2 上的差异,这可以通过使水平 1 的预测变量在水平 2 上的差异变得更大来证明。在这些分析中,产生了一个新的变量,个人主义 2(*Individ*2)。对于国家 a、b、c 和 d 来说,个人主义 2 和最初分析中的个人主义是一样的。对于国家 e、f、g、h 和 i 来说,最初的个人主义变量加上 100 就产生了个人主义 2。当生活满意度由个人主义 2 预测时,并且个人主义 2 是趋中的组平均数时,分析结果和那些最初的分析是一样的。个人主义 2 的国家水平上的差异对分析并没有什么帮助。

相比之下,当生活满意度由个人主义 2 来预测,并且个人主义 2 是趋中的总平均数时,就产生以下的估计值:截距的截距 $\gamma_{00} = 1.69$;斜率的截距 $\gamma_{10} = 0.38$;水平 1 的方差是 1.54;水平 2 截距的方差是 272.29;水平 2 斜率的方差是 0.14。如果这个模型估计的截距非常不同于无条件模型所估计的截距,那么分析者将不得不质疑这种情况下总平均数趋中是否合适。水平 2 的预测变量的差异很少和这个例子中的差异这么明显;但是,这个例子指出了关键所在,即这样的差异有助于参数估计。

然而,一些分析者主张组平均数趋中预测变量是不合适的,因为水平 1 的预测变量的水平 2 方差并不是模型的组成部分,而它本来应该是的。一些分析者建议当采用组平均数趋中时,包括组平均数作为水平 2 的预测变量(如在我们的案例中的国家水平平均数),这样就可以把这个方差包括在内。在目前的情况下,关于这个特别的问题要提供一个一成不变的建议是很难的。一些很受尊重的多层次模型建构者(如我们例子中的国家水平的平均数),他们讨论组平均数趋中丝毫不提包括组平均数作为水平 2 的预测变量。而且,在大量发表的论文报告的分析中,水平 1 的预测变量进行了组平均数趋中,并且这些预测变量的组平均数没有包括在水平 2 中。

考虑到所有这些,我建议组平均数趋中连续的水平 1 的预测变量。进行一个这样的程序,使分析在概念上和对每个国家做单独的回归方程很相似,并且在国家间的分析中采用从这样的分析得来的国家内系数。至于在水平 2 上包括组(如国家水平的)平均数,以此来弥补当水平 1 的预测变量被组平均数趋中时,就不建构这些预测变量的国家水平方差的模型,我会注意在我的分析中不包括这样的平均数。然而,个别分析者可能阅读文献而得出不同的结论。无论如何,正如先前的例子所说明的,不同的趋中选择(特别是在水平 1 上)可以导致非常不同的结果。分析者可能想做组平均数趋中和总平均数趋中分析(如果合适的话大概是非趋中的),并且比较这些结果,试图理解这些结果之间或之中存在什么样的差异。然而,正如 Bryk 和 Raudenbush(1992,p.27)提到的:"没有适用于一切情况的规则,"分析者将需要根据他们感兴趣的问题和现有数据来决定如何趋中。

编码和预测变量是分类变量

关于趋中的问题很自然地产生关于预测变量本质的问题。先前的讨论一直关心的是连续变量作预测变量,尽管许多分析者可能对连续测量、分类测量感兴趣,诸如个人水平上的性别和国家水平上的国家特征。本章中,我描述的是分类变量当作预测变量来使用。把分类变量作为因变量测量来分析会在随后的独立一节中进行讨论。

首先,注意到多层程序并不区分分类预测变量和连续预测变量是非常重要的。预测变量就是预测变量。在分析前创建分类变量时,分析者需要预先考虑他们想进行的分析、分析中想表示的群,以及想进行的比较。而且,对于分类预测变量来说,和连续变量一样,趋中选择也是可用的,并且编码体系和趋中选择的明智组合能够提供灵活的估计参数的平均数和检验特定的假设。在本章中,我描述了一些此类组合,尽管这个描述并不是很详尽。

先快速地回顾一下,虚拟编码是编码为 0 和 1 的变量,通常 1 代表一种条件的出现。对比编码(Contrast codes)(和效应编码 effect codes)表示对比,并且尤其是系数需要共计为 1。对于一个二分的系统来说,一个分类将会用 1 来表示,另一个分类将会用-1 来表示。如果有三个分类的话,通过把第一个分类编码为 2 来把第一个分类和其他两个分类进行比较,第二个和第三个分类分别编码为-1 和-1,以此类推。正如前面章节中要注意的一样,趋中改变了截距代表的含义。为了易于解释,回归分析时纳入非趋中的分类变量通常比较方便。

这些原则会用测验数据集来进行举例说明。工会(Union)是个虚拟变量,代表一个人是不是工会成员。对于测验数据集来说,一开始分析时,生活满意度是因变量、工会是自变量(非趋中的),由此工会产生了一个不显著的随机误差项($p > 0.50$)。建构随机误差项的模型将在后面进行讨论。把工会作为固定效应再次运行这个模型,产生了如下的参数估计:截距平均数 $\gamma_{00} = 14.68$,方差 $= 0.69$;斜率的截距 $\gamma_{10} = 0.70$。

估计预测值有助于解释这些系数。当变量工会非趋中时,非工会会员(工会$=0$)的估计成绩是 $14.68 + (0 \times 0.70) = 14.68$,也就是截距。工会会员的估计成绩是 $14.68 + (1 \times 0.70) = 15.38$。工会的斜率显著不同于 $0(t = 2.41, p = 0.02)$,这意味着平均起来,与非工会会员(14.68)相比,工会成员(15.38)对他们的生活更满意。这个模型估计了每个国家的截距(代表非会员的成绩)和每个国家的斜率(代表会员和非会员之间的差异)。

建构差异模型的另一种方法是采用代表差异的对比编码变量(contrast coded variable),诸如例举的数据集中的变量 $Ucnt$(1 $=$ 会员,$-1 =$ 非会员)。由 $Ucnt$(非趋中的,作为固定效应——没有任何随机误差项)作为水平 1 的预测变量,这个模型产生如下的参数估计:截距的平均数 $\gamma_{00} = 15.03$,方差 $= 0.69$;斜率的截距 $\gamma_{10} = 0.35$。对预测值进行估计有助于解释这些系数。当变量 $Ucnt$ 是 1(对于工会会员来说)时,估计成绩是 $15.03 + (1 \times 0.35) = 15.38$。当变量 $Ucnt$ 是 -1(对于非会员来说)时,估计成绩是 $15.30 + (-1 \times 0.35) = 14.68$。会员和非会员之间的差异是 0.70,和前面分析中得出的差异是一样的。这两个分析之间的差异在于,当在水平 2 上建构截距差异的模型时,对工会成员来说截距和斜率所代表的含义。

当在水平 1 上建构生活满意随着工会的变化而变化的模型函数,并且建构工会会员和非工会会员的两个系数在水平 2 上都是 GDP 的函数的模型时,这种差异的重要性尤为突出。

水平 1:$y_{ij} = \beta_{0j} + \beta_{1j}(Union) + r_{ij}$

水平 2:$\beta_{0j} = \gamma_{00} + \gamma_{01}(GDP) + u_{0j}$

$\beta_{1j} = \gamma_{10} + \gamma_{11}(GDP) + u_{1j}$

这个分析产生了如下估计值:平均截距 $\gamma_{00} = 14.56$,工会和截距之间显著的关系(斜率)$\gamma_{01} = .24(t = 2.46, p > 0.05)$,显著的平均斜率(工会效应)$\gamma_{10} = 0.80(t = 3.35, p > 0.01)$,工会效应(斜率)和 GDP 之间的显著关系 $\gamma_{11} = -0.29(t = 2.93, p > 0.01)$。这些结果的重要性在于截距代表的是非工会成员的生活满意度(如当工会$=0$时)。因此,GDP 和截距$(\gamma_{01} = 0.24)$之间的显著关系表示的是非工会会员的 GDP 和生活满意度之间显著的关系,而不是国家所有成员的。

如果在水平 1 上建构生活满意度是 $Ucnt$(对比变量)的函数的模型,并且在水平 2 上建构工会会员和非工会会员的两个系数都是 GDP 的函数的模型,会产生稍微有些不同的结果。

水平 1:$y_{ij} = \beta_{0j} + \beta_{1j}(Ucnt) + r_{ij}$

水平 2:$\beta_{0j} = \gamma_{00} + \gamma_{01}(GDP) + u_{0j}$

$\beta_{1j} = \gamma_{10} + \gamma_{11}(GDP) + u_{1j}$

这个分析产生如下的估计值:平均截距 $\gamma_{00} = 14.95$,Ucnt 和截距之间的关系(斜率)不显著 $\gamma_{11} = 0.09(t = 1.03)$,显著的平均斜率(Ucnt 效应)$\gamma_{10} = 0.40(t = 3.35, p > 0.01)$,以及 Ucnt 效应(斜率)和 GDP 之间的显著关系 $\gamma_{11} = -0.145(t = 2.93, p > 0.01)$。这些结果的重要性在于截距代表的既不是工会成员也不是非工会成员(如当 Unct = 0 时)的平均生活满意度,而是"普通"人的平均生活满意度。

比较这两个结果显示当考虑 Ucnt 是对比变量时,两个斜率的分析是一样的,毕竟对于非工会会员来说,对比变量只是 0 减去 1 的虚拟变量。这两个编码相关是 1,并且在算术上是等值的,所以这些结果应该是相同的。差异是在截距的分析中,以及在两个分析中,GDP 和截距之间的差异表明对于会员和非会员来说,GDP 和生活满意度的关系可能是不同的。

这样的可能性可以通过如下分析直接进行检验,即把生活满意度作为两个虚拟编码的函数来建构模型,一个虚拟编码代表工会成员,另一个虚拟编码代表非工会成员。在测验数据集中,非工会会员的虚拟编码变量是变量 Nun。请注意在这个模型中,是删除了截距的,并且这样的模型有时被称为"0 或无截距模型"。在此类分析中,对于水平 1 的各分类来说,系数代表平均数,并且在这个例子中,系数 Union 代表会员的平均数,NUn 代表非会员的平均数。

水平 $1:y_{ij} = \beta_{1j}(Union) + \beta_{1j}(NUn) + r_{ij}$

水平 $2:\beta_{1j} = \gamma_{10} + \gamma_{11}(GDP) + u_{1j}$

$\beta_{2j} = \gamma_{20} + \gamma_{21}(GDP) + u_{2j}$

这个分析产生了如下的估计值:Union 的平均截距 $\gamma_{10} = 15.36$,GDP 和 Union 系数之间不显著的关系 $\gamma_{11} = -0.05(t < 1)$,Nun 的平均截距 $\gamma_{20} = 14.55$,GDP 和这个系数之间的显著关系 $\gamma_{11} = 0.24(t = 2.53, p < 0.05)$。换句话说,对于非工会会员来说,GDP 和生活满意度是相关的,但是对于工会会员来说,GDP 和生活满意度之间没有关系。

采用这样的虚拟编码,可以用后面要描述的固定效应检验来比较平均数(如比较 γ_{10} 和 γ_{20})。尽管对水平 1 代表平均数的系数进行这样的比较,其结果通常和水平 1 代表各分类间差异的系数的显著性检验的结果很相似,但是,这两个结果可能并不完全相同。这是因为当在水平 1 上用一个对比变量或单一虚拟编码来建构差异模型时,模型为每个国家的各分类之间(或之内)估计一个差异值,然后估计平均差异值。当虚拟编码与一个没有截距的模型一起使用时,要为每个国家估计每个分类的平均数,然后检验这些平均数的差异。请注意只有当观察值可以用相互排斥系统进行分类时,才有可能进行这类虚拟编码的分析。也就要是说,一个观察值只属于一种分类。可以代表的分类的数量在技术上是无限的,但是每个水平 1 的观察值必须只能分属于一个分类。

关于水平 2 的变量和水平 1 的斜率(在本案例中代表平均数)之间的关系还有一个很重要的警告。即使当一些水平 2 的单位并不是在所有的分类中都有观察值,为每个分类估计平均数的系数都是稳定的。例如，假设一个三分类系统，其中50%的被试在第三个分类中没有观察值。用所有被试进行估计所得到的第三个分类的系数（平均数），将和只包括那些在分类三中有一些观察值的被试进行分析所估计的平均数一样；但是，水平2的变量和这个分类的平均数之间的关系的估计将不一样。当大量水平2的单位（大概10%或者更多）在一个分类中是缺失观察值时，分析者应该对在所有分类中都有观察值的国家子集，以及那些不确定子样本在其他方面是否存在不同意义的国家子集分别进行分析。

分析者可能还对水平1上的非排他的、重叠的分类感兴趣，例如，工会会员和性别。处理这样分类的一种方法是把它们组合成互相排斥的分类（例如，男会员、女会员、男非会员、女非会员），然后对每个组合的分类进行虚拟编码，和前面描述的一样进行分析。这样做可能并不总是实用的或者令人满意的，并且分类的预测变量可能要用对比（或者效应）编码来代表，和样本数据集的变量 Ucnt 一样。

对比编码一个重要的优点是它允许建构水平2（在我们的案例中是国家水平）的差异成绩的差异模型。而且，同时可以包括多重对比，即当多于两个分类时所包括的对比。当采用多重对比编码时，分析者需要注意的是系数要互相校正，意思就是一个模型中特定对比的估计值是随着其他对比的变化而变化。对比编码的一个缺点是它不允许检验水平2的变量和水平1的分类平均数之间的关系的不同。

分类编码还可以用于在国家内群体的分布中校正国家水平的差异。如果一个分类变量（虚拟的或对比编码的）是"趋中的总平均数"，那么截距代表根据分类变量的相对频率的国家水平差异校正的国家水平的平均数。例如，在测验数据集中，当工会作为生活满意度的预测变量被总平均数趋中时，生活满意度的截距是15.05，（在整数上）和无条件模型得出的结果一样。通过总平均数趋中工会，这个变量的国家水平的差异从分析中消除了。

我建议分析者以不同的方式为分类变量和模型的因变量测量，即准备了虚拟编码又准备了对比编码。如果关于平均数的差异对比编码和虚拟编码分析提供了引人注目的不同结论，那么应该调查这个差异，因为不应该是这样的。这两种编码类型各有各的好处，并且当分析者使用一种类型或另一种类型时，他们需要了解这一类型的特点。例如，在水平1上，对比编码组可以让分析者在国家内差异中检验国家间的差异。我们继续讨论前面的例子，工会会员和非会员在工作态度上的差异是随着国家水平的特征（如GDP）的变化而变化的吗？虚拟编码组可以让分析者确定国家水平的测量和国家内平均数之间的关系是否在每个国家内的各组间是变化的。例如，工会会员和非会员间的工作态度和GDP之间的关系是不同的吗？

我认为采用我所描述的分类编码类型，是多层次模型建构中一个最没有被充分使用、最具潜力的方面。通过结合不同类型的趋中方式创造性地、明智地运用不同类型的编码,分析者可以根据它们所代表的关系对参数进行精确的估计。然后,可以使用在本章中其他地方所讨论的固定参数检验来比较这些估计值。这个过程的关键步骤是要预测即将进行的精确的分析,以及确定代表感兴趣的参数的变量。这个主题在 Nezlek (2001,2003)的研究中有更详细的讨论。

固定效应和随机效应

在 MRCM 中,使用最大似然程序的一个优点是分离了真正的方差和误差(或随机)方差,这个分离和结构方程模型中所做的很相似。相比之下,在 OLS 分析中,只有一个方差估计,没有分离真正的方差和随机方差。在 MRCM 的分析结果中,正如前面所提到的,对于水平1方程中的每个变量来说,估计了两个项目,通常一个称为固定效应,一个称为随机效应,这就表示了真正方差和随机方差的分离。用来检验一个系数是否显著不同于0的固定效应有一个方差(通常标记为标准误),并且随机方差有一个单独的估计,通常称为随机效应。真正方差和随机方差的分离提高了效应显著性检验的准确性,从而在分析多层次数据集时,与 OLS 分析相比,采用 MRCM 分析更好。

对大多数研究目的来说,研究者将会对模型中所包括的预测变量的固定效应感兴趣。例如,前面例子中的生活满意度和个人主义之间斜率的显著性检验(斜率是否与0存在差异)就是检验固定效应。和固定效应一样,随机效应也要检验显著性。一个随机效应是否显著不同于0? 不幸的是,一些研究者把随机误差项的显著性解释成为分析单位是否变化的检验。他们假设如果与斜率有关的随机方差不显著的话,那么所有的分析单位都具有相同的斜率。对于例子中的数据集来说,这就意味着,如果生活满意度和个人主义之间与斜率有关的随机方差不显著的话,那么就可以假设所有的国家都有相同的斜率,所有国家的生活满意度和个人主义之间的关系相同。

尽管直觉上这个解释非常吸引人,但是这并不完全正确。从技术上来说,与一个系数有关的随机效应的显著性检验表明真正的方差和随机方差是否确实可以被分离。它并不是正式地检验水平2的单位在某些方面是否变化,例如,所有的国家都有相同的斜率吗? 人们一致公认缺少显著的随机误差项表明一个系数中可能没有太多的方差。

随机误差项的出现或不出现需要在随机变异和非随机变异的范围内来理解。有一个随机误差项的系数被描述成"随机变化的"或是随机系数。没有一个随机误差项的系数被描述成非随机变化的。在前面的例子中,把生活满意度—个人主义的斜率建构成随机变化的模型,也就是说,为斜率估计了一个显著的随机误差项。如果删除这个随机误差项,斜率就被"固定了"(并被称为固定系数),尽管仍然可以建构水平2上的斜率是变化的,并且这样的一个斜率会被命名为非随机变化(nonrandomly varying)。

我们用固定的斜率(如删除随机误差项)重新分析生活满意度—个人主义的斜率,

并且把个人主义组平均数趋中,产生如下的结果:没有任何水平 2 的预测变量的斜率的截距(γ_{10})是 0.68,这和包括随机误差项的斜率不同(不同于前面分析的 0.85)。当删除一个随机项时,系数的固定部分发生变化是很常见的。而且更重要的是,这种变化的性质是无法预测的。当建构的模型是固定的时候(即删除斜率的随机误差项),模型有随机误差项时显著的斜率可能就不显著了,反之亦然。

当水平 2 上包括 GDP 时,代表中等关系的系数 γ_{11} 是 -0.08,p = 0.09,即固定斜率并不妨碍建构斜率可变性的模型。建模时斜率没有当做随机系数,能够建构这个斜率可变性的模型不是因为当把斜率建构成随机变化的时,它有一个显著的随机误差项。即使当斜率没有一个显著的随机误差项时,也能建构斜率可变性的模型。

固定一个系数的含义还可以通过看系数的估计值来理解。在 HLM 中,这些估计值在残差文档中,并且对于测验数据集来说,水平 2 的残差文档包括截距和斜率的国家水平的估计值(以及其他无关的统计数据)。在分析中,个人主义的斜率被固定,并且没有把 GDP 作为预测变量包括在内,对于这样的分析来说,所有水平 2 的单位(如所有国家),其斜率的"固定值"都是 0.68。一些人主张这意味着所有国家具有相同的斜率;但是,这并不完全正确。当把 GDP 当作一个预测变量包括在内时,个人主义斜率的固定值在不同的国家间是变化的。它们根据 GDP 的变化而非随机地变化。当斜率被固定,并且 GDP 不包括在内时,就不建构斜率可变性的模型。不建构可变性的模型和声称斜率在某些方面没有变化是不一样的。

根据一个不显著的随机误差项得出水平 1 的一个系数(通常是一个斜率)是不变的(或不能变化的)这样的结论是不合适的。要证明一个斜率根本无变化需要用无数个水平 2 的预测变量来建构这个系数的模型。除了这个之外,一个不显著的随机误差项意味着系数不是随机变化的。一个显著的随机误差项意味着系数是随机变化的,从形式上来说,意味着对于那个系数来说,有足够的信息可以分离真正的变异和随机变异。对于对变异本身感兴趣的研究者来说,显著的随机误差项的出现意味着水平 2 的单位(对跨文化研究者来说通常就是国家)是变化的;但是,没有显著的随机误差项并不意味着它们不变化。

尽管随机误差项通常并不检验假设本身(至少对于许多跨文化研究者来说是这样的),但是在考察固定效应的显著性检验之前,必须正确地指定这些随机误差项。必须正确地指定误差结构($error\ structure$,和随机项的协方差矩阵的叫法一样),是因为一个不正确的误差结构会产生一个"错误设定($misspecified$)"的模型,相应地,会导致不准确的固定效应的显著性检验。而且,这种不准确的方向是无法预测的。更确切地说,把一个应该建构成随机的效应(删除应该包括的一个随机项)固定,可能会使系数被固定的部分显著,而它本来应该是不显著的,或者反之亦然,正如包括了不应该包括的随机效应一样。实事求是地说,指定随机误差项的方式在不同的软件包之间变化很大,变化之大以至于要描述各种各样的选择远远超出了本章要讨论的范围。非常值得注意的是在 HLM 中,程序默认预测变量是固定的:分析者需要明确地"让它们随机"。

从概念上来说,跨文化研究中的大多数系数可能都应该被建构成随机的——国家是从一个国家的总体中随机抽取的,并且这个取样必须是具有代表性的。尽管如此,这样的数据可能也不能够可靠地估计模型中所有的随机误差项和这些随机误差项中的协方差。大多数多层模型建构者主张不可靠的误差项应该被删除,尽管少数人认为一些随机误差的估计应该是基于其他来源的信息,例如,前人的研究。就这一点,如果大多数研究者从模型中删除了不可靠的随机误差项,并且牢记固定系数不能随机地变化,那么他们的研究结果将是能够站得住脚的。

同样,多层模型建构者的标准是:当对随机误差项作出决定时,要采用比 0.05 更宽泛的概率水平。在我自己的研究中,我让显著性在 0.10 的误差项保留在模型中,删除那些显著性高于 0.15 的误差项。当 p 值介于 0.10 和 0.15 之间时,我运行有这个误差项和没有这个误差项的模型来看看包括或不包括这个误差项的影响。决定这个"灰色地带"的随机误差项的方法还可以通过,对来自不同的、报告了拟合指数的模型的误差协方差矩阵进行比较。

关于决定随机误差项准则的讨论在我 2001 年(Nezlek,2001)的研究中有提到。在那篇文章中,对决定模型系数是固定的或是随机的,我讨论了三种基本原则:理论的、统计的和实践的。理论上(或者概念上),有可能(尽管并不典型)一些系数因为它们有一个狭窄的*推理广度*或*推理空间*(*breadth of inference or inference space*)而应该被固定,更确切地说,它们是打算描述一个非常特别的总体。正如前面已经讨论过的,如果随机误差项统计上不显著,系数会被固定。最后,如果对系数进行估计妨碍了模型的收敛,也会固定这些系数,这是一个实践问题。在这方面,许多多层模型建构者以少于 500 次的迭代希望得到模型收敛。

对我来说,在多层框架内建模和解释误差结构可能是计划和解释多层分析任务中最伤脑筋的方面。一个不显著的随机误差项是什么意思? 随机误差项之间的相关代表了什么? 关于这样的问题,众多论文和书籍会提供看起来似乎(或者实际上)相互矛盾的建议和解释。即使在本身就研究这样的技术的学者团体中,关于在多层框架中如何解释误差也远远没有达成一致意见。在这一章中,关于误差方差的解释我提供了我认为正确的建议;这个建议是基于我阅读的文献,并且更重要的是,基于我分析各种类型的多层数据结构的经验。其他学者可能提供了不同的建议,就这一点,分析者可能需要参考各种来源从而做出自己的决定。

交互作用

在 MRCM 中,理解统计上的交互作用要稍微比单层次(single-level)分析复杂些,因为交互作用要么可能是在水平之内,要么是在水平之间,要么可能两者都有。比较简单的形式之一是水平之间的交互作用,通常被称为跨层次交互作用(cross-level interaction),这代表一种调节关系。当水平 1 的关系(斜率)随着水平 2 一个变量的变化而变化时,就产生了跨层次交互作用。测验数据集的例子表明了 *生活满意度* 和 *个人主义* 之间的关系怎么随着 *GDP* 的变化而变化,这就代表了一种跨层次交互作用。

水平 2 上的水平内交互作用是相当简单明确的。在水平 2 上(对于我们来说就是国家水平)建立和解释水平内的交互作用和在 OLS 回归中处理交互作用是相似的(请见 Aiken & West,1991)。连续性测量的数据进行平均数趋中,然后和其他连续性测量或分类测量的数据交叉相乘,通过估计预测值来解释交互作用,通常对于连续性数据是观测值偏离平均数±1 个标准差,而对于分类数据则是每个组的观测值。

水平 1 上的水平内交互作用稍微更复杂些,尽管逻辑上是一样。最重要的是,在产生代表交互项的结果之前,应该在每个组内(如在每个国家内)对连续性变量进行趋中。例如,在样本数据集中,要产生包括 *个人主义* 的交互作用,需要在每个国家内从原始的个人主义得分中减去个人主义的国家平均数,并且这种趋中的成绩还应该乘以所包括的其他变量。对于国家 A 来说,这个其他变量可能是 2.75,对于国家 B 来说,它可能是 3.67,依次类推。得出的交互作用项应该非趋中地进入模型,因为这些项在产生它们的时候曾经趋中过。其他项以组平均数趋中的方式进入模型。这样能使计算预测值更容易些。

对计算预测分数±1 个标准差(一个标准)感兴趣的分析者,当采用预测分数来理解水平 1 的交互作用时,他们需要谨慎地运用这个标准。当这样做时,必须牢记采用国家内的标准差,并且这些国家内的标准差必须采用非限制模型的方差估计来产生。而且,水平 1 的交互作用也可能随着水平 2 变量的变化而变化。在这种情况下,需要生成不同的水平 1 系数集来表示水平 2 上的国家。这可能需要水平 2 上不同的国家组或在水平 2 的一个变量上±1 个标准差的国家。水平 1 内交互作用的分析,以及这样交互作用的水平 2 差异的建模可以在 Nezlek 和 Plesko(2003)的研究中看到。还可以在其他研究者(Preacher,Curran,& Bauer,2006)的研究中发现评价多层次情况中交互作用的资料。

调节和中介(moderation and mediation)

和理解交互作用一样,在多层次框架内理解调节和中介在概念上与在单层次框架内理解它们是相似的。在各水平之间,调节可以表现为跨层次交互作用的形式,并且可以通过水平 1 斜率的水平 2 预测因子的显著性检验来考察。实际上,跨层次交互作用有时被称为调节关系,因为水平 1 的一个关系随着水平 2 的一个变量的变化而变化,或者受水平2的一个变量的调节。这在前面的例子中举例说明过,建立的模型中,生活满意度和个人主义之间个体水平上的关系的文化差异随着 GDP 的变化而变化。

在各水平内,可以采用和 OLS 回归一样的表示预测变量交互作用的方式来检测调节作用。例如,如果在一个国家中,生活满意度和 GDP 之间的关系随着政治体制的变化而变化,那么可以确定建立国家水平的变量 MParty 和 GDP 之间的交互作用项。在水平2内,解释这样的分析结果和解释 OLS 的分析结果一样:显著的交互作用表明调节效应的存在。

评估水平1内的调节效应与之相似,但是稍微更复杂。和水平2相似,你需要建立表明问题中的两个变量联合效应的交互作用项。例如,如果对于工会会员和非工会会员来说,生活满意度和个人主义之间的关系是相似的,那么就可以确定把工会会员和个人主义两个变量结合在一起。在这个例子中,可能最好首先平均数趋中每个国家的个人主义,然后工会会员变量乘以这些趋中的值,然后把工会会员变量和交互作用项非趋中。如果交互作用项显著,可以得出结论生活满意度和个人主义之间的关系在工会会员与非工会会员间是不同的。通过产生代表会员和非会员的生活满意度与个人主义之间关系的预测值来确定这个差异的精确性。

这样的一个分析令人棘手的部分是,可能代表调节效应的系数会在水平2不同的单位间发生变化。如果水平1的平均调节效应显著不同于0,那么要检验代表调节效应的交互作用项的固定效应的显著性。对于水平2不同的单位来说,调节作用可能会较大或较小。例如,生活满意度和个人主义之间的关系在工会会员和非工会会员之间的差异,在有些国家可能要比其他国家更大些。而且,水平1的调节效应的随机误差项的显著性检验并不表示这种可能性的概率。例如,Nezlek 和 Plesko(2003)发现,即使当代水平1的调节效应的系数没有显著的随机误差项,水平2的变量也调节水平1的调节效应。

在多层模型中评价中介作用不是那么好理解,因此下面的讨论应该看作是些初步的探讨。我认为一个良好的开端是 Baron 和 Kenny(1986)所论述的传统的 OLS 规则。当包括了第二个预测变量后,一个结果变量和一个预测变量之间的关系变得不显著了,而第二个预测变量本身和结果变量、第一个预测变量都相关时,中介作用就产生了。在Bauer 等人(Bauer,Preacher,& Gill,2006;Krull & MacKinnon,2001)的研究中可以找到对中介作用见多识广的讨论,以及建议在多层次情况中评价中介作用的方法。

在水平2上,Baron 和 Kenny 所讨论的 OLS 规则似乎运用起来比较容易。以我所讨论的例子来说,GDP 和生活满意度之间的关系可能受另一个国家水平的测量变量(如一个国家的人们容易改变社会地位的程度——容易度,Ease)的中介。假设容易度也和生活满意度相关,并且在国家水平上,容易度和 GDP 相关,当把容易度包括在预测生活满意度的水平2的方程中时,容易度显著而 GDP 不显著。这样的结果表明容易度在生活满意度和 GDP 之间具有中介作用。

在水平 1 内,这种情况要复杂得多,部分原因是因为水平 1 的中介效应可能会在水平 2 的不同分析单位之间变化。例如,我们假设我们测量了另外一个个体水平的变量——自尊,并且我们发现自尊和个人主义、生活满意度都相关。而且,当由自尊和个人主义共同预测生活满意度时,自尊的系数是显著的,而个人主义的系数是不显著的。这是一个表面上证据确凿的中介案例。

虽然如此,完全有可能这样的中介不是在所有的国家中都存在。正如前面所讨论的,水平 1 系数的固定效应的检验与平均系数有关。这使得国家有可能具有一种和平均情况不同的关系模式,这种情况有时被称为 *有调节的中介作用*(moderated mediation)。此时一个小小的警告是非常有必要的。如果表明中介关系的系数在水平 2 的单位之间是变化的,那么一些对水平 1 的中介作用的解释(如 Kenny, Korchmaros, & Bolger, 2003)依赖于与斜率有关的随机误差项的显著性检验。这样的解释并不考虑表示中介效应的斜率可能是非随机变化的可能性。对于经常可获得数量有限的水平 2 单位(国家)的跨文化研究者来说,这样的问题特别突出。水平 2 的单位少就很难估计随机误差项。如果研究者仅仅依靠随机误差项出现显著性来判断水平 1 的系数是否在不同的国家间是变化的,那么他们可能会得出不准确的结论。而且,正如后面要提到的,把水平 1 的残差中意义的变化作为评价效果量的一种方法,关于这一点还有些困惑。就中介的解释依赖于水平 1 方差的变化来说,需要对这样的解释做谨慎地评价。

目前,很难对多层模型中较低层次的中介效应提供清楚的指导原则。传统的 OLS 规则(如 Baron & Kenny 提出的,1986)似乎是个良好的起点,因为它依靠固定效应的显著性检验而不是依赖方差估计。无论如何,分析者必须知道所有必须建立中介模型的关系都有可能在水平 2 的各单位间发生变化。那就是中介关系可能在一些国家中存在,但在其他国家中不存在。

比较系数:固定效应检验

尽管在许多发表的研究中主要强调个别系数的显著性检验,但是在 MRCM 中,可以对系数进行比较。这样的比较可以包括斜率或截距,并且有赖于分析者的丰富经验,这些检验会非常有效。这些检验(在 HLM 中被称为固定效应检验)依靠各限制条件对模型的影响。比较系数的程序和结构方程模型中的限制条件检验一样。分析者指定一个限制条件,例如,两个斜率之间的差异是 0,并且评估这个限制条件对模型适配的影响。如果限制条件导致了一个比较差的适配,这个限制潜在的假设就被拒绝了,例如,斜率之间的差异不是 0——各斜率是不同的。

例如,正如下面模型中所呈现的,假设我们对*生活满意度*和*个人主义*与*自尊*之间的个体水平上的关系感兴趣。

水平 1: $y_{ij} = \beta_{0j} + \beta_{1j}(个人主义) + \beta_{2j}(自尊) + r_{ij}$

水平 2: $\beta_{0j} = \gamma_{00} + u_{0j}$

$\quad\quad\quad \beta_{1j} = \gamma_{10} + u_{1j}$

$\quad\quad\quad \beta_{2j} = \gamma_{20} + u_{2j}$

γ_{10} 和 γ_{20} 分别代表个人主义和自尊的平均斜率,通过比较这两个系数可以检验生活满意度和个人主义与自尊之间关系的相对强度。在这个例子中,通过在模型上增加一个限制条件可以实现这两个系数的比较,如限制 γ_{20} 和 γ_{30} 之间的差异是 0。如果这个限制导致模型的适配度显著降低,那么可以得出结论这些系数(平均斜率)是不同的。这个显著性检验是自由度为 1 的卡方检验。请注意可以用这样的一个程序来比较例子中采用虚拟编码的预测变量——工会和非工会的平均数。

这些程序是很灵活的,并且可以用于比较各种类型的关系。例如,假设把水平 2 的一个斜率的预测变量增加到前面的模型中。*GDP* 是水平 2 的一个预测变量,把它用到建构个人主义和自尊斜率的国家水平差异的模型中。

水平 2: $\beta_{0j} = \gamma_{00} + \gamma_{10}(GDP) + u_{0j}$

$\quad\quad\quad \beta_{1j} = \gamma_{10} + \gamma_{11}(GDP) + u_{1j}$

$\quad\quad\quad \beta_{2j} = \gamma_{20} + \gamma_{21}(GDP) + u_{2j}$

GDP 对个人主义和自尊的调节关系的大小可以通过比较系数 γ_{10} 和 γ_{20} 来进行比较。这两个系数分别代表 *GDP* 对个人主义和自尊的调节关系。

这些例子虽然关注的只是两个系数的比较,但是限制条件可能涉及到的要多于两个系数。例如,假设在一个模型中有三个水平 1 的预测变量。这将在水平 2 上产生四个固定效应,1 个是截距的(γ_{00}),另外 3 个是为三个斜率的(γ_{10}, γ_{20}, 和 γ_{30})。一个限制条件可以比较前两个斜率和第三个斜率的平均数(γ_{10}, γ_{20}, vs. γ_{30}),可以编码成 $-1, -1, 2$。相似地,可以比较水平 2 的变量对这些斜率的每个调节关系。

限制条件的自由度还可以大于 1。假定宽泛的假设是 X1, X2, 和 X3 这三个斜率不同,这和有超过两个组的 ANOVA 的虚拟假设非常像。这个假设可以用一个自由度为 2 的限制条件进行检验,或许可以把 γ_{10}, γ_{20}, 和 γ_{30} 分别编码成 1; $-1, 0$; 或者 $1, 0, -1$。请牢记正如 ANOVA 的 *F* 检验一样,如果这样的一个限制条件是显著的,那么分析者并不确切知道哪些斜率是彼此不同的。

这些例子所呈现的仅仅只是可能运用这个技术的少量样本。我认为固定效应检验在采用 MRCM 的研究中并没有被充分使用。采用恰当的编码系统和限制,分析者可以用 MRCM 来为分类变量做类似 ANOVA 的分析,他们可以不必依赖含义可疑的方差估计来比较关系的强度,等等。我强调要谨慎理解一个模型中每个系数精确代表的含义,这是为了想鼓励分析者并期望他们采用这些检验来创建模型。

测量的标准化

与那些主要采用 OLS 分析进行研究的分析者的经验相反，MRCM 估计的只是非标准化的系数。MRCM 分析估计非标准化的系数，是因为运算法则依赖的是协方差矩阵来估计参数，而不是相关矩阵。尽管从建模的角度来看这是可取的（协方差矩阵包括的信息量要比相关矩阵多），但是从实质性的角度来看，它并不一定令人满意。更确切地说，研究者往往感兴趣的是考察种种关系，在这些关系中，控制或消除了测量值方差的差异影响，而不是保持了这些影响。

尽管标准化本质上是不可能的，但是标准化系数在一些情况下可以被间接地估计。这在水平 2 上是最容易的分析。如果在分析前水平 2 的测量被标准化了，那么代表水平 2 变量和水平 1 系数之间关系的系数将表示水平 2 的预测变量增加一个标准单位，水平 1 系数的变化情况。从技术上说，分析将仍然估计非标准化的系数——水平 2 的一个测量变量变化了 1 个点，水平 1 的一个系数的变化情况；但是，因为水平 2 的测量变量现在标准化了，所以 1 个点的变化表示一个标准单位。

在水平 1 上，测量标准化的情况就没有这么简单。首先，最好通过设计研究使各测量有相似的方差来避免非标准化问题，例如，对不同的测量采用相同的测量尺度。但是，并不总是可能这样（如，数据可能已经收集了），因此可以对测量数据进行转换，以便减少或消除方差的差异（如可以除以一个常数）。分析者应该避免（或谨慎地考虑）在国家内进行标准化处理，也就是说，计算每个国家的标准差，并根据每个国家平均数的标准差来描述观察值。这样人为的标准化把所有国家的平均数都设置为 0，并且在计算过程中，通过消除截距中的所有方差来消除截距中平均数的差异。

尽管采用线性转换来改变个别测量的方差并不会改变个别系数的显著性检验，但是方差差异会促成系数比较的显著性检验。例如，假设在一个模型中，水平 1 的一个截距有两个水平 2 的预测变量。改变这些预测变量的方差将会改变水平 2 系数比较结果。个别效应的检验将不会改变，但是限制的卡方检验会改变。相似地，水平 1 预测变量的方差促成了水平 2 上它们平均数的限制条件的检验。

估计效果量

在多层次框架中，两个变量之间关系的强度可以用两种方法来估计。第一种方法，也是最方便的方法，是只要解释系数的大小。这可以用案例数据集的分析来举例说明，请记住 MRCM 估计的是非标准化的系数。例如，在最初的分析中，*生活满意度*和*个人主义*之间平均斜率的估计值是 0.86。这意味着个人主义每提高 1 个点，生活满意度就增加 0.86。要估计与 1 个标准差相关的增加或减少就需要估计国家内的标准差。但是,采用忽视分组的简单水平或单层(single-level)描述性统计并不能做到这一点。

　　估计的国家内标准差可以并且应该从预测变量的无条件分析中得出。如果不直接提供标准差的话,国家内的标准差就是水平 1 的标准差,或者是水平 1 方差的平方根。对于样本数据集来说,个人主义的水平 1 的标准差是 2.16。顺便说一下,只计算水平 1 的所有观测值的标准差得到的估计值是 2.54。当个人主义是+1 个标准差时,生活满意度的估计值会是 15.03 +(0.86×2.16)= 16.89。当个人主义是−1 个标准差时,生活满意的估计值将是 15.03−(0.86× 2.16)= 13.17。

　　还可以通过估计因变量测量中由预测变量解释的方差的百分比来估计斜率的大小。具体做法就是把从因变量测量的完全无条件模型中得到的水平 1 的残差(生活满意度的残差是 3.05)和包括预测变量的水平 1 的方差(当包括个人主义时,水平 1 的方差是 0.30)进行比较。在这个分析中,这两个变量(生活满意度和个人主义)分享了90%多一点的方差,这转化成平均的国家内相关大约是 0.95。并且,这个过程反过来的话(让生活满意度预测个人主义),会得到大约相同的数字,但是,这样的相似性并不是总会出现。

　　在多层次模型建构者中,采用残差来估计关系的强度是个稍微有争议的程序。例如,尽管 Kreft 和 de Leeuw(1998)对 R^2 进行了讨论,但是他们建议当解释这样的效果量估计值时要谨慎:"总的来说,我们建议不要过于重视 R_B^2(水平 2 方差)或者 R_w^2(水平 1 方差]的计算(p.119)。"某种程度上是因为增加有意义的水平 1 的预测变量并不一定导致残差的减少。

　　在 OLS 分析中,效果的显著性检验是基于误差方差的减少。和 OLS 分析不同,在MRCM 分析中,一个系数和各随机误差项的固定效果的显著性检验是分别估计的。在一些极少的情况下,给水平 1 的模型增加预测变量可能导致残差的增加,这在 OLS 中是绝对不可能的。关于趋中如何影响此类估计还有疑问(Raudenbush & Bryk,2002),大家一致同意预测变量应该被组平均数趋中。在这点上我的建议是遵循 Kreft 和deLeeuw(1998)谨慎的观点。目前,足以引起我们注意的情况是,只有水平 1 预测变量而没有水平 2 变量的模型,这些模型似乎可以提供由两个水平 1 的变量共享的合理、稳定的方差估计,并且使用与水平 2 的附加预测变量相关联的残差的减少问题。

非线性结果

　　到目前为止,我们的讨论一直假设因变量测量是连续的,并且或多或少是正态分布的;然而,跨文化研究者可能感兴趣的是不连续的或非正态分布的结果,例如分类测量、高度偏态的计数数据(highly skewed count data),等等。此类测量分析依靠的逻辑与正态分布的测量分析相同,但是它们采用不同的运算法则。采用不同的运算法则是很有必要的,因为对于不是正态分布的测量来说,平均数和方差都不是独立的,并且这种非独立性违反了一个关键性假设。例如,二项式方差(binomial variance)是 npq,当 $n=$ 观测值的数量,$p=$ 更常见结果的概率,并且 $q=1-p$。当平均数改变时(预期值是 p),方差就改变。

非线性结果的分析在结构上和线性结果的分析相似。先估计一个水平 1 的模型,然后在水平 2 上分析水平 1 的系数。在样本数据集中,有一个工会变量,表示一个人是否属于一个劳动组织,可以采用 $n=1$ 的伯努利(Bernoulli)模型来检验属于劳动组织的人的百分比。模型如下:

$$\text{Prob}(y=1 \mid \beta_{0j}) = \varphi$$

方程中所描述的转换是标准化伯努利($N=1$)结果。虚拟假设是平均数 $=0$,表示 50% 的人属于劳动组织。这个分析得出的系数,属于的胜率(the log-odds of belonging)是 0.08(单位特定,非稳健估计),相当于 52%,这种情况并不显著不同于 0。尽管虚拟假设总是系数不同于 0,0 所代表的将随着所用转换的变化而变化(如非线性结果的类型)。

当分析非线性结果时,预测变量可以增加到水平 1 和水平 2 上,正如把它们增加到线性结果的分析中一样,并且分析结果的解释是相似的。例如,当在水平 2 的模型中包括 GDP 这个变量时(总平均数趋中的),得出的系数是 -0.15,这个系数不显著($p=0.17$)。假设结果显著的话,那么这个关系可以通过计算各个国家 ± 1 个 GDP 的标准差产生的预测值来进行解释。GDP 的标准差是 2.63,所以国家 $+1$ 个标准差的预测胜率(log odds)是 $-0.31 = 0.08 + [2.63 \times (-0.15)]$,相当于 42%。国家 -1 个标准差的预测胜率是 $0.47 = 0.08 - [2.63 \times (-0.13)]$,相当于 62%。请注意尽管 GDP 是总平均数趋中的,但是这个分析中的截距和非限制模型中的截距略微有些不同。

当分析非线性结果时,分析者应该知道如下情况:

1.解释非线性分析结果需要谨慎,特别对于那些不熟悉逻辑回归及其相关技术的分析者来说。尽管可以清楚地描述转换,但是生成预测值会非常复杂,这需要理解各系数的含义。为了生成预测值,我采用电子数据表,每个方格包括用于产生胜算点估计的每个方程步骤。

2.在非线性结果的分析中,不估计水平 1 的方差。这是由这些分析中采用的运算法则的特性所决定的。

3.对于非线性结果的分析来说,HLM 产生两组系数,特定单位的和总体平均数的(population-average),并且这些系数可能在意义上是不同的。对于非线性结果来说,估计系数需要一个"关联函数(link function)",并且可以用不同的关联函数。关联函数的详细讨论远远超出了本章讨论的范围。然而,需要注意的是特定单位的系数是指非连续单位(discrete unit)(如国家)上的关系,比如斜率(由一个预测变量一个单位的变化而导致的变化),而总体——平均数的系数是指存在于总体中的关系。注意到这些是非常有帮助的。本章中要囊括所有恰当的建议是不可能的,想获得更详细的介绍,鼓励感兴趣的读者可以参阅 Raudenbush 和 Bryk(2002)的研究。

解释结果

单层次 OLS 分析产生标准化的系数,对于主要有单层次 OLS 分析经验的研究者来说,如何解释 MRCM 分析结果要费些时间。以下是一些重要的注意事项。

第一,MRCM 产生两组(或者更多)的系数,并且在跨水平交互作用的情况下(随后会描述到),在较低分析水平的系数可能需要按照较高分析水平的系数来进行解释。水平越多理解越深入,但是也更复杂。

第二,在大多数分析中,大多数系数都是非标准化的。请看前面关于标准化的章节。尽管分析者们可能仍然依靠显著性检验来确定关系是否显著地不同于 0 或者彼此是否显著不同,但是需要牢记的是这些系数是非标准化的。

第三,一个系数的固定效应的显著性检验可以是随着那个系数包括或不包括随机误差项的变化而变化。在评估固定效应的显著性检验结果之前(对于大多数研究者来说这些检验是最有意义的),需要正确地指定误差项。对于大多数分析来说,这将意味着误差项是可靠的,应该保留,反之,那些不可靠的误差项就应该从模型中删除,换句话说,效应应该被"固定"。

第四,系数的含义取决于变量是如何被趋中的,并且不同的趋中选择会产生不同的(有时是非常不同的)显著性检验。误差结构经常有事后比较部分(如删除不能可靠估计的误差项),而和误差结构的说明不一样,趋中应该事先完成。分析者们应该事先知道他们想让每个系数代表什么,并且应该选择代表这些数量的趋中方式。

除了牢记这些注意事项外,理解 MRCM 分析结果的关键是和我已经完成的样本数据分析一样,生成预测值或预期值。在分类测量的情况下,这将意味着为每个分类生成预期值,而对于连续性测量来说,人们可以选择估计观察值 ± 1 个预测变量标准差的值。鉴于结果可能很复杂,分析者不能夸大生成预测值的重要性。对这一点的强调与在许多单层次 OLS 分析中强调标准化系数的显著性检验形成鲜明的对比,两者截然不同。

报告结果

作为一个指导原则,研究论文的作者需要认识到,至少对于以后几年来说,大多数读者可能不太熟悉 MRCM。尽管学术论文意欲教育读者、向读者揭示新方法和新技术，但是学术论文也打算告知读者、帮助读者更好地理解实质性问题。对于大多数论文来说，这意味着详细地呈现分析结果，以及详细地呈现并不是实质性研究问题核心的分析部分可能要比论文试图告知读者的内容更令人困惑。当然，作者需要提供的信息足够详细以便读者（和评论者！）能理解做的是什么，但是在大多数研究报告中，对实质性问题的回答是"大头（the dog）"，而为这些回答提供基础的分析则成了"尾巴（the tail）"。

在呈现模型的时候，如果模型采用"Raudenbush 和 Bryk"or"HLM"风格（本章中所使用的风格）呈现的话，与仅在一个方程中包括所有系数的混合效应（或混合模型）风格相比，大多数读者可能都能够更轻而易举地理解这些分析。在 HLM 风格中，水平 1 的每个系数都有一个单独的方程，并且水平 1 和水平 2 的系数采用不同的字母。请注意我并不建议分析必须用 HLM 来做。我只是建议采用 HLM 风格来呈现模型。以我的经验来说，当模型的结构采用 HLM 风格呈现时，人们更容易理解这个结构。

接下来是有关报告 MRCM 分析结果的建议。假定一篇论文主要关注的是固定效应，也就是变量之间关系的显著性检验的结果。尽管研究者可能对随机误差项也感兴趣，但是大多数研究者的假设可能会关心固定效应，比如在前面章节中提到的那些。如果两个个体变量相关（如代表生活满意度和个人主义之间关系的斜率），那么这种关系在不同的国家间是以某种可以预料的方式变化的吗（如 GDP 的调节关系）？等等。

对这一点的强调部分地反映了一个事实，即尽管一个系数显著的随机误差项表明一个系数变化了（随机地），正如前面所讨论的，但是没有显著的随机误差项并不意味着系数没有以任何方式变化。甚至即使没有显著的随机误差项，仍然有可能系数是非随机变化的，例如，当发现一个国家水平的特征与一个国家内的斜率相关时。鉴于这种可能性，我倾向于不再强调随机误差项的重要性。对大多数研究目的来说，描述哪些效应建模是随机的，哪些效应建模是固定的，以及如果是固定建模，为什么要这样做就应该够了。然而，在多层次分析的学者中，这个问题远远没有解决，并且研究者们需要自己决定他们要报告哪些结果。

当报告结果时，通常描述固定系数（通常是某类 γs）就足够了，即与该系数为 0 的假设检验有关的显著性水平和 t 值。不需要报告该系数、t 值和标准误，因为 t 值只是系数除以标准误。分析者可能想报告自由度，自由度表明一个效应是建模成固定的还是随机的，尽管与 t 值有关的概率并不会和 OLS 分析一样随着自由度的变化而变化，这是因为在 MRCM 中，t 值是近似值。一些其他的检验，如多参数检验，产生表示模型适配度差异的卡方，对于这样的检验，报告卡方和与之对应的自由度和 p 值是适当的。最后，在许多研究中，如果不是大多数研究，报告截距是否显著不同于 0 的显著性检验的结果可能是不恰当的。这样的结果只有当 0 对因变量测量来说是个有意义的值时才应该报告，例如，对于采用 1—7 点的量表测量的因变量来说就不需要报告截距了。

一些作者报告模型的比较,类似于呈现结构方程模型的分析结果时所作的。尽管这样做可能有很好的理由,尽管不是出于大多数的目的,但许多目的可能是不必要的。MRCM 分析的描述偏重对个别参数感兴趣,而不是模型的全部适配,而在结构方程模型中,模型的全部适配通常是分析的焦点。可以比较两个 MRCM 模型的全部适配来决定是否包括随机误差项,尽管对于评价包括或不包括个别随机误差项来说,这样的程序可能不是必要的。还可以比较预测变量集的相对适配,尽管当分析者这样比较时,应该肯定采用完全最大似然估计值(e.g.,Raudenbush,et al.,2004)。

最后,并且是最重要的,强烈鼓励作者在他们结果的解释中包括预测值。对于连续变量,一个公认的标准是平均数上下 ±1 个标准差。当包括多组(在分析的任何一个水平上)时,为每个组产生预测值通常是有益的。当解释复杂的研究结果时,如跨水平的交互作用,这样的预测值可能特别有用。

模型建构

一般地说,在 OLS 回归中似乎有两个惯例:一个是预先确定所包括和保留的预测变量集,不管它们的统计显著性;另一个惯例是更加探索性的方法,包括许多预测变量,只保留那些<u>显著</u>的预测变量。当然,还存在并使用其他可能的方法。然而,对于 MRCM 来说,这两种方法可能都不合适,特别是在水平 1 上,并且特别当预测变量的数量多的时候。

策略上的这种差异反映了 OLS 回归和 MRCM 之间的一个决定性的差异。在 OLS 回归中,每个预测变量只估计一个固定效应,并且整个模型只估计一个误差项。相比之下,在 MRCM 中,每个水平 1 的预测变量都要估计一个固定效应和一个随机效应,并且还要估计随机误差项中的协方差。这就意味着在一个 MRCM 分析中,要估计的参数的数量随着预测变量的增加是非线性增加的。例如,一个没有预测变量的水平 1 的模型,要估计两个参数:截距的固定和随机效应。有一个预测变量的水平 1 模型,要估计 5 个参数:截距和斜率的固定和随机效应,还有截距和斜率的误差项之间的协方差。有三个预测变量的水平 1 的模型,要估计 9 个参数:截距和两个斜率的固定和随机效应,三个误差项之间的协方差。以此类推。

当统计学家想要建构一个模型时,他们有时参考数据的承载能力(*carrying capaci-ty*)。一个数据集可以可靠估计多少参数? 为了这些目的,把一个数据结构当作一个数据队列来考虑,并且根据一个模型中要估计的参数的数量来考虑可能是有益的。如果相同的数据结构,估计更多参数的模型每个参数的信息越少。在某一时刻,一个模型需要太多的参数,从而没有足够的信息来估计所有参数或者任何参数了。

鉴于此,多层次模型建构者倾向于偏爱前向算法(*forward-stepping algorithms*),即一次增加一个预测变量,并删除那些不显著的预测变量,或者先检验比较小的模型,然后往模型里增加预测变量。这个程序在意义上与后向(backward-stepping)算法不同,后向算法中,一开始就同时包括了许多预测变量,然后那些不显著的预测变量被删除。前向方法倾向于用比后向方法更少的、但更稳定的参数估计建构较小的模型。当然,个别分析者将不得不受到他们所面对的特定情况和他们学科(disciplines)标准的影响。无论如何,习惯在模型中同时包括许多预测变量的分析者可能不得不面对这样可能的情况,在 OLS 回归中,他们在水平 1 的模型中所包括的预测变量无法和他们想包括的或者已经习惯包括的预测变量一样多(或许完全不一样多)。

在其他分析中用估计的系数

在一个 MRCM 分析中估计的系数可以保存并用于其他分析中;但是,当这样做时,我们劝告分析者要非常谨慎。首先,与任何包括许多预测变量的技术一样,任何特定分析作出的估计都将反映分析中所包括的变量中的协方差,并且采用 MRCM,这样的估计也将反映模型中的任何误差结构。而且,如果没有为一个系数估计随机误差项,并且任何水平 2 的预测变量都不在模型中,一些程序(如 HLM)将为所有水平 2 的单位(国家)的一个系数提供相同的估计。用来估计系数的算法得出的结果就是这样。

分析者需要牢记:第一,尽管把 MRCM 模型看做是一系列嵌套方程可能是有益的,但是实际上,MRCM 分析依靠的是一个在所有水平上同时包括预测变量的单一方程。第二,如果采用压缩估计(Shrunken Estimates)[以贝叶斯(Bayesian)分析为基础,一般用于 MRCM 程序中],该估计通常和 OLS 估计高度相关。就它们的方差来说,压缩估计和 OLS 估计不同,因此,对于纯粹的相关分析来说,采用这两种估计方法可能在结果上没有太多的不同。第三,除非这些系数运用在一个随机误差可以被建模的分析中,否则这个分析将不反映多层次分析的这个方面,这就削弱了采用 MRCM 估计系数的价值。

出于以上的考虑,我们鼓励分析者创造性地思考在多层次情况中他们怎样才能够检验感兴趣的问题。例如,国家内的差异,如跨时间的变化可以采用各种反映兴趣倾向的编码方案来检验。各国家群组可以通过创建水平 2 的变量来进行比较。分析者在一些其他分析类型中运用由 MRCM 估计的系数之前应该仔细考虑。

加权(weights)

在分析中决定加权并不是多层次建模独有的。因为各种各样的原因,研究者可能想给一些观察值比其他观察值分配更多的重要性(更多权重)。这样的决定往往反映了由于不同类型被试的样本过量或样本不足而希望校正样本。例如,如果在一个样本中75%的被试是男性,而已知总体中男女的数量相等,那么每个男性应该被加权2,每个女性被加权3(或者0.67和1,或者反映期望调整的某个比率)。对于加权观察值并没有固定的规则,并且这样的调整能够反映各种需要注意的方面。对于加权广泛的讨论请见 Haedler 和 Gabler(2003)的研究,在欧洲社会调查(European Social Survey,ESS,2009)中,对在多层次、跨文化研究中使用加权进行了很好的讨论。

多层次建模独特的加权方面是权重可以分配给每个分析水平上的单位(对于目前讨论目的来说就是国家和个人)。在个人水平上,这样的加权有时被称作设计加权(design weights),因为它们反映了从一个已经确定的取样设计中所得到的个案的分布。设计加权可以用来校正样本缺乏代表性。这样的样本无代表性可能是故意而为的。例如,为了确保研究者从成员数目很少的群体中(如移民)获得足够的样本,某些群体可能被过度取样(收集的数据比例比总体中实际存在的比例多)。样本无代表性也可能不是故意的。例如,产生代表性样本的努力可能由于各种原因而无法实现。不管原因如何,如果样本没有代表性,国家水平的统计估计值(在一个多层次框架中,或不是)可能就不准确,因为它们所基于的样本不能代表统计估计值想要描述的总体。这样的问题可以用分析中恰当的加权来解决。

在国家水平上,加权通常反映了一个样本中国家人口的差异。例如,假设一个研究从芬兰和中国两个国家都取了100个观察值。芬兰有5—6百万人,而中国则超过了10亿人口。当要做有关人的推论时,同样地对待这两个100个观察值的群体是没有太大的意义的。如何准确地考虑到这样的差距可能并没有固定的模式。研究者可以采用人口本身、人口的对数或其他变换参数等等来加权国家(水平2的观察值)。

数据设计的注意事项和选择分析策略

和单一水平的数据结构需要考虑的问题相似,研究者往往对多层次数据设计的统计检验力(power)有质疑。这样那样的样本在多大程度上能检测出这样那样的差异?令人遗憾的是,人们并没有充分地理解多层次模型检验力的估计问题,并且接下来的讨论应该解释成是对指导原则的讨论而不是对固有规则的描述。一般根据对水平2和水平1的观察值数量的描述,人们提出了各种各样的规则,如30/30(Kreft,1996),50/20,或者100/10(Hox,1998)。应该注意到这些规则反映了在这些研究设计中,与跨文化研究者想获得更多的国家相比,获得更多水平2的单位可能要容易得多。有关多层次模型中检验力分析的丰富的、易理解的讨论请见 Richter(2006)的研究。

和单层次分析一样,"越多越好"这句格言无疑也是适用的。观察值越多(在分析的两个水平上)将提供更稳定的参数估计。令人遗憾的是,特别是对跨文化研究来说,如果可能的话,可能也很难获得更多的观察值,特别是在国家或文化水平上。而且,鉴于很难从多个国家中获得数据,研究者还经常面临一个实证上的既成事实——已经收集了国家水平的数据,而根本问题却是"是否有足够的国家来证明多层次分析的合理性"?

要对这个更广泛的问题作出回答还需要回答其他问题,最重要的问题大概是:主要假设关注的是从水平 1 得到的截距或斜率吗? 截距总是比斜率更可靠,因此检验国家水平的截距差异要比检验国家水平的斜率更容易(如数据提供检验力更大)。越可靠的系数越有效率,意思就是和斜率相比,建构国家水平的截距差异的模型需要的国家较少。然而,许多假设关注的是国家水平的斜率差异,例如,个体水平的变量 X 和 Y 之间的关系如何随着国家水平的变量 Z 的变化而变化?

倘若许多跨文化研究者都对国家水平上的国家内系数(截距和斜率)的差异感兴趣,那么这个讨论就集中在所需国家的数量上。首先,把分析中的国家看做是从国家总体中抽样是非常有益的。在这样的情境中,分析者可以考虑在一个传统的单水平设计中他们需要的最小数量的观察值。当然,很少有研究者会考虑只有 4、5 或者 6 个观察值的研究。类似地,在多层次情境中,国家数量少将不能为估计参数提供良好的基础,并且这样的缺点对估计随机误差项将特别重要。国家数量少的话,理论上应该随机的系数不能建模,因为没有足够的信息来估计随机误差部分。

所有这些讨论都很好,但却回避了问题,如果实在没有足够的国家来进行多层次分析,例如只有两三个国家,那么分析者能够做什么或者应该怎么做? 这种情况下有各种各样的选择可用。如果研究问题主要关注的是平均数差异,那么某类方差分析的方法可能是适用的,分析时把国家看做是组间因素。如果研究问题主要关注的是国家内的关系,那么最合适的选择可能是一种众所周知的分组回归(regression by groups)技术。正如在本章的前言中所提到的,在这样的分析中,为每个组(国家)分别估计回归方程,然后可以比较每个组的系数。尽管这种技术不用建模系数中的随机变异性,但是它并不假设系数(斜率)跨组间是相等的。最后,我规劝分析者要谨慎地使用 LSDV 分析。正如在前言中所说明的,除非这样的分析明确地包括了要检验跨组间(国家)斜率的相似性,否则分析要假设斜率是相似的。

但是,这样的分析并没有机会建模(统计上想要说明)系数(要么平均数,要么斜率)在国家间的差异,记住这一点非常重要。尽管这样的分析可能能够建立系数跨国家间变化的事实,但是它们并不能为得出这种差异为什么存在的结论提供统计基础。因为实在没有足够的国家来为统计推论提供基础。在这样的情况中,为了得出国家为什么存在差异的结论,分析者将需要依靠其他依据或材料。

软件选择

为了回应对多层次建模日益增长的兴趣,可以做此类分析的程序数量自 1995 年以来进行了有意义的增长。程序太多,在这里不能详述具体的比较,所以我提供的只是一般的指导原则。首先,假如指定的模型相同的话,重要的程序(如由声誉好的软件公司提供的程序)将给出相同的结果,注意到这一点非常重要。我已经强调了是*相同的模型*,因为多层次模型要求分析者对误差结构、趋中等进行众多决定,并且不同的程序将以不同的方式进行不同的选择。

对于熟悉 MRCM 微妙之处的分析者来说,可以由熟悉性和易得到的原则来指导软件的选择。对于不熟悉 MRCM 的分析者来说,情况就有所不同。对于这样的分析者,我推荐专门为进行 MRCM 分析而设计的程序,诸如 HLM 和 MlwiN。并且 HLM 或许是用起来最容易的。之所以如此推荐是因为采用这些程序可以容易地指定模型(误差项、趋中等),可以很容易地解释结果,以及来自我的研究经验。对于不熟悉 MRCM 的分析者来说,从众多多种用途的程序中进行一系列选择可能是令人困惑的,并且可能导致他们不知不觉地指定了不合适的或不正确的模型,因为这些程序被设计的不仅仅只做 MRCM 分析,还能做其他更多的分析。

最后,不同的软件选项的可得性突出了术语的重要性,如把本章中所讨论的各分析方法称为多层次随机系数模型或者有时简单地称为多层次模型(MLM),而不用多层线性模型(HLM)这个术语。在多层次范畴里,HLM 是进行 MRCM 分析的一个专用程序,研究报告的作者们应该对他们所用的技术(MLM)与用来进行分析的程序(HLM、SAS等)进行仔细的区分。

结　论

多层次建模与跨文化研究之间的适配是顺理成章的,特别对于总是对个体的态度、信仰和行为的个人差异和文化差异的联合效应感兴趣的跨文化心理学家来说。这样的兴趣通常依赖于对特定数据集的分析,在这些数据集中,观察变量是从多个国家内的多个个体中收集来的,并且多层次建模提供了一个综合性的框架,在这个框架中,各种类型的关系可以在这样的数据结构中进行检验。

我认为由于如此良好的适配,在跨文化研究中运用多层次建模将在未来几年甚至更长时间内持续发展。但是,这样的发展并不是没有痛苦的。特别是对于那些主要接受的训练是有关单层次 OLS 技术的研究者来说,进行多层次分析时所涉及的注意事项可能会令他们气馁。必须同时解释多层次上的系数,并且不同分析层次上的关系相互影响。此外,还有建构误差结构模型的复杂性。

广泛应用多层次建模的一个阻碍是相对缺乏关于这个主题的大学课程。尽管这一点正在改变,但是目前,在社会科学的统计学研究生教育中,多层次建模绝对不是公认标准的一部分。尽管如此,仍然有优秀的资源可用,在书籍、论文和专业的培训(如工作坊)方面,感兴趣的研究者在完成了他们正规的培训后,就可以很好地理解多层次建模。我写这章内容的目的之一就是提供足够的信息,以便不熟悉这项技术的研究者考虑使用 MRCM,或者至少为他们提供足够的信息来理解运用 MRCM 的研究结果。万里长征刚刚开始起步。

参考文献

Aik en,L.S.,& West, S.G. (1991).*Multiple regression:Testing and interpreting interactions*.Newbury Park,CA:Sage.

Baron,R.M., & Kenny, D. A. (1986). The moderator – mediator distinction in social psychological research:Conceptual,strategic,and statistical considerations.*Journal of Personality and Social Psychology,51*,1173−1182.

Bauer,D.J.,Preacher,K.J.,&Gil,K.M.(2006).Conceptualizing and testing random indirect effects and moderated mediation in multilevel models:New procedures and recommendations.*Psychological Methods,11*,142−163.

Bryk,A.S.,& Raudenbush,S.W.(1992).*Hierarchical linear models*.Newbury Park,CA:Sage.

European Social Survey.(2009).*Weighting European social survey data*.London:Centre for Comparative Social Surveys,City University,London.

Haedler,S.,& Gabler,S.(2003).Sampling and estimation.In J.A.,Harkness,F.J.R.Van de Vijver,& P.Ph.Mohler(Eds.),*Cross−cultural survey methods* (pp.117−134).New York:Wiley.

Hox,J.J.(1998).Multilevel modeling:When and why? In I.Balderjahn,R.Mather,& M.Schader(Eds.),*Classification,data analysis and data highways* (pp.147−154).New York:Springer.

Kenny,D.A.,Korchmaros,J.D.,& Bolger,N.(2003).Lower level mediation in multilevel models.*Psychological Methods,8*,115−128.

Kreft,I.G.G.(1996).*Are multilevel techniques necessary? An overview,including simulation studies*.Retrieved March 31,2006,from http://www.calstatela.edu/ faculty/ikreft/quarterly/quarterly.html.

Kreft,I.G.G.,& de Leeuw,J.(1998).*Introducing multilevel modeling*.Newbury Park,CA:Sage.

Krull,J.L.,& MacKinnon, D.P.(2001).Multilevel modeling of individual and group level mediated effects.*Multivariate Behavioral Research,36*,249−277.

Marsh,H.W.,& Hau,K.(2003).Big−fish−little−pond−effect on academic selfconcept.A cross−cultural (26 country)test of the negative effects of academically selective schools.*American Psychologist,58*,364−376.

Nezlek,J.B.(2001).Multilevel random coefficient analyses of event and interval contingent data in social and personality psychology research.*Personality and Social Psychology Bulletin,27*,771−785.

Nezlek,J.B.(2003).Using multilevel random coefficient modeling to analyze social interaction diary data.*Journal of Social and Personal Relationships,20*,437−469.

Nezlek,J.B.,& Plesko,R.M.(2003).Affect−and self−based models of relationships between daily events and daily well−being.*Personality and Social Psychology Bulletin,29*,584−596.

Preacher,K.J.,Curran,P.J.,& Bauer,D.J.(2006).Computational tools for probing interaction effects in multiple linear regression, multilevel modeling, and latent curve analysis. *Journal of Educational and Behavioral Statistics*, *31*, 437-448.

Rabash, J., Browne, W., Goldstein, H., Yang, M., Plewis, I., Healy, M., et al. (2000). *MLn*: *Command reference guide*. London: Institute of Education.

Raudenbush, S.W., & Bryk, A.S. (2002). *Hierarchical linear models* (2nd ed.). Newbury Park, CA: Sage.

Raudenbush, S., Bryk, A., , Cheong, Y. F., & Congdon, R. (2004). *HLM6*: *Hierarchical linear and nonlinear modeling*. Lincolnwood, IL: Scientific Software International.

Richter, T. (2006). What is wrong with ANOVA and multiple regression? Analyzing sentence reading times with hierarchical linear models. *Discourse Processes*, *41*, 221-250.

Singer, J. D. (1998). Using SAS PROCMIXED to fit multilevel models, hierarchical models, and individual growth models. *Journal of Educational and Behavioral Statistics*, *23*, 323-355.

Snijders, T., & Bosker, R. (1999). *Multilevel analysis*. London: Sage.

附 录

样本数据集

水平 1 的数据

Coun.	Life	Ind.	Ind2.	Union	NUn.	Ucnt.	Coun	Life	Ind.	Ind2.	Union	NUn.	Ucnt.
A	1	1	1	0	1	−1	D	5	5	5	1	0	1
A	2	2	2	1	0	1	D	6	6	6	1	0	1
A	3	2	2	1	0	1	D	6	7	7	1	0	1
A	4	3	3	1	0	1	D	7	8	8	1	0	1
A	5	3	3	0	1	−1	D	8	9	9	1	0	1
A	6	3	3	1	0	1	D	9	10	10	1	0	1
A	7	4	4	1	0	1	E	1	4	104	0	1	−1
A	8	4	4	1	0	1	E	2	5	105	1	0	1
B	2	2	2	0	1	−1	E	3	6	106	0	1	−1
B	2	2	2	0	1	−1	E	4	6	106	0	1	−1
B	3	2	2	0	1	−1	E	5	6	106	1	0	1
B	3	4	4	0	1	−1	E	6	7	107	0	1	−1
B	4	4	4	1	0	1	E	7	8	108	1	0	1
B	4	4	4	1	0	1	E	8	9	109	1	0	1
B	5	5	5	1	0	1	E	9	10	110	0	1	−1
B	6	5	5	0	1	−1	E	9	10	110	0	1	−1
B	6	5	5	0	1	−1	F	1	1	101	0	1	−1

续表

Coun.	Life	Ind.	Ind2.	Union	NUn.	Ucnt.	Coun	Life	Ind.	Ind2.	Union	NUn.	Ucnt.
C	3	3	3	0	1	−1	F	1	2	102	0	1	−1
C	3	3	3	1	0	1	F	4	5	105	0	1	−1
C	3	3	3	0	1	−1	F	5	7	107	1	0	1
C	4	6	6	1	0	1	F	5	8	108	1	0	1
C	4	6	6	1	0	1	F	6	10	110	0	1	−1
C	4	6	6	1	0	1	G	5	2	102	0	1	−1
C	5	8	8	1	0	1	G	5	2	102	0	1	−1
C	5	8	8	0	1	−1	G	5	2	102	0	1	−1
C	5	9	9	1	0	1	G	6	3	103	0	1	−1
C	6	9	9	1	0	1	G	6	3	103	1	0	1
D	2	1	1	0	1	−1	G	6	3	103	1	0	1
D	3	2	2	1	0	1	G	7	4	104	1	0	1
D	4	3	3	1	0	1	G	7	4	104	1	0	1
D	4	4	4	0	1	−1	G	7	5	105	0	1	−1
G	8	6	106	0	1	−1	I	6	6	106	0	1	−1
H	4	1	101	0	1	−1	I	7	7	107	1	0	1
H	4	1	101	0	1	−1	I	7	7	107	1	0	1
H	4	2	102	1	0	1	I	7	8	108	1	0	1
H	5	2	102	1	0	1	I	7	9	109	1	0	1
H	5	3	103	1	0	1	I	8	10	110	0	1	−1
H	5	4	104	0	1	−1	I	8	10	110	0	1	−1
H	6	5	105	1	0	1	J	3	4	104	0	1	−1
H	6	5	105	1	0	1	J	3	4	104	0	1	−1
H	6	6	106	1	0	1	J	3	5	105	1	0	1
H	6	7	107	0	1	−1	J	4	5	105	1	0	1
H	7	5	105	1	0	1	J	4	5	105	1	0	1
H	7	5	105	1	0	1	J	5	8	108	0	1	−1
I	6	4	104	0	1	−1	J	5	8	108	0	1	−1
I	6	4	104	0	1	−1	J	7	8	108	0	1	−1
I	6	5	105	0	1	−1	J	7	8	108	0	1	−1

Coun.-国家

Life-生活满意度

Ind.-个人主义

Ind2.-一些国家的观察值加100后的个人主义

Union-代表工会会员资格的虚拟编码变量,会员=1,非会员=0

NUn.-代表非工会会员资格的虚拟编码变量,非会员=1,会员=0

Ucnt.-代表工会会员资格的对比编码变量,会员=1,非会员=−1 水平2的数据

水平 2 的数据

Country	Means of Level 1			
	GDP	Individ	Individ2	Party
A	8	2.75	2.75	0
B	12	3.67	3.67	0
C	14	6.10	6.10	0
D	9	5.50	5.50	0
E	12	7.10	107.10	0
F	14	6.00	106.00	1
G	12	3.40	103.40	1
H	15	3.83	103.83	1
I	15	7.00	107.00	1
J	16	6.11	106.11	1

Country-国家标示符
GDP-国民生产总值
Individ.-水平 1 变量 Ind 的国家水平平均数
Individ2.-水平 1 变量 Ind2 的国家水平平均数
Party-代表国家多党政治体制的虚拟编码变量,0=两党制,1=多党制

第十二章　跨文化元分析

Dianne A.van Hemert

前　言

文化对心理功能的影响在过去数十年间受到了越来越多的关注。仔细查阅 PycInfo 的数据库(2006 年 5 月)后发现有关文化、种族特点或种族的研究在所有发表的心理学研究中所占的比例,从 1960—1970 年间的 4.6% 增长到 1990—2000 年间的 9.3%。人们明确需要从这些大量的跨文化研究中获得积累和系统化的知识,并且需要在心理学领域发展涉及跨文化差异的模型。解释跨文化差异和相似性的方法似乎取决于研究领域;例如,涉及跨文化认知的研究一般把文化差异看作是研究测量中存在文化偏差的证据(Faucheux,1976)。

对所有研究领域中跨文化变异的大小和来源的有效表述对跨文化心理学的发展有很大的帮助。通过汇总许多单一文化和跨文化研究的大量研究结果,并运用人为校正的效果量来估计跨文化差异的实际大小,元分析可以提供这样有效地表述。元分析是通过对报告某一特定关系的诸多研究进行再分析,就这一研究问题得出总体结论,从而实现积累研究和促进理论构建的目的(Hunter & Schmidt,1990)。除此之外,由于考虑了效果量上能够解释变异的诸多研究特征,元分析还可以解决原始研究原先没有考虑到的问题。元分析技术帮助评论者避免了传统综述共有的问题,如研究选择的主观性、无法确定效果量的大小以及难以解释研究之间方法的差异。而且,元分析可以用调节变量来检验跨文化差异中解释因素的模型。由于心理学不同研究领域对跨文化差异性和相似性的偏好解释类型的特殊性,元分析的这个优点特别有用。因此,元分析是发展跨文化理论创建的强有力工具,并且对跨文化研究方法具有特别有价值的贡献。

这章讨论在跨文化心理学研究中元分析的运用。这章的目的有三个。第一,我将展示在元分析技术中如何处理文化,并且概述两种不同类型的跨文化元分析。第二,对跨文化元分析的各个阶段如何实施提供指导。第三,我从不同的跨文化研究领域介绍跨文化元分析数据的例证。

把文化纳入元分析

常规元分析(Regular Meta-Analysis)

在统计上,元分析是运用对数据收集、编码和分析做出明确界定的程序,把诸多报告定量研究结果的独立的实证研究合并成一个在概念和方法上有意义的分析(参阅 e. g., Hedges & Olkin,1985;Hunter & Schmidt,1990;Rosenthal,1991)。元分析有两个基本目的:其一,首先描述不同研究间研究结果的差异;其二,如果这些差异不只是随机波动的,那么就要解释这些差异。元分析对一组研究中所量化的自变量和因变量之间关系的效果量进行总结,并检验总效果量的强度。根据调节变量来解释研究之间效果量的差异,这是解释自变量和因变量之间关系变异性的研究特色。例如,Eagly、Karau 和Makhijani(1995)通过比较由下属评定或在客观成果测量中所显示的男性和女性的有效性的得分,对性别(自变量)和领导者与管理者的有效性(因变量)之间的关系进行了元分析。研究者感兴趣的是领导者有效性的性别差异的大小和方向,以及调节变量对这些差异的解释。它们的效果量就是男性和女性平均成绩之间的差异,并对角色类型、组织类型等调节变量进行了检验,以此来解释不同研究间效果量的差异。结果显示在所有研究之间女性和男性的有效性相等(如很小的、不显著的效果量),但是角色类型(更男性化或更女性化)、下属的性别、组织类型和其他变量调节这个总效应。

元分析和文化

正如我在下面的章节中要概述的,把元分析技术应用到文化比较研究问题上,并把跨文化数据用作该分析的输入,对元分析的不同方面都有影响。一般地,把文化纳入元分析提出了一种超出样本水平和研究水平的特别的分析水平,也就是文化水平(van Hemert,2003)。把文化作为一个单独的水平引入,这会导致一个变异的额外来源,这需要一个新的解释变量类型。因此,跨文化元分析应该总是包括调节变量的,这些调节变量是关于元分析所包括的样本和研究的特征,以及说明文化或国家特征的文化水平上的调节变量。如果元分析要采用更多的调节变量,为了有充足的样本量来保证估计的稳定性,以及对效果量中至少一部分方差进行解释,就必须包括更多的研究。

人们通常把对跨文化变异的解释过程描述为"剥文化洋葱的皮"(Poortinga,van de Vijver,Joe,& van de Koppel,1987)。一个跨文化研究应该根据可以测量的变量来解释所有的文化差异,而这些可测量的变量每个都能剥去跨文化变异的一层洋葱皮。对于跨文化元分析来说,这个过程意味着在解释跨文化差异之前,应该先排除统计上的人为影响,以及与研究问题无关的方法等因素对其的影响。有研究者(De Leeuw & Hox,

2002)提出,在对文化比较的元分析数据进行分析时,有三个连续的步骤:(a)应该估计跨文化差异的大小和意义;(b)应该调查文化之间的差异是否是由于元分析中的各研究采用的研究方法不同造成的;(c)应该检验独立存在的、真实的解释性变异。因此,跨文化变异包括:(a)取样变异(是指元分析中主要由于各研究的样本规模而产生的非系统性的人为变异),(b)由于方法上的人为因素而造成的变异,(c)系统的和真正的变异。Lipsey(1997)增加了第四个变异,即残差变异。残差变异是不能被前面三类任何变异来源解释的变异。① Lipsey 对大约 300 个心理学的、行为的和教育干预的元分析进行了元分析,在他的元分析中,四个变异来源(即取样误差变异、方法变异、与目标变量有关的真正的变异和残差变异)的每一个变异都解释了大约四分之一的总变异。因此,一个跨文化元分析应该以要解释的变异比例最大化为目的,尽可能多地剥去洋葱的皮,直到没什么可被解释的。

两种跨文化元分析

把文化纳入元分析可以引出两类研究问题:(a)变量 A 和变量 B 之间的关系跨文化变化的吗? (b)变量 A 的跨文化差异有多大,如何解释这些差异? 这两类问题产生了两种跨文化元分析。

文化调节的元分析

第一类研究问题关注的是两个变量之间的关系是否存在跨文化的差异性,因此把文化当作调节变量来对待。例如这类问题:"外向性和幸福感之间的关系在美国不同的种族群体中是相似的吗?",以及"男性和女性在攻击性行为上存在差异吗,国籍和这个性别效应是怎样相关的?"目前,已经发表了许多解决这类研究问题的元分析,并且数量还在快速增长。这些研究并不一定聚焦在文化差异上,文化可能是分析中要检验的许多调节变量之一。这些研究可能采用不同的文化定义,已经发表的元分析把有区别的种族群体、地理的、宗教的和文化区域、语言群体或国家作为它们的分析水平。

把种族群体作为分析水平的元分析的例子是 Twenge 和 Campbell(2002)对调查美国四个种族的自尊和社会经济地位之间关系的诸多研究进行的综述。效果量就是每个种族所测量的一般自尊和社会经济地位之间的相关。种族是一个有效的调节变量:效果量对于所有群体都是正向的,但是亚裔群体的效果量要显著大于黑人、白人和西班牙

---

① 应该注意的是,跨文化元分析的实质性差异也可能根植于样本水平的变量(如性别的年龄)和研究水平的变量(如因变量的不同方面),具体取决于研究问题。

裔等群体,这表明在亚洲文化中社会经济地位对自尊更重要。另一个把种族群体作为调节变量的元分析由 LaFrance 等人(LaFrance,Hecht,& Paluck,2003)完成。他们比较了不同种族群体间微笑的性别差异的效果量,发现女性比男性微笑的更多(目标效应),并且这个效应在白种美国人中要比其他种族群体中显著的大(调节效应)。

许多把文化包括到元分析中的研究者可能由于元分析数据中国家的数量有限,他们只区分了西方国家和东方或非西方国家。Watkins(2001)做了个关于学习方法(如学习风格)与自我概念、内外控倾向、学习环境和学业等级等诸变量之间关系的元分析,比较了 15 个西方和非西方国家这些变量之间的相关。结果发现在所有文化间相关性似乎相当一致。相同地,Karau 和 Williams(1993)发现了社会性懈怠(social loafing)(定义为个人努力在个体和集体环境之间的差异)的效果量在西方国家($n_{研究数}$ = 148)的被试中要比东方国家($n_{研究数}$ = 17)的被试更普遍存在。

Born 等人(Born,Bleichrodt,& van der Flier,1987))采用了一个更精细的分类,他们比较了四个文化群体在各种智力测量上的性别差异:来自西方国家的白人样本(在跨文化研究中,白人样本通常作为非西方样本的参照群体)、西方国家中的少数民族、非洲国家样本和亚洲国家样本。元分析总共包括了 189 个有关智力测量的研究。在所有样本中,发现了相似的性别差异模式。Khaleque 和 Rohner(2002)测量了被试知觉到的父母接纳—拒绝和他们的心理调节能力,并把这两个测量的信度系数作为他们的效果量。他们把 10 个国家分成 4 个区域,并比较了这些区域的效果量,结果发现在区域内获得了令人满意的信度;但是,美国和亚洲样本的信度要比非洲样本的信度高。

在单词阅读的神经影像结果的元分析中,人们把文化概念化为语言;在视觉单词识别期间采用指示皮层区域差异的效果量,比较了不同书写系统的基线情况,即西欧字母语言、中国汉字以及日本的音节和形体—音节阅读(Bolger,Perfetti,& Schneider,2005)。研究结果表明对于单词加工过程,不同的书写系统采用相同的脑区,但是在那些脑区的定位可能不同。

有几个元分析明确地报告了来自不同国家的数据。例如,Saroglou 等人(Saroglou,Delpierre,& Dernelle,2004)比较了 15 个国家的宗教虔诚和 Schwartz 价值观之间的相关效果量,他们把这 15 个国家分成西欧和地中海欧洲国家,以及犹太教、天主教和穆斯林宗教,结果发现了国家的经济发展对效果量具有调节效应。Mezulis 等人(Mezulis,Abramson,Hyde,& Hankin,2004)在元分析中把自利归因偏差(self-serving attributional bias)作为效果量,从而使他们对收集到的数据进行了更具体的区分。他们发现在 5 个一般文化群体之间,积极性偏差存在显著差异(积极性偏差就是指对积极事件比对消极事件有更强烈的内部归因)。这 5 个一般文化群体是:美国、其他西方国家、亚洲国家、东欧和俄罗斯、非洲。美国和西方国家的得分显著高于亚洲样本。但是,在他们的元分析中,16 个不同国家群体的效果量却远非同质性的。实际上,中国和韩国样本比西欧样本表现出更大的效果量(如更多的自利偏差)。

从这个简短的回顾中,我们应该明白许多跨文化元分析都存在国家水平上非代表性取样的问题。这个问题反映了世界范围内研究的偏差分布。大多数心理学研究都是在美国做的,再就是在其他说英语的西方国家和欧洲国家,这就使得跨文化元分析不可能获得一个代表性的国家样本。研究者们可以选择要么采用非常广泛的区分,如西方对非西方国家,要么采用容易获得的国家样本,这些都不是世界范围的国家的代表性样本。非常罕见的采用单独的国家作为分析水平的跨文化元分析案例是 Bond 和 Smith (1996)做的研究。他们对包括 17 个国家样本的 133 个采用阿什线段判断任务做的从众(conformity)研究进行分析。分析评估了许多与研究和国家有关的调节变量对从众的影响。结果发现文化水平的变量,如个人主义得分和 Schwartz 价值观与从众的效果量存在显著相关。

刚才所描述的元分析类型可以称为文化调节的元分析,也就是说,文化调节效果量的变化。正如前面所提到的,很难收集到在足够数量的国家中实施的相关研究来进行充分的跨文化比较。因为文化是一个宽泛而又没有明确范围的概念,包括许多可能与所要研究的主题有关的方面,要能够恰当地解释跨文化差异,就需要来自几个国家的数据。因此,当人们想要描述行为的不同方面在文化—行为关系中的差异性和相似性的模式时,跨文化元分析的第二种方法可能是有价值的。

文化卷入的元分析

第二类研究问题是"在变量 A 上跨文化差异性有多大,以及如何解释这些差异?"这类问题表明文化是一个自变量,因此是目标效应的一部分。这类研究问题的案例将是:"哪些解释性因素可以说明助人行为中的跨文化差异?",以及"关于空间能力,美国的种族群体的等级顺序是怎样的,哪些群体特征可以解释这些差异?"换句话说,元分析关注的焦点是在一个因变量上文化 A 和文化 B 之间的差异。解决这类研究问题的元分析可以称为文化卷入的元分析,因为这类元分析明确地把文化包括在效果量中。因此,文化卷入的元分析只能把文化比较的研究当作输入数据。

文化卷入的元分析通常基于种族群体的比较,尤其是美国内的种族群体的比较。例如,Twenge 和 Crocker(2002)在一项关于自尊的种族差异研究中,比较了白人、黑人、西班牙裔和美国印第安人。效果量是两个种族群体之间自尊得分的两两比较;发现黑人的得分高于其他所有群体。调节变量包括性别、社会经济地位和研究的时期。Ford 等人(Ford, Kraiger, & Schechtman, 1986)采用点二列相关(r)来表示种族和客观认知成绩得分或者主观评价之间的关系。在所有情况下发现了积极的效果量,这意味着白人比黑人表现出更高的成绩得分。自从 2000 年以来,对种族群体进行比较的文化卷入的跨文化元分析的数量一直在增长;有研究者(Gray-Little & Hafdahl,2000;Oyserman, Coon,& Kemmelmeier,2002;Roth,Huffcutt,& Bobko,2003)对这类研究最新进展进行了综述。

采用国家进行的文化卷入元分析仍然很少。Heine 和 Hamamura(2005)采用亚洲和西方得分之间差异的效果量,对东亚国家和西方国家的若干自我提升和自尊量表进行了对比。他们发现西方人的自我提升比东方人高得多。这个研究结果后来受到 Sedikides 等人(Sedikides,Gaertner,& Vevea,2007)的争论,Sedikides 等人证实包含两个关键性的调节变量将导致西方人在个人主义维度上提升得更强烈,而东方人在集体主义维度上提升得更强烈。Oysermanet 等人(2002)进行了一系列关于个人主义和集体主义的文化差异的元分析,在这项元分析中把美国和加拿大作为比较组进行国家分析,把美国的欧裔美国人作为国家内分析的比较组。这样,他们的效果量表明了美国或加拿大和其他国家之间,以及美国境内的欧裔美国人和其他种族群体之间的个人主义的平均差异和集体主义的平均差异。结果发现与几乎所有其他国家相比,美国人有更多的个人主义和更少的集体主义;欧裔美国人比非裔美国人表现出更低的个人主义,比亚裔美国人表现出更高的个人主义,比非裔美国人和拉美裔美国人表现出更低的集体主义。

在一项国家内和国家间比较的文化卷入元分析中,van de Vijver(1997)结合了 197 个报告各种认知测量的跨文化研究。目标效应是两个国家或文化群体之间认知得分的差异。结果发现样本特征(如年龄)、研究内容方面(如西方 vs.非西方的任务和任务的复杂性),以及国家水平的指标(如富裕和个人主义)可以解释跨文化差异。

Elfenbein 和 Ambady(2002)对情绪的面部表情识别的跨文化研究进行了元分析,对两个组的每个效果量进行对比。在分析中包括了关于国家之间联系的信息(地理距离和电话联系的水平)。结果显示了情绪识别的组内优势,当多个群体在相同的国家生活在一起或者有更多联系时,这个优势变得较小。在另一篇发表的文章中(Elfenbein & Ambady,2003),研究者采用若干文化距离变量(根据 Hofstede 测量指标进行测量)来解释识别准确性的变化。

在本节中所描述的大多数文化卷入的元分析都是以一种固定的方式比较国家,也就是,在效果量上国家的顺序是和元分析中所有效果量的顺序一样的。例如,在西方和东方国家的比较中,西方国家总是在效果量中排名第一的国家。但是,当在元分析中采用多个包括许多国家的跨文化研究时,要选择单一的一个参照国家是很复杂的。在这样的情况下,在效果量上随机的国家顺序是必要的,根据分析引入一些特定的复杂性(请见分析部分)。我和同事一起做了一系列随机顺序文化卷入的元分析(van Hemert, van de Vijver,& Poortinga,2006),本章的最后部分将对这些元分析进行讨论。

表 12.1　文化调节的和文化卷入的元分析的特点

文化调节的元分析	文化卷入的元分析
定　　位	
• 检验一个单一的关系 • 集中关注文化差异的大小 • 考虑到假设的特定检验	• 检验一个单一的测量或主题领域 • 根据若干文化水平的调节变量,集中关注文化差异的解释 • 考虑到文化—行为关系的一般化
文化的作用	
• 文化是调节变量 • 比较不同文化的效果量 • 可以包括单一文化的研究和文化比较的研究 • 调节变量并不明确处理跨文化比较方面的问题	• 文化是自变量 • 在效果量中嵌入文化比较 • 只包括文化比较研究 • 调节变量可以处理跨文化比较方面的问题
分　　析	
• 效果量包含一个文化中的自变量和因变量之间的关系 • 国家水平的调节变量直接和该国家效果量相联系	• 效果量包含两个国家中因变量测量的差异(两两比较) • 国家水平的调节变量在效果量上是与各国家的差异分数一致

文化调节和文化卷入的元分析的特征

在前面部分,描述了两种包括文化的元分析方法:(a)文化调节的元分析把文化看作是调节自变量和因变量之间关系的调节变量;文化和其他调节变量的地位相同;(b)文化卷入的元分析把文化看作是自变量,直接影响因变量;这种方法把两个国家或文化群体在一个变量上的比较作为效果量。表 12.1 概述了这两类跨文化元分析的特征。

文化卷入元分析的定义特征是集中关注一个单一的变量,如自尊,或者一个单一的主题领域,如情绪,而不是几个特定变量之间的关系,这就导致在一个文化卷入的元分析中可能包括众多各种各样的研究。如此众多的各种各样的研究,以及对整个主题领域的包含就有可能概括出更广泛的跨文化相似性和差异性的模式。另外,效果量的本质允许根据文化水平的调节变量来解释文化差异,然而,文化调节的元分析只集中关注效果量之间文化差异的大小。

正如前面提到的,文化卷入的元分析依靠于可以获得的、明确地在一个因变量上进行文化比较的诸多研究,而文化调节的元分析既可以用单一文化研究的数据,也可以用比较研究的数据。由于对元分析中所包括的研究类型的限制,使得文化卷入的元分析可以解决跨文化研究中通常遇到的调节变量的问题,如研究工具和实施中可能存在的文化偏差、文化群体之间的样本差异和跨文化理论问题等［请见 van de Vijver and Leung(1997)广泛回顾了跨文化研究中方法方面问题］。一个文化卷入元分析中包括的研究都是跨文化研究,并且此类元分析中诸多研究样本本身就可以提供关于典型的跨文化问题和方法的有用的信息。换句话说，文化卷入的元分析不仅总结了跨文化研究的结果，还总结了跨文化研究。

文化调节和文化卷入的方法也与不同的分析国家水平的调节效应方法有关。在文化卷入的元分析中，可以根据国家特征来解释国家之间效果量的差异，国家特征只需要通过加和国家的所有效果量，并把相关的各项指标的值分配给要比较的国家来获得。在文化调节的元分析中，每个比较都需要要比较的两个国家的国家水平的变量。所以，国家水平的变量在效果量上将是与两个国家相一致的国家特征的不同得分（请见分析部分）。

总之，文化卷入和文化调节的元分析在文化和心理功能的研究中可能都有用。具体要看分析的目的，更确切地说，要评估两个变量之间关系的文化变异性或者评估单一文化中的文化变异性，文化调节或文化卷入的方法更恰当些。

跨文化元分析的阶段

这一部分介绍进行文化调节和文化卷入的跨文化元分析都要经历的四个阶段：明确地阐述一个研究问题、搜索文献和选择研究、编码和分析。我主要集中关注的是特别针对跨文化元分析的方面；对于完整的操作指南，读者们可以看更综合性的教材（Cooper & Hedges，1994；Hunter & Schmidt，1990；Johnson & Eagly，2000；Lipsey & Wilson，2001）。

研究问题

任何元分析的第一个阶段都是先对感兴趣的理论关系进行界定。这个关系反映在研究问题中。例如，"情绪表达的国家差异有多大，根据国家的数值可以解释这些差异吗？"，这个研究问题就意味着一个文化卷入的元分析，其中国家作为自变量，情绪表达的平均成绩作为因变量，两个国家之间情绪表达上的平均差异作为目标效应，并且国家水平上的值作为调节变量。例如"愤怒情绪的体验和表达是怎样相关的，在美国，不同的种族群体之间两者之间的关系存在差异吗？"，这是一个文化调节元分析的问题。在这个问题中，将把愤怒体验和愤怒表达之间的相关定义为目标效应，而把种族群体作为一个调节变量。一个文化卷入的元分析要求跨文化研究要报告感兴趣的因变量的数据资料；文化调节的元分析则要求所有研究要报告感兴趣的关系的数据资料，而不关心收集数据的国家。显然，研究问题表明了研究设计的几个方面，如元分析中所要包括的研究类型、所使用的效果量的类型和可能的调节变量。

适用于跨文化元分析的更受争议的问题是研究问题的广度。一个关于文化和情绪之间关系的元分析（van Hemert，Poortinga，& van de Vijver，2007）包含了一个检验四个国家之间 9 岁儿童在《儿童外显焦虑量表》(*the Children's Manifest Anxiety Scale*)上成绩差异的研究,这四个国家分别是以色列、美国、法国和日本等;还包含了一个考察美国境内的北方和南方被试对侮辱的可观察的情绪反应的研究(C. Cohen, Nisbett, Bowdle, & Schwarz,1996)。过去常常提出的一个明显的批评是:一个元分析如果包括了诸多和这两个研究没什么不同的研究,那么这样的元分析是对苹果和桔子进行比较(参阅 e.g., Wolf,1986)。这个批评更适用于文化卷入的元分析,而不是文化调节的元分析,因为前者一般包括更广泛的研究领域。正如其他研究者所指出的(e.g., Rosenthal,1991),如果元分析者想要做关于水果的陈述,把苹果和桔子结合在一起是合适的。虽然如此,在包括了各种研究的广泛的元分析中,所谓的信号噪声比(signal-to-noise ratio)就会变得更糟,降低了研究的信度,并且需要更大的样本量。因此,调节变量在这些元分析中可能具有关键性的作用,通过指定效应出现的条件,从而避免了苹果和桔子之类的批评。

文献搜索和研究的选择

元分析应该能够根据研究问题概述出哪些研究适合分析。除了前面讨论过的文化比较研究 vs.单一文化研究问题之外,还需要对研究包含的工具(如只接受自我报告的测量工具,或者只接受因变量测量明确操作化的工具)、方法(如只包括多于最小被试量的研究或者只包括采用特定设计的研究)、发表的类型(如只考虑在特定时期发表的论文),以及原始研究中所采用样本的类型(如排除临床样本或者特定年龄的群体)等问题作出决定。这些被试样本是作为一个文化整体的代表性样本存在的,这是推论的范围。因此,包括患者、罪犯、成瘾者的样本,或包括预期其心理功能会出现偏差的其他被试样本,都应该从大多数跨文化元分析中排除出去。

界定了进行元分析要包括的相关的研究样本后,就可以搜索和选择可以提供相关数据的研究。诸如 PsyInfo 的数据库是搜索研究的主要来源;对于来自不同国家的众多研究抽样来说,广泛包括全球范围内的数据库是必不可少的。文化卷入元分析的文献搜寻应该既包括与文化有关的术语,又包括目标术语(因为只需要文化比较的研究),然而,文化调节的元分析可以利用每个解决相关关系的研究。对于额外的跨文化研究,人们可以求助于诸如《跨文化心理学杂志》和《跨文化研究》等相关杂志,并联系跨文化研究者(跨文化心理学国际联合会提供一个有关研究者的数据库,www.iaccp.org)。

编码和计算效果量

找到的每个适合元分析的研究都需要编码在一个数据库中。这涉及到一个编码方式,这个编码方式界定了每个研究要编码的所有研究特征;我在下一节中将描述一些有关编码方式的建议。每个研究都应该在数据库中至少编码记录一次。在文化调节的元分析中,所有记录适用于某个国家或某个文化群体,而在文化卷入的元分析中,记录是对两个国家或两个文化群体的比较。当元分析包括许多国家时,哪两个群体在效果量中的出现顺序可以是随机的;另一个选择是通过指定一个国家作为参照群体来安排顺序(请见 Oyserman,et al,2002)。

　　编码不止一个记录的原因是各种各样的。一般来说,在调节变量的分析中,对任何一个可能很重要的因素都采用单独的记录是很明智的,如相关亚群体的成绩(如男性和女性或不同的年龄群体),以及与研究问题有关的所有因变量的测量等;例如,在分析人格测量中的文化差异时,一个研究中出现的所有人格特质都应该包括在内。在两类跨文化元分析中要对多个国家进行不同的处理:在文化调节的元分析中,每个国家都应该有一个新纪录;在文化卷入的元分析中,超过两个取样国家的需要额外的纪录。在这种情况下,所有可能的国家组合都应该单独地编码记录。或者,众多国家可以以每个国家出现一次的方式来进行(随机)编码;在国家数目是奇数的情况下,有一个国家将不编码。

　　计算效果量

　　通常效果量要么是两个群体或两个条件间的标准化的平均差异(d),要么是一个表示两个变量间关系的相关系数(r)。要计算 d,通常需要比较的两个群体的平均数、标准差和样本大小,或者是表示群体间因变量差异的统计量(如 t 值)。对于 r 来说,需要表示自变量和因变量之间关系的相关系数或统计量(如回归系数)。Lipsey 和 Wilson(2001)全面地概述了效果量的计算方法。

　　编码方式

　　所有元分析的编码方式都应该包括:(a)因为管理原因需要编码的变量(有关参考和编码过程),(b)内部调节变量(与在后面阶段要增加的外部调节变量相反,请见分析章节),内部调节变量描述研究的特征,并且是潜在的调节变量。内部调节变量的分类可以是样本特征、有关理论的变量、有关设计的变量和测量工具的特征 等。在低推论和高推论的调节变量之间还可以做一个额外的区分(Hall,Tickle-Degnen,Rosenthal,& Mosteller,1994)。低推论的调节变量是可以直接从发表的论文中获得的研究特征,如样本大小、性别和所包括的测量等,而高推论的调节变量是由元分析者增加的研究特征,因此就需要更多的推论。例如,与低推论的调节变量(如被试的年龄和他们的国籍等)相比,人们对高推论的调节变量(如研究的质量和研究者的预期等)更少客观性地编码。因此,高推论的调节变量应该由不知道元分析目的的评价者来编码更好。表12.2显示了一个文化卷入元分析的编码方式的案例(以 van Hemert et al.,2007 的研究为基础)。本部分所描述的大多数调节变量只适用于文化卷入的元分析,因为它们专门解决跨文化研究中要处理的问题。

表 12.2　每个研究或比较的编码变量

管理的变量

- 参考文献
- 出版物的类型(杂志文章、书、书中的章节、学位论文、未出版的)
- 编码员

样本特征

- 样本量
- 社会经济地位
- 国籍或民族
- 受教育程度
- 性别
- 样本类型(普通的、老年人、成年人、学生、青少年、儿童)
- 年龄
- 比较的性质(跨国的或国内的)

研究特征

理论相关的
- 研究中文化的地位(调节变量、自变量、中介变量、环境变量)
- 跨文化差异是否是从理论预期得出的
- 如何解释跨文化相似性和差异性(通过遗传、生态或社会文化因素,或者通过提到的研究偏差或研究设计)
- 第一作者的国籍(从属的制度)

设计相关的　　　　被试水平
- 两个群体中的取样方法(如随机取样、分层取样、定额取样和方便取样)
　　　　　　　　样本水平
- 研究中配对样本采用的背景变量(如年龄、受教育程度、性别、社会经济地位、收入、读写能力、城市 VS.农村、宗教信仰)
- 在设计(演绎的)或分析(归纳的)过程中是否检查了这些背景变量的相关性
　　　　　　总体水平
- 文化总体的取样类型(方便取样、系统取样、随机取样;van de Vijver & Leung,1997)
- 作为取样基础的自变量(个人主义 vs.集体主义、经济发展、社会化模式、西方 vs.非西方、宗教等等)
- 研究类型(普遍性研究、理论驱动的研究、心理差异研究、外部效度研究;van de Vijver & Leung,1997)
- 文化偏差核查(翻译核查、样本的可比性、工具的可比性、自变量核查、替代解释的核查)

工具相关的
- 任务的性质[心理生理的、反应时、辨别和匹配、决策、实验任务、(研究者的)观察、自我报告、他人报告]
- 工具的出处(普通的西方任务、由西方任务改编的、西方任务的组合或者为本研究而进行的组合、本土开发的非西方任务)
- 工具的文化负载是基于:(a)为了完成任务所需语言的重要性,(b)为了完成任务所需文化一般知识的重要性
- 翻译的类型(回译、小组汇编法、单语翻译者)
- 推论的水平(Poortinga,1989);本研究所采用的解释水平
- 任务管理的环境(标准、群体间的变量)

　　跨文化元分析特别感兴趣的*样本特征*是两个样本的国籍或者种族特点,以及国家之间或国家之内的文化比较的类型。每个国家和种族群体都应该给一个唯一的编码,这有助于在后面阶段与特定国家特征相联系。

　　*理论相关的*变量可以包括在一个研究的设计中包含文化的方式;如此,文化作为

调节变量包括的分类可以与 Lonner 和 Adamopoulos(1997)的区分相一致。Lonner 和 Adamopoulos(1997)区分了作为自变量的文化(直接影响因变量),作为调节变量的文化(文化影响自变量和因变量之间的关系),作为中介变量的文化(文化解释自变量和因变量之间的关系),和作为环境变量的文化(包括文化的变量系统间接影响因变量)。跨文化研究中另一个有关的调节变量是研究者关于他们研究结果的先前预期,更确切地说,是他们是否预期发现跨文化的相似性或差异性或者两者兼有。Brouwers 等人(Brouwers,van Hemert,Breugelmans,& van de Vijver,2004)的研究表明,当对跨文化研究形成预期时,一般是"差异性驱动的",然而大多数研究发现既有相似性又有差异性的证据。并且,研究者用来解释他们的跨文化研究结果的解释类型也可以进行编码:可以把文化差异性和相似性归因于生物因素(基因遗传)、生态因素(诸如气候或生存手段,例如狩猎、采集等等)、社会文化因素(诸如政治变量、经济变量和社会变量,例如社会化模式、价值观等等),以及研究设计方面(如样本的构成或工具的特点等)。最后,研究者的国籍也可以作为有益的调节变量,例如,以此来确认研究结果中组内偏差的形式。

与设计相关的变量既关心样本水平的问题,又关心总体水平的问题。在样本水平上,对两种文化样本匹配的程度和方式进行编码可能是非常有趣的,两种文化样本在社会人口统计学特征上相似应该会更好些。还可以考虑相当多的研究设计的总体水平方面的问题。例如,抽取文化样本的方式有以下三种:(a)可以基于理论思考来对文化进行抽样(系统抽样);(b)也可以大量抽取文化样本以便代表世界上的所有总体(随机抽样);(c)因为可得性(方便)而抽取文化样本(方便抽样;van de Vijver & Leung,1997)。除此之外,不同的观念或思想可能成为研究中文化选择的基础,例如不同的社会化模式、经济和政治制度、宗教和价值观等。在跨文化元分析中另一个似乎有关的调节变量可能是根据 van de Vijver & Leung(2000)对四类研究的描述来划分的。Vijver 和 Leung 是根据以下两个特点对四类研究进行描述的:(a)要么集中关注假设检验,要么关注探索文化差异性和相似性;(b)采用环境变量(contextual variables)来解释文化差异性或相似性。他们区别了普适性(generalizability)研究(假设检验,不考虑环境变量)、理论驱动的研究(假设检验,包括环境变量)、心理差异性研究(探索性的,不考虑环境变量)和外部效度研究(探索性的,包括环境变量)。对于跨文化研究来说,相关的因素还有就是是否进行了文化偏差的核查,也就是说研究者有没有检查翻译问题? 有没有核查样本和研究工具在不同文化间的可比性问题? 有没有评估构成文化选择基础的概念的恰当性问题? 以及对其他的解释有没有进行检验?

在跨文化元分析中,与工具有关的调节变量可能包括研究工具的出处。工具出处的分类可以包括由西方开发的、经过逐字翻译后经常使用的调查问卷、改编后的西方调查问卷(改变、增加或者删除项目)、基于西方理论本土开发的工具,以及基于本土构念本土开发的、没有西方任务的研究工具(基于 van de Vijver & Leung 的研究,1997)。要测量工具的文化负载可以结合以下两个指标进行:第一,完成任务所需要考虑的语言共享问题(尤其是与认知、知觉和心理生理学任务有关的任务);第二,完成任务所需要考虑的文化常识的重要性问题(请参阅 Helms-Lorenz,van de Vijver,& Poortinga 的研究,2003)。在跨文化研究中,翻译一份调查问卷通常是必然的,而翻译本身也可以编码为一个调节变量;Brislin(1986)提出了处理翻译这个调节变量的不同方法,即回译、小组汇编法(committee approach)和单语翻译者(single translator,只会一种语言者)。另一个与工具有关的调节变量可能来自 Poortinga(1989)所描述的推论的不同水平。推论的不同水平是指在解释数据方面,测量与核心概念之间的关系。例如,低推论关系表明概念和测量之间是恒等的、完全相同的(如色盲或反应时的测量),而高推论的关系则意味着测验是作为索引或假设构念使用的(如人格特质)。最后,在不同的文化群体中实施工具的环境可能在许多方面存在差异,如物理环境、实施、指导语、主试等等;还可以编码一个变量来表示这种情况的程度。

前面提到的许多调节变量可以用作衡量研究质量的指标。例如,跨文化方法学家一直主张高质量的文化比较研究应该以系统的方法抽取文化样本、控制文化偏差,并把文化分解成环境变量(van de Vijver & Leung,1997)。研究质量的指标可以作为排除低质量研究的标准,或者在调节分析中用来检验这些指标如何影响效果量。或者,可以根据相对研究质量来分配权重,考虑让高质量的研究在整体效果量中的影响更大(也请见 Wortman 1994 年的研究,他讨论了两个用来评价社会学和医学原始研究质量的通用系统)。

决定哪些变量要编码需要考虑许多方面。元分析家可能加入变量的原因,要么是因为这些变量对于检验他们的研究问题在理论和方法上是至关重要的,要么是因为在以前的研究中他们证明了这些变量是有关的(Hall et al.,1994)。但是,研究者可能想加入变量只是为了描述性的原因(Lipsey,1994)。实际上,没有任何一个研究会提供所有编码变量的数据,许多前面提到的变量会出现太多的缺失值,以至于都不包括在数据分析中。

编码程序

编码程序和那些常规(普通)元分析的编码程序完全相同的,因此跨文化元分析没有任何特殊的程序。众多研究的编码应该至少由两位独立的编码者来完成,这两个编码者需要对跨文化研究有基本的理解,并且必须受过训练。这里提到的许多调节变量可以归类于高推论变量,这就更加需要充分的训练。研究应该报告编码者内部信度(即计算 Cohen's kappa 系数);无法可靠编码的变量可能不得不从元分析中删除。

分　析

在跨文化元分析中,分析的基本要点和其他元分析并没有什么不同;分析从数据库的准备开始(效果量的计算等等),然后是研究样本的描述性分析、效果量分布的检验(包括平均效果量和置信区间),和调节变量分析。感兴趣的读者想要获得更详细的技术资料,请参阅有关元分析的教科书(Cooper & Hedges,1994;Hunter & Schmidt,1990)。这些分析的每个阶段都有一些方面值得进一步的注意。

数据集的准备

准备一个跨文化元分析数据库包括计算效果量、应用权重和为调节变量分析增加国家水平的变量。在文化卷入的元分析中,效果量的计算可以用要比较的两个国家的平均成绩差除以合并的标准差。因此,美国和日本进行比较效果量的计算结果就是:美国的平均数减去日本的平均数,其差值再除以这两个平均数平均方差的平方根(要校正样本大小)。

就所关心的研究中多个样本或测量的编码来说,权重的运用和一般元分析是相似的。在文化卷入元分析中,唯一特别的问题是众多研究都提供了两个以上国家的数据,由此引起的从属问题。正如前面所提到的,跨文化研究都是对两个以上的国家进行了比较,那么对这些研究中的国家进行的所有可能的比较都应该在数据库中以单独记录的方式进行编码。从单一的研究中用(部分)重叠的数据编码更多的记录,这违反了元分析要求所采用统计资料独立的假设,因为数据点被采用了不止一次。要解决这个问题,要么随机选择特定的文化比较(例如三个国家中只有编码国家1和3),要么给所有记录分配权重,让每个文化样本都有1的权重(例如对三个可能的比较都进行编码,并且每个比较分配0.50的权重)的方法获得解决。

与其他元分析不同的是,文化卷入的元分析还包括了从其他数据库获得的国家水平的调节变量。这些变量要么是国家水平上测量的指标,要么是合计为国家水平的心理测量(这与本卷第四章中 Bond 和 van de Vijver 区分的"硬的"和"软的"维度相等同)。人口统计学的、生态的、经济的和政治的等特征,这些国家指标可以从联合国、世界银行和自由之家等组织的年度报告或网站上获得。合计的心理变量可以包括价值维度(Hofstede,1980,2001)、社会公理(social axioms)(Leung,et al.,2002;Leung & Bond,2004)、幸福感得分(Diener,Diener,& Diener,1995)和人格特质(McCrae,2002)。Bond 和 Vijver(本卷第四章)全面概述了可能存在的、解释性的国家水平的变量。可是,基于种族群体的元分析可能还包括文化水平的调节变量。尽管作为文化指标的调节变量没有国家指标的调节变量那么广泛,但在美国为众多种族群体不同的人口统计学特征和社会经济特点建立了数据库,诸如美国人口调查局为总的人口统计学和经济数据建立的数据库(http://www.census.gov)和国家中心的健康统计资料(http://www.cdc.gov/nchs)。理论可以确定用哪些变量来解释跨文化差异性。或者,可以用大量国家水平的变量建立关系网络,以此来帮助阐明国家水平上差异的意义。

正如前面所指出的,在文化卷入和文化调节的元分析中,这些国家水平的指标运用的方式不同。因为,在文化卷入的元分析中,效果量的本质,更确切地说,它是基于两个国家在单一因变量上的差异,为了进行调节变量分析,就需要国家水平的调节变量的不同得分,这就相当于效果量中的两个国家。因此,美国和日本的比较应该要么美国的一个效果量减去日本,并且一个与美国相匹配的国家水平的变量得分减去日本的(例如两个国家的个人主义得分),要么是用一个类似个人主义差异的得分,日本减去美国的效果量。文化调节的元分析不需要国家水平的调节变量的不同得分;因为每个效果量只与一个国家有关,用简单的国家得分就可以了。

描述性分析和效果量分布

最初分析的目标应该是描述研究样本、被试样本、所包括的国家和所采用的工具。而且应该对众多研究或比较的效果量求平均数,以便能够表明效果的大小和分布以及它的置信区间。平均效果量涉及到校正抽样误差(以及可能一些其他的人为误差,请见 Hunter & Schmidt 的研究,1990)。另外,人们习惯报告 95% 的置信区间和大量的统计值(保守设置 N)来表示平均效果量的信度和一致性指数(Q; χ^2-分布),一致性指数表明所有的研究是否来自相同的总体。一个显著的 Q 意味着异质性,并且是搜索调节变量的先决条件。

这些分析基本上与常规元分析和跨文化元分析都是完全相同的。唯一不同的是在随机排序的文化卷入元分析中用的是绝对效果量;当效果量中的国家顺序是任意的时候,只报告平均效果量(平均效果量可能是 0 左右)是没有意义的。因此,这些包括效果量分布的描述性分析应该是基于绝对效果量的。

调节变量分析

调节变量分析是用来解释方法上的、独立存在的变异。可以采用各种分析类型来检验调节变量的相关性:分析连续性调节变量必须用类似于常规分析的相关或回归分析,而如性别这样的分类调节变量可以用基于 Q 分类技术的分类模型来估计。这基本上需要计算组间同质性(Q_B)作为一个调节变量可以解释多少变异性的指标,组内同质性(Q_W)则正好相反,是测量调节变量不能解释多少变异性。

在随机排序的文化卷入元分析中,人们应该谨慎对待是要采用效果量的常规差异还是绝对差异。对于一些调节变量分析,效果量的特定方向是不相关的;在那些分析中,研究者可以采用绝对效果量,绝对效果量仅仅表示文化差异的大小。因此,大多数对内部调节变量的分析都要求绝对效果量。但是,国家水平的调节变量分析可以用常规效果量来进行,因为国家水平的调节变量是特定国家的,并且采用和效果量相同的顺序。

举例说明随机排序的文化卷入元分析

作为跨文化元分析中"剥洋葱"方法的一个例证,我再次分析了两个关于人格和社会行为的随机排序的文化卷入元分析的数据集(van Hemert, van de Vijver, & Poortinga, 2006)。对研究结果的讨论是根据不同变异之间的区分,而不是根据真正的(如心理学的)术语区分的。

在文化卷入和文化调节的两类元分析中,确切地阐述研究问题如下:"人格/社会行为的跨文化差异性有多大,以及如何解释这些差异性?"每个数据库限定包括 50 个研究,这就需要在所有可以获得的研究中进行选择。编码方式与表 12.2 中所描述的编码方式类似(请见编码和效果量的计算章节)。

当一个研究中报告的效果量不止一个时,需要在数据中减少对统计的依赖(Hunter & Schmidt,1990),要给所有的比较分配权重,并且在所有比较中任何数据点都只包括一次。权重运用于所有分析中。

表 12.3 呈现了两个数据集的描述性统计。在这两个数据集中,所有社会心理学研究中有不到一半的研究采用的是学生样本。大部分跨文化研究都包括美国,并且更仔细地观察数据就会发现在两个数据集中,西方说英语的国家和东方国家(如日本和中国)的比较相当普遍。根据 J.Cohen(1992)提出的经验法则(效果量值是 0.20 左右时,表示效果量小,取值 0.50 左右时表示效果量中等,取值 0.80 左右时表示效果量大),效果量是小到中等。人格的效果量明显比社会行为的效果量大。但是,这些元分析的目标是解释跨文化变异,而不是比较效果量。因为同质性(Q)卡方检验表明根据两个数据集的效果量来说,这两个数据集是异质的,需要进行调节变量分析。

表 12.3　两个跨国研究数据集的描述性统计分析

	人格	社会行为
N 个比较	361	317
N 个研究	50	50
发表时间的中值	1993	1989
学生样本的百分比	60.2	48.0
大多数被研究的国家	美国(25.1%) 英国(8.1%) 印度(6.1%)	美国(31.1%) 日本(10.6%) 英国(7.0%)
国家选择的基础:		
个人主义 vs.集体主义	13.0%	17.5%
西方 vs.非西方	10.7%	11.2%
跨文化研究结果的解释:		
差异性归因于社会文化因素	64.0%	70.8%
相似性归因于社会文化因素	2.2%	23.0%
赫奇斯 d 值的(Hedges'd)平均绝对值(SD)	45(0.49)	38(0.35)

注:所有描述性统计分析都是比较水平上的。

评估有关方法的因素(统计上的人为因素和有关方法的变量)和真正的因素(有关文化的)相对影响的问题,所有数据都要进行三个分析步骤。首先,检验对样本波动进

行校正的影响。如果所有报告的效果量都仅仅反映了抽样的波动,那么这个校正就是基于预期的效果量会是多少的问题。绝对赫奇斯 d 值(Hedges' d),$E(|d|)$ 的预期值,可以定义为来自正态分布的两个样本之间的绝对标准差。用公式 $E(|d|) = 2/\sqrt{(\pi n)}$ 来表达,其中 π 是 3.14,n 是两个群体的平均样本大小。两个数据集中所有的效果量都以观察到的绝对 Hedges' d 值减去 $E(|d|)$ 的方式对抽样波动进行了校正。第二,前面的分析证明了与方法有关的变量的重要性,因此,在回归分析中,要把与方法有关的变量以一个组的形式进入回归,效果量(对样本波动进行了校正)是因变量。第三,在随后的逐步回归分析中,国家水平的变量以单独的组块进入分析,而前面分析的非标准化残差作为因变量。这样,就能够估计有关方法的因素(统计上的人为和有关方法的变量)和真正因素(国家水平上的变量)的相对贡献了。

国家水平的变量进入分析的顺序是基于由 Smith 等人(Smith,Bond,& Kagitcibasi,2006,第 4 章)提出的模型和生态文化框架(Berry,1976;Berry,Poortinga,Segall,& Dasen,2002)。Smith 等人的模型把国家得分(如生态的、经济的、有关社会团体的、政治的和社会化变量)和个人得分(心理结果和实践)联系在一起。生态文化框架认为个体变量受三种前因变量(antecedent)的影响:生态指标、社会政治指标和总的心理特点,总的心理特点包括在国家水平上和计的心理变量,诸如一个国家中外向性的平均水平。Ronen 和 Shenkar(1985)提出了另外的前因变量,他们把 8 个关于员工态度和行为的系列研究结果结合在一起,发现了对国家进行分类的四个重要维度:地理、语言、宗教和科技发展。Georgas 等人(Georgas,van de Vijver,& Berry,2004)发现了可以预测价值观和主观幸福感的跨国差异的两个因素:富裕和宗教派别。根据这些模型和前面的研究结果,我们选择了 5 套国家水平的指标:生态环境、社会政治环境、宗教、价值观和人格。

表 12.4 显示了由统计人为因素(取样)、有关方法的因素和真正的因素(国家水平的指标)等引起的人格和社会行为的跨文化变异的百分比。有关方法的因素(如任务的复杂性和文化负载、理论方法和样本类型等)可能解释了人格数据集中最大比例的文化变异。国家水平的变量解释了总变异中比较小的一部分。相比之下,总计的人格变量解释了社会行为数据集中的许多变异,超过了相当大的社会政治环境和价值观对社会行为数据集影响。

这些分析表明跨文化元分析有助于积累文化影响心理功能的相关知识。尽管社会心理学领域的研究者集中关注根据价值观——特别是个人主义 vs.集体主义来解释跨文化差异性,但是,以前的调节变量分析表明这个范式的有效性是有限的,至少对于社会行为来说,有着更基本、更广泛的解释,特别是社会政治环境方面的解释。因此,元分析通过检验研究特征对效果量的影响,可以解决所包括的研究最初没有考虑到的问题。这样的话,元分析就可以促进跨文化领域的发展,超越领域特性和偏见,并能够检验心理功能跨文化差异的解释。

结　论

Berry 等人(2002)区分了跨文化研究的三个目标:传送、检验假设和研究结果给其他的文化环境;探索其他文化来发现文化和心理的变化;收集研究结果并把其整合成一个更通用的心理学。大量增多的研究在解决前两个目标。跨文化元分析适用于第三个目标,通过把来自不同文化的心理学研究结果集合在一起,并把它们与生态的、社会文化的变量联系起来。这种技术本身可以有助于促进跨文化差异性和相似性的知识模式的发展,并且有助于解释这些模式。

根据普遍的取向、文化的作用和分析,本章讨论了元分析中两种处理文化的方式,即文化调节的和文化卷入的元分析。选择一种或另一种方法依据元分析者想要解决的研究问题。这两种元分析以及两种元分析的结合都有助于获得一种更通用的心理学。

要获得关于跨文化差异性的大小和模式的知识,关键是要区分变异的不同来源。在根据文化因素解释变异之前,变异应该先根据统计上的人为因素、方法上的因素和与文化无关的真正因素来进行解释。两个跨文化数据集的分析揭示了心理学领域关于各种解释性因素的适当性的差异。元分析提供了一种灵活多样的方法来探索叫做"文化的洋葱"的所有层面。

表 12.4　三类因素解释效果量中被解释的变异的百分比概览

数据集	N	影响变异的比例								
		统计的人为因素	有关方法的因素	国家水平的指标						无法解释的变异
				生态环境	社会政治环境	宗教	价值观	人格	总计	
人格社	361	5.3	25.8	0.1	3.2	0.3	5.1	0.0	8.7	60.2
会行为	317	0.0	12.6	2.7	22.8	0.0	11.9	36.6	74.0	13.4

注:采用分层回归计算被解释的变异。每一列中,前面回归的残差作为因变量。因此,除了统计上的人为因素一列外,其他所有列中的百分比都由样本波动解释的变异百分比进行了校正。有关方法的因素包括任务的复杂性(3 点里克特量表)、任务的文化负载(3 点里克特量表)、偏差控制(是 vs.否)、样本类型(学生 vs.成人)、用于抽取国家的自变量(国家、种族、个人主义 vs.集体主义、西方 vs.非西方、受教育程度、社会化和语言;是 vs.否),任务性质(心理生理的、辨别和匹配、决策、实验任务和自我报告)、工具的出处(西方任务 vs.特别为研究编制的任务或者任务汇编)、和理论方法(由基因遗传解释的相似性 vs.由社会文化因素解释的差异性)。生态环境变量包括最高平均气温(Georgas & Berry,1995)和服务行业中工人的百分比(Georgas & Berry,1995)。社会政治环境变量包括人均国民生产总值(gross national product per capita)(Georgas & Berry,1995))、1990 年民主政治的水平(Inglehart,1997)、吉尼指数(World Bank,1999)和人权指数(Humana,1986)。宗教指标是基督教徒的百分比(Georgas & Berry,1995)。所包括的价值观是个人主义、不确定性规避(Uncertainty Avoidance)、权利距离、男子气概、长期取向(Long-Term Orientation)(Hofstede,1980,2001)和宗教性(基于 Inglehart 1993 的世界价值观调查数据库的六个项目;请见 van Hemert,van de Vijver,& Poortinga,2002)。人格变量包括主观幸福感(Diener,Diener,& Diener,1995)和修订的 NEO 人格量表中的 NEO-PI-R 外向性量表(McCrae,2002)。无法解释的变异的百分比通过 100 减去统计上的人为因素、有关方法的因素和国家水平的指标列中百分比的合计来计算。

参考文献

Berry, J. W. (1976). *Humanecology and cognitive style: Comparative studies in cultural and psychological adaptation.* New York: Sage/Halsted.

Berry, J. W., Poortinga, Y. H., Segall, M. H., & Dasen, P. R. (2002). *Cross-cultural psychology: Research and applications* (2nd ed.). NewYork: Cambridge University Press.

Bolger, D. J., Perfetti, C. A., & Schneider, W. (2005). Cross-cultural effect on the brain revisited: Universal structures plus writing system variation. *Human Brain Mapping, 25,* 92–104.

Bond, M. H, & Van De Vijver, F. J. R.. (2007). Making scientific sense of cultural differences in psychological outcomes: Unpackaging the *magnum mysteriosum.* In D. Matsumoto & F. J. R. Van de Vijver (Eds.), *Cross-cultural research methods in psychology.* New York: Cambridge University Press.

Bond, R., & Smith, P. B. (1996). Culture and conformity: Ameta-analysis of studies using Asch's (1952b, 1956) line judgment task. *Psychological Bulletin, 119,* 111–137.

Born, M. Ph., Bleichrodt, N., & VanDer Flier, H. (1987). Cross-cultural comparison of sex-related differenceson intelligence tests: A meta-analysis. *Journal of Cross-Cultural Psychology, 18,* 283–314.

Brislin, R. W. (1986). The wording and translation of research instruments. In W. J. Lonner & J. W. Berry (Eds.), *Field methods in cross-cultural research* (pp.137–164). Thousand Oaks, CA: Sage.

Brouwers, S. A., Van Hemert, D. A., Breugelmans, S. M., & Van de Vijver, F. J. R. (2004). A historical analysis of empirical studies published in the *Journal of Cross-Cultural Psychology. Journal of Cross-Cultural Psychology, 35,* 251–262.

Cohen, C., Nisbett, R. E., Bowdle, B. F., & Schwarz, N. (1996). Insult, aggression, and the southern culture of honor: An "experimental ethnography." *Journal of Personality and Social Psychology, 70,* 945–960.

Cohen, J. (1992). A power primer. *Psychological Bulletin, 112,* 155–159.

Cooper, H., & Hedges, L. V. (Eds.). (1994). *The handbook of research synthesis.* New York: Russell Sage Foundation.

De Leeuw, E. D., & Hox, J. J. (2002). The use of meta-analysis in cross-national studies. InJ. A. Harkness, F. J. R. vandeVijver, & P. P. Mohler (Eds.), *Cross-cultural survey methods* (pp.327–344). New York: Wiley.

Diener, E., Diener, M., & Diener, C. (1995). Factors predicting subjective well-being of nations. *Journal of Personality and Social Psychology, 69,* 851–864.

Eagly, A. H., Karau, S., & Makhijani, M. (1995). Gender and the effectiveness of leaders: A meta-analysis. *Psychological Bulletin, 117,* 125–145.

Elfenbein, H. A., & Ambady, N. (2002). On the universality and cultural specificity of emotion recognition: A meta-analysis. *Psychological Bulletin, 128,* 203–235.

Elfenbein, H. A., & Ambady, N. (2003). Cultural similarity's consequences: A distance perspective on cross-cultural differences in emotion recognition. *Journal of Cross Cultural Psychology, 34,* 92–109.

Eysenck, H. J., & Eysenck, S. B. G. (1975). *Manual of the Eysenck Personality Questionnaire.* London: Hodder and Stoughton.

Faucheux,C.(1976).Cross-cultural research in experimental social psychology.*European Journal of Social Psychology*,*6*,269-322.

Ford,J.K.,Kraiger,K.,& Schechtman,S.L.(1986).Study of race effects in objective indices and subjective evaluations of performance:A meta-analysis of performance criteria.*Psychological Bulletin*,*99*,330-337.

Georgas,J.,& Berry,J.W.(1995).An ecocultural taxonomy for cross-cultural psychology.*Cross-Cultural Research*,*29*,121-157.

Georgas,J.,Van de Vijver,F.J.R.,& Berry,J.W.(2004).The ecocultural framework,ecosocial indices, and psychological variables in cross-cultural research.*Journal of Cross-Cultural Psychology*,*35*,74-96.

Gray-Little,B.,& Hafdahl,A.R.(2000).Factors influencing racial comparisons of self-esteem:A quantitative review.*Psychological Bulletin*,*126*,26-54.

Hall,J.A.,Tickle - Degnen,L.,Rosenthal,R.,& Mosteller,F.(1994).Hypotheses and problems in research synthesis.In H.Cooper & L.V.Hedges(Eds.),*The handbook of research synthesis*(pp.17-28).New York:Russell Sage Foundation.

Hedges,L.V.,& Olkin,I.(1985).*Statistical methods for meta-analysis*.Orlando,FL:Academic Press.

Heine,S.J.,& Hamamura,T.(2007).In search of East Asian self-enhancement.*Personality and Social Psychology Review*,*11*,4-27.

Helms-Lorenz,M.,Van de Vijver,F.J.R.,& Poortinga,Y.H.(2003).Cross-cultural differences in cognitive performance and Spearman's hypothesis:*g* or *c*? *Intelligence*,*31*,9-29.

Hofstede,G.(1980).*Culture's consequences*.BeverlyHills,CA:Sage.

Hofstede,G.(2001).*Culture's consequences. Comparing values,behaviors,institutions,and organizations across nations*(2nd ed.).Thousand Oaks,CA:Sage.

Hunter,J.E.,& Schmidt,F.L.(1990).*Methods of meta-analysis:Correcting error and bias in research findings*.Newbury Park,CA:Sage.

Inglehart,R.(1993).*World values survey* 1990-1991.*WVS Program*.J.D.Systems,S.L.ASEP S.A.

Inglehart,R.(1997).*Modernization and postmodernization.Cultural,economic,and political change in* 43 *countries*.Princeton,NJ:Princeton University Press.

Johnson,B.T.,& Eagly,A.H.(2000).Quantitative synthesis of social psychological research.In H.T.Reis & C.M.Judd(Eds.),*Handbook of research methods in social and personality psychology*(pp.496-528).New York:Cambridge University Press.

Karau,S.J.,& Williams,K.D.(1993).Social loafing:A meta-analytic review and theoretical integration. *Journal of Personality and Social Psychology*,*65*,681-706.

Khaleque,A.,& Rohner,R.P.(2002).Reliability of measures assessing the pancultural association between perceived parental acceptance - rejection and psychological adjustment:A meta - analysis of cross - cultural and intracultural studies.*Journal of Cross-Cultural Psychology*,*33*,87-99.

LaFrance,M.,Hecht,M.A.,& Paluck,E.L.(2003).The contingent smile:A metaanalysis of sex differences in smiling.*Psychological Bulletin*,*129*,305-334.

Leung,K.,& Bond,M.H.(2004).Social axioms:A model of social beliefs in multi-cultural perspective. In M.P.Zanna(Ed.),*Advances in experimental social psychology*(Vol.36,pp.119-197).San Diego,CA: Elsevier Academic Press.

Leung, K., Bond, M. H., Reimel de Carrasquel, S., Mu~noz, C., Hern'andez, M., Murakami, F., et al. (2002). Social axioms: The search for universal dimensions of general beliefs about how the world functions. *Journal of Cross-Cultural Psychology*, *33*, 286-302.

Lipsey, M. W. (1994). Identifying potentially interesting variables and analysis opportunities. In H. Cooper & L. V. Hedges (Eds.), *The handbook of research synthesis* (pp. 111-123). New York: Russell Sage Foundation.

Lipsey, M. W. (1997). What can you build with thousands of bricks? Musings on the cumulation of knowledge in program evaluation. *New Directions for Evaluation*, *76*, 7-23.

Lipsey, M. W., & Wilson, D. B. (2001). *Applied social research methods series: Vol. 49. Practical meta-analysis*. Thousand Oaks, CA: Sage.

Lonner, W. J., & Adamopoulos, J. (1997). Culture as antecedent behavior. In J. W. Berry, Y. H. Poortinga, & J. Pandey (Eds.), *Handbook of cross-cultural psychology: Volume 1. Theory and method* (pp. 43-83). Boston: Allyn & Bacon.

McCrae, R. R. (2002). NEO-PI-R data from 36 cultures. In A. J. Marsella (Series Ed.), R. R. McCrae, & J. Allik (Eds.), *The Five-Factor Model of personality across cultures*, (pp. 105-125). New York: Kluwer Academic.

Mezulis, A. H., Abramson, L. Y., Hyde, J. S., & Hankin, B. L. (2004). Is there a universal positivity bias in attributions? A meta-analytic review of individual, developmental, and cultural differences in the self-serving attributional bias. *Psychological Bulletin*, *130*, 711-747.

Oyserman, D., Coon, H. M., & Kemmelmeier, M. (2002). Rethinking individualism and collectivism: Evaluation of theoretical assumptions and meta-analyses. *Psychological Bulletin*, *128*, 3-72.

Poortinga, Y. H. (1989). Equivalence of cross-cultural data: An overview of basic issues. *International Journal of Psychology*, *24*, 737-756.

Poortinga, Y. H., Van de Vijver, F. J. R., Joe, R. C., & Van de Koppel, J. M. H. (1987). Peeling the onion called culture: A synopsis. In C. Ka~gitc, iba̐si (Ed.), *Growth and progress in cross-cultural psychology* (pp. 22-34). Lisse, The Netherlands: Swets & Zeitlinger.

Ronen, S., & Shenkar, O. (1985). Clustering countries on attitudinal dimensions: A review and synthesis. *Academy of Management Review*, *10*, 435-454.

Rosenthal, R. (1991). *Meta-analytic procedures for social research*. Newbury Park, CA: Sage.

Roth, P. L., Huffcutt, A. I., & Bobko, P. (2003). Ethnic group differences in measures of job performance: A new meta-analysis. *Journal of Applied Psychology*, *88*, 694-706.

Saroglou, V., Delpierre, V., & Dernelle, R. (2004). Values and religiosity: A metaanalysis of studies using Schwartz's model. *Personality and Individual Differences*, *37*, 721-734.

Sedikides, C., Gaertner, L., & Vevea, J. L. (2007). Inclusion of theory-relevant moderators yield the same conclusions as Sedikides, Gaertner, and Vevea (2005): A meta-analytical reply to Heine, Kitayama, and Hamamura (2007). *Asian Journal of Social Psychology*, *10*, 59-67.

Smith, P. B., Bond, M. H., & Kagitcibasi, C. (2006). *Understanding social psychology across cultures: Living and working in a changing world*. ThousandOaks, CA: Sage.

Twenge, J. M., & Campbell, W. K. (2002). Self-esteem and socioeconomic status: A meta-analytic review.

4 5 64

3 5

3 4

4 5

3 4 4 45

34 54

Personality and Social Psychology Review,*6*,59-71.

Twenge,J.M.,& Crocker,J.(2002).Race and self-esteem:Meta-analyses comparing Whites,Blacks, Hispanics,Asians,and American Indians and comment on Gray-Little and Hafdahl(2000).*Psychological Bulletin*,*128*,371-408.

Van de Vijver,F.J.R.(1997).Meta-analysis of cross-cultural comparisons of cognitive test performance. *Journal of Cross-Cultural Psychology*,*28*,678-709.

Van deVijver,F.J.R.,& Leung,K.(1997).*Methods and data analysis for cross-cultural research.* Newbury Park,CA:Sage.

Van de Vijver,F.J.R.,& Leung,K.(2000).Methodological issues in psychological research on culture. *Journal of Cross-Cultural Psychology*,*31*,33-51.

Van de Vijver,F.J.R.,& Leung,K.(2007).Equivalence and bias.In D.Matsumoto & F.J.R.van de Vijver (Eds.),*Cross-cultural research methods in psychology*.New York:Cambridge University Press.

Van Hemert,D.A.(2003).Cross-cultural meta-analyses.In W.J.Lonner,D.L.Dinnel,S.A.Hayes,& D. N.Sattler(Eds.),*Online readings in psychology and culture* (Unit 2,Chapter 13).Bellingham:Center for Cross-Cultural Research,Western Washington University,Washington USA.Retrieved from http://www.wwu. edu/~culture on May 20,2010.

Van Hemert,D.A.,Poortinga,Y.H.,& Van de Vijver,F.J.R.(2007).Emotion and culture:A meta-analysis.*Cognition and Emotion*,*21*,913-943.

Van Hemert,D.A.,Van de Vijver,F.J.R.,& Poortinga,Y.H.(2002).The Beck Depression Inventory as a measure of subjective well-being:A cross-national study.*Journal of Happiness Studies*,*3*,257-286.

Van Hemert,D.A.,Van de Vijver,F.J.R.,& Poortinga,Y.H.(2006).*Evaluating frameworks of cross-cultural differences and similaritie:A meta-analysis*.Unpublished manuscript.Tilburg,Netherlands:Tilburg University.

Watkins,D.(2001).Correlates of approaches to learning:A cross-cultural metaanalysis.In R.Sternberg & L.Zhang(Eds.),*Perspectives on thinking,learning and cognitive styles* (pp.165-195).Mahwah,NJ:Erlbaum.

Wolf,F.M.(1986).*Meta-analysis:Quantitative methods for research synthesis*.Beverly Hills,CA:Sage.

World Bank.(1999).*World development report 1998/1999*.New York:Oxford University Press.

Wortman,P.M.(1994).Judging research quality.In H.Cooper & L.V.Hedges(Eds.),*The handbook of research synthesis* (pp.98-109).New York:Russell Sage Foundation.

Ziv,A.,& Shauber,H.(1969).Contribution to a cross-cultural study of manifest anxiety in children.*Human Development*,*12*,178-191.

主题词索引

译 后 记

　　《跨文化心理学研究方法》这本书的主要目的是帮助研究者了解跨文化心理学领域本身固有的独特困难，以及目前提高该领域研究质量的方法，由此进一步挖掘跨文化心理学的潜能。Matsumoto 和 van de Vijver 两位作者汇集了该领域最著名的方法论专家的作品，编著出一本即全面又简单易懂的书，为这一领域的专业研究人员和研究生解决遇到的理论与方法问题提供了非常有价值的参考工具。

　　这本书获得了张春妹副教授领衔主持的学校"70 后"学科团队建设项目的资助，并且也是凝聚了武汉大学哲学学院心理系同仁的科研力量开展的"当代文化心理学研究"的成果之一。这本书的翻译工作在武汉大学哲学学院心理系张春妹副教授、胡军生副教授、姜兆萍副教授以及她（他）们的研究生的共同努力下得以顺利开展和完成。其中，翻译工作：第 1 章和第 2 章，荀泽法；第 3 章，腾燕；第 4 章，魏怡；第 5 章和第 6 章；李梦；第 7 章和第 8 章，王艳；第 9 章至第 12 章，姜兆萍。译稿完成后，胡军生对第 3 章和第 4 章进行了审校，姜兆萍对其余章节进行了审校。最后，张春妹负责对全书进行审校。

　　《跨文化心理学研究方法》作为一本讨论方法学问题的书，其在理论与方法学方面的高度与难度使我们的翻译工作面临很大的挑战。为了确保翻译的"准确、忠实与通顺"，我们查阅了大量相关文献资料，从原始资料或文献中查找原初表达与含义，尤其对专有名词或术语，尽可能地翻译成该领域公认的中文表达。希望本书能够为有兴趣从事跨文化心理学研究的专业人士和研究生提供有益的帮助。但是限于水平，在本书的翻译内容与风格上难免存在一些缺陷和不足，希望读者予以指正。

　　特别感谢人民出版社和该译著责任编辑洪琼及其他为这本译著的出版付出辛勤劳动和努力的人，是你们的信任与支持才能使这本译著得以顺利出版。

姜兆萍

2019 年 6 月

责任编辑:洪　琼

图书在版编目(CIP)数据

跨文化心理学研究方法/(美)大卫·松本,(荷)芬斯·J.R.范德维耶弗 主编;姜兆萍,
　胡军生 译.—北京:人民出版社,2020.11
　(文化心理学精品译丛)
ISBN 978-7-01-021462-7

Ⅰ.①跨…　Ⅱ.①大…②芬…③姜…④胡…　Ⅲ.①文化心理学-研究　Ⅳ.①C912.6-0

中国版本图书馆 CIP 数据核字(2020)第 212899 号

原书名:Cross-Cultural Research Methods in Psychology

原作者:David Matsumoto,Fons J.R.van de Vijver

原出版社:Cambridge University Press,2010

版权登记号:01-2014-2331

跨文化心理学研究方法
KUA WENHUA XINLIXUE YANJIU FANGFA

[美]大卫·松本　[荷]芬斯·J.R.范德维耶弗　主编

姜兆萍　胡军生　译

人民出版社 出版发行
(100706　北京市东城区隆福寺街 99 号)

北京中科印刷有限公司印刷　新华书店经销

2020 年 11 月第 1 版　2020 年 11 月北京第 1 次印刷
开本:787 毫米×1092 毫米 1/16　印张:19.5
字数:360 千字

ISBN 978-7-01-021462-7　定价:99.00 元

邮购地址 100706　北京市东城区隆福寺街 99 号
人民东方图书销售中心　电话 (010)65250042　65289539